Inhalt

Vorwort

Der vorliegende Sammelband geht auf eine Sektion des Konstanzer Historikertags von 2006 zurück. Diese stand unter dem Titel „Währungserfahrungen, Stabilitätskulturen und Notenbanksysteme. Zur Institutionalisierung historischer Erfahrungen auf wirtschaftlichem Feld" und hat im Rahmen des damaligen Kongreßthemas „GeschichtsBilder" im internationalen Ländervergleich nach strukturprägenden und handlungsleitenden Wirkungen von Geldwerterfahrungen und nationalkollektiven Währungs-„Bildern" im 20. Jahrhundert gefragt. Im einzelnen ging es darum, zu analysieren, ob und inwieweit sich historisch gewachsene Erfahrungen mit Währungen, mit deren Stabilität oder Instabilität, aber auch der Umgang mit internationalen Währungsabkommen und -organisationen oder die bewußte Funktionalisierung einer Währung für nationale Identitätsstiftung, niedergeschlagen haben in je unterschiedlichen nationalen „Währungskulturen". Und es war zu fragen, ob und inwieweit sich diese „Währungskulturen" in differierenden Zentralbanksystemen mit je eigenen währungsrechtlichen Regelungen und Handlungsspielräumen institutionalisierten, in differierenden nationalen Geld- und Währungspolitiken ausdrückten, in bestimmten öffentlichkeitswirksamen Symbolen verdichteten und in spezifischen medialen Vermittlungen, Kommunikationspraktiken und Inszenierungen ausformten (bzw. ob sie dadurch überhaupt erst aktiv und bewußt produziert und transportiert wurden). Im Mittelpunkt standen dabei zunächst die währungspolitischen wie -kulturellen Traditionen und Wege Deutschlands, Frankreichs und Großbritanniens. Für die Druckfassung wurden überdies noch Beiträge zu Schweden und zur Schweiz (im Vergleich) sowie zur Tschechoslowakei bzw. zu Tschechien aufgenommen.

Die Thematik bewegt sich insgesamt auf einem Schnittfeld von Institutionen-, Währungs-, Ideen-, Kultur- und Mentalitätsgeschichte und fokussiert in erster Linie die schwierigen Transferprozesse und „Übersetzungs"vorgänge zwischen Ideell-Mentalem und Konkret-Politischem. Darin liegt ein doppeltes Wagnis. Denn zum einen wirft es – unbeschadet der dauernden theoretischen Forderungen nach kulturalistisch bestimmten oder erweiterten oder ergänzten Ansätzen von Politik- oder Wirtschaftsgeschichte – erhebliche methodische Probleme auf, wenn man sich wirklich an die Arbeit macht und konkret versucht, dergleichen ideen- und mentalitätsgeschichtliche Einflüsse auf die Politik oder die Vorgänge einer Institutionalisierung von ideell, kulturell und historisch Gewachsenem genauer zu erfassen, zu indizieren, zu gewichten, womöglich zu messen. Die Beiträge werden in unterschiedlicher Intensität diese Methodenprobleme spiegeln und sollen auch als Diskussionsvorschläge verstanden werden, sie in den Griff zu bekommen oder zumindest einzuhegen; darüber hinaus findet sich in dem Band neben der konzeptionellen Einleitung ein spezieller Methodenbeitrag eines Finanzwissenschaftlers. Das verweist auf das zweite Wagnis des Buches: den Versuch interdisziplinärer Verknüpfung und einer Kombination unterschiedlicher Herangehensweisen. Ganz bewußt wurden als Beiträger ausgesprochene währungs- und bankhistorische Spezialisten (Lindenlaub, Feiertag, Straumann), ein ökonometrisch arbeitender Wirtschaftswissenschaftler (Hayo), eine Osteuropahistorikerin (Köhler-Baur) und zwei Allgemeinhistoriker, deren Blick auf die kulturhistorischen Facetten von Politik gerichtet ist (Metzler, Löffler), zusammengebunden. Auch in diesem Punkt zeigt sich, daß die stets wohlfeil angepriesene Interdisziplinarität, die ja in keinem Drittmittelantrag fehlen darf, in der Praxis nicht ohne Schwierigkeiten durchzuführen ist, weil sich oft schon allein die Wissenschaftssprachen unterscheiden. Auch dem vorliegenden Band sind da sicher manches Tentative und Experimentelle anzumerken, einige Brüche in der methodischen Kompatibilität und die Vorläufigkeit vieler Annäherungen. Über weite Strecken geht es weniger um die Dokumentation fertiger Ergebnisse, sondern mehr um die Präsentation von Problemen. In gewisser Weise ist hier der Weg das Ziel, und dieses ist verbunden mit der Hoffnung, Denkanstöße zu geben, Diskussionen anzuregen und mögliche Verbindungslinien zwischen den Disziplinen und zwischen empirisch-historischen und theoretisch-analytischen Forschungsansätzen aufzuzeigen.

Für das Gelingen dieses Vorhabens hat der Herausgeber mehrfach zu danken: zuerst den Autorinnen und Autoren, die sich auf das riskante Projekt eingelassen und dafür in manchen Fällen gerade auch jenseits ihrer eigentlichen Spezialgebiete geforscht haben; sodann den Herausgebern der Beihefte der Historischen Zeitschrift, namentlich Prof. Dr. Lothar Gall, der die Veröffentlichung mit Interesse und nachhaltig förderte; schließlich meinen Helferinnen und Helfern bei Redaktion und Korrektur des Bandes, PD Dr. Claire Gantet, Barbara Opitz, Christine Rolofs, Lisa Sanner und Dominik Gritschmeier.

München, im Februar 2009 *Bernhard Löffler*

Währungsgeschichte als Kulturgeschichte?

Konzeptionelle Leitlinien und analytische Probleme kulturhistorischer Ansätze auf wirtschafts- und währungsgeschichtlichem Feld

Von

Bernhard Löffler

Anfang des Jahres 1996 läutete die Europäische Kommission die „heiße Phase" der Einführung der europäischen Gemeinschaftswährung Euro mit einem „Runden Tisch" ein. Er ging zurück auf die Empfehlungen des „Grünbuchs" der Kommission, das 1995 eine weitgreifende Informations- und Werbekampagne („Programme d'Information du Citoyen Européen") zur Vorbereitung und „atmosphärischen" Absicherung des Euro-Starts angemahnt hatte: Während die Wirtschaft insgesamt recht gut auf die komplexe Thematik der Währungsumstellung vorbereitet sei, mangele es der breiten Öffentlichkeit an Informationen wie Verständnis. Die europäischen Institutionen hätten daher offen um Glaubwürdigkeit zu ringen, die Vorgänge transparent zu machen, ernsthaft und verständnisvoll die vorhandenen Unsicherheiten der Bevölkerung abzubauen und nachhaltig „psychologische Bewusstseinsarbeit" zu leisten. Vorrangiges Ziel sei es, „Befürchtungen der Bürger zu zerstreuen [...], beispielsweise weitverbreitete Besorgnisse über die [...] Erhaltung des Werts ihrer Ersparnisse". Die Teilnehmerschaft des besagten „Runden Tischs" war entsprechend breit gefächert und äußerst prominent besetzt. In drei Arbeitsgruppen („Verbraucher"; „Banken, Finanzdienstleistungen und Unternehmen"; „öffentliche Verwaltung") tagend, wurden Protagonisten aus unterschiedlichsten Gesellschafts- und Interessengruppen zusammengebracht und hochkarätige Diskutanten wie der luxemburgische Premierminister Jean-Claude Juncker, der ehemalige französische Staatspräsident Valéry Giscard d'Estaing oder der italienische Industrielle Gianni Agnelli gewonnen. Und das in unserem Zusammenhang bemerkenswerte Ergebnis der Gespräche war die Einsicht, daß jede Kommunikationsstrategie während der Einführungsphase zuallererst die „jeweiligen nationalen Währungskulturen", die differierenden Währungserfahrungen, -sensibilitäten und -erwartungen der beteiligten Nationen zu reflektieren habe, um nicht die „kulturellen Identitäten und Sicherheiten aufs Spiel zu setzen". Noch bevor man zur Tat schreite, habe man sich des „historischen Gedächtnisses unserer Völker", ihrer „historischen Gefühle", der „kulturellen und emotionalen Dimensionen" nationaler Währungsidentitäten in Europa und nicht zuletzt der „zentralen Unterschiede in Kultur, Sprache und Einstellung" zu vergewissern. Diese Faktoren müßten dann stets durch eine koordinierte und bürgernahe, dezentral, subsidiär-partnerschaftlich und einfühlsam-dialogisch organisierte, länderspezifische Aufbereitung der Werbekampagne (namens „Der Euro – Eine Währung für Europa") Berücksichtigung finden.[1]

Ebenjene Kategorie des kulturell bedingten „Währungsgefühls" bzw. der subjektiv „gefühlten Inflation" hat mittlerweile als feste Größe auch Eingang in die statistische Erfassung der Ökonomen gefunden. Das offizielle Meinungsbefragungsinstrument der Europäischen Kommission, das „Eurobarometer", etwa beinhaltet seit 2001/02 durchweg Fragen nach dem „Gefühl bei der Verwendung des Euro", nach der „Verbundenheit mit dem Euro" oder nach den inneren „Einstellungen zum Euro". Das Statistische Bundesamt entwickelte einen eigenen „Index der wahrgenommenen Inflation".[2] Speziell in Deutschland haben sich dergleichen emotionale Dimensionen von Währungswahrnehmung bereits seit den 1950er Jahren niederge-

[1] *Europäische Kommission*, Runder Tisch – Kommunikationsstrategien zur Einführung des Euro. Brüssel, 22.-24.1.1996. Luxemburg 1996, 5ff. [Vorwort des Kommissionsmitglieds Yves-Thibault de Silguy], 11ff. [Workshop I: Verbraucher], 26 [Ergebnisse der drei Workshops]; davor *Europäische Kommission*, Grünbuch über die praktischen Fragen des Übergangs zur einheitlichen Währung. Luxemburg 1995. Zu den Debatten um die Einführung des Euro vgl. Näheres im Beitrag *Löffler* in diesem Band; zum medienpolitischen und kommunikationstheoretischen Rahmen siehe *Pia Maria Froehlich*, Das Problem der Politikvermittlung in der Demokratie. Die Öffentlichkeitsarbeit der Bundesregierung bei der Einführung des Euro. Würzburg 2001, hier 99–127 speziell zum erwähnten „Runden Tisch" und zu seiner Vorgeschichte. – Ihren konkreten Niederschlag fand die Werbekampagne in zahlreichen Informationsveranstaltungen vom Euro-Zelt bis zum Euroinfomobil, in öffentlichen Diskussionsrunden, Publikationen und Ausstellungen, in Zeitungsannoncen und Fernsehspots, einem Ideenwettbewerb, der Einrichtung eines Bürgertelefons und in diversen Internetauftritten, in Fortbildungen für Lehrer und in verschiedenen Schüleraktionen, in der Überarbeitung von Schulbüchern und Lehrplänen usw. – Vgl. etwa auch *Heinrich Wilms/Georg Jochum*, Die Einführung des Euro. Grundlagen, Arbeitshilfen, Materialien. Bonn 1997 (Grundlagen für Steuerberater); *Berliner Bank/Frankfurter Allgemeine Zeitung Informationsdienste* (Hrsg.), Die Einführung des Euro. Checkliste für Unternehmen. Red.: *Cornelia Bittler.* Frankfurt am Main 1998; *Eurochambres* (Hrsg.), Euro-Umstellung der Wirtschaft mit den europäischen Industrie- und Handelskammern. Brüssel 2001 (von der Euro-Hotline über den Eurobus bis zum Euro-Spielzeug); *Daniel Cohn-Bendit/Olivier Duhamel*, Euro für alle. Das Währungswörterbuch. Köln 1998 (frz. Orig. Paris 1998).

[2] *Europäische Kommission*, Eurobarometer. Die öffentliche Meinung in der Europäischen Union, hier Bericht Nr.21 (Umfragen März/April 1984) – Bericht Nr.58 (Umfragen Oktober/November 2002). Brüssel 1984-2003. – Ab Bericht Nr.46 (Mai 1997) gab es Umfragen zum Zustimmungsgrad und konkreten Kenntnisstand über die Euro-Einführung sowie zur Einschätzung der europäischen Informationspolitik und darüber, ob das eigene Land teilzunehmen in der Lage sei. (Vgl. etwa Bericht Nr.46, 37–45; Nr.52, 64–78; Nr.54, 71–80.) Von Bericht Nr.56 (Umfragen Oktober/November 2001), 59–70, hier 62ff., an tauchen die Fragen nach dem „Gefühl bei der Benutzung des Euro", nach der „Verbundenheit mit dem Euro" o.ä. auf (ähnlich Bericht Nr.58 [2003], 61–70, hier 66f., 69f.); zum Index des Statistischen Bundesamtes siehe *Helga Einecke*, Teure Gefühle, in: Frankfurter Allgemeine Zeitung (künftig: FAZ) vom 7.5.2008, 2.

schlagen in Arbeiten von Meinungsforschern wie Elisabeth Noelle-Neumann und deren Allensbacher Institut für Demoskopie oder von Finanzwissenschaftlern und -psychologen wie Günter Schmölders und Walter Taeuber, die mit zahlreichen Studien zur Geld-, Finanz- und Steuerpsychologie hervorgetreten sind.[3] Und auch im heutigen Alltagsleben ist die vage „gefühlte" Verbindung von Euro und „Teuro", der „Seelen-Teuro" im „imaginären Raum der Psyche und subjektiven Befindlichkeit" (Hans-Werner Sinn), jedem ein Begriff, obwohl die empirischen Inflationszahlen oft etwas anderes besagen. Als in einer im Jahr 2004 erhobenen, umfragegestützten Untersuchung der Fachhochschule Ingolstadt die „Akzeptanz des Euro" getestet wurde, bekundeten über 97 Prozent der Befragten das Gefühl, ihr Leben sei mit dem Euro teurer geworden (wobei die Schuld weit überwiegend dem Handel angelastet wurde, der die Währungsumstellung zu Preiserhöhungen genutzt habe); 78 Prozent (und sogar 91 Prozent der Über-Sechzigjährigen) rechneten ihre täglichen Geschäfte immer noch in D-Mark um, und eine Mehrheit trauerte ihrer alten nationalen Währung nach.[4]

[3] *Elisabeth Noelle-Neumann*, Geldwert und öffentliche Meinung. Anmerkungen zur „Psychologie der Inflation", in: Clemens-August Andreae/Karl Hansmeyer/Gerhard Scherhorn (Hrsg.), Geldtheorie und Geldpolitik. Günter Schmölders zum 65. Geburtstag. Berlin 1968, 35–46; *Günter Schmölders*, Finanz- und Steuerpsychologie. Erweiterte Neuaufl. von: Das Irrationale in der öffentlichen Finanzwirtschaft. Reinbek 1970; *ders.*, Einführung in die Geld- und Finanzpsychologie. Darmstadt 1975; *ders.*, Die Politiker und die Währung. Bericht über eine demoskopische Untersuchung der Meinungsbildung in Finanz- und Währungsfragen im Dritten Deutschen Bundestag. Frankfurt am Main 1959; *Walter Taeuber*, Psychologie des Geldes, in: Jahrbuch für Psychologie und Psychotherapie 1, 1952/53, 14–36; neueren Datums, aber langfristig ebenfalls in dieser Forschungstradition stehend: *Jürgen Pfister*, Grundzüge einer „Soziotheorie" der Inflation. Berlin 1991 (Inflation als „soziales Phänomen"); ferner die entsprechenden Umfragen etwa zu Preissorgen und Inflationsängsten, zur „Vertrauensloyalität" mit der D-Mark und zu den Erwartungen an eine gemeinsame europäische Währung oder zu den „Assoziationen und Emotionen zu Euro und DM", in: Jahrbuch der öffentlichen Meinung / ab Bd. 6: Allensbacher Jahrbuch der Demoskopie. Hrsg. v. *Elisabeth Noelle-Neumann/ Erich-Peter Neumann* (bis Bd. 5) / *Renate Köcher* (ab Bd. 9), Bde. 1–11 [1947–2002]. Allensbach/Bonn, ab Bd. 8 München u. a. 1956–2002 [künftig: Allensbacher Jahrbuch mit Bd.-Nummer und Umfragezeitraum], hier Bd. 5 (1968–1973), 139, 350; Bd. 6 (1974–1976), 102; Bd. 8 (1978–1983), 24, 378, 603, 676f.; Bd. 9 (1984–1992), 31, 773, 1029ff.; Bd. 10 (1993–1997), 17, 63, 1177–1187; Bd. 11 (1998–2002), 22, 30, 42ff., 951–961. – Zu diesen Ansätzen vgl. auch in der Folge S. 14f. mit Anm. 26–28.

[4] *Günter Hofbauer/Margot Hepting*, Empirische Studie zur „Akzeptanz des Euro", unveröffentlichte Untersuchung der Fachhochschule Ingolstadt, Studienschwerpunkt „Marketing und Vertrieb" (010704 Studie Akz_Euro.pdf), anzufordern über das Referat für Öffentlichkeitsarbeit und Hochschulmarketing der FH Ingolstadt (vgl. http://idw-online.de/pages/de/news82356); ferner: Von wegen Teuro. Eine Psychologin zur Frage, warum der Euro nach fünf Jahren vielen immer noch fremd ist, in: Süddeutsche Zeitung vom 28.12.2006, 9; neuerdings auch die Umfragen in FAZ vom 2.5.2008 und Tagesspiegel vom 3.5.2008, in denen von 53 Prozent der Befragten der „Teuro" für die jüngsten Preissteigerungen entscheidend mitverantwortlich gemacht wurde; Sinn zitiert bei *Einecke*, Gefühle (wie Anm. 2).

Auf der analytischen Ebene moderner Wirtschaftstheorie scheinen solche Überlegungen, „harte“ institutionelle oder wirtschaftspolitische Realitäten mit „weichen“ persönlichen Erfahrungen oder historisch gewordenen Kollektivmentalitäten in Beziehung zu setzen, ebenfalls immer wichtiger zu werden. So mahnen finanztheoretische und ökonometrische Untersuchungen zur Bedeutung der institutionellen Ausgestaltung, genauer: zur Relevanz der politischen Unabhängigkeit nationaler oder internationaler Zentralbanksysteme zunehmend stärker die Beachtung „exogener“ Einflußgrößen an. Faktoren wie „Wirtschafts“- und „Inflationskultur“, gesellschaftliche Inflationsaversionen bzw. „kollektive Inflationserfahrungen oberhalb eines bestimmten Schwellenwertes (Hyperinflation)“ oder öffentliche Wahrnehmungsmuster, kommunikative Vermittlungsformen und öffentliche Reputation bestimmter institutioneller Arrangements werden so als Bestimmungsvariablen für die Gewichtung der „wohlfahrttheoretischen und politischen Vorteile autonomer Notenbanken“ und ihrer Wirkung auf die Inflationsentwicklungen interpretiert. Helge Berger zum Beispiel betont in diesem Kontext ausdrücklich die Notwendigkeit „qualitativer und wirtschaftshistorischer Methoden“, die einen erheblichen „Beitrag zum Verständnis der bestehenden theoretischen und empirischen Probleme liefern“ könnten.[5] Bernd Hayo identifiziert in einer auf Meinungsfragen bauenden, quantifizierenden und ländervergleichenden Studie positive Zusammenhänge zwischen der Institutionalisierung unabhängiger Zentralbanken und bestimmten „public attitudes towards inflation via a historical feedback process that has led to an anti-inflation culture and public consensus on monetary stability in countries with low inflation rates“. Auch er postuliert grundsätzlich, es genüge nicht, das „formal-institutional design“ einer Zentralbank zu betrachten, man müsse dies immer ergänzen um eine Analyse der öffentlichen Wahrnehmungsgepflogenheiten und der kollektiven Stabilitätspräferenzen: „The collective economic history of a population must be translated into an economic culture.“[6] In eine ähnliche Richtung weisen die empiriegestützten Untersuchungen von Jakob de Haan und Gert Jan van't Hag, denen die Unabhängigkeit einer Zentralbank „positively related to historical inflation experience“ erscheint: „Experiences with periods of high levels of inflation cause popular support for anti-inflationary monetary policy and an independent central bank“.[7]

[5] *Helge Berger*, Die aktuelle Debatte um Zentralbankunabhängigkeit: Theoretische und empirische Fragen, in: ZUG 42, 1997, 89-111, hier 89, 94, 99ff., 111 (auch die vorhergehenden Zitate).

[6] *Bernd Hayo*, Inflation Culture, Central Bank Independence and Price Stability, in: EJPE 14, 1998, 241-263, hier 241, 243f., 246.

[7] *Jakob de Haan/Gert Jan van't Hag*, Variation in Central Bank Independence across Countries: Some Provisional Empirical Evidence, in: Public Choice 85, 1995, 335-351, hier 335, 338f., 346; vgl. auch *John B. Goodman*, Monetary Sovereignty. The Politics of Central Banking in Western Europe. Ithaca/London 1992, hier 7-10, der den Grad der

Unser Thema berührt also gleichermaßen ein brisantes tagespolitisches Phänomen wie ein durchaus aktuelles wissenschaftliches Problem. Offenbar, so könnte man pointiert sagen, gewinnt die mentalitäts- und kulturhistorische Dimension von Wirtschaft, oder in unserem Fall spezieller: von Währungen, Währungsinstitutionen und Währungsordnungen, zunehmend Interesse und Erklärungskraft. In der Diktion des Konstanzer Historikertags von 2006, dem dieser Sammelband erwachsen ist: Historisch gewordene Währungs-„Bilder" erscheinen als ebenso realitäts- und handlungsprägend wie etwa institutionell-normative Strukturen. In dieser Einschätzung liegt ein Grundimpetus dieses Buches: In ihm geht es vornehmlich darum, die Erkenntnismöglichkeiten, aber auch die Erkenntnisgrenzen und die enormen methodischen Schwierigkeiten bei der Anwendung kulturhistorischer Fragestellungen auf einem derart „hartleibigen", prosaischen Politikfeld wie der Währungsordnung und -politik auszuloten und zu erproben, gleichsam Währungsgeschichte als Kulturgeschichte zu betreiben, um eine Formulierung Hartmut Berghoffs und Jakob Vogels[8] zu variieren.

Die allgemeine theoretische Ausgangsprämisse ist dabei, daß historische Währungserfahrungen als Bestandteile des kollektiven Gedächtnisses einer Nation oder national geformten Gesellschaft – und allgemeiner deren Ideen, Werthaltungen, kulturell vermittelte, historisch gewachsene und ideologisch bestimmte „Realitätsbilder" und „gedachte Ordnungen"[9] – sich in bestimmten handfesten Institutionen wie einem Notenbank- und Währungssystem verdichten, gleichsam „materialisieren" müssen (M. Rainer Lepsius), um dauerhaft Wirkung entfalten zu können. Und daß andersherum solche Institutionen ihrerseits stets einer Legitimierung durch ideelle Grundlagen und tradierte Gewißheiten bedürfen, um im politischen oder wirtschaftlichen Alltag Akzeptanz gewinnen und im kommunikativen Verständigungsprozeß Meinungsherrschaft erringen zu können.[10] Zumal unter den Umständen ei-

Regierungsunabhängigkeit einer Zentralbank gleichfalls durch den Rekurs auf „historische Erfahrungen und Ressourcen" erklärt.

8 *Hartmut Berghoff/Jakob Vogel* (Hrsg.), Wirtschaftsgeschichte als Kulturgeschichte. Dimensionen eines Perspektivenwechsels. Frankfurt am Main/New York 2004.

9 Zu den Begrifflichkeiten *Eckart Conze*, Zwischen Staatenwelt und Gesellschaftswelt. Die gesellschaftliche Dimension in der internationalen Geschichte, in: Wilfried Loth/Jürgen Osterhammel (Hrsg.), Internationale Geschichte. Themen – Ergebnisse – Aussichten. München 2000, 117-140, hier 132f.

10 Unter grundsätzlichem Aspekt *M. Rainer Lepsius*, Institutional Structures and Political Culture, in: Herbert Döring/Gordon Smith (Eds.), Party Government and Political Culture in Western Germany. London 1984, 116–129; *ders.*, Vertrauen zu Institutionen, in: Stefan Hradil (Hrsg.), Differenz und Integration. Die Zukunft moderner Gesellschaften. Verhandlungen des 28. Kongresses der Deutschen Gesellschaft für Soziologie in Dresden 1996. Frankfurt am Main/New York 1997, 283-293, hier 284ff.; *ders.*, Interessen, Ideen und Institutionen. Opladen 1990, bes. 7f., 31-41, 53-84; *ders.*, Institutionenanalyse, in: Brigitta Nedelmann (Hrsg.), Politische Institutionen im Wandel. Opladen 1995, 392-403, hier 394ff.

ner weitgehend fehlenden realen Gold- oder Devisendeckung und unter den strukturellen Handlungsbedingungen von demokratischen, auf die Zustimmung der Bürger angewiesenen Staaten können Währungen und Notenbanksysteme niemals ausschließlich auf ihre institutionell-normativen Strukturen oder ihre technischen Zahlungsfunktionen beschränkt werden. Ihnen müssen immer eine politische Symbolik und ein kulturelles Legitimierungspotential innewohnen, die das Vertrauen der Bevölkerung sichern und so erst die Akzeptanz in das Geld und seine Emissäre garantieren und das Funktionieren einer Wirtschaft ermöglichen.[11]

Fragestellungen dieser Art können in methodischer Hinsicht an mehrere Forschungs- und Diskussionsstränge anknüpfen, sowohl an längere Forschungstraditionen wie an aktuelle Methodendebatten. So werden Geld und Währung natürlich schon seit geraumer Zeit nicht nur als rein ökonomisch-technische Größen, sondern stets auch in ihrem symbolisch-kulturellen wie subjektiv-emotionalen Gehalt betrachtet. Man kann dafür eine ganze Reihe prominenter, fast klassischer Zeugen anführen. Zu denken ist etwa an die bekannte Studie des Wirtschaftstheoretikers Joseph A. Schumpeter (1883–1950) mit dem Titel „Das Wesen des Geldes" (ursprünglich verfaßt 1929) und der These, im „Geldwesen" spiegelten sich „Volksgeist" und „Volkscharakter", zeige sich „alles, was dieses Volk will, tut, erleidet, ist"; es sei „Symptom aller seiner Zustände", seiner „Moral und Energie" und besitze „wesentlichen Einfluß auf sein Wirtschaften und sein Schicksal überhaupt", auf das „gesamte soziale und politische Geschehen". Nichts könne so deutlich sagen, „aus welchem Holz ein Volk geschnitzt ist, wie das, was es währungspolitisch tut".[12] Auch Max Weber (1864–1920) hat die Analysen der Grundstrukturen und -funktionen monetärer Zahlungsmittel und moderner Geldwirtschaften eingebaut in seine umfassenderen gesellschaftstheoretischen Überlegungen.[13] Und noch viel früher, bereits zu Mitte des 18. Jahr-

[11] *Carl-Ludwig Holtfrerich/Jaime Reis/Gianni Toniolo* (Eds.), The Emergence of Modern Central Banking from 1918 to the Present. Aldershot 1999, hier 5, formulieren dementsprechend, Währungen und Zentralbanken seien „ultimately justified socially, in terms of a ‚common good', the definition of which is apt to change over time, as are the means for achieving it which are considered acceptable by parliamentary majorities or the consensus of the nation".

[12] *Joseph A. Schumpeter*, Das Wesen des Geldes [1929]. Aus dem Nachlaß hrsg. und mit einer Einführung versehen von Fritz Karl Mann. Göttingen 1970, hier 1f.

[13] Allerdings geschieht dies bei Weber vergleichsweise fragmentarisch und recht abstrakt. Im Zentrum stehen vor allem die formalen Funktionen des Geldes als Rechnungs- und Tauschmittel in einer Gesellschaft mit Individualeigentum sowie als Katalysator einer Rationalisierung von Gesellschaftsbeziehungen. *Max Weber*, Wirtschaft und Gesellschaft. Grundriss der verstehenden Soziologie [posthum 1922]. 5., rev. Aufl. Tübingen 1985, hier 38–48, 97–113; vgl. auch *ders.*, Wirtschaftsgeschichte. Abriß der universalen Sozial- und Wirtschaftsgeschichte [1919/20]. 3., erg. Aufl. Berlin 1958, hier 4ff., 208–233.

hunderts, trat der Italiener Ferdinando Galiani (1728–1787) in seiner geistreichen Geschichte des Münzgeldes („Della Moneta", 1751) mit der Einsicht hervor, der Wert des Geldes bemesse sich vornehmlich nach seiner subjektiven Wertschätzung durch die Menschen.[14]

Vor allem aber ist in unserem Kontext zu verweisen auf die erstmals 1900 erschienene „Philosophie des Geldes" des Soziologen Georg Simmel (1858–1918). In ihr wird postuliert, Geld sei „das einzige Kulturgebilde, das reine Kraft ist, das den substantiellen Träger völlig von sich abgetan hat, indem es absolut nur Symbol" sei. Erst die „seelische Verfassung" und die „sozialen Beziehungen" eines Volkes sowie die relativen „Wertgefühle", „Affekte" und „Lebensstile" jedes einzelnen gäben dem Geld seinen Sinn und seine praktische Stellung, weil es diese subjektiven Werterlebnisse im Tauschvorgang des Marktes gewissermaßen nach außen transportiere und objektiviere und erst dieser Vorgang der „Objektivierung des Subjektiven die Menschheitstragödie der Konkurrenz mindere" und handhabbar mache. Wissenschaftstheoretisch bedeute dies, eine Philosophie des Geldes könne nur „diesseits und jenseits der ökonomischen Wissenschaft vom Gelde liegen".[15] Mit vergleichbar prinzipiellem Zugriff wurden die Thesen Simmels später fortgeführt und zugespitzt von Hans Blumenberg (1920–1996). Ausgehend von der Grundtatsache, daß das moderne Papier-, Buch- und Scheckgeld im Grunde jede „Dinglichkeit hinter sich lasse" und einen Gegenstand von „höchster Künstlichkeit" und „Unanschaulichkeit" darstelle, der „Substanz repräsentiert, ohne sie sein oder auch nur abbilden zu müssen", eröffnet auch Blumenbergs Simmel-Interpretation die philosophisch-abstrakten, kulturellen Dimensionen des Geldes besonders eindringlich. Die Institution des Geldes erschließe sich nur als Teil umfassenderer menschlicher Wert-, Freiheits-, Glücks- und Lebensempfindungen und sei so eine „Protometapher" für das Leben schlechthin. Im Tausch von Geld und Gütern würden zwar „*objektive* Äquivalente postuliert und institutionell festgestellt", aber ebenso wesentlich sei die „*subjektive* Inäquivalenz der Tauschgeschäfte, die Potenz zur Anreicherung der subjektiven Wertsphären durch Vollendung des Tausches". Das Geld bekomme seine Funktion nur „in bezug auf die Antizipation dieser Wertsteigerung, die in ihm gleichsam vergegenständlicht ist, durch Wertpräsumtion, fast müßte man sagen: durch Wertphantasie". Auf der anderen Seite trage das Medium Geld „auf dem Wege der objektiven Äquivalenzen" selbst bei zur Steigerung von subjektiv empfundenen Werten, weil es die Möglichkeit biete, „daß noch subjektive Wertungen sich untereinander objektiv vergleichen können und im Markt schließlich objektiv

14 Vgl. *Werner Tabarelli*, Ferdinando Galiani „Über das Geld". Düsseldorf 1999.

15 *Georg Simmel*, Philosophie des Geldes [zuerst 1900]. 4. Aufl. München/Leipzig 1922, hier VI, 6f., 44, 306, ferner das Kapitel „Der Stil des Lebens" (480–585) mit der kulturhistorischen Einordnung der Geldfunktionen.

verglichen werden".[16] Kurzum: Der Umgang mit Geld und Währung wird von Blumenberg oder Simmel vornehmlich interpretiert als „objektivierende" und „quantifizierende" Institutionalisierung an sich subjektiver Einschätzungen, individueller Lebensverhältnisse und kulturell faßbarer Erwartungshorizonte.

In weniger abstrahierend-philosophischer Weise, aber gleichfalls direkt anknüpfend an die Studien Simmels und maßgeblich inspiriert von den analytischen Kategorien Webers läßt sich die Beschäftigung mit den kulturellen, normativen und subjektiven Qualitäten von Geld, Währung und Wirtschaft auch greifen in der spezifisch deutschen Tradition der Wirtschaftsstil- und Wirtschaftskulturforschung. Sie ist verbunden mit den Namen von Wirtschaftswissenschaftlern der sogenannten Historischen Schule der deutschen Nationalökonomie wie Arthur Spiethoff (1873-1957), Werner Sombart (1863-1941) oder Alfred Müller-Armack (1901-1978). Wirtschaftsordnungen oder -systeme (von den mittelalterlichen Grundherrschaften bis hin zur Sozialen Markwirtschaft, zu deren konzeptionellen Mitbegründern Müller-Armack zählte) wurden von ihnen als „Wirtschaftsstil" und „geistige Formung" interpretiert, in denen sich neben ökonomischen und wirtschaftspolitischen Überlegungen vor allem grundsätzlich anthropologische Faktoren, ideelle „Gesinnungen", wissenschaftlich-technische Vorstellungen und verschiedene kulturelle, gesellschaftliche, religiöse Erfahrungen und Traditionen bündelten und entfalteten.[17] Gerade in jüngster Zeit erfuhr diese Forschungstradition mit

[16] *Hans Blumenberg*, Geld oder Leben. Eine metaphorologische Studie zur Konsistenz der Philosophie Georg Simmels, in: Hannes Böhringer/Karlfried Gründer (Hrsg.), Ästhetik und Soziologie um die Jahrhundertwende: Georg Simmel. Frankfurt am Main 1976, 121-134, Zitate 121f., 124f., 131f.

[17] Vgl. etwa *Alfred Müller-Armack*, Genealogie der Wirtschaftsstile. Die geistesgeschichtlichen Ursprünge der Staats- und Wirtschaftsformen bis zum Ausgang des 18. Jahrhunderts. 3. Aufl. Stuttgart 1944; *ders.*, Stil und Ordnung der Sozialen Marktwirtschaft [1952], in: ders., Wirtschaftsordnung und Wirtschaftspolitik. Studien und Konzepte zur Sozialen Marktwirtschaft und zur europäischen Integration. Freiburg im Breisgau 1966, 231-244; *Arthur Spiethoff*, Die Allgemeine Volkswirtschaftslehre als geschichtliche Theorie. Die Wirtschaftsstile, in: Schmollers Jahrbuch 56, 1932, 51-84; *Werner Sombart*, Die drei Nationalökonomien. Geschichte und System der Lehre von der Wirtschaft. Berlin 1930. – Insgesamt zu dieser nationalökonomischen Tradition siehe *Knut Wolfgang Nörr/Bertram Schefold/Friedrich Tenbruck* (Hrsg.), Geisteswissenschaften zwischen Kaiserreich und Republik. Zur Entwicklung von Nationalökonomie, Rechtswissenschaft und Sozialwissenschaft. Stuttgart 1994; *Karl Heinrich Kaufhold*, Zur Entwicklung des Wirtschaftsstildenkens in Deutschland, in: Rainer Klump (Hrsg.), Wirtschaftskultur, Wirtschaftsstil und Wirtschaftsordnung. Methoden und Ergebnisse der Wirtschaftskulturforschung. Marburg 1996, 21-37; kritisch *Knut Borchardt*, Anerkennung und Versagen. Ein Jahrhundert wechselnder Einschätzung von Rolle und Leistung der Volkswirtschaftslehre in Deutschland, in: Reinhard Spree (Hrsg.), Geschichte der deutschen Wirtschaft im 20. Jahrhundert. München 2001, 200-222; *Werner Plumpe*, Gustav von Schmoller und der Institutionalismus: Zur Bedeutung der Historischen Schule der Nationalökonomie für die moderne Wirtschaftsgeschichtsschreibung, in: GG 25, 1999, 252-275.

den Arbeiten Rainer Klumps, Bertram Schefolds, Nils Goldschmidts, Günter Ammons oder Helge Peukerts wieder eine gewisse Renaissance und Anwendung auch auf moderne Fragestellungen. Unter den Schlagworten einer neuen „kulturellen Ökonomik" bzw. einer „Ökonomik als Kulturwissenschaft" wird die Bedeutung „heterodoxer Ansätze aus der Geschichte des ökonomischen Denkens [...], in denen die kulturelle Dimension ökonomischen Handelns" Berücksichtigung findet, betont. Bei alldem sieht man sich überdies in der Nähe aktueller institutionen- und organisationsökonomischer Schulen, die ebenfalls vornehmlich als analytische Wege zu einer Erfassung der „Wechselwirkung zwischen Wirtschaft und Kultur" betrachtet werden.[18]

Gemeint sind damit vor allem die Arbeiten der sogenannten „Neuen Institutionenökonomik" oder „Neuen Organisationsökonomik" mit ihrem bekanntesten Vertreter, dem amerikanischen Wirtschaftshistoriker und Nobelpreisträger Douglass C. North.[19] Denn in der Tat lenken auch diese Unter-

[18] Zu modernen Varianten wie wissenschaftlichen Traditionen vgl. v.a. *Gerold Blümle/ Nils Goldschmidt/Rainer Klump/Bernd Schauenberg/Harro von Senger* (Hrsg.), Perspektiven einer kulturellen Ökonomik. Münster 2004, hier 5, 120; *Klump* (Hrsg.), Wirtschaftskultur (wie Anm. 17); *ders.*, The Role of Culture in Economic Theorizing and Empirical Research, in: Heino Heinrich Nau/Bertram Schefold (Eds.), The Historicity of Economics. Continuities and Discontinuities of Historical Thought in 19th and 20th Century Economics. Berlin 2002, 207-224; *ders.*, Wirtschaftsgeschichte der Bundesrepublik Deutschland. Zur Kritik neuerer wirtschaftshistorischer Interpretationen aus ordnungspolitischer Sicht. Stuttgart 1985, hier 99-103; *Bertram Schefold*, Nationalökonomie und Kulturwissenschaften: Das Konzept des Wirtschaftsstils, in: Nörr/Schefold/Tenbruck (Hrsg.), Geisteswissenschaften (wie Anm. 17), 215-242; *ders.*, Wirtschaftsstile. 2 Bde. Frankfurt am Main 1994; *ders./Helge Peukert*, Wirtschaftssysteme im historischen Vergleich: ein Projekt, in: JbWG 1992/1, 243-254; *Nils Goldschmidt*, Entstehung und Vermächtnis ordoliberalen Denkens. Walter Eucken und die Notwendigkeit einer kulturellen Ökonomik. Münster 2002; *Günter Ammon*, Der französische Wirtschaftsstil. München 1994.

[19] Im Überblick hier und in der Folge *Douglass C. North*, Theorie institutionellen Wandels. Eine neue Sicht der Wirtschaftsgeschichte. Tübingen 1988; *ders.*, Economic Performance Through Time. Alfred Nobel Memorial Lecture in Economic Science, in: AHR 84, 1994, 359-368; *David M. Kreps*, Corporate Culture and Economic Theory, in: James E. Alt/Kenneth A. Shepsle (Eds.), Perspectives on Positive Political Economy. Cambridge 1990, 90-143; *Terry M. Moe*, The New Economics of Organization, in: American Journal of Political Science 28, 1984, 739-777; ferner Erörterung bei *Rudolf Richter/Eirik Furubotn*, Neue Institutionenökonomik. Ein Einführung und kritische Würdigung. Tübingen 1996; *Matthias Erlei/Martin Leschke/Dirk Sauerland*, Neue Institutionenökonomik. Stuttgart 1999; *Anne Nieberding/Clemens Wischermann* (Hrsg.), Die institutionelle Revolution. Eine Einführung in die deutsche Wirtschaftsgeschichte des 19. und frühen 20. Jahrhunderts. Stuttgart 2004. – Zum erwähnten Zusammenhang der Wirtschaftsstil- bzw. -kulturforschung mit der Institutionenökonomik vgl. *Birger P. Priddat*, Historische Methode und moderne Ökonomie. Über das Methodische in der Historischen Schule und das Historische in der Neuen Institutionenökonomie, in: Berghoff/Vogel (Hrsg.), Wirtschaftsgeschichte (wie Anm. 8), 99-117; *Stefan Voigt*, Neue Institutionenökonomik als kulturelle Ökonomik, in: Blümle u.a. (Hrsg.), Perspektiven (wie Anm. 18), 411-426; *Josef Wieland/Markus Becker*, Über das Verhältnis von Struktur und Kultur in der Neuen Organisationsökonomik, in: ebd. 441-449.

suchungen – bei aller oft recht modellhaften, abstrahierenden Zugriffsweise und ihrem mitunter ziemlich einseitigen Fokus auf ökonomische Kosten-Nutzen-Relationen (Verfügungsrechte, Transaktionskosten etc.)[20] – den Blick auf die Komplexität „institutioneller Arrangements". Diese würden nicht nur durch formale Regelungssysteme und Sanktionsmechanismen geprägt, sondern mindestens ebenso sehr durch informelle „Sitten und Gepflogenheiten" bestimmter „corporate cultures", „Institutions- oder Organisationskulturen" oder „Economic Cultures". Das umfaßt neben den tradierten allgemeinen Rechts- und Politikvorstellungen die ethischen Verhaltensnormen, die „cultural continuities" und ungeschriebenen Regeln, die entsprechenden sozialen und moralischen „Zustimmungsverfahren" und Kommunikationspraktiken, den durch politische Codes, Programmsprachen, Wahrnehmungsgewohnheiten und durch „kulturell bedingte Denkformen und Deutungsmuster der sozialen Wirklichkeit" abgesteckten Rahmen der „politischen Kultur" eines Landes.[21] Der Wirtschafts- und Religionssoziologe Peter L. Berger spricht zusammenfassend von einem „context [...] of social and political structures, cultural patterns, and indeed, structures of consciousness (values, ideas, belief systems)".[22] Explizit wurden diese Analysekategorien dabei auch auf die Währungsproblematik angewandt, auf die Frage nach den „sozialen Normen", kollektiven Konventionen und Vertrauensvorschüssen, die grundsätzlich jedes freie Papiergeldsystem mit bloßer „Qualitätswertung" durch die Geldbenutzer benötige und die ganz besonders hinter bestimmten „Stabilitätskulturen", dem entsprechenden „Gemeinschaftshandeln geldpolitischer Institutionen" und deren spezifischer „Organisationskultur" zu stehen hätten.[23]

[20] Kritische Abwägung der geschichtswissenschaftlichen „Theorietauglichkeit" schon bei *Knut Borchardt*, Der „Property-Rights-Ansatz" in der Wirtschaftsgeschichte – Zeichen für eine systematische Neuorientierung des Faches?, in: Jürgen Kocka (Hrsg.), Theorien in der Praxis des Historikers. Forschungsbeispiele und ihre Diskussion. Göttingen 1977, 140–156; *Hartmut Berghoff*, Transaktionskosten: Generalschlüssel zum Verständnis langfristiger Unternehmensentwicklung? Zum Verhältnis von Neuer Institutionenökonomie und moderner Unternehmensgeschichte, in: JbWG 1999/2, 159-176; *Clemens Wischermann*, Der Property-Rights-Ansatz und die „neue" Wirtschaftsgeschichte, in: GG 19, 1993, 239-258.

[21] Zitate aus *Otto Gerhard Oexle*, Geschichte als Historische Kulturwissenschaft, in: Wolfgang Hardtwig/Hans-Ulrich Wehler (Hrsg.), Kulturgeschichte heute. Göttingen 1996, 14–40, hier 15; *North*, Theorie (wie Anm. 19), 207; *ders.*, Performance (wie Anm. 19), 363; *Kreps*, Culture (wie Anm. 19), 90–95; *Terrence E. Deal/Allan H. Kennedy*, Corporate Cultures. The Rites and Rituals of Corporate Life. Reading, Mass. 1982; *Richter/Furubotn*, Institutionenökonomik (wie Anm. 19), 477-508; *Peter L. Berger*, The Capitalist Revolution. Fifty Propositions about Prosperity, Equality, and Liberty. Aldershot 1987, bes. 7ff., 15-31.

[22] *Berger*, Revolution (wie Anm. 21), 24.

[23] *Rudolf Richter*, „Stabilitätskultur" als Problem der modernen Institutionenökonomik, in: Helmut Hesse/Otmar Issing (Hrsg.), Geld und Moral. München 1994, 73–90, hier 73f.,

Mit dem Namen Peter L. Bergers ist außerdem die Richtung zu weiteren wissenschaftlichen Disziplinen gewiesen, die ebenfalls die Traditionen Max Webers oder Georg Simmels fortführen und kulturhistorisch relevante Interpretationen des Wirtschaftens bieten: die Wirtschaftssoziologie und die Vergleichende Politische Ökonomie. Neben den Arbeiten Bergers selbst, die obendrein auf die enge Verzahnung zwischen Wirtschaft und Religion aufmerksam machen und eine Verbindung zum parallelen religionsökonomischen Diskurs herstellen[24], sind hier beispielhaft etwa die Untersuchungen Francis Fukuyamas und Nigel Dodds zu nennen. So hat Fukuyama in seiner bekannten Studie „Trust. The Social Virtues and the Creation of Prosperity" die nationalen sozioökonomischen Systeme vornehmlich Westdeutschlands, der USA und Japans verglichen und dabei dezidiert die wirtschafts*kulturellen* Faktoren als entscheidende Distinktionskriterien von mehr marktkapitalistischen und mehr korporativen oder „kommunitaristischen" Strukturen herausgearbeitet. Die entscheidende Kategorie für das Funktionieren einer Wirtschaft oder für die Wettbewerbsfähigkeit einer Nation sei nicht allein von den rechtlich-politischen Regelvorgaben, den betriebswirtschaftlichen Kalkulationen oder dem vorhandenen Finanzkapital abhängig, sondern weithin vom Vertrauensniveau und dem auf lange Sicht generierten „Sozialkapital" einer Gesellschaft. Um deren kulturelles Fundament und historisches Wachsen geht es Fukuyama zuvörderst, um die Probleme, wie sich „a community based on mutual trust" und „sociability" aufbauten, um Fragen nach dem nationalspezifischen „set of ethical habits and reciprocal moral obligations internalized by each of the community's members".[25]

81, 87; vgl. auch mit einer interessanten wissenssoziologischen Theoriebasis *Horst Hegmann*, Kulturen der Geldpolitik. Ein Fallbeispiel zur Komplementarität von Wissenssoziologie und Theorie rationellen Handelns, in: Walter Ötsch/Stephan Panther (Hrsg.), Ökonomik und Sozialwissenschaft. Ansichten eines in Bewegung geratenen Verhältnisses. Marburg 2002, 253-279; *ders.*, Hüter der Geldwertstabilität oder Agenten der volonté générale. Deutsche und französische Stabilitätskulturen im Vergleich, in: ders./ Bernhard Neumärker (Hrsg.), Die Europäische Union aus politökonomischer Sicht. Marburg 2002, 43-66, hier 43-46, 57-60.

24 Vgl. zuerst *Peter L. Berger*, A Market Model for the Analysis of Ecumenicity, in: Social Research 30, 1963, 77-93; ferner *Laurence R. Iannaccone*, Introduction to the Economics of Religion, in: Journal of Economic Literature 36, 1998, 1465-1496; *Robert L. Moore*, Selling God. New York 1994; *Gary S. Becker*, The Economics of Life. New York 1996 (dt. 1998); *Friedrich Wilhelm Graf*, Die Wiederkehr der Götter. Religion in der modernen Kultur. München 2007, hier 19-30, 179-202; *Martin Held* (Hrsg.), Normative und institutionelle Grundfragen der Ökonomik. Jahrbuch 6: Ökonomie und Religion. Marburg 2007.

25 „Trust" definiert Fukuyama dabei als „the expectation that arises within a community of regular, honest, and cooperative behavior, based on commonly shared norms, on the part of other members of that community". *Francis Fukuyama*, Trust. The Social Virtues and the Creation of Prosperity. New York 1995, Zitate 8-11, 26, 355. Der etwas entstellende deutsche Titel des Werks lautet: Konfuzius und Marktwirtschaft. Der Konflikt der Kulturen. München 1995. In eine ähnliche Richtung wie Fukuyama zielte auch *Werner Abelshauser*, Kulturkampf. Der deutsche Weg in die Neue Wirtschaft und die amerikani-

Nigel Dodd ist für unser spezielles Themenfeld noch einschlägiger. Denn er beschäftigt sich in erster Linie mit den kulturellen Rahmenbedingungen und sozialen Beziehungsgefügen, die den Währungstransaktionen in modernen Staatswesen mit ausgereiften Papiergeld-Wirtschaften und komplexen „denationalisierten" bzw. internationalen Austauschsystemen und Finanznetzwerken zugrunde liegen müßten, um Akzeptanz, Legitimität, Werthaftigkeit und Kontingenz zu gewinnen: „[...] There is a need to establish whether the expansion and universalization of monetary exchange in modern society has depended not simply on particular economic and political conditions, but on a set of human dispositions and relationships peculiar to modern culture. [...] The symbolic power of money [...] stems not from detailed understanding of the technical features of specific monetary forms but from a series of associations based on the idea of money, of what it is and what it can do. It is not enough to dismiss these associations as irrational or insignificant. [...] The analysis of money must contain a set of interpretative techniques sensitive to how money is perceived, to the range of dispositions and expectations which inform how it is used. This contention goes to the heart of the sense in which [...] monetary networks are networks of information."[26]

Die Prämisse, daß Geld und Währungen kulturell bestimmte, subjektiv empfundene, assoziativ und emotional aufgeladene und teilweise nur (kollektiv) psychologisch zu erschließende Größen sind, wohnt – wie eingangs schon

sche Herausforderung. Berlin 2003, mit der Unterscheidung nationaler institutioneller Produktionsregimes in korporative und liberale Marktwirtschaften; ferner *Hartmut Berghoff*, Die Zähmung des entfesselten Prometheus? Die Generierung von Vertrauenskapital und die Konstruktion des Marktes im Industrialisierungs- und Globalisierungsprozess, in: ders./Vogel (Hrsg.), Wirtschaftsgeschichte (wie Anm. 8), 143-168. – An einschlägigen Arbeiten im Bereich der Vergleichenden Politischen Ökonomie und Wirtschaftssoziologie wären überdies zu nennen: *Peter Bernholz*, Grundlagen der politischen Ökonomie. 3. Aufl. Tübingen 1993/94; *Alfred Bürgin/Thomas Maissen*, Zum Begriff der politischen Ökonomie heute, in: GG 25, 1999, 177-200; *James S. Coleman*, Social Capital in the Creation of Human Capital, in: American Journal of Sociology 94, 1988, 95-120; *Robert D. Putnam*, The Prosperous Community: Social Capital and Public Life, in: American Prospect 13, 1993, 35-42; vgl. daneben auch die politikwissenschaftlichen Arbeiten zu einer umfassenden Institutionentheorie: *Gerhard Göhler* (Hrsg.), Die Eigenart der Institutionen. Zum Profil politischer Institutionentheorie. Baden-Baden 1994; *ders.* (Hrsg.), Institutionenwandel. (Leviathan, Sonderh. 16.) Opladen 1997; *Nedelmann* (Hrsg.), Institutionen (wie Anm. 10).

[26] *Nigel Dodd*, The Sociology of Money. Economics, Reason and Contemporary Society. Cambridge 1994, hier bes. XXII-XXVIII, 24-58, 136-143, Zitate 41, 57f.; zur Problematik übernationaler Währungsordnungen vgl. auch *Lars Jonung/Jürgen Nautz* (Eds.), Conflict Potentials in Monetary Unions. Stuttgart 2007. – Von Interesse sind in diesem Zusammenhang auch die wirtschaftssoziologischen und begriffs- bzw. kommunikationshistorischen Arbeiten und Forschungsprojekte Urs Stählins, der sich mit der „visuellen Semantik der globalen Finanzökonomie" und den „spektakulär-spekulativen", metaphorischen Beschreibungen von Finanzmärkten (z. B. als „verführbare und hysterische Frau" oder als unkontrollierbare „Masse") auseinandersetzt. Vgl. z. B. *Urs Stählin*, Spektakuläre Spekulationen. Das Populäre der Ökonomie. Frankfurt am Main 2007.

erwähnt – auch den Überlegungen einer finanzwissenschaftlichen „Währungspsychologie" und zahlreichen demoskopischen Untersuchungen inne. Zu verweisen ist in diesem Zusammenhang nur noch einmal auf die aus den 1950er und 1960er Jahren stammenden Arbeiten des Kölner Finanzwissenschaftlers Günter Schmölders, des Psychologen Walter Taeuber und der Demoskopin Elisabeth Noelle-Neumann.[27] Diese standen freilich ihrerseits in einem größeren Bezugsfeld. Sie waren gleichermaßen inspiriert von den aus den USA kommenden kommunikationstheoretischen Studien eines Paul Lazarsfeld oder Edward Bernays zur modernen Public-Relations-Theorie wie von den spezifisch deutschen Traditionen einer kultursoziologischen Konsum- und Marktforschung, wie sie beispielsweise vor 1945 das Nürnberger „Institut für Wirtschaftsbeobachtung der deutschen Fertigware" und die „Gesellschaft für Konsumforschung", beide unter Leitung des Betriebswirtschaftsprofessors Wilhelm Vershofen, repräsentierten. Vershofen hatte seit den 1920er Jahren auf die eigengewichtige Bedeutung „emotional-sensualer Reize", „seelisch-psychologischer Launen" und „soziopsychologischer Nutzenwertigkeiten" in der modernen Marktgesellschaft verwiesen und deren Beachtung in einer „qualitativen" (und nicht rein quantifizierenden) wirtschaftswissenschaftlichen Verbrauchs- und Absatzforschung angemahnt.[28] Auf eben jene Marktforschungsstudien und entsprechend intensiv auf „qualitative" Meinungsumfragen stützten sich übrigens im tagespolitischen Geschäft recht früh der erste westdeutsche Wirtschaftsminister Ludwig Erhard, der in den 1930er Jahren eng mit Vershofen zusammengearbeitet hatte, sowie der öffentlichkeitspolitische Koordinator des Bundeskanzleramtes Otto Lenz. So galten etwa dem durch tätige Selbstinszenierung und Eigenvermarktung stilisierten „Vater des Wirtschaftswunders" und „Bewahrer der harten D-Mark" die dauerhafte demoskopische Beobachtung und Analyse des Konsumenten- und Wahlverhaltens ebenso wie die fortwährende psychologische Beeinflussung von Markt- und Konsumbewußtsein durch unterschiedlichste Maßnahmen der politischen Werbung und „Meinungspflege" stets als genuine

[27] Vgl. oben S.5 mit Anm.3.

[28] *Wilhelm Vershofen*, Über das Verhältnis von technischer Vernunft und wirtschaftlicher Wertung. Ein Beitrag zum Problem des Fordismus. Bamberg 1925, Zitat 18; *ders.*, Wirtschaft als Schicksal und Aufgabe. Darmstadt 1930; Erörterung der Tradition bei *Georg Bergler*, Die Entwicklung der Verbrauchsforschung in Deutschland und die Gesellschaft für Konsumforschung bis zum Jahre 1945. Kallmünz 1960, bes. 56–80; *ders.*, Geschichte der Hochschule für Wirtschafts- und Sozialwissenschaften Nürnberg 1919–1961. 2 Bde. Nürnberg 1963/69, hier Bd.1, 64ff., und Bd.2, 356ff.; *Chlodwig Kapferer*, Zur Geschichte der deutschen Marktforschung. Aufzeichnungen eines Mannes, der dabei war. Hamburg 1994; *Rainer Gries*, Die Geburt des Werbeexperten aus dem Geist der Psychologie. Der „Motivforscher" Ernest W. Dichter als Experte der Moderne, in: Berghoff/Vogel (Hrsg.), Wirtschaftsgeschichte (wie Anm.8), 353–375, hier 355ff.; *Christoph Conrad*, Observer les consommateurs. Études de marché et histoire de la consommation en Allemagne, des années 1930 aux années 1960, in: Le Mouvement Social 206, 2004, 17–39.

Instrumente seiner Wirtschaftspolitik, nicht zuletzt einer preisstabilisierenden Währungs-, Finanz- und Konjunkturdämpfungspolitik.[29]

Schließlich – dies als letzter, hier einschlägiger Forschungsstrang – finden kulturelle Rahmenbedingungen der Finanzökonomie ihren Niederschlag in wirtschaftsgeographischen Analysen zu internationalen Finanz- und Bankenzentren. Dergleichen räumliche Verdichtungen des Geldgeschäfts, etwa in London, New York oder Frankfurt am Main, werden dabei gesehen als „centres of imagination", gewissermaßen als ökonomische „Erinnerungsorte" mit eigenen kulturellen Identitäten und einer eigenen städtebaulichen Ikonographie. In ihnen, so wird angenommen, garantierten erst das über lange Zeitperioden hin akkumulierte, mythologisch überhöhte Vertrauenspotential, die historisch gewachsenen Handelsmentalitäten („Geschäftssinn", „Leistungswille", „Risikobereitschaft") und eine langfristig entwickelte gemeinsame Sprache die rein „handwerklichen" Synergie- und Austauscheffekte räumlicher Nähe. Die kosmopolitische Londoner City oder der europäische Geschäfts- und Finanzknotenpunkt Frankfurt am Main könnten heute noch mit dem Renommee punkten, das ihnen historisch zugewachsen sei: als führende Investmentbanking- und Versicherungs-Zentrale mit weltumspannender Empire-Tradition bzw. als liberale, bürgerlich geprägte Handelsstadt mit glänzender europäischer Verkehrsanbindung und dem institutionalisierten Stabilitäts- und Wirtschaftswundersymbol „Bundesbank" in ihren urbanen Grenzen.[30]

[29] Plakativ zusammengefaßt bei *Ludwig Erhard*, Wohlstand für alle. Düsseldorf 1957, 246–255 (im Kapitel „Psychologie um Mark und Pfennig"); expliziter Verweis auf die Bedeutung des „Geistig-Seelischen, des Psychologischen, des Soziologischen" im Wirtschaftsprozeß auch in *ders.*, Fragen an die Meinungsforschung. Allensbach/Bonn 1962, hier 19. Vgl. mit weiteren Belegen *Bernhard Löffler*, Öffentliches Wirken und öffentliche Wirkung Ludwig Erhards, in: Jahrbuch des Historischen Kollegs 2003, 121–161, hier 126ff., 137–148; ferner *Dirk Schindelbeck/Volker Ilgen*, „Haste was, biste was!" Werbung für die soziale Marktwirtschaft. Darmstadt 1999.

[30] Vgl. *Beate Reszat*, Centres of Finance, Centres of Imagination: On Collective Memory and Cultural Identity in European Financial Market Places, in: Globalization and World Cities Study Group and Network (Ed.), Research Bulletin 92, August 2002, online unter: http://www.lboro.ac.uk/gawc/rb/rb92.html (10.12.2007); *Christoph Maria Merki* (Hrsg.), Europas Finanzzentren. Geschichte und Bedeutung im 20. Jahrhundert. Frankfurt am Main/New York 2005, darin neben der Einleitung 9–20 (Merki) vor allem die Beiträge zu London und Frankfurt 23–81 (Ranald C. Michie, Carl-Ludwig Holtfrerich); *Youssef Cassis*, Capitals of Capital. A History of International Financial Centres, 1780–2005. Cambridge 2006; Analyseversuche einer „new economic geography of money" (R. Martin) bei *Stuart Corbridge/Nigel Thrift/Ron Martin* (Eds.), Money, Power and Space. Oxford/Cambridge, Mass. 1994 (hier bes. die Beiträge von *Nigel Thrift*, On the Social and Cultural Determinants of International Financial Centres: the Case of the City of London, 327–355, und von *Jane M. Jacobs*, The Battle of Bank Junction: the Contested Iconography of Capital, 356–382); sowie *Ron Martin* (Ed.), Money and the Space Economy. Chichester 1999; am historischen Fallbeispiel: *Carl-Ludwig Holtfrerich*, Finanzplatz

Aus einer generalisierenden Perspektive und in systematisierender Absicht erscheint es dem Historiker angebracht, die skizzierten Interpretationsansätze quer durch die Disziplinen in zwei größere aktuelle Forschungstrends münden zu lassen und dort zu bündeln. Es sind dies zum einen die methodisch ambitionierten Bemühungen, „Wirtschaftsgeschichte als Kulturgeschichte" zu schreiben. So lautet ein kürzlich von Hartmut Berghoff und Jakob Vogel mit programmatischer Intention herausgegebener Sammelband, mit dem die grundsätzlichen Dimensionen und erheblichen „transdisziplinären Synergiepotentiale" eines kulturalistischen Ansatzes auf wirtschaftshistorischem Gebiet umschrieben wurden, ohne freilich dessen Aussagegrenzen und Probleme zu verkennen.[31] Die analytischen Versuche, dieses Vorhaben empirisch umzusetzen, bewegen sich hauptsächlich auf den Feldern der Unternehmens-, Konsum-, Marketing- und Kommunikationsgeschichte. So ging etwa Berghoff selbst aus von einer exemplarischen Studie zur „Unternehmenskultur" der Mundharmonikafabrik Hohner in der Zeitspanne von 1857 bis 1961, die als Spiegel (wirtschafts-)kultureller Vorstellungswelten und eingespielter sozialer Praktiken (etwa der Traditionen und Ausformungen des industriellen Paternalismus) interpretiert wurde.[32] Besonders fruchtbringend und intensiv wurde das kulturalistische Frage- und Methodenraster daneben angewandt in vielen Arbeiten zu einer Gesellschafts-, Mentalitäts- und Kulturgeschichte des Konsums; hier lagen die „Interdependenzen zwischen Kultur und Wirtschaft" gewissermaßen auf der Hand, weil die „moderne Konsumgesellschaft nicht nur auf effiziente Systeme der Massenproduktion und -distribution angewiesen [ist], sondern auch auf konsumbejahende Mentalitäten und Deutungsmuster" und sich dementsprechend auch

Frankfurt. Von der mittelalterlichen Messestadt zum europäischen Bankenzentrum. München 1999, hier bes. 17-27, 225-296; allgemein zur aktiven „Imagebildung" von Städten: *Thomas Biskup/Marc Schalenberg* (Hrsg.), Selling Berlin. Imagebildung und Stadtmarketing von der preußischen Residenz bis zur Bundeshauptstadt. Stuttgart 2008.

[31] *Berghoff/Vogel* (Hrsg.), Wirtschaftsgeschichte (wie Anm. 8), zum methodischen Grundanliegen bes. die instruktive Einleitung 9-41; ferner *Hansjörg Siegenthaler*, Geschichte und Ökonomie nach der kulturalistischen Wende, in: GG 25, 1999, 276-301; sowie das Diskussionsforum „Kultur in der Wirtschaftsgeschichte", in: VSWG 94, 2007, 173-188.

[32] *Hartmut Berghoff*, Zwischen Kleinstadt und Weltmarkt. Hohner und die Harmonika 1857-1961. Unternehmensgeschichte als Gesellschaftsgeschichte. Paderborn 1997; Erläuterung des Konzepts auch in *ders.*, Unternehmenskultur und Herrschaftstechnik. Industrieller Paternalismus: Hohner von 1857 bis 1918, in: GG 23, 1997, 167-204; zum Stichwort „Unternehmenskultur" ferner *ders.*, Moderne Unternehmensgeschichte. Eine themen- und theorieorientierte Einführung. Paderborn 2004, hier 147-172; *Herbert Matis*, Unternehmenskultur und Geschichte, in: Wilfried Feldenkirchen/Frauke Schönert-Röhlck/Günther Schulz (Hrsg.), Wirtschaft, Gesellschaft, Unternehmen. Festschrift für Hans Pohl. Bd. 2. Stuttgart 1995, 1028-1053; *Thomas Welskopp*, Unternehmenskulturen im Vergleich – oder integrale Unternehmensgeschichte in typisierender Absicht?, in: Berghoff/Vogel (Hrsg.), Wirtschaftsgeschichte (wie Anm. 8), 265-293.

sozial, national oder kulturell differierende Konsumpraktiken, Geschmacksbildungen und Wareninszenierungen herausbildeten.[33] In eine ähnliche Richtung weisen schließlich auch die Untersuchungen zur Geschichte des wirtschaftlichen Marketings, der unternehmerischen Produktwerbung und der damit einhergehenden Markt-, Meinungs- und Verbrauchsforschung; dieser Gesamtkomplex wurde dabei viel prinzipieller als eine weit in die Gesellschaft, Politik, ja in die Psychologie des einzelnen ausgreifende „Sozialtechnik" aufgefaßt, wie sie die rationalisierte und ökonomisierte Moderne grundsätzlich kennzeichne.[34]

Der zweite große aktuelle Forschungstrend, der gleichsam den generellen interpretatorischen Rahmen bildet und nicht wenigen der skizzierten wirtschafts- und unternehmenshistorischen Spezialstudien entscheidende argumentative Kraft und methodische Energie zugeführt hat, ist die sich seit den 1990er Jahren in Deutschland Bahn brechende „Neue Kulturgeschichte". Mit ihr wurden die Perspektiven verschoben: weg von den „anonymen Strukturmodellen, Prozesskategorien und Datenreihen" der klassischen Sozialgeschichte mit ihrem Fokus auf den gewissermaßen objektiv-„materiellen" strukturellen Rahmenbedingungen und sozioökonomischen Interessenlagen, hin zu den nicht weniger alltagsrelevanten und wirklichkeitsprägenden mentalen, ideellen, sprachlichen und symbolischen Verweissystemen und diskursiv-kommunikativen Konstruktionen von Realität, den „selbstgesponnenen

33 Vgl. *Berghoff/Vogel* (Hrsg.), Wirtschaftsgeschichte (wie Anm.8), hier 17. – An Studien zum Thema vgl. beispielhaft *Luisa Passerini*, Frauen, Massenkonsum und Massenkultur, in: Georges Duby/Michelle Perrot (Hrsg.), Geschichte der Frauen. Bd.5. Frankfurt am Main/New York 1995, 355-373; *Hannes Siegrist/Hartmut Kaelble/Jürgen Kocka* (Hrsg.), Europäische Konsumgeschichte. Zur Gesellschafts- und Kulturgeschichte des Konsums (18. bis 20.Jahrhundert). Frankfurt am Main/New York 1997; *Hartmut Berghoff* (Hrsg.), Konsumpolitik. Die Regulierung des privaten Verbrauchs im 20.Jahrhundert. Göttingen 1999; *Sibylle Brändli*, Der Supermarkt im Kopf. Konsumkultur und Wohlstand in der Schweiz nach 1945. Wien 2000; *Rolf Walter* (Hrsg.), Geschichte des Konsums. Stuttgart 2004.

34 *Hartmut Berghoff* (Hrsg.), Marketinggeschichte. Die Genese einer modernen Sozialtechnik. Frankfurt am Main/New York 2007, mit einem weit gespannten Themenprogramm von der unternehmerischen PR-Praxis über die betriebswirtschaftlichen wissenschaftlichen Marketingtheorien bis hin zum Einsatz von Meinungsforschung und Werbung in Parteienwahlkampf und politischer Propaganda; zur Demoskopie und Marktforschung als weitreichender Sozial- und Kulturtechnik mit einer ganz eigenen Therapie- und Heilsmetaphorik und der Tendenz zur Herausbildung eines „säkularisierten Glaubensphänomens" (Lutz Raphael) vgl. überdies *Anja Kruke*, Demoskopie in der Bundesrepublik. Meinungsforschung, Parteien und Medien 1949-1990. Düsseldorf 2007; *Harm G. Schröter*, Zur Geschichte der Marktforschung in Europa im 20.Jahrhundert, in: Walter (Hrsg.), Geschichte (wie Anm.33), 319-336; *Gries*, Geburt (wie Anm.28); *Rainer Gries/Volker Ilgen/Dirk Schindelbeck*, „Ins Gehirn der Masse kriechen!". Werbung und Mentalitätsgeschichte. Darmstadt 1995; ferner grundsätzlicher *Lutz Raphael*, Die Verwissenschaftlichung des Sozialen als methodische und konzeptionelle Herausforderung für eine Sozialgeschichte des 20.Jahrhunderts, in: GG 22, 1996, 165-193, Zitat 183.

Bedeutungsgeweben" (Clifford Geertz) von Lebenswirklichkeit(en) und den „(impliziten und expliziten) Sinnzuschreibungen, Geltungsbehauptungen und Deutungskonflikten der Akteure".[35] Gerade in den letzten Jahren haben sich hier die Forschungen auch auf jene thematischen Felder bewegt, die sich einer „kulturgeschichtlichen Erweiterung" auf den ersten Blick zu sperren schienen, an denen sich deren allgemeine Tragfähigkeit und methodische Verbindlichkeit aber erst zu bewähren hat: auf die Felder von politischen Instanzen und Entscheidungsprozessen, von sozialer Ungleichheit und nicht zuletzt von handfesten wirtschaftlichen Institutionen, Interessen und Aktionen. Man schickte sich an, Politik und Wirtschaft dem traditionellen Zugriff der Personen-, Ereignis- oder Verwaltungsgeschichte zu entziehen und sie nun als umfassendere „kulturelle Systeme" zu analysieren. Die Losung lautete (und lautet): „Politik als Kulturgeschichte". In Konstanz, Bielefeld und Münster wurden dazu beispielsweise große Forschungsverbünde zur „kulturellen Dimension sozialer und politischer Integration", zum „Politischen als Kommunikationsraum in der Geschichte", zu „Symbolischer Kommunikation und gesellschaftlichen Wertesystemen vom Mittelalter bis zur Französischen Revolution" oder zu „vormodernen politischen Verfahren" eingerichtet.[36]

35 Vgl. dazu im guten Überblick *Willibald Steinmetz*, Von der Geschichte der Gesellschaft zur „Neuen Kulturgeschichte", in: Andreas Wirsching (Hrsg.), Oldenbourg Geschichte Lehrbuch. Neueste Zeit. München 2006, 233-252, Zitate 233f.; *Barbara Stollberg-Rilinger* (Hrsg.), Was heißt Kulturgeschichte des Politischen? Berlin 2005, Zitat 12; ferner *Hardtwig/Wehler* (Hrsg.), Kulturgeschichte (wie Anm. 21); *Thomas Mergel/Thomas Welskopp* (Hrsg.), Geschichte zwischen Kultur und Gesellschaft. Beiträge zur Theoriedebatte. München 1997; *Ute Daniel*, Kompendium Kulturgeschichte. Theorien, Praxis, Schlüsselwörter. Frankfurt am Main 2001; *Michael Maurer*, Alte Kulturgeschichte – Neue Kulturgeschichte?, in: HZ 280, 2005, 281-304; *Hans-Christof Kraus/Thomas Nicklas* (Hrsg.), Geschichte der Politik. Alte und neue Wege. (HZ, Beihefte, NF., Bd. 44.) München 2007.

36 Siehe hier und in der Folge *Stollberg-Rilinger* (Hrsg.), Kulturgeschichte (wie Anm. 35), bes. die Einleitung 10-24; *dies.* (Hrsg.), Vormoderne politische Verfahren. Berlin 2001; *Ute Frevert/Heinz-Gerhard Haupt* (Hrsg.), Neue Politikgeschichte. Perspektiven einer historischen Politikforschung. Frankfurt am Main 2005, bes. die konzeptionellen Passagen 7-26, 304-313, Zitat 21; *Thomas Mergel*, Überlegungen zu einer Kulturgeschichte der Politik, in: GG 28, 2002, 574-606; die Ansätze kritisch abwägend: *Andreas Rödder*, Klios neue Kleider. Theoriedebatten um eine Kulturgeschichte der Politik in der Moderne, in: HZ 283, 2006, 657-688, bes. 669-688; *Bernhard Löffler*, Moderne Institutionengeschichte in kulturhistorischer Erweiterung. Thesen und Beispiele aus der Geschichte der Bundesrepublik Deutschland, in: Kraus/Nicklas (Hrsg.), Geschichte (wie Anm. 35), 155-180, bes. 165-168, 172-180; *Eckart Conze*, „Moderne Politikgeschichte". Aporien einer Kontroverse, in: Guido Müller (Hrsg.), Deutschland und der Westen. Internationale Beziehungen im 20. Jahrhundert. Festschrift für Klaus Schwabe. Stuttgart 1998, 19-30; ferner, skeptisch bis polemisch: *Hans-Ulrich Wehler*, Die Herausforderung der Kulturgeschichte. München 1998, 150ff., sowie dessen Kommentar in *Mergel/Welskopp* (Hrsg.), Geschichte (wie Anm. 35), 351-366; interessantes, weil die Möglichkeiten einer deutsch-französischen Vergleichs- und Transfergeschichte auslotendes Fallbeispiel: *Andreas Fickers*, „Politique de la grandeur" versus „Made in Germany". Politische Kulturgeschichte der Technik am Beispiel der PAL-SECAM-Kontroverse. München 2007.

Für unseren speziellen thematischen Zusammenhang von Währungskultur, Währungsordnung und Währungspolitik ist dabei ein Untersuchungsbereich besonders interessant und aussagekräftig: die Beschäftigung mit dem Phänomen „Vertrauen", seiner Genese, Bedeutung und Funktion in modernen Gesellschaften und Politiksystemen. Ute Frevert etwa hat eine entsprechende Forschergruppe initiiert und untersuchte mit ihr „Vertrauen" als eine Schlüsselkategorie für die Akzeptanz und Legitimität politischer, parlamentarischer oder wirtschaftlicher Ordnungen und Aktivitäten. Mittels Fragen nach zeit-, raum- und erfahrungsabhängigen Begründungsmustern und institutionellen oder symbolischen Verankerungen von „Vertrauen" (etwa in der Familie, in Vereinen, einer Zentralbank, einem Expertengremium, etc.) wurde versucht, Aufschlüsse über den inneren Zusammenhalt und die Funktionsmechanismen institutionell-politischer Arrangements oder gesellschaftlicher Systeme zu gewinnen.[37] Die interpretatorischen Fluchtpunkte waren dabei – wie für die „Neue Politikgeschichte" kulturalistischer Provenienz insgesamt – in erster Linie diskurs-, begriffs-, kommunikations- und systemtheoretische Arbeiten. Was die konkrete Begrifflichkeit und die Herangehensweise angeht, wurde vornehmlich operiert mit den Definitionen und Interpretationsvorschlägen Anthony Giddens', Niklas Luhmanns und M. Rainer Lepsius' (weniger des erwähnten Francis Fukuyama mit seiner „Trust"-Forschung). In deren Nachfolge erschien „Vertrauen" als eine zwar riskante, aber gängige „Form sozialer Kommunikation" und als ein „Mechanismus der Reduktion sozialer Komplexität" (Luhmann), wurde gefragt nach der Bedeutung authentischer personalisierter „Vertrauenstransmittoren" und „gesichtsabhängiger Bindungen" (Giddens) für eine gefühlsmäßige Fundamentierung und Fermentierung politischen Vertrauens.[38] Hinsichtlich des

[37] *Ute Frevert* (Hrsg.), Vertrauen. Historische Annäherungen. Göttingen 2003, vor allem die Einleitung 7–66; vgl. darüber hinaus *Rainer Schmalz-Bruns/Reinhard Zintl* (Hrsg.), Politisches Vertrauen. Soziale Grundlagen reflexiver Kooperation. Baden-Baden 2002; *Piotr Sztompka*, Vertrauen: Die fehlende Ressource in der postkommunistischen Gesellschaft, in: Nedelmann (Hrsg.), Institutionen (wie Anm. 10), 254–276; speziell im ökonomischen Kontext: *Martin Fiedler*, Vertrauen ist gut, Kontrolle ist teuer. Vertrauen als Schlüsselkategorie wirtschaftlichen Handelns, in: GG 27, 2001, 576–592; *Berghoff*, Zähmung (wie Anm. 25); *Malte Zierenberg*, Tauschen und Vertrauen. Zur Kulturgeschichte des Schwarzhandels im Berlin der 1940er Jahre, in: Berghoff/Vogel (Hrsg.), Wirtschaftsgeschichte (wie Anm. 8), 169–194.

[38] *Anthony Giddens*, Konsequenzen der Moderne. Frankfurt am Main 1995, hier 43–52, 102–117, 143–155; allgemein zur inspirierenden Kraft Giddens' für die kulturhistorische Forschung vgl. *Thomas Welskopp*, Der Mensch und die Verhältnisse. „Handeln" und „Struktur" bei Max Weber und Anthony Giddens, in: Mergel/Welskopp (Hrsg.), Geschichte (wie Anm. 35), 39–70, hier 56–69; *Niklas Luhmann*, Vertrauen. Ein Mechanismus der Reduktion sozialer Komplexität. 4. Aufl. Stuttgart 2000, hier vor allem 27ff., 35–38, 47–60; ferner *M. Rainer Lepsius*, Vertrauen (wie Anm. 10); *Martin Hartmann/Claus Offe* (Hrsg.), Vertrauen. Die Grundlage des sozialen Zusammenhalts. Frankfurt am Main 2001; *Karen S. Cook* (Ed.), Trust in Society. New York 2001.

generellen kulturalistischen Analyserahmens begriff man Politik zuallererst als „soziales und kommunikatives Handeln“, als „kommunikative Konstruktion“, als „kommunikativen Modus“, als „Sprechhandeln“ und „diskursives Aushandeln“.[39] Dementsprechend spielten Fragen nach konditionierenden Wahrnehmungsstereotypen, tradierten Imagebildungen und ritualisierten Mitteilungscodes, Deutungsmustern und Sinnzuschreibungen, nach Diskurstechniken, Inszenierungsstrategien und Repräsentationsformen sowie nach dem Einfluß politischer Metaphern und der Entwicklungsgeschichte politischer Semantiken, allgemein nach dem Ritual-, Zeremonial- und Symbolcharakter von Politik, den Faktoren von Medialisierung und werbetechnischer Professionalisierung (etwa auch der Steigerung von Showelementen) in der „politischen Kultur“ eine ganz entscheidende Rolle.[40] Ein solches Herangehen an Politik ist keineswegs unproblematisch, so man der Gefahr erliegt, Politik *ausschließlich* auf den kommunikativ-konstruktiven Prozeß (der über-

[39] Besonders stark akzentuiert bei *Mergel*, Überlegungen (wie Anm. 36), 590, 593, 597; außerdem *Frevert/Haupt* (Hrsg.), Politikgeschichte (wie Anm. 36), 14-21, Zitat 17. – An weiteren politik- und sozialwissenschaftlichen Referenzstudien wären hier etwa zu nennen: *Peter L. Berger/Thomas Luckmann*, The Social Construction of Reality. A Treatise in the Sociology of Knowledge. London 1967; *Niklas Luhmann*, Soziale Systeme. Frankfurt am Main 1984; *ders.*, Die Politik der Gesellschaft. Frankfurt am Main 2000; *Ulrich Sarcinelli* (Hrsg.), Politikvermittlung. Beiträge zur politischen Kommunikationskultur. Stuttgart 1987; *Murray Edelman*, Politik als Ritual. Die symbolische Funktion staatlicher Institutionen und politischen Handelns. Frankfurt am Main/New York 1976; *ders.*, Constructing the Political Spectacle. Chicago/London 1988; *Francesca Rigotti*, Die Macht und ihre Metaphern. Über die sprachlichen Bilder der Politik. Frankfurt am Main/New York 1994; *David I. Kertzer*, Ritual, Politics, and Power. New Haven/London 1988; *Rüdiger Voigt* (Hrsg.), Symbole der Politik, Politik der Symbole. Opladen 1989; einflußreich sind darüber hinaus die begriffsgeschichtlichen Arbeiten *Reinhart Kosellecks* und seiner Schüler, vor allem natürlich das Großprojekt: Geschichtliche Grundbegriffe. Historisches Lexikon zur politisch-sozialen Sprache in Deutschland. Hrsg. v. Otto Brunner, Werner Conze u. Reinhart Koselleck. 8 Bde. Stuttgart 1979-1997.

[40] Hier nur einige Beispiele aus der unablässig steigenden Zahl von Untersuchungen: *Rudolf Schlögl*, Der frühneuzeitliche Hof als Kommunikationsraum, in: Frank Becker (Hrsg.), Geschichte und Systemtheorie. Exemplarische Fallstudien. Frankfurt am Main 2004, 185-225; *Johannes Paulmann*, Pomp und Politik. Monarchenbegegnungen in Europa zwischen Ancien Régime und Erstem Weltkrieg. Paderborn 2000; *Thomas Mergel*, Parlamentarische Kultur in der Weimarer Republik. Politische Kommunikation, symbolische Politik und Öffentlichkeit im Reichstag. Düsseldorf 2002; *Andreas Dörner*, Politischer Mythos und symbolische Politik. Reinbek 1996; *Bernd Weisbrod* (Hrsg.), Die Politik der Öffentlichkeit – die Öffentlichkeit der Politik. Göttingen 2003, 29-53; *Habbo Knoch/Daniel Morat* (Hrsg.), Kommunikation als Beobachtung. Medienwandel und Gesellschaftsbilder 1880-1960. München 2003; *Frank Bösch/Norbert Frei* (Hrsg.), Medialisierung und Demokratie im 20. Jahrhundert. Göttingen 2006; *Daniela Münkel*, Politik als Unterhaltung? Zur Wahlkampfkultur in der Bundesrepublik seit den sechziger Jahren, in: Clemens Zimmermann (Hrsg.), Politischer Journalismus, Öffentlichkeiten und Medien im 19. und 20. Jahrhundert. Ostfildern 2006, 213-227; *Frevert/Haupt* (Hrsg.), Politikgeschichte (wie Anm. 35); *Ute Frevert/Wolfgang Braungart* (Hrsg.), Sprachen des Politischen. Medien und Medialität in der Geschichte. Göttingen 2004.

dies selbst begrifflich genauer gefaßt und differenziert werden müßte) zu beschränken oder manche marginale symbolisch-„atmosphärische" Faktoren und rhetorische Figuren zum Wesenskern des Politischen zu stilisieren.[41] Allerdings ist doch auch kaum zu bestreiten, daß Diskurse und Sprache, Inszenierung und Symbol, kommunikative Selbst- und Fremddeutungen konstitutive Elemente von Politik darstellen, keine randständigen „weichen Ergänzungsfaktoren" oder virtuell-künstliche Alternativ- oder Parallelwelten, sondern prinzipielle Verständigungsvoraussetzungen von Politik überhaupt und integrale, realitätsprägende, eigendynamische Bestandteile des politischen Alltags selbst.

Es erscheint für unser Themenfeld als eine sehr bezeichnende inhaltliche Koinzidenz und ist daher an dieser Stelle natürlich ganz besonders hervorzuheben, daß sich eine Vielzahl von Studien in den letzten zehn Jahren speziell Fragen des Vertrauens (und der Vertrauensgenerierung) in Währung und Währungsinstitutionen widmete und sich mit deren Glaubwürdigkeit bzw. ihren Vertrauen schaffenden Kommunikationsstrategien beschäftigte. Seit den ausgehenden 1990er Jahren kann man beinahe von einer Flut von „credibility"-Forschungen sprechen, die sich vornehmlich auf den wirtschaftswissenschaftlichen Buchmarkt ergoß, und man wird sicherlich nicht fehlgehen, diesen Trend in einem ursächlichen zeitlichen und sachlichen Konnex zur Einführung des Euro und seiner institutionellen Verankerung in der Europäischen Zentralbank (EZB) zu sehen.[42]

Das tagespolitische Schlagwort hierfür gab kein kulturalistischer Diskurstheoretiker vor, sondern der als knallharter politischer Praktiker und eher

[41] Beispielsweise, wenn *Mergel*, Kultur (wie Anm. 40), 83-97, die Bestuhlung eines Plenarsaales oder das Essen in einer Parlamentskantine auf eine politische Relevanzstufe mit der parteipolitischen Zerklüftung der Weimarer Republik zu stellen scheint. – Zur Kritik an der Vereinseitigung des kommunikationstheoretischen und dekonstruktivistischen Herangehens vgl. *Löffler*, Institutionengeschichte (wie Anm. 36), 172ff., 177-180; *Rödder*, Kleider (wie Anm. 36), 672-688; dies auch in Anlehnung an *Richard J. Evans*, Fakten und Fiktionen. Über die Grundlagen historischer Erkenntnis. Frankfurt am Main/New York 1998, hier 79-126, mit einer wohltuend offen und wütend formulierten Relativierung der selbstverliebten postmodernen Diskurstheorie sowie mit dem plakativen Diktum: „Auschwitz war kein Diskurs. Massenmord als Text anzusehen, bedeutet, ihn zu verharmlosen. Die Gaskammern waren kein rhetorische Figur. [...] Wenn dies für Auschwitz gilt, dann muß es aber auch für andere Aspekte der Vergangenheit gelten, für andere Ereignisse, Institutionen und Menschen, jedenfalls in einem gewissen Grade" (ebd. 123).

[42] Vgl. an entsprechenden Studien beispielhaft *Sandra Hamella*, Glaubwürdigkeit der Geldpolitik. Eine empirische Analyse unter besonderer Berücksichtigung der Zentralbank. München 2005, hier bes. 1ff., 15ff., 54ff., 76-95, 101-135, 193-198; *Froehlich*, Problem (wie Anm. 1); *Markus Freitag*, Politik und Währung: Ein internationaler Vergleich. Bern/Stuttgart/Wien 1999, bes. 20ff., 82-112, 203-219; außerdem in grundsätzlich theoretischer Absicht *Berger*, Debatte (wie Anm. 5), 90f.; und davor schon klassisch *Robert J. Barro/David B. Gordon*, Discretion, and Reputation in a Model of Monetary Policy, in: Journal of Monetary Economics 12, 1983, 101-120.

spröder Pragmatiker bekannte Bundesbankpräsident Hans Tietmeyer, als er 1999 die Währungsumstellung pointiert kommentierte: „Credibility is the name of the game"[43]. Und Otmar Issing, langjähriger Chefökonom von Deutscher Bundesbank wie EZB, betonte bereits seit Mitte der 1990er Jahre, daß mit dem „Abbröckeln" fester wirtschafts- und währungstheoretischer Doktrinen wie der monetaristischen Schule und mit der sukzessiven Revision einer strikten Geldmengensteuerung die „weichen" Faktoren und Kriterien der Zentralbankpolitik immer wichtiger würden; die Geldpolitik der Notenbank und ihre politischen Wirkungen entfalteten sich in einem zunehmend „komplexen Transmissionsprozeß".[44]

Für Issing und viele andere, gerade deutsche Kommentatoren spielte darin die institutionelle, funktionelle, personelle und finanzielle (Regierungs-) Unabhängigkeit der Notenbank zwar eine ganz maßgebliche Rolle. Die Zentralbankstellung bilde gewissermaßen das strukturell-normative Fundament der gesamten Konstruktion; von dessen Tragfähigkeit hingen Glaubwürdigkeit, öffentliche Reputation, politisches Prestige und die Stabilität und Inflationsaversion der Geldpolitik entscheidend ab.[45] Aber diese Schlüsse waren und sind wirtschaftstheoretisch wie wirtschaftshistorisch keineswegs unumstritten.[46] Und auch ein emphatischer Verteidiger der Zentralbankautono-

[43] *Hans Tietmeyer*, The Euro: An Ongoing Challange and Task, in: Deutsche Bundesbank, Auszüge aus Presseartikeln 1999, Nr. 34, 1ff., hier 2 (anläßlich des Frankfurt International Banking Evening am 20.5.1999).

[44] *Otmar Issing*, Finanzmärkte und Notenbankpolitik, in: Rolf-Ernst Breuer u.a., Finanzmärkte und Zentralbankpolitik. Frankfurt am Main 1995, 39–55; *ders.*, Die Europäische Zentralbank – Das Problem der Glaubwürdigkeit, in: Dieter Duwendag/Werner Hildenbrand (Hrsg.), Finanzmärkte im Spannungsfeld von Globalisierung, Regulierung und Geldpolitik. (Schriften des Vereins für Socialpolitik, NF., 261.) Berlin 1997, 179–192; *ders.*, The Problem of Credibility of the European Central Bank, in: Deutsche Bundesbank, Auszüge aus Presseartikeln 1998, Nr. 1, 2ff.; allgemeiner *Hesse/Issing* (Hrsg.), Geld (wie Anm. 23).

[45] Vgl. (neben den eben genannten Titeln desselben Autors) etwa *Otmar Issing*, Unabhängigkeit der Notenbank und Geldwertstabilität. (Akademie der Wissenschaften und der Literatur Mainz, Abhandlungen der Geistes- und Sozialwissenschaftlichen Klasse, Jahrgang 1993, Nr. 1.) Mainz 1993; *Ernst Baltensperger*, Geldpolitik bei wachsender Integration, in: Fünfzig Jahre Deutsche Mark. Notenbank und Währung in Deutschland seit 1948. Hrsg. v. der Deutschen Bundesbank. München 1998, 475-539, hier 548–554; *Hamella*, Glaubwürdigkeit (wie Anm. 42), 50ff., 79-84; *Freitag*, Politik (wie Anm. 42), 85f., 102–112; *Caroline Willeke*, Zentralbanken und Inflation. Ein institutionenökonomischer Ansatz. Berlin 1993; *Rolf Caesar*, Der Handlungsspielraum von Notenbanken. Theoretische Analyse und internationaler Vergleich. Baden-Baden 1981, 201-206.

[46] Problematisch ist sowohl der empirische Nachweis eines positiven Zusammenhangs der Faktoren Unabhängigkeit der Notenbank und niedrige Inflationsraten als auch und noch mehr derjenige eines positiven Zusammenhangs von öffentlichen Stabilitätspräferenzen aufgrund historischer Erfahrungen einerseits und Notenbankunabhängigkeit und tatsächlicher Preisstabilität andererseits. Zur theoretischen Debatte um die Bedeutung der Unabhängigkeit der Notenbank für die Währungsstabilität vgl. *Berger*, Debatte (wie Anm. 5); *Hayo*, Inflation Culture (wie Anm. 6); *Geoffrey E. Wood/Terence C. Mills/For-*

mie wie Issing betonte durchgehend, die institutionelle Stellung der Notenbank allein reiche immer weniger, zumal ihre direkten politischen oder makroökonomischen Einflußmöglichkeiten (wie das Begeben von Zentralgeld über Wertpapierpensionsgeschäfte oder die Fixierung der Diskontsätze) ohnehin nur äußerst begrenzt seien. Weit mehr „ins Spiel" komme die Institution dagegen auf dem Weg einer geldpolitischen „Moral Suasion [...], wenn dahinter [eine] in der Vergangenheit gewonnene Glaubwürdigkeit und in die Zukunft weisende Sanktionsordnung stehen". Vor allem diese Faktoren – die immer wieder aufs neue zu verteidigende, aber durch historische Erfahrungen begründete Reputation der Zentralbank, eine daraus geborene „glaubwürdige Geldpolitik" und das dadurch geschaffene Vertrauen in die Währung – seien es, durch die sich Krisen vermeiden oder besser überstehen, Inflationsängste psychologisch abfangen, die Bedeutung künftiger Währungsstabilität vermitteln und überhaupt erst Geldwertstabilität erfolgreich herstellen ließen. Daher werde auch eine geschickte, transparente und energische Öffentlichkeits- und Kommunikationspolitik der Zentralbanken immer wichtiger. Sie sei wesensmäßiger Bestandteil der Wächter- und Beraterrolle der Zentralbank und nachgerade der Schlüssel zur Generierung einer tragfähigen „Stabilitätskultur". Nicht zuletzt diene sie der Sicherung der eigenen institutionellen Position und des eigenen „Deutungsmonopols", das weit über rein geldpolitische Angelegenheiten hinausgehe. Issing resümiert pointiert: „Successful communication is one of the greatest challenges for monetary policy. The more convincingly central banks can explain the reasons for their monetary policy decisions to the public, the more effective their monetary policy will be".[47]

All das bedeutet aber auch: Glaubwürdigkeit, Stabilitätsbewußtsein oder eine inflationssensitive „Währungskultur" sind nicht einfach nur vorhanden oder institutionell determiniert. Die Bedeutungszusammenhänge müssen vielmehr tatkräftig und aktiv ins öffentliche Bewußtsein gerückt werden; sie konturieren sich erst im Diskurs, entstehen im kommunikativen Prozeß. Oder anders formuliert: Vertrauen in eine Institution oder Glaubwürdigkeit eines Arguments, die damit verbundenen Symbole oder Bilder sind nicht

rest H. Capie, Central Bank Independence: What is it and what will it do for us? London 1993; *Alex Cukierman*, Central Bank Strategy, Credibility, and Independence: Theory and Evidence. Cambridge, Mass./London 1992; *Gianni Toniolo* (Ed.), Central Banks' Independence in Historical Perspective. Berlin/New York 1988; *Goodman*, Sovereignty (wie Anm. 7); *Holtfrerich/Reis/Toniolo* (Eds.), Emergence (wie Anm. 11); *Ralf Solveen*, Der Einfluß der Unabhängigkeit auf die Politik der Zentralbanken. Tübingen 1998; vor allem aber eingehend und mit Nennung der Kernthesen, Grundprobleme und weiterer Literatur die Beiträge von *Hayo* und *Lindenlaub* in diesem Band.

[47] *Issing*, Finanzmärkte (wie Anm. 44), 39f., 46, 52; *ders.*, Communication, Transparency, Accountability: Monetary Policy in the Twenty-First Century, in: Federal Reserve of St. Louis Review 87, 2005, 65–83, Zitat 72; *ders.*, Zentralbank (wie Anm. 44); *ders.*, Problem (wie Anm. 44).

nur etwas (mentalitäts-)historisch Gegebenes oder quasiautomatisch Gewachsenes, sondern stets auch etwas aktiv Gemachtes, bewußt Produziertes, gezielt Transportiertes. Und gerade die Deutsche Bundesbank hat hier ihre Rolle als energischer öffentlichkeitspolitischer Agent in eigener Sache (übrigens auch als konjunkturpolitische Mitgestaltungskraft) stets weitaus offensiver und aktiver interpretiert, als man es ihr gemeinhin unterstellt. Immer wieder verwiesen etwa Tietmeyer und Issing in diesem Zusammenhang auf die enorme Bedeutung und Funktion ihrer monatlichen Bulletins und Geschäftsberichte, des Stroms von Reden und regelmäßiger Pressekonferenzen, zielgerichteter Interviews und lancierter Presseartikel. Als Teil dieser Vermittlungsleistungen und Kommunikationsstrategien hat Dieter Lindenlaub kürzlich auch die Möglichkeiten von Besucherzentren und Geldmuseen für die breite Öffentlichkeit sowie entsprechender Internetauftritte hervorgehoben. Diese bräuchten die Menschen nicht mit geldpolitischen Detailinformationen oder komplizierten Zahlenreihen zu versorgen, wichtiger sei eine didaktisch durchdachte und anschauliche Darlegung „geldpolitisch relevanter *historischer* Sachverhalte", der Ursachen- und Wirkungsgeschichte großer Inflationen etwa oder der Erfolgsbedingungen und Gefahren vergangener Währungsreformen und Währungsunionen, vielleicht auch numismatischer Entwicklungen und der Symbolkraft von Geldzeichen, um so ein generelles Verständnis und ein langfristiges Gespür für die Währungsproblematik und die „Sinnhaftigkeit" einer konsequenten und konsistenten Zentralbankpolitik wachsen zu lassen. Wenn sie dergestalt den „illustrativen Erfahrungshintergrund" für die Einschätzung der Notenbank und ihrer gegenwärtigen Politik abgebe, werde Geschichte zu einem „tragenden Pfeiler" der PR-Politik.[48]

Daß sich gerade im Zuge dieser kommunikationspolitischen und informellen Bestrebungen, Einfluß, Reputation und Vertrauen zu gewinnen, die

[48] Vgl. *Dieter Lindenlaub*, The Role of the Visitors Centre in Implementing Central Bank's Goals, Vortragsmanuskript im Rahmen des „Bank of Latvia Seminar: Opportunities and Solutions for Central Bank Visitors Centres", Riga, 6.10.2005 (Kopie des Ms. in Händen des Vf.s), hier bes. 8, 12–16; ferner zum speziellen Aspekt der Geldmuseen *ders./Christian Erb*, Das Geldmuseum der Deutschen Bundesbank – ein neuer Weg der Öffentlichkeitspolitik, in: Wolfgang L. Brunner (Hrsg.), Erfolgsfaktoren im Bankmarketing. Fallstudien zu Produkt-, Entgelt-, Vertriebs- und Kommunikationspolitik. Wiesbaden 2004, 231–243, Zitat 237; zu den realen politischen Aktionsspielräumen der Notenbanken vgl. überdies *Caesar*, Handlungsspielraum (wie Anm. 45), bes. 382–399, 451–504, 521ff.; *Berger*, Debatte (wie Anm. 5), 99ff., 109; am historischen Exempel *ders.*, Konjunkturpolitik im Wirtschaftswunder. Handlungsspielräume und Verhaltensmuster von Bundesbank und Regierung in den 1950er Jahren. Tübingen 1997; *Carl-Ludwig Holtfrerich*, Relations between Monetary Authorities and Governmental Institutions: The Case of Germany from the 19th Century to the Present, in: Toniolo (Ed.), Independence (wie Anm. 46), 105–159; *Hayo*, Inflation Culture (wie Anm. 6), 247; *Hamella*, Glaubwürdigkeit (wie Anm. 42), 54–58, 84–92.

praktischen realpolitischen Handlungsspielräume einer Zentralbank durchaus wesentlich weiter bemessen konnten, als dies der enge Rahmen der normativ-institutionellen Ausgestaltung und der formalrechtliche Autonomiegrad an sich vorgaben, zeigt das Beispiel der Bank of England. Diese stand zwar seit ihrer Verstaatlichung im Jahr 1946 als weisungsgebundene Instanz (bis in die 1990er Jahre hinein) eindeutig unter der wirtschafts- wie währungspolitischen Führung der Treasury (Peter Hennessy spricht gar von „the Treasury's appendix") und bildete in der festen britischen Parlaments- und Demokratietradition einen regierungs- und parlamentsabhängigen „Teil des staatlichen wirtschaftspolitischen Instrumentariums". Aber ihr realer öffentlicher Aktionsrahmen, der Grad ihrer „tactical freedom" und die Möglichkeiten zu „informal understandings" (A. Cairncross) überschritten doch immer deutlich die Grenzen dieses Korsetts, übertrafen die Funktion eines bloßen Ausführungsorgans und führten schließlich zu Ende des 20. Jahrhunderts in mehreren Schritten auch zur Ausweitung ihrer rechtlichen Kompetenzen. Die Gründe dafür waren durchweg informeller Natur: die besonders lange, altehrwürdige institutionelle Tradition (seit 1694); ein enormes, weltweites öffentliches Renommee; die persönlichen Netzwerke in der Londoner City; und allgemeiner: eine sehr aktive und hoch wirksame „Moral Suasion", die dank der engen, fast „familiären" Verbindungen der Bank of England zu den großen Londoner Geschäftsbanken sowie der straffen, konzentrierten Organisations- und Kommunikationsstruktur der City auch bloßen Empfehlungen in realiter schnell den bindenden Charakter einer eigenständigen Weisung der Bank verleihen konnten (wohingegen der britische Schatzkanzler sein formales Weisungsrecht gegenüber der Bank of England offiziell nicht einmal angewandt hat).[49] Angesichts dessen erscheint es grundsätzlich angebracht, Relevanz und Wirksamkeit des reinen institutionellen Normengerüsts zu relativieren. Realer politischer und gesellschaftlicher Einfluß und Handlungsspielraum einer Institution waren und sind immer (auch) von

[49] Zitate *Peter Hennessy*, Whitehall. London 1989, 396; *Konrad von Bonin*, Zentralbanken zwischen funktioneller Unabhängigkeit und politischer Autonomie. Dargestellt an der Bank von England, der Bank von Frankreich und der Deutschen Bundesbank. Baden-Baden 1979, hier 84; vor allem aber die Analysen bei *Alec Cairncross*, The Bank of England: Relationships with the Government, the Civil Service, and Parliament, in: Toniolo (Ed.), Independence (wie Anm. 46), 39-72, bes. 67-72, Zitat 71; *Michael Collins/ Mae Baker*, Bank of England Autonomy: A Retrospective, in: Holtfrerich/Reis/Toniolo (Eds.), Emergence (wie Anm. 11), 13-33, bes. 14f., 20ff., 29ff.; *Caesar*, Handlungsspielraum (wie Anm. 45), 353-402, bes. 387f., 393f., 395f.; *Bernhard Löffler*, Währungsrecht, Bundesbank und deutsche „Stabilitätskultur" nach 1945. Überlegungen zu mentalitätsgeschichtlichen Dimensionen normativ-institutioneller Regelungen, in: Manfred Seifert/ Winfried Helm (Hrsg.), Recht und Religion im Alltagsleben. Perspektiven der Kulturforschung. Passau 2005, 61-82, hier 65ff.; *Richard Roberts/David Kynaston* (Eds.), The Bank of England. Money, Power and Influence. Oxford 1995, 19-55; außerdem der Beitrag von *Gabriele Metzler* in diesem Band.

Faktoren jenseits der juristischen Normen abhängig, und sie unterlagen und unterliegen diversen, oftmals auch schleichenden Wandlungs- und Entwicklungsprozessen.

*

Währungen, Geldpolitiken und Notenbanksysteme in dem skizzierten theoretisch-methodischen Sinn in Abhängigkeit von kulturhistorischen Bestimmungsvariablen zu betrachten, das hat sich auch in den in diesem Band untersuchten Beispielen als ergiebiger und substantieller analytischer Ansatz erwiesen, wobei nicht selten die Diskussion offener methodischer Probleme das Referieren fertiger Ergebnisse überwog. Nicht zuletzt aus diesem Grund wurde auch den einzelnen länderspezifischen Fallstudien ein theorieorientierter Beitrag von *Bernd Hayo* (Marburg) vorangestellt, der aus der Warte des Ökonometrikers äußerst komplexe und abstrahierende volkswirtschaftliche Analysemodelle zur Erfassung und Messung der Bedeutung und Wirkung von Inflationseinstellungen breiter Öffentlichkeiten präsentiert, diskutiert und problematisiert. Ausgehend von empirischen Länderstichproben, die einen negativen Zusammenhang zwischen dem Grad der Zentralbankunabhängigkeit und der Höhe der Inflationsrate belegen, und auf der Basis seiner eigenen, auf die Europäische Union bezogenen Mehr-Länder-Vergleichsstudien kann Hayo methodisch innovative Wege aufzeigen, mit denen sich der Einfluß kollektiver öffentlicher Inflationssensibilitäten und nationaler „inflation cultures“ auf gesellschaftliche Politikpräferenzen (Stabilitätspräferenz) als Folge spezifischer, freilich veränderbarer historischer Erfahrungen wie als Teil größerer „ökonomischer Nationalkulturen“ in den Grundtendenzen statistisch fassen läßt. Um daraus allerdings wirkliche Kausalitätsketten von Politikpräferenzen bzw. Inflationskulturen hin zu speziellen institutionellen Ordnungen wie unabhängigen Zentralbanksystemen oder auch zu tatsächlicher hoher Preisstabilität ableiten zu können, bedürfte es noch umfangreicherer Längsschnittdaten. Jedoch könne man aus der Auswertung der vorliegenden Datenreihen „teilweise eine hohe Korrelation zwischen Zentralbankunabhängigkeit und den Sensitivitätsparametern“ aufzeigen und mit gewisser Plausibilität vermuten, daß „in der Existenz eines spezifischen monetären Stabilitätskonsenses in der ökonomischen Kultur der Bevölkerungen“ ein „wesentlicher Grund“ für niedrige Inflationsraten liege.

Auch der Aufsatz *Dieter Lindenlaubs* (Frankfurt am Main) zum Einfluß des deutschen Stabilitätsbewußtseins auf die Stellung und Geldpolitik der Bundesbank verweist zuallererst (und explizit anknüpfend an die Forschungen Hayos) auf die erheblichen methodischen Schwierigkeiten, nationaltypische kollektive Inflationsaversionen oder öffentliche Präferenzen für eine Zentralbankunabhängigkeit wirklich exakt und interpretativ belastbar in Meinungsumfragen zu messen und in Sensitivitätsanalysen zu erfassen. Dennoch spreche vieles dafür, von einer im internationalen Vergleich herausgehobenen deutschen „Stabilitätskultur" auszugehen, verstanden als um ein inflationsaverses Nationalbewußtsein gruppiertes, institutionell-rechtliches wie psychologisch-mentales Arrangement, in dem der Herstellung von Geldwertstabilität eine hohe politische Zielpräferenz eingeräumt wird. Dieses sei allerdings ein relativ junges Produkt der traumatisierenden Hyperinflationserfahrungen der ersten Hälfte des 20. Jahrhunderts, und es sei überdies, was den konkreten Einflußgrad der Inflationsaversivität, die Qualität der Vertrauensvorschüsse in die Bundesbank und vor allem die öffentliche Einschätzung der Notwendigkeit der Zentralbankunabhängigkeit angehe, mannigfaltigen Schwankungen, Wandlungen und Lernvorgängen unterworfen. Die öffentliche Meinung sei insofern ein launiges und beeinflußbares „Biest", das nur „schwer zu fassen und zu kontrollieren war" und zu dessen „Pflege" gerade deshalb die Existenz wie die intensive Öffentlichkeitspolitik einer starken Zentralbank nötig gewesen seien. Ebenso wie die Deutsche Bundesbank die Unterstützung durch das – jedenfalls von den (geld-)politischen und medialen Entscheidungsträgern so eingeschätzte, vermittelte und publizistisch wach gehaltene – öffentliche Stabilitätsbewußtsein bedürfe, so müsse die Institution Zentralbank selbst aktiv gestalten und kommunikativ einwirken, um „dessen Unbeständigkeit zu kompensieren". Das Stabilitätsbewußtsein allein jedenfalls schaffe keine unabhängigen Zentralbanken.

Olivier Feiertag (Rouen) präsentiert das französische Beispiel, das von einem Paradox geprägt zu sein scheint. Einerseits sei die Geschichte der französischen Währung vom Ersten Weltkrieg bis zur Wende der sogenannten „desinflation" in den 1980er Jahren gekennzeichnet von einer markanten „tendance continue à l'inflation". Und daraus resultiere ein ausgesprochen schwaches nationalkollektives „Währungsbild", das als kontrastierende historische Vergleichsgröße in erster Linie die bis 1914 währende Stabilität des Germinal Franc gekannt habe. (Feiertag spricht in diesem Kontext gar von einer „aversion pour l'argent" und dem „culte de la stabilité monétaire" als Charakteristika der stufenweise aufgebauten französischen Währungskultur des 19. Jahrhunderts). Auf der anderen Seite aber stünden dieses „schwache Währungsbild" und die zugrunde liegenden Währungserfahrungen monetärer Instabilität über weite Strecken des 20. Jahrhunderts hinweg in deutlichem Gegensatz zur Stabilität des französischen Banken- und Finanzsystems, zum erkennbaren Trend einer wachsenden „bancarisation" der französischen Wirtschaft und Gesellschaft (in deren Verlauf sich beispielsweise der Anteil der Franzosen mit einem Bankkonto an der Gesamtbevölkerung von etwa 10 Prozent um 1900 auf fast 95 Prozent im Jahr 1980 erhöhte), nicht zuletzt zur Haltung einer relativ gelassenen Inflationsakzeptanz der Franzosen. Diese Fähigkeit zur pragmatischen Handhabung des Inflationsproblems in der Politik sei sogar ein systemübergreifendes Phänomen gewesen; es gelte gleichermaßen für die Phase nach dem Ersten Weltkrieg mit dem Cartel des Gauches wie in den dreißiger Jahren während des Front Populaire wie unter den Vorzeichen des Vichy Regimes, aber auch im Mai 1968 oder unter François Mitterrand zwischen 1981 und 1983. Analytisch zu fassen und zu erklären versucht Feiertag diesen scheinbaren Widerspruch durch die aus der wirtschaftstheoretischen Forschung gewonnene und an John R. Hicks angelehnte Hypothese eines allmählichen Aufbaus einer „overdraft economy", zu dem es in Frankreich zwischen 1920 und 1980 gekommen sei. Damit wird postuliert, daß durch eine allmähliche Verwandlung des Status, der Funktionen und der Instrumente der Zentralbank – und infolge dessen des ganzen Bankensystems – die Inflation im historischen Prozeß gleichsam institutionalisiert worden sei, um so das wirtschaftliche Wachstum möglichst billig zu finanzieren und den sozialen Zusammenhalt der Gesellschaft möglichst weitreichend zu gewährleisten.

In gewisser Weise beide nationale Stränge, die deutsche und französische Seite, zusammenführend, thematisiert die vergleichende Studie von *Bernhard Löffler* (München/Passau) die äußerst kontroversen und durchgehend aufeinander bezogenen öffentlichen Debatten, die sich anläßlich der Einführung des Euro und der Gründung des Europäischen Zentralbanksystems 1996/97 in Deutschland und Frankreich entfalteten und die in eben diesen beiden Ländern (vielleicht mit Ausnahme Großbritanniens) heftiger als in allen anderen europäischen Staaten geführt wurden. Vorderhand ging es dabei um die Fragen nach dem Autonomiegrad der europäischen Zentralbank und nach der Priorität und Verbindlichkeit des Preisstabilitätszieles, oder anders gewendet: um die Frage, inwieweit das erfolgreiche Modell der Deutschen Bundesbank eine europäische Vorbildfunktion erhalten sollte. Blickt man auf die Diskursstrategien wurde aber, diesseits wie jenseits des Rheins, weniger mit währungstechnischen oder bankrechtlichen Argumenten operiert. Vielmehr beschäftigten sich die meisten Kommentatoren überwiegend mit Fragen und Problemen unterschiedlicher (währungs-)politischer Kulturen und politischer Symbolik von Währung; wurde in einer „Art europäischem Religionskrieg" explizit gefochten um „Münzen und Monstranzen" und um die Präponderanz unterschiedlicher „Stabilitäts- und Währungskulturen". Bezeichnenderweise fanden die Auseinandersetzungen auch weniger in den Politik- oder Wirtschaftsteilen, sondern oftmals in den (politischen) Feuilletons der Tages- und Wochenzeitungen statt. Im Ergebnis der Argumentationsmuster, wie sie von Protagonisten wie Hans Tietmeyer oder Otmar Issing gebraucht wurden, rankte sich hierbei die deutsche „Stabilitätskultur" um einen Bestand aus vier Erfahrungs- und Denktraditionen: die normativ-institutionelle Notenbanktradition nach 1948/57 mit einer unabhängigen und auf das Stabilitätsziel verpflichteten, sehr erfolgreichen Zentralbank; eine staatsphilosophische Denktradition, die „unpolitischen", fachlich-bürokratischen, dem Parteigeschäft entzogenen Expertengremien seit jeher eine hohe Problemlösungskapazität zubilligte und dies in das Dogma vom „unpolitischen Geld" münden ließ; die Denkschule des deutschen Ordoliberalismus mit seinem „Primat der Währung"; und die nationalkollektive Wahrnehmung und mentalitätsgeschichtliche Prägekraft zweier großer Inflationen in der ersten und deren (positive) Kontrastierung in der zweiten Hälfte des 20. Jahrhunderts. In den – vornehmlich von linksliberalen Intellektuellen wie Pierre Bourdieu, Emmanuel Todd oder Jean-Pierre Chevènement bestimmten – französischen Diskussionen lassen sich als argumentative politisch-kulturelle Referenzfelder hauptsächlich identifizieren: die Tradition französischer Sozialstaatlichkeit, gebündelt in der Forderung eines Primats der (notfalls auch inflationären) Sozialpolitik bzw. einer (keynesianischen) Beschäftigungspolitik vor der (stabilitätsorientierten) Währungspolitik; allgemeiner die „Idee einer staatlichen Potenz in der Wirtschaft" (F. Furet) bzw. der Sicherung eines „Primats der Politik vor der Wirtschaft", was sich institutionell in einer regierungsabhängigen Notenbank auszudrücken habe; und noch grundsätzlicher das Prinzip der ständigen demokratischen Kontrolle und Legitimation als fundamentalem Gegenentwurf zur Doktrin des „unpolitischen Geldes" und Ausfluß der republikanischen Verfassungswerte der „citoyenneté".

Einen exponierten Fall nationaler währungspolitischer wie währungskultureller Tradition nimmt auch *Gabriele Metzler* (Berlin) mit ihrem Beitrag zu Großbritannien in den Blick, der sich mit seinem Fokus auf die britischen Euro-Debatten außerdem fast komplementär zur Analyse Löfflers lesen läßt. Metzler erkennt in den zähen Diskussionen um die seit jeher problematische Positionierung Englands gegenüber den Instanzen von EWG/EU im allgemeinen und zur europäischen Währungsunion (mit der Einführung des Euro) im besonderen ebenfalls weit mehr als die Auseinandersetzung um rein ökonomische Zusammenhänge. Vielmehr gehe es um Akte nationaler Selbstwahrnehmung und historisch fundierter Identitätsstiftung. An das eng aufeinander bezogene institutionelle Zwillingspaar der ehemaligen Weltwährung Pfund Sterling und Bank of England mit ihren bis ins 17. Jahrhundert reichenden Wurzeln hätten sich stabile „überkommene Leitbilder, Gewißheiten und Geschichtsbilder angelagert" und „materialisiert", die zugleich durch „beide Institutionen perpetuiert" würden und „über den Zusammenhang der konkreten Institution hinaus handlungsleitend" und diskursprägend wirkten, – und dies über alle politischen Zäsuren wie institutionell-rechtlichen Änderungen in Fragen der Währungspolitik (Abkehr vom Goldstandard, Verlust der Rolle des Pfundes als internationaler Leitwährung) und der Zentralbankposition (Nationalisierung 1946, sukzessive Veränderung des Autonomiegrades der Bank of England) hinweg. Die untersuchten Argumentationsstrategien der öffentlichen Debatten (innerhalb der politischen Eliten, zahlreicher Lobbyorganisationen und diverser Presseorgane) wie die Aussagen der in die gesellschaftliche Breite gehenden Meinungsumfragen für und wider den Beitritt zur Euro-Zone belegten dies wie unter dem Brennglas: Für die Mehrheit der Briten ging es hier nicht um rationale ökonomische Argumente, sondern um die weithin verneinte Frage nach der Kompatibilität mit der eigenen „Britishness“. Entscheidend waren die mentalen Konstruktionen einer dieser Identität gemäßen nationalen „Währungskultur“, die sich aus mehreren Vorstellungsquellen speiste: aus der bloßen Anciennität und Symbolkraft der jahrhundertealten Traditionen von Pfund Sterling und Bank of England als „the Government's banker“; aus dem der historischen imperialen Rolle erwachsenen Verständnis nationaler Größe und Souveränität und den davon abgeleiteten Topoi der „deference“ und „independence“, die es verböten, sich den Maßgaben der (zumal nach deutschen Vorstellungen verfaßten) Europäischen Zentralbank zu unterwerfen; aus dem Bewußtsein der eigengewichtigen Bedeutung des Finanzplatzes der City of London; nicht zuletzt aus den Denktraditionen einer regierungs- und vor allem parlamentsabhängigen Zentralbank, die eine gleichsam „unpolitische“ und bürokratisch verfaßte Autonomie der Institution als fundamentalen Widerspruch zur Legitimität souveräner Parlamentshoheit und damit zur demokratischen politischen Kultur des Landes ansähen.

Einen etwas anderen Akzent setzt *Tobias Straumann* (Zürich) in seinen komparatistischen Ausführungen zu Schweden und zur Schweiz. Er betont vornehmlich die Bedeutung differierender Krisenrezeption und -interpretation durch die politischen Eliten und in diesem Kontext die maßgeblichen Einflüsse differierender wirtschafts- und währungstheoretischer Dogmen (Keynesianismus und Monetarismus) in einem Diskurs zwischen Politikern, Beamten, Diplomaten und Ökonomen, der ausgesprochen gesamteuropäische Signaturen trug. Diese Debatten und Rezeptionsvorgänge und weniger ein in die Breite der Bevölkerung gehendes nationalkollektives Krisen- und Stabilitätsbewußtsein hätten dazu geführt, daß die beiden Länder trotz vielfältiger struktureller Gemeinsamkeiten („klein, reich, neutral und stabil“) im Laufe des 20. Jahrhunderts, vor allem zwischen den 1940er und 1980er Jahren, auf ganz unterschiedlichen währungspolitischen bzw. -rechtlichen Pfaden wandelten und auch unterschiedliche Stabilitätserfahrungen (mit einer über die Jahrzehnte hinweg relativ unstabilen Krone und einem relativ stabilen Franken) machten. So sei zwar auch in Schweden und der Schweiz die Weltwirtschaftskrise der 1930er Jahre von „großer Tragweite“ gewesen, aber nicht wegen des Kollektivtraumas einer Hyperinflation, die beiden Staaten erspart geblieben ist, sondern wegen der differierenden politischen Interpretation und Wahrnehmung der Krise, die weitgehend in den rationaldomestizierten Diskussionsbahnen politischer Elitennetzwerke verblieben. In Schweden wurde die Krise unter keynesianischem Einfluß als klassisches Marktversagen bewertet und daraus die Notwendigkeit eines viel stärker kontrollierenden Staatsinterventionismus abgeleitet – mit entsprechenden Folgen für das Zentralbanksystem, dessen Regierungsabhängigkeit erheblich forciert wurde. Die Schweiz dagegen revitalisierte ihre liberale Geldpolitik (mit Stabilitätspräferenz), distanzierte sich von konjunkturpolitischem

Interventionismus und bewahrte die starke Unabhängigkeit der Schweizer Nationalbank. Aber diese Differenzen begründet Straumann eben weniger mit mentalitätsgeschichtlichen Faktoren wie kollektiven Geldwerterfahrungen, sondern vornehmlich mit der unterschiedlichen Stärke der Sozialdemokratie (als institutionalisiertem Einfallstor keynesianischer Gedanken) und dem unterschiedlichen Grad an staatlichem Zentralismus (als institutionalisiertem Hebel interventionistischer Maßnahmen). In Schweden habe die politische Macht in sozialdemokratischen Händen und konzentriert in Stockholm gelegen, während in der ganz und gar bürgerlich dominierten Schweiz der Föderalismus institutionelle Rochaden und fundamentale Politikwechsel von vorneherein erschwert habe. Im Rahmen dieser Entwicklungsstrukturen konstatiert allerdings auch Straumann die Prägekräfte langlebiger politischer und wirtschaftlicher Kulturen der jeweiligen Staaten und ihrer Nationswerdung: von der Wirtschaftsstruktur und den Handelstraditionen bis hin zur ethnisch-konfessionellen Zusammensetzung. Auch wenn sich diese kaum in einer spezifischen „Stabilitätsmentalität" spiegelten, so besäßen sie doch unmittelbare währungspolitische Auswirkungen bis in die heutigen Tage. In Schweden hätten die EU und ihre vereinheitlichende Währungspolitik immer als ein „kontinentaleuropäisch-katholisches Projekt" gegolten, in der Schweiz stets als zentralistisch und antiföderalistisch; in beiden Länder wurde der Euro daher abgelehnt.

Noch einmal grundlegend anders liegt der tschechoslowakische bzw. tschechische Fall, dem sich *Maria Köhler-Baur* (Dresden/München) widmet. Denn im Vordergrund stehen hier weniger langfristige, „organische" Währungserfahrungen, dauerhafte institutionelle Arrangements oder historisch gewachsene „Währungskulturen". Entscheidender ist vielmehr die Tatsache dreier tiefer und in kurzen Zeitabständen erfolgender struktureller Einschnitte in den politischen Rahmenbedingungen: von der Gründungsperiode des neuen tschechoslowakischen Nationalstaates nach 1918/19 über die sozialistischen Reformen nach 1948 bis hin zur revolutionären Zäsur von 1989/90. Der Beitrag zeigt die enormen Auswirkungen dieser sich wandelnden Strukturbedingungen auf die Währungsinstitutionen, die währungspolitischen Debatten und die öffentlichen Wahrnehmungen und Vorstellungen von Währung, Geld und Bankwesen. Köhler-Baur konzentriert sich dabei zum einen auf die besonders interessanten Auseinandersetzungen in der konstitutiven Phase der Tschechoslowakischen Krone in den 1920er Jahren. Weithin von den Konzeptionen des ersten tschechischen Finanzministers Alois Rašín bestimmt, erscheinen Notenbankordnung, Währungssystem und Währungspolitik zu dieser Zeit vornehmlich als Variable der „nationalen Idee", der ökonomischen Emanzipation, politischen Profilbildung und institutionellen Stabilisierung der entstehenden Nation; die Währung und ihre Stabilität dienten als Element nationaler Identitätsstiftung und als Aushängeschild für das wachsende internationale Ansehen der jungen Republik.

Der andere Akzent des Beitrags liegt auf den Diskussionen um eine neue Notenbank- und Währungsordnung zwischen 1990 und 1993. Diese offenbaren im Zeichen der vor allem von Finanzminister Václav Klaus forcierten neoliberal-monetaristischen Linie einen bemerkenswerten transnationalen Ideentransfer, die starke Rezeption des Modells der Deutschen Bundesbank mit ihrem hohen Autonomiegrad und ihrer strikten Stabilitätsverpflichtung, kombinieren freilich auch dies, ganz in der Denktradition Rašíns, mit starken Ambitionen nationalpolitischer Profilierung und Stabilisierung.

*

Will man die einzelnen Beiträge resümieren, so erscheinen sie angesichts der differierenden historischen Entwicklungen und der Variabilität der Einflußgrößen auf Notenbankordnungen und geldpolitische Strategien schwer auf einen einheitlichen gemeinsamen Nenner zu bringen. Zwar wird ganz deutlich, daß kulturell-symbolische Faktoren und historische Argumente von großer Bedeutung sind, ja die Debatten um Währung und Währungsordnung nicht selten ganz maßgeblich bestimmen. Begriffe wie „Stabilitätskultur" oder „Währungskultur" oder „Wirtschaftskultur" sind, gerade in den Kontroversen der jüngsten Zeit, in einer breiten Öffentlichkeit oftmals diskursprägend. Damit aber beginnen schon die Schwierigkeiten.

Denn zum einen stellt sich die Frage, inwieweit sie deshalb auch für die (geld-)politischen Instanzen und für die (geld-)politischen Eliten handlungsleitend sind. Da wird man sicherlich noch andere zentrale Bestimmungsfaktoren jenseits der kulturhistorischen nationalen Erfahrungsdimensionen zu berücksichtigen haben: die Abhängigkeiten von internationalen Geld- und Währungsregimes etwa oder die Orientierung an bestimmten übernationalen wirtschaftswissenschaftlichen bzw. wirtschaftspolitischen Schulen (Keynesianismus versus Monetarismus), aber auch die persönlichen Haltungen und interaktiven Netzwerke, die internationalen „Wissensgemeinschaften" und „epistemic communities" von Notenbankchefs und Finanzministern mit ihren eigenen Deutungshoheiten und Gestaltungsmöglichkeiten, die die begrenzten nationalen Aktionszusammenhänge bei weitem übersteigen.[50]

[50] Vgl. z.B. *Fausto Vicarelli*, Central Bank Autonomy: A Historical Perspective, in: Toniolo (Ed.), Independence (wie Anm. 46), 1-16, hier 2ff., 9f.; ferner bes. den Beitrag von *Tobias Straumann* in diesem Band. – Zum Konzept der „Wissensgemeinschaft" und zur Bedeutung von „epistemic communities" geldpolitischer Eliten siehe *Hegmann*, Kulturen (wie Anm. 23), 254f., 258f., 263-269; sowie *Peter H. Haas*, Introduction: Epistemic Communities and International Policy Coordination, in: International Organization 46/1, 1992, 1-35; *Martin Marcussen*, Central Bankers, the Ideational Life-Cycle and the Social Construction of EMU. (European University Institute Florence, Working Paper RSC 98/33.) Florenz 1998; *Amy Verdun*, The Role of the Delors Committee in the Creation of EMU: An Epistemic Community? (European University Institute Florence, Working Paper RSC 98/44.) Florenz 1998.

Zum anderen sind die Begriffe „Stabilitäts"- und „Währungskultur" ziemlich uneindeutig und schillernd. Sicherlich könnte man sich recht leicht auf eine eher allgemeine Definition verständigen. Es handelte sich dann um „gemeinsame Präferenzen und erprobte Fähigkeiten" (Tietmeyer), um ein Bündel aus historisch gewonnenen und (national-)kollektiv verinnerlichten Werthaltungen, Verhaltensmustern und Denkgewohnheiten, „values and attitudes", die eben auf das Währungssystem insgesamt oder auf die Einschätzung des Phänomens Inflation speziell bezogen sind. Für Tietmeyer steht dabei die Geldwertstabilität als „soziale Norm", auf die hin die allgemeinen Konventionen und zugleich das „Gemeinschaftshandeln" und die „Organisationskultur" der geldpolitischen Institutionen ausgerichtet seien, absolut im Zentrum.[51] Aber abgesehen davon, daß dies keineswegs überall so ist – in Frankreich etwa dominierten für die Einschätzung der Währung Fragen des republikanischen Selbstverständnisses und der Sozialstaatsverpflichtung eindeutig die Inflationserfahrungen, in Großbritannien waren es die Imaginationen eigener, aus der Vergangenheit hergeleiteter nationaler Größe, in der ČS(S)R die politischen Profilierungsversuche entstehender Nationalstaaten –, bleibt es ein erhebliches methodisches Problem, dergleichen Zusammenhänge einigermaßen exakt zu erfassen oder gar zu berechnen, also etwa – je nach Nation, Erfahrung, Referenzfeld – die unmittelbaren Indikatoren für öffentliches Geldwertbewußtsein als Erklärungsfaktor für Stabilitätskultur aus Meinungsumfragen herauszufiltern. Und in diesem Zusammenhang bleibt auch die inhaltliche Frage nach einer theoretisch zu untermauernden und statistisch belastbaren Bedeutungsrangfolge oder Prioritätenliste von währungskulturbestimmenden „sozialen Normen" zu klären.

Abschließend seien den Beiträgen daher noch zwei generelle, strukturierende Hypothesen vorausgeschickt. Erstens: Es erscheint in jedem Fall notwendig, Begriffe wie „Stabilitäts"- oder „Währungskultur" nicht auf Geldwerterfahrungen allein zu beziehen, sondern sie einzubetten in umfassendere Vorstellungen von politischer Kultur und Tradition, in weitere historische Erfahrungshorizonte des jeweiligen Politik-, Verfassungs- und Gesellschaftssystems, der politischen Ideologie, der „Verfassungsphilosophie" und Nationswerdung. Und zweitens: Schon in diesen einleitenden methodischen und terminologischen Überlegungen sollte deutlich geworden sein, welche enorme Relevanz die Kommunikations- und Perzeptionsebene besaß und besitzt. Es ging und geht bei unserem Thema nie allein um reale geldpolitische Ak-

[51] *Hans Tietmeyer*, Der Stabilität verpflichtet, in: FAZ vom 28.12.1996, 11; außerdem z.B. *Berger*, Revolution (wie Anm. 21), 24; *Hayo*, Inflation (wie Anm. 6), 246; *Richter*, „Stabilitätskultur" (wie Anm. 23), hier 73f., 86, der Hans Tietmeyer gar als Schöpfer des Begriffs „Stabilitätskultur" sieht. Dagegen schreibt *Manfred J. M. Neumann*, Geldwertstabilität: Bedrohung und Bewährung, in: Fünfzig Jahre Deutsche Mark (wie Anm. 45), 309–346, hier 343, die Wortschöpfung Helmut Schlesinger zu.

tionen oder tatsächliche, persönliche Inflationserfahrungen, sondern immer auch um die Verankerung und Vermittlung von legendarischen Erfahrungs- und Vorstellungswelten, um deren mediale Verarbeitung und Verbreitung, um kommunikative Präsenz und das Ringen um Diskussions- und Deutungshoheiten – und die können sich unter Umständen auch unabhängig von den rein quantitativen Mehrheitspositionen in Politik, Bevölkerung und öffentlich-publizistischem Meinungsspektrum entwickeln. Der Politikwissenschaftler Karl Rohe hat es im Rahmen seiner Analysen zu politischen Kulturen pointiert so ausgedrückt: Wirklichkeitsprägend seien nicht nur die „Einstellungen", sondern mindestens ebenso stark die „Vorstellungen".[52] Und der Institutionenökonom Rudolf Richter spricht davon, um eine bestimmte „Stabilitätskultur" verankern und zur „sozialen Norm" machen zu können, bedürfe es wohl eines „Konventionsgleichgewichts" zwischen den institutionellen Verwaltern einer Währung und den Geldbenutzern, denn erst beider Vertrauensverhältnis und „Gemeinschaftshandeln" halte das Währungssystem am Laufen. Aber dies funktioniere nur, wenn Vertrauen und „Konventionsgleichgewicht" ständig trainiert, gepflegt und öffentlich „kultiviert" würden, durch rationale ökonomische Argumente gleichermaßen wie durch kulturell-politische Symbole und „Währungsbilder".[53] Das ist gewissermaßen die aktive kommunikationstechnische Seite der währungskulturellen Medaille, von der mit Hinweisen auf die Notwendigkeiten einer bewußten „Moral Suasion" und energischen öffentlichkeitspolitischen „Performance" währungspolitischer Protagonisten schon öfter die Rede war.

[52] *Karl Rohe*, Politische Kultur und der kulturelle Aspekt von politischer Wirklichkeit, in: Dirk Berg-Schlosser/Jakob Schissler (Hrsg.), Politische Kultur in Deutschland. Bilanz und Perspektiven der Forschung. Opladen 1987, 39–48, hier 40f. – Am Beispiel der französischen Diskurslandschaft der 1990er Jahre vgl. *Ulrike Guérot*, Deutschland, Frankreich und die Währungsunion – über Diskussionen und Metadiskussionen, in: Frankreich Jahrbuch 1997. Opladen 1997, 223–240; *Marc Lits/Jerry Palmer/Wolfgang Settekorn*, L'Euro médiatisé. La construction de la monnaie unique dans les médias européenes. Löwen 1998.

[53] *Richter*, „Stabilitätskultur" (wie Anm. 23), 74, 87.

Inflationseinstellungen, Zentralbank-unabhängigkeit und Inflation*

Von

Bernd Hayo

I. Einleitung

Zentralbankunabhängigkeit wird in der Volkswirtschaftstheorie als zentrales institutionelles Element der Organisation der Geldpolitik gesehen, mit dem Ziel, das sogenannte Zeitinkonsistenzproblem zu überwinden. Das Zeitinkonsistenzproblem beschreibt in diesem Zusammenhang eine Situation, in der durch die gegebenen Handlungsanreize der Zentralbank und das vorausschauende Verhalten privater Wirtschaftsakteure eine unnötig hohe Inflationsrate realisiert wird. Empirisch kann für bestimmte Länderstichproben gezeigt werden, daß ein negativer Zusammenhang zwischen einem Indikator für den formalen Grad der Zentralbankunabhängigkeit und der Inflationsrate besteht. Aus dem Zusammenwirken von theoretischer und empirischer Forschung ergibt sich daher eine überzeugende Erklärung für die Beobachtung unterschiedlich hoher durchschnittlicher Inflationsraten in verschiedenen Ländern.[1]

Diese Sichtweise ist aber trotzdem unbefriedigend, weil sie eine wesentliche Frage der Institutionenbildung einfach ausklammert: Warum beobachten wir überhaupt unterschiedlich unabhängige Zentralbanken? Es liegt nahe, daß die Zentralbankunabhängigkeit selber kaum der kausale Faktor niedriger Inflation sein kann. Vielmehr wäre der Einfluß, der zur Einrichtung dieser Institution geführt hat, als kausaler Faktor herauszustellen. Zentralbankunabhängigkeit könnte daher als mögliches Ergebnis eines zweistufigen sozialen Prozesses interpretiert werden: In der ersten Stufe bestimmen Gesellschaften ihre Politikpräferenzen. Diese werden beeinflußt durch den Grad der Inflationsaversion, die Arbeit von Interessengruppen und institutionelle Faktoren wie das politische System oder das Rechtssystem. In der zweiten Stufe entscheiden Gesellschaften über die konkrete Ausgestaltung der Geldpolitik, z. B. eine unabhängige Zentralbank.

* Ich danke Matthias Neuenkirch für eine kritische Durchsicht des Manuskripts.

1 Eine Zusammenfassung dieser Literatur findet sich beispielsweise in *Helge Berger/Jakob de Haan/Sylvester C. W. Eijffinger*, Central Bank Independence: An Update of Theory and Evidence, in: Journal of Economic Surveys 15, 2001, 3–40, oder *Marco Arnone/Bernard Laurens/Jean-François Segalotto/Martin Sommer*, Central Bank Autonomy: Lessons from Global Trends. (IMF Working Paper 07/88.) Washington, D. C. 2007.

In diesem Beitrag wird veröffentlicht, wie man basierend auf Umfragedaten Hinweise über die Inflationseinstellungen in einer Bevölkerung bekommen kann. Mit Hilfe einer statistischen Analyse kann gezeigt werden, daß inflationssensitive Gesellschaften durchschnittlich niedrigere Inflationsraten aufweisen. Nach diesem Ansatz läuft die Kausalität dann von den Präferenzen über die Errichtung geeigneter Institutionen zur Inflationsrate. Inflationspräferenzen könnten durch kulturelle Attribute wie Akzeptanz ungleicher Verteilung von Macht in einer Gesellschaft oder Vermeidung von Unsicherheit beeinflußt werden. Darüber hinaus gibt es Ansätze, die versuchen die Einrichtung unabhängiger Zentralbanken durch die erfolgreiche Arbeit von Interessengruppen und bestimmte Charakteristika des politischen Systems oder des Rechtssystems zu erklären. Möglicherweise hat auch das Ergebnis der tatsächlichen Geldpolitik einen rückkoppelnden Einfluß auf die Präferenzen.[2]

II. Die Bedeutung von Inflationskulturen

Die vorherrschende oder „orthodoxe" Sichtweise in der Volkswirtschaftslehre sieht die Unabhängigkeit der Zentralbanken als wesentliche Voraussetzung zur Überwindung des Problems der Zeitinkonsistenz und der Ausnutzung der Geldpolitik für fiskalische Zwecke an.[3] Im Ergebnis ähnlich ist die Argumentation von McCallum, der nicht die Probleme der Zeitinkonsistenz und die Frage optimaler Kontrakte, etwa die Ausgestaltung der Arbeitsverträge für die Zentralbanker, sondern die Unabhängigkeit der Zentralbank von den kurzfristigen Zwängen der Politik, z. B. von den Forderungen nach konjunkturstützender Geldpolitik, für das Wesentliche hält.[4]

Diese theoretische Literatur wird gestützt durch empirische Studien, die versuchen zu zeigen, daß zwischen dem Grad der Unabhängigkeit der Zentralbank und der Inflationsrate ein wichtiger Zusammenhang besteht.[5] Nach-

[2] Dieser Argumentationsstrang wird zusammengefaßt in *Bernd Hayo/Carsten Hefeker*, Reconsidering Central Bank Independence, in: EJPE 18, 2002, 653-674.

[3] Beispielsweise kann durch Seigniorage, d.h. reale Erträge durch Geldschöpfung seitens der Zentralbank, die Einnahmesituation des Staates verbessert werden. Kurz und prägnant wird diese Position zusammengefaßt in *Stanley Fischer*, Central-Bank Independence Revisited, in: American Economic Review. Papers and Proceedings 85, 1995, 201-206.

[4] *Bennett T. McCallum*, Two Fallacies Concerning Central-Bank Independence, in: American Economic Review. Papers and Proceedings 85, 1995, 207-211.

[5] *Alberto Alesina*, Macroeconomics and Politics, in: NBER Macroeconomic Annual. Cambridge, Mass. 1988, 13-52; *Vittorio Grilli/Donato Masciandaro/Guido Tabellini*, Institutions and Policies, in: Economic Policy 6, 1991, 341-392; *Alberto Alesina/Vittorio Grilli*, The European Central Bank: Reshaping Monetary Politics in Europe, in: Matthew B. Canzoneri/Vittorio Grilli/Paul R. Masson (Eds.), Establishing a Central Bank: Issues in Europe and Lessons from the US. Cambridge 1992, 49-77.

folgende Abbildung 1 illustriert diesen Zusammenhang für acht EU-Länder. Dieses Ergebnis einer negativen Korrelation wird als kausale Beziehung interpretiert: Je höher die Unabhängigkeit der Zentralbank (ZBU) eines Landes ist, desto geringer wird die dort herrschende Inflation sein.

Abb. 1: Alesina/Summers-Index und durchschnittliche Inflationsraten für acht EU-Länder[6]

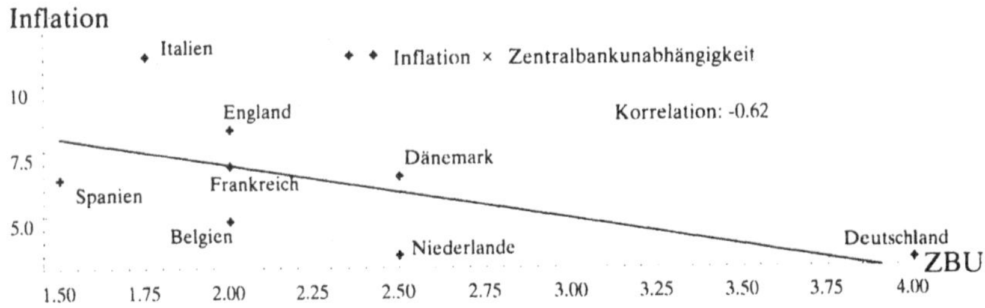

Obwohl diese Sichtweise als der „Mainstream" in der Volkswirtschaftslehre bezeichnet werden kann, gibt es einige Ökonomen, die sich nicht völlig überzeugt von den theoretischen und empirischen Argumenten zeigen.[7] Auf die mögliche Existenz einer tiefsitzenden Angst vor Inflation in der deutschen Bevölkerung und ihre potentielle Wirkung auf die Geldpolitik wurde bereits früher in der Literatur hingewiesen.[8] Ihre Position kann so interpretiert werden, daß die Präferenzen der Deutschen in bezug auf Preisstabilität wichtig für die Erklärung der international vergleichsweise niedrigen Inflationsraten in der Nachkriegszeit sind.

Collins und Giavazzi präsentieren einen empirischen Versuch, Präferenzen bezüglich Inflation – in der Form von Bevölkerungseinstellungen – für die Mitgliedsländer im Europäischen Währungssystem zu messen.[9] Indem

[6] Der Index zur Messung der Zentralbankunabhängigkeit wurde entnommen aus: *Alberto Alesina/Lawrence H. Summers*, Central Bank Independence and Macroeconomic Performance: Some Comparative Evidence, in: Journal of Money, Credit, and Banking 25, 1993, 151–162.

[7] Mögliche Nachteile unabhängiger Zentralbanken werden diskutiert in *Andrew P. Blake/Peter F. Westaway*, Should the Bank of England be Independent?, in: National Institute Economic Review 143, 1993, 72–80.

[8] Siehe beispielsweise *Peter Bofinger*, Discussion, in: Canzoneri/Grilli/Masson (Eds.), Establishing (wie Anm. 5), 77–80, oder *Hans-Jürgen Treutler*, Five Years to Prepare the Final Stage of EMU: A German View, in: Wolfgang Gebauer (Ed.), Foundations of European Central Bank Policy. Heidelberg 1993, 105–118.

[9] Siehe *Susan M. Collins/Francesco Giavazzi*, Attitudes Towards Inflation and the Viability of Fixed Exchange Rates: Evidence From the EMS, in: Michael D. Bordo/Barry Eichengreen (Eds.), A Retrospective on the Bretton Woods System: Lessons for International Monetary Reform. Chicago 1993, 547–577; kritische Kommentare liefern *Michele Fratianni* und *Niels Thygesen*, in: ebd. 577–585.

sie Zeitreihendaten der Erwartungen der Europäer im Hinblick auf Inflation und Arbeitslosigkeit als unabhängige Variablen und die Bevölkerungsmeinungen zur allgemeinen Wirtschaftsentwicklung als abhängige Variable verwenden, können die Parameterschätzungen eines solchen Modells als Gewichte in einer wirtschaftlichen Verlustfunktion (*loss function*) angesehen werden. Sie argumentieren, daß in den 1980er Jahren in Europa ein struktureller Bruch in der Schätzung der Gewichte stattgefunden hat, hin zu einer stärkeren Bewertung der Inflation. Darüber hinaus versuchen Collins und Giavazzi empirische Belege für die Hypothese einer Konvergenz der Bevölkerungseinstellungen bezüglich der Gewichtung des Ziels der Preisstabilität vorzulegen. Allerdings sind sowohl ihr Ansatz als auch ihre Ergebnisse in der Literatur kontrovers diskutiert worden.

Ein anderer Weg, welcher freilich mit der konventionellen Sichtweise ebenfalls nicht konform geht, wird von Posen beschritten.[10] Dieser argumentiert, daß die Fixierung auf Zentralbankunabhängigkeit als Ursache für die Existenz internationaler Unterschiede in den Inflationsraten nicht überzeugen kann. Vielmehr sollte für die Erklärung dieses Phänomens eine stärkere Betonung auf die Bedeutung des Einflusses von Interessengruppen innerhalb des jeweiligen nationalen politischen Systems gelegt werden. Insbesondere das (angenommene) Interesse bedeutender Teile des monetären Systems, die Inflationsrate niedrig zu halten, wird als wichtiger Faktor für die Beeinflussung der Wirtschaftspolitik im Sinne einer stärkeren Betonung des Ziels der Preisstabilität gesehen. Posens Auffassung nach ist es ein Fehler, sich primär um institutionelle Belange (wie die Unabhängigkeit einer Zentralbank) zu kümmern, aber die aus dem politischen System herrührenden Effekte zu vernachlässigen.

Obwohl der Ansatz von Posen viele bemerkenswerte Facetten aufweist und als ernsthafte Kritik am orthodoxen Vorgehen angesehen werden sollte, sind ihm doch gleichfalls einige Schwächen eigen. So lassen sich etwa folgende kritische Fragen formulieren: Trifft es wirklich zu, daß der Finanzsektor einer Volkswirtschaft am meisten von niedrigen Preissteigerungsraten profitiert? Angesichts der Verschiedenheit der finanzwirtschaftlichen Akteure ist zu hinterfragen, wie es gelingen kann, die Interessen gemeinsam zu koordinieren. Wie schon von Olson erläutert wurde, ist es keineswegs offensichtlich, wie angesichts der relativ großen Zahl von Akteuren die entstehenden Transaktionskosten (z.B. Entscheidungsfindungs- und Überwachungskosten) innerhalb der Interessengruppe verteilt werden sollen und wie ein allgemeines „Schwarzfahrerverhalten" (d.h. Partizipation am wünschenswer-

[10] Siehe *Adam S. Posen*, Why Central Bank Independence Does Not Cause Low Inflation, in: Richard O'Brian (Ed.), Finance and the International Economy, 7. (The Amex Bank Review Prize Essays.) Oxford 1993, 40–65.

ten Ergebnis ohne für die Kosten aufzukommen) verhindert werden kann.[11] Weiterhin sollte der strukturelle Wandel im Finanzsektor einer Ökonomie die Zusammensetzung der Interessengruppe verändern. Warum ist dieser Effekt nicht deutlich in der Entwicklung der Inflationsraten zu beobachten?

Angesichts dieser nur schwer zu beantwortenden Fragen wird argumentiert, daß nicht allein Interessengruppen eine Rolle spielen, sondern weiterhin auch der Entwicklung von Institutionen Aufmerksamkeit geschenkt werden sollte. Posens Ansatz kann als interessanter Beitrag angesehen werden, aber er stellt keine völlig befriedigende Antwort dar. Folglich wird die Interessengruppen-Erklärung als komplementär zu dem in der Folge primär diskutierten und vertretenen Ansatz angesehen.

Ein derartiger alternativer Ansatz weist der Einbeziehung von Bevölkerungseinstellungen zur Bedeutung der Inflationsrate eine zentrale Rolle zu und bietet damit den systematischen Versuch, das Konzept der Inflationskultur empirisch zu operationalisieren.[12] Dabei werden empirisch ermittelbare Bevölkerungseinstellungen als meßbare Indikatoren der Präferenzen angesehen. Der Startpunkt der Analyse ist die Feststellung, daß die formal-institutionelle Ausgestaltung einer Zentralbank lediglich einen Gesichtspunkt eines Stabilitätsregimes reflektiert. Darüber hinaus wird aber vornehmlich die öffentliche Einstellung, mit der die Bevölkerung eines Landes das Preisstabilitätsziel bewertet, als ein grundlegender Einflußfaktor für die monetäre Entwicklung in die Diskussion eingeführt: Falls die Menschen die Sicherung stabiler Preise als eine zentrale wirtschaftspolitische Aufgabe eines Staates erachten, dann kann dies als eine wichtige Vorbedingung zur erfolgreichen Bekämpfung der Inflation angesehen werden.

Die empirische Literatur zur Bedeutung der Zentralbankunabhängigkeit, welche oben kurz beschrieben wurde, kann diese alternative Sichtweise nicht ohne weiteres entwerten. Die zentrale Frage der Kausalität ist empirisch nicht durch die Messung von Korrelationen zu beantworten: Ist die Unabhängigkeit der Zentralbank der entscheidende Grund für die Sicherung niedriger Inflationsraten in einigen Ländern? Oder haben nicht vielmehr Staaten, deren Bevölkerung Preisstabilität als wichtig ansieht, ihre Zentralbanken zur Erreichung dieses Ziels als unabhängig konzipiert?

Der alternative Ansatz argumentiert, daß formale Regelungen nicht genügen, um das Ziel der Preisstabilität zu erreichen. Nur wenn ein öffentlicher Konsens hinsichtlich der Bedeutung der Bekämpfung der Inflation besteht, wird die formale Unabhängigkeit auch zu einer faktischen führen. Sollte dieser Konsens nicht existieren, dann erscheint es möglich, die Geldpolitik

[11] Vgl. *Mancur Olson*, The Logic of Collective Action. Cambridge, Mass. 1965.

[12] Siehe *Bernd Hayo*, Inflation Culture, Central Bank Independence and Price Stability, in: EJPE 14, 1998, 241-263, und *ders.*, Empirische und theoretische Studien zur Europäischen Währungsunion. Frankfurt am Main 1998.

von außen zu beeinflussen oder die geldpolitischen Zielvorgaben weich auszulegen.

III. Überlegungen zum Zusammenhang von Bevölkerungspräferenzen und Geldpolitik

Die Attraktivität des orthodoxen Ansatzes liegt in der Kombination theoretischer Grundlagen und empirischer Evidenz. Derzeit existiert keine andere gleichermaßen kohärente Theorie zur Erklärung unterschiedlicher nationaler Inflationsraten. Der vorgeschlagene alternative Ansatz stellt demgegenüber keine völlig eigenständige Erklärung dar, aber er geht über die orthodoxe Sichtweise hinaus, indem die Bevölkerungspräferenzen in das Zentrum der Betrachtung gerückt werden.

In der theoretischen Darstellung gilt es, eine Begründung für die Einflüsse der Bevölkerungspräferenzen auf die Geldpolitik zu skizzieren. Vor allem ist der Zusammenhang zwischen Zentralbankunabhängigkeit und Einstellungen in der Bevölkerung zum Ziel der Preisstabilität herauszuarbeiten. Im weiteren sollen zwei konkurrierende Interpretationen eines solchen Ansatzes vorgestellt und diskutiert werden.

Eine geradlinige Umsetzung der alternativen Sichtweise wäre die Interpretation der Zentralbankunabhängigkeit als Instrument zur Erreichung des in den Präferenzen der Bevölkerung verankerten Ziels der Preisstabilität. Im folgenden wird diese Vorstellung als *Präferenz-Instrument-Interpretation* des alternativen Ansatzes bezeichnet. In mancher Hinsicht baut diese Sichtweise auf der Literatur zur Wirtschaftspolitik in einer Demokratie und zu politischen Konjunkturzyklen auf.[13] Innerhalb der Präferenz-Instrument-Interpretation können (mindestens) zwei Wege zur Verbindung von Präferenzen und Zentralbankunabhängigkeit gezeichnet werden. Der erste konzentriert sich auf den Transmissionsprozeß in einem „normalen" demokratischen Rahmen, während der zweite auf einer grundlegenderen, konstitutionellen Ebene ansetzt.

Der erste Transmissionskanal kann als *wahlorientiert* bezeichnet werden. Es liegt dabei die Annahme zugrunde, daß die Bevölkerung aus irgendwelchen Gründen eine Präferenz für stabile Preise hat. Durch den Wahlprozeß können die Wähler ihre Präferenzen bezüglich der Bedeutung der Inflation direkt oder indirekt ausdrücken. Im Fall der direkten Präferenzäußerung wäre es vorstellbar, daß sie in einer Hotelling-Downs-Welt den Zentralbank-

[13] Hierbei wird unterstellt, daß die Parteien kurz vor Wahlterminen die staatlichen Ausgaben erhöhen, um ihre Popularität zu steigen, vgl. z. B. *Bruno S. Frey*, Democratic Economic Policy: A Theoretical Introduction. New York 1983.

rat direkt wählen.[14] Die Entscheidung für die Richtung der Geldpolitik läge damit beim Median-Wähler. Allerdings finden sich in der jüngeren monetären Geschichte in Europa keine offensichtlichen Beispiele für ein solches Vorgehen.

Im indirekten Fall werden dagegen Parteien gewählt, welche für bestimmte Positionen stehen, beispielsweise als Regierung eine auf Preisstabilität ausgerichtete Geldpolitik zu betreiben. Dieser Ansatz wird in der Literatur als ideologische Profilierung der Parteien (*partisan view*) beschrieben.[15] Eine dem Ziel der Inflationsbekämpfung verpflichtete Regierung kann dann etwa einen „konservativen", d.h. besonders inflationsaversen Zentralbankpräsidenten bestimmen, der eine unabhängige Anti-Inflationspolitik betreibt.[16] Diese Parallele ist insofern zutreffend, als eine inflationsaverse Regierung im allgemeinen nur von einem Teil der Wähler die Stimme erhalten wird. Falls die Festlegung der Ziele der Geldpolitik ein wichtiger Aspekt in der ideologischen Parteibildung ist, dann wird die Regierung inflationsaverser oder „konservativer" sein als der Durchschnitt der Bevölkerung.

Noch etwas abstrakter wäre die Vorstellung, daß die Präferenzen der Wähler die Gewichte einer wirtschaftspolitischen Wohlfahrtsfunktion bestimmen, deren Existenz typischerweise in den auf das klassische Barro/Gordon-Modell aufbauenden Ansätzen unterstellt wird.[17] Es gibt empirische Studien, in denen Hinweise auf eine unterschiedliche Gewichtung des Inflationsziels in der Wohlfahrtsfunktion bei verschiedenen Regierungsparteien gefunden werden.[18] Dieser Fall der indirekten Wahl einer geldpolitischen Schwerpunktsetzung erscheint sowohl theoretisch als auch empirisch überzeugender als eine Hotelling-Downs-Situation.

Ein *konstitutionell orientierter* Transmissionsmechanismus – dies ist die zweite Variante unserer Präferenz-Instrument-Interpretation – würde eher die institutionellen Grundlagen einer Zentralbank betonen. Auch hier kön-

[14] Der sog. Hotelling-Downs-Welt liegt ein Medianwählermodell aus der politischen Ökonomik zugrunde, mit dem das Verhalten von Parteien theoretisch erfaßt und veranschaulicht werden soll. Es geht in einem idealtypischen und vereinfachten, eindimensionalen Zweiparteien-System davon aus, daß sich die beiden konkurrierenden Parteien von „links" bzw. „rechts" immer mehr der politischen Mitte annähern, da hier die meisten Stimmen zu gewinnen sind, während ihnen jeweils, so die Annahme, die Extreme an den Rändern ohnehin sicher sind. Der für den Wahlausgang entscheidende und deshalb so umworbene Wähler in der Mitte wird als „Medianwähler" bezeichnet. Vgl. *Anthony Downs*, An Economic Theory of Democracy. New York 1957.

[15] Siehe z.B. *Alesina*, Macroeconomics (wie Anm.5).

[16] *Kenneth Rogoff*, The Optimal Degree of Commitment to an Intermediate Monetary Target, in: Quarterly Journal of Economics 100, 1985, 1169–1189.

[17] *Robert J. Barro/David B. Gordon*, Rules, Discretion and Reputation in a Model of Monetary Policy, in: Journal of Monetary Economics 12, 1983, 101–122.

[18] *Alberto Alesina*, Politics and Business Cycles in Industrial Countries, in: Economic Policy 8, 1989, 57–98.

nen nochmals zwei Fälle unterschieden werden, ein vertragsbasiertes und ein evolutionäres Szenario. So wäre ein vertragsbasiertes Szenario vorstellbar, in welchem die Mitglieder einer Gesellschaft im – um einen Ausdruck von Rawls zu verwenden – „Urzustand" (*original position*) über die Leitlinien der Geldpolitik beratschlagen.[19] Wenn in den ursprünglichen Präferenzen der Individuen das Ziel der Preisstabilität eine herausragende Stellung einnimmt, dann werden sie für eine Form der Zentralbankverfassung stimmen, welche die Durchführung der Geldpolitik zur Sicherung der Währungsstabilität den kurzfristigen Einflüssen der Politik entzieht. Folglich kann die Entstehung von unabhängigen Zentralbanken als Konsequenz der Freiheit der Individuen gesehen werden, Verträge über die Gestaltung von Institutionen abzuschließen.[20] In einem evolutionären Szenario bewerten die Menschen niedrige Inflation ebenfalls von Anfang an als wichtiges Ziel. Aber bedingt durch die Schwierigkeiten, ein vielschichtiges Phänomen wie Inflation zu verstehen, dauert es einige Zeit, bis die Gesellschaft die Möglichkeiten unterschiedlicher Instrumente zum Erreichen dieses Ziels beurteilen kann. Alternative Instrumente werden erprobt, und über den Zeitablauf stellt sich dann die Unabhängigkeit einer Zentralbank als probates Mittel zur Sicherung der Preisstabilität heraus.

Die entscheidende Frage ist nun, ob die Präferenz-Instrument-Interpretation, basierend auf einem der skizzierten Szenarien, als eine befriedigende Erklärung der nationalen Inflationsdifferenzen angesehen werden kann? Offensichtlich sind alle diese Szenarien sehr abstrakt gehalten, und sie werden daher die Realität nur begrenzt widerspiegeln. Es läßt sich darüber hinaus mindestens ein schwerwiegender Kritikpunkt an dieser Interpretation eines alternativen Ansatzes anbringen: Zu kritisieren ist die Unterstellung einer klaren kausalen Kette von Präferenzen zur Zentralbankunabhängigkeit. Es ist keineswegs offensichtlich, warum Präferenzen hinsichtlich Preisstabilität autonom existieren sollen, vor allem weil bis heute das Auftreten und die Folgen von Inflation nicht völlig verstanden werden. Unwahrscheinlich ist auch die Vorstellung, die Menschen hätten gewissermaßen „Inflationsgene", die ihre Präferenzen hinsichtlich der Inflationsbekämpfung beeinflußten.

Viel plausibler erscheint es, Präferenzen für Preisstabilität als Teil der „ökonomischen Kultur" eines Landes anzusehen, welche stark durch die geschichtliche Entwicklung geprägt wird. *Ökonomische Kultur* wird hier als die Gesamtheit von Meinungen, Einstellungen und Werten einer Gesellschaft zu allen Aspekten des wirtschaftlichen Systems verstanden. Diese Definition ist analog zur klassischen Darstellung von politischer Kultur gewählt worden.[21]

[19] *John Rawls*, A Theory of Justice. Cambridge, Mass. 1971.
[20] *James M. Buchanan*, Freedom in Constitutional Contract. College Station, Tex. 1977.
[21] *Gabriel A. Almond/Sindey Verba*, The Civic Culture. Princeton 1963.

Obwohl das politische und das ökonomische System eines Staates nicht unabhängig voneinander sind, erscheint es dabei aus Vereinfachungsgründen und zur Fokussierung der Diskussion gerechtfertigt, eine partialanalytische Trennung der Systeme vorzunehmen.

Zur Verdeutlichung des Konzeptes der ökonomischen Kultur kann Deutschland herangezogen werden: Es wird oft argumentiert, die Einstellung der Deutschen zur Bedeutung der Preisstabilität habe sich durch die Auswirkungen zweier Hyperinflationen im vergangenen Jahrhundert geändert. Auch wenn einiges dafür spricht, daß die Wurzeln der Inflationsaversion tatsächlich in den Zeiten sehr hoher Inflation zu suchen sind, so erscheint es als unwahrscheinlich, daß die Wichtigkeit der Preisstabilität für die heutige Generation direkt mit den historischen Ereignissen in Beziehung gebracht werden kann. Die meisten Menschen werden heute kaum eine genaue Vorstellung von der relevanten historischen Währungsentwicklung haben und erst Recht nicht über originäre Erfahrungen verfügen. Statt dessen sollte besser argumentiert werden, daß die Furcht vor Inflation Bestandteil einer längerfristigen „ökonomischen Kultur" in Deutschland geworden ist.

Ein weiterer Punkt gegen die Existenz autonomer Präferenzen rekurriert auf die institutionenhistorischen Erfahrungen im Deutschland der 1920er Jahre. Durch das Autonomiegesetz vom 26. Mai 1922 wurde dem Direktorium der Reichsbank Unabhängigkeit von der Reichsregierung zugestanden.[22] Die Inflationsrate stieg aber weiter, da das Direktorium die Monetarisierung des Staatsdefizits für unumgänglich hielt. Interessant ist dabei, daß die Unabhängigkeit des Direktoriums nur aufgrund des Drucks der von den Siegermächten des Ersten Weltkriegs eingesetzten Reparationskommission implementiert wurde. Daher ist das Autonomiegesetz nicht als ein auf einem öffentlichen Konsens in Deutschland aufbauendes Reformvorhaben zu interpretieren. Diese spezifische historische Erfahrung könnte als verallgemeinernde Hypothese so formuliert werden: Solange kein öffentlicher Konsens über das Ziel der Preisstabilität besteht, ist die Errichtung einer unabhängigen Zentralbank nicht ausreichend, um niedrige Inflationsraten zu garantieren.

Angesichts solcher Argumente wird hier eine andere Interpretation der alternativen Sichtweise (als diejenige der besagten Präferenz-Instrument-Interpretation) zur Erklärung von nationalen Differenzen in den Inflationsraten vorgeschlagen. Diese erlaubt einen Rückkopplungsprozeß zwischen der institutionellen Ausgestaltung einer Zentralbank und den Einstellungen der Menschen im Hinblick auf die Bedeutung der Preisstabilität. Diese soge-

22 *Otto Pfleiderer*, Die Reichsbank in der Zeit der großen Inflation, die Stabilisierung der Mark und die Aufwertung von Kapitalforderungen, in: Deutsche Bundesbank (Hrsg.), Währung und Wirtschaft in Deutschland 1876–1975. Frankfurt am Main 1976, 157–201.

nannte *historische Rückkopplungs-Interpretation* unterstellt eine Welt des Wandels, in der weder Präferenzen noch institutionelle Strukturen fix sind und in der sich diese beiden Elemente gegenseitig beeinflussen können. Eine beispielhafte Erklärung für die Entstehung von unabhängigen Zentralbanken in manchen Staaten könnte im Rahmen einer derartigen historischen Rückkopplungs-Interpretation folgendermaßen lauten: Aufgrund ihrer alltäglichen Erfahrungen bekommen die Menschen den Eindruck, daß Inflation für sie schlecht ist (z. B. weil sie ihr Ausgabeverhalten ständig anpassen müssen), ohne daß dieses bereits zu starken Anti-Inflationspräferenzen führen muß. Trotzdem wird versucht – hier könnte die Verbindung zu den oben skizzierten Szenarien der Präferenz-Instrument-Interpretation hergestellt werden –, etwas gegen das Phänomen ständig steigender Preise zu unternehmen. Weiterhin ist bekannt – oder es wird im Zeitablauf deutlich –, daß die Wirtschaftspolitik durch kurzfristige Politikinteressen beeinflußt werden kann, beispielsweise durch politische Konjunkturzyklen.[23] Angesichts dieser Gefahr möchte die Gesellschaft den jeweils amtierenden Regierungen praktisch die geldpolitischen Hände binden.

Eine mögliche Lösung dieses Problems besteht in der Errichtung einer unabhängigen Zentralbank mit der Aufgabe der Erhaltung von Preisstabilität. Die daraus resultierende Änderung in der Geldpolitik führt dann letztlich zu einer niedrigeren Inflationsrate. Allerdings ist die Zentralbank in diesem Stadium noch nicht in der Lage, auch harte Maßnahmen tatsächlich durchzusetzen, denn es mangelt noch an einer breiten öffentlichen Unterstützung. Über den Zeitablauf erhöht sich jedoch das Vertrauen der Menschen in die Fähigkeiten der unabhängigen Zentralbank immer mehr; diese wird zu einer gesellschaftlich anerkannten staatlichen Institution. Um einen Begriff von Lipset zu verwenden: Die Bevölkerung attestiert der unabhängigen Zentralbank einen hohen Zielerreichungsgrad (*efficacy*).[24]

Darüber hinaus scheinen – zumindest, wie dies empirische Studien andeuten, im langfristigen Durchschnitt – die realen Kosten einer konsequent auf Preisstabilität ausgerichteten Geldpolitik nicht hoch zu sein. Grilli und andere zeigen, daß Länder mit relativ geringen Inflationsraten keine korrespondierenden Einkommensverluste aufzuweisen haben.[25] Und Alesina/Summers kommen zu dem Schluß, daß es keine offensichtliche, direkte Beziehung

[23] Politische Konjunkturzyklen vom sog. Nordhaus-Typ basieren auf der Annahme, daß die jeweilige Regierung über eine Stimulierung der Wirtschaft vor den Wahlen versucht, ihre Wiederwahlchancen zu verbessern. *William D. Nordhaus*, The Political Business Cycle, in: Review of Economic Studies 42, 1975, 169–190, und oben Anm. 13. Hier könnte auch eine Verbindung zu Posens Interessengruppen-Ansatz gezogen werden. Vgl. *Posen*, Independence (wie Anm. 10).

[24] Siehe *Seymour Martin Lipset*, Political Man. The Social Bases of Politics. Baltimore 1988.

[25] Siehe *Grilli/Masciandaro/Tabellini*, Institutions (wie Anm. 5).

zwischen Zentralbankunabhängigkeit in einem Land und Einkommenswachstum, Arbeitslosigkeit oder Zinssätzen gibt.[26]

Diese Erkenntnis bestärkt die Bevölkerung in ihrer Einstellung zur Bekämpfung von Inflation weiter und läßt die Unterstützung der Zentralbank anwachsen. Aufgrund der öffentlichen Unterstützung der Institution „unabhängige Zentralbank" kann diese immer effektivere Geldpolitik betreiben, und gegenüber den Märkten genießen ihre Handlungen zunehmende Glaubwürdigkeit. Dies ist sicherlich eine fundamental andere Begründung von Glaubwürdigkeit als die dem Problem der Zeitinkonsistenz zugrundeliegende Formulierung.[27]

Letztlich macht ein derartiger Prozeß erst die Entstehung eines Stabilitätskonsenses in der ökonomischen Kultur einer Gesellschaft möglich. Solange es nicht zu tiefgreifenden exogenen Schocks auf die ökonomische Kultur kommt, wird die Bevölkerung die Anti-Inflationspolitiken einer unabhängigen Zentralbank unterstützen, auch wenn dies in einigen Situationen zu Nachteilen für bestimmte Bevölkerungsgruppen führt. Natürlich wird damit nicht ausgeschlossen, daß die alltägliche Lobbyarbeit verschiedener Interessengruppen Einfluß auf die Geldpolitik auch einer unabhängigen Zentralbank nimmt.[28]

Wenn die Entstehung einer unabhängigen Zentralbank in diesen Referenzrahmen eingeordnet wird, dann ist sie nicht unbedingt – wie oftmals behauptet – als „undemokratische" Institution anzusehen, obwohl die Wähler keine direkte Kontrolle über die Geldpolitik haben. Wieder mit der Begriffsbildung von Lipset gesprochen: Durch die wachsende Effektivität der Institution unabhängige Zentralbank erwirbt sich diese bei der Bevölkerung auch Legitimität (*legitimacy*).[29] Zusammenfassend kann daher argumentiert werden, daß die historische Rückkopplungs-Interpretation eine fruchtbringende Interpretation des alternativen Ansatzes darstellt. Folglich lautet eine entscheidende Erklärung für die Unterschiede in den nationalen Inflationsraten, daß die jeweiligen ökonomischen Kulturen variieren und sich dementsprechend nur in einigen Ländern ein klarer monetärer Stabilitätskonsens in der Gesellschaft herausgebildet hat.

Cukierman präsentiert allerdings den empirischen Befund, daß der Zusammenhang zwischen Zentralbankunabhängigkeit und Inflation in Ent-

[26] Siehe *Alesina/Summers*, Independence (wie Anm. 8).

[27] Vgl. *Finn E. Kydland/Edward C. Prescott*, Rules rather than Discretion: The Inconsistency of Optimal Plans, in: Journal of Political Economy 85, 1977, 473–491; *Barro/Gordon*, Rules (wie Anm. 17).

[28] Vgl. *Posen*, Independence (wie Anm. 10).

[29] Zum Problem vgl. z. B. *Alex Cukierman*, Central Bank Independence and Monetary Control, in: Economic Journal 104, 1994, 1437–1448; *Lipset*, Political Man (wie Anm. 24).

wicklungsländern viel geringer ist als in Industrieländern.[30] Seiner Interpretation nach ist für dieses Ergebnis die hohe Wechselhäufigkeit der Zentralbankpräsidenten, welche einer faktischen Schwächung der formalen Unabhängigkeit gleichkomme, verantwortlich. Eine Deutung im Rahmen des hier vertretenen alternativen Ansatzes würde indes betonen, daß sich in diesen Gesellschaften noch kein Konsens bezüglich einer konsequenten Anti-Inflationspolitik gebildet hat und daß offenbar die Erfolge der Zentralbanken bisher nicht überzeugend genug gewesen sind, um eine stärkere Unterstützung in der Bevölkerung zu sichern und die ökonomische Kultur entsprechend zu beeinflussen. Der fehlende Konsens ist für die geringe öffentliche Unterstützung der Zentralbankpräsidenten verantwortlich und macht die Durchführung einer konsequenten monetären Stabilitätspolitik unmöglich. Die im alternativen Ansatz unterstellte Kausalität geht also von einem fehlenden Stabilitätskonsens zu einer hohen Wechselhäufigkeit der Zentralbankführung. Letztere ist damit als Folge und nicht als Ursache zu interpretieren.

Einige der europäischen Länder, welche in der weiteren Analyse untersucht werden, haben ihre Währungen mehr oder weniger konsequent an die Deutsche Mark geheftet. Es ist daher möglich zu argumentieren, daß diese Länder Preisstabilität aus Deutschland „importieren" („externer Anker"), und es daher nicht der relativ hohe Grad der eigenen nationalen Zentralbankunabhängigkeit ist, der niedrige Inflationsraten fördert. Obwohl dieser Hinweis sicherlich richtig ist, so bildet er höchstens ein Problem für eine orthodoxe Position, aber keines für die alternative Sichtweise. Denn dort ist nicht das spezifische monetäre Regime entscheidend, durch welches die Preisstabilität erreicht wird, sondern der zugrundeliegende Stabilitätskonsens der Bevölkerung. Folglich wäre zu argumentieren, daß die Bevölkerung die Aufgabe der nationalen diskretionären Geldpolitik durch Anbindung der Währung an die Deutsche Mark zur Sicherung der Preisstabilität mit allen damit verbundenen Konsequenzen unterstützt hat.

IV. Datenbasis und deskriptive Analyse

Die Grundlage der folgenden Untersuchung bilden die Ergebnisse repräsentativer Meinungsumfragen, die in den Ländern der EU durchgeführt wurden. Diese Umfragen werden regelmäßig von der EU selbst in Auftrag gegeben; seit 1976 existieren solche kontinuierlichen, jährlichen Beobachtungen für deren neun Kernländer. Für Griechenland sind Ergebnisse seit 1980 und

[30] Siehe *Alex Cukierman*, Central Bank Strategy, Credibility, and Independence: Theory and Evidence. Cambridge, Mass. 1992.

für Spanien und Portugal seit 1984 greifbar. Nähere Informationen zu den Daten finden sich im Anhang.

Die hier interessierende Frage bezieht sich auf den sogenannten Inglehart-Index, welcher versucht, die Werteorientierung einer Gesellschaft zu messen. Dabei werden vier Ziele zur Auswahl vorgegeben. Gefragt wird danach, welches dieser Ziele als wichtigstes vom Staat langfristig verfolgt werden sollte. Die Ziele sind: 1. Ordnung bewahren, 2. mehr Demokratie, 3. Inflation bekämpfen und 4. Meinungsfreiheit schützen.[31] In einer weiteren, analogen Frage wird erhoben, welches Ziel als das zweitwichtigste angesehen wird.

Offensichtlich wird hier die Wichtigkeit der Inflationsbekämpfung *relativ* zu den anderen Zielen gemessen. Es könnte argumentiert werden, dies sei ein Nachteil, da ein „absoluter" Indikator für Wichtigkeit gesucht wird. Abgesehen von der Tatsache, daß man bessere Daten nicht besitzt, erscheint es allerdings ausgesprochen fraglich, ob eine Frage: „Für wie wichtig erachten Sie die Bekämpfung der Inflation?" den Bedeutungsgrad wirklich besser erfassen könnte. Denn bei einer einfachen Frage nach Wichtigkeit besteht bei einer Antwort wie z.B. „sehr wichtig" kein „Sanktionsmechanismus". Im Inglehart-Index dagegen werden die Menschen gezwungen, eine Abwägung der Alternativen vorzunehmen. Wenn sie „Preisstabilität" als sehr wichtig einstufen, dann können sie dies nicht mehr für eines der anderen Ziele tun. Da aber Wichtigkeit a priori nur relativ gemessen werden kann, wird bei der Beantwortung dieser Frage ein möglicher Trade-off der Ziele deutlich gemacht.

Ein Problem ist freilich, daß durch die jeweils herrschenden Umstände in einem Land bestimmte Ziele über das „normale" Maß hinaus gewichtet werden. Von Interesse ist die Erfassung des „Normalzustandes" und nicht einer Extremsituation. So zeigt sich z.B. für die Daten aus Nordirland, daß im Vergleich zu allen anderen europäischen Ländern die Kategorie „Erhaltung der Ordnung" sehr viel stärker bewertet wird. In diesem Fall ist offensichtlich, daß kein (staatlicher) Normalzustand herrscht; folglich werden die Beobachtungen für Nordirland aus der Analyse ausgeschlossen. Unter „England" ist hier also immer das Vereinigte Königreich ohne Nordirland zu verstehen. In anderen Ländern mag ähnliches zu bestimmten Zeitpunkten der Untersuchungsperiode ebenfalls zutreffen, ohne daß der Zusammenhang gleichermaßen offenbart wird. Somit sind Verzerrungen der Schätzungen kaum auszuschließen.

[31] Eine genauere Diskussion der Positionen unter dem Gesichtspunkt „Materialismus" versus „Postmaterialismus" findet sich in *Ronald Inglehart*, The Silent Revolution. Changing Values and Political Styles Among Western Publics. Princeton 1977. Die Ziele 1 und 3 stehen dabei für „Materialismus", die Ziele 2 und 4 für „Postmaterialismus".

Ein weiteres Problem liegt in der Auswahl der Ziele. Vielleicht ist manchem Befragten keines der aufgeführten Ziele besonders wichtig. Damit verlöre die Beantwortung der Frage ihren relevanten Trade-off-Charakter; die Aussage der Wichtigkeit würde verzerrt über den verwendeten Indikator gemessen. So wäre es beispielsweise interessant, die Reduktion der Arbeitslosigkeit als zusätzliches Ziel in der Auswahlmenge zu haben. Wie allerdings empirisch für die Bevölkerung der USA gezeigt wurde, rangiert das Inflationsziel in der Bedeutung deutlich vor dem Arbeitslosigkeitsziel.[32] Zudem ist bei der Auswahl der Antwortkategorien in der Konzipierung der Fragen die Erfahrung aus vorherigen Untersuchungen über wichtige Ziele der Bevölkerung eingeflossen.[33] Es ist daher davon auszugehen, daß dieser Typ von potentiellen Meßfehlern hier zu keiner starken Verfälschung der Ergebnisse führt.

In den folgenden Abschnitten wird aus Vereinfachungsgründen oft von der „Wichtigkeit des Inflationsziels" die Rede sein, aber gemeint ist damit stets die *relative* Wichtigkeit in dem eben diskutierten Sinne. Weiterhin werden zwei Arten von Variablen untersucht: zum einen der Anteil der Menschen, für die die Bekämpfung der Inflation die *höchste* Priorität genießt, zum anderen der Anteil der Menschen, die Inflationsbekämpfung entweder für das wichtigste *oder* das zweitwichtigste Ziel halten. Durch die Bildung der zweiten Variable wird versucht, das Problem des Einflusses von kurzfristigen Schocks auf die Antworten etwas zu mildern. Angenommen, in einem Jahr würden schwere Verstöße gegen die Meinungsfreiheit auftreten, dann stiege die Bedeutung des Zieles „Meinungsfreiheit schützen" vermutlich stark an. Dabei könnte es sein, daß die Menschen Inflationsbekämpfung trotzdem immer noch als im allgemeinen sehr wichtig einschätzen. Folglich wird durch die Bildung einer Variablen, die entweder die erste oder die zweite Priorität für das Inflationsziel erfaßt, ein etwas stabilerer Index gebildet. Die folgende Darstellung konzentriert sich indes auf den Fall der ersten Priorität. Alle wesentlichen Ergebnisse gelten aber auch bei der Verwendung der Variable, die die erste *und* zweite Priorität berücksichtigt.

Eine Übersicht der zeitlichen Entwicklung in den EU-Ländern ist der nachstehenden Abbildung 2 zu entnehmen. Dabei ist zu beachten, daß für die Länder Griechenland, Spanien und Portugal nur kürzere Zeitreihen zur Verfügung stehen. In den ersten neun Graphiken und für Portugal ist generell ein negativer Trend hinsichtlich des Anteils der Menschen gegeben, der die Bekämpfung der Inflation als wichtigstes Ziel des Staates einschätzt. In

[32] Siehe *Douglas A. Hibbs*, The Mass Public and Macroeconomic Performance: The Dynamics of Public Opinion Toward Unemployment and Inflation, in: American Journal of Political Science 23, 1979, 705-731; *Stanley Fischer/John Huizinga*, Inflation, Unemployment, and Public Opinion Polls, in: Journal of Money, Credit, and Banking 14, 1982, 1-19.

[33] *Inglehart*, Revolution (wie Anm. 31).

Griechenland und Spanien erscheinen die Zeitreihen eher statisch, d.h. unabhängig von der Zeit um ein (relativ) fixes Niveau schwankend.

Abb. 2: Entwicklung des Anteils (in %) der Antworten, die Inflationsbekämpfung als das wichtigste Ziel ansehen

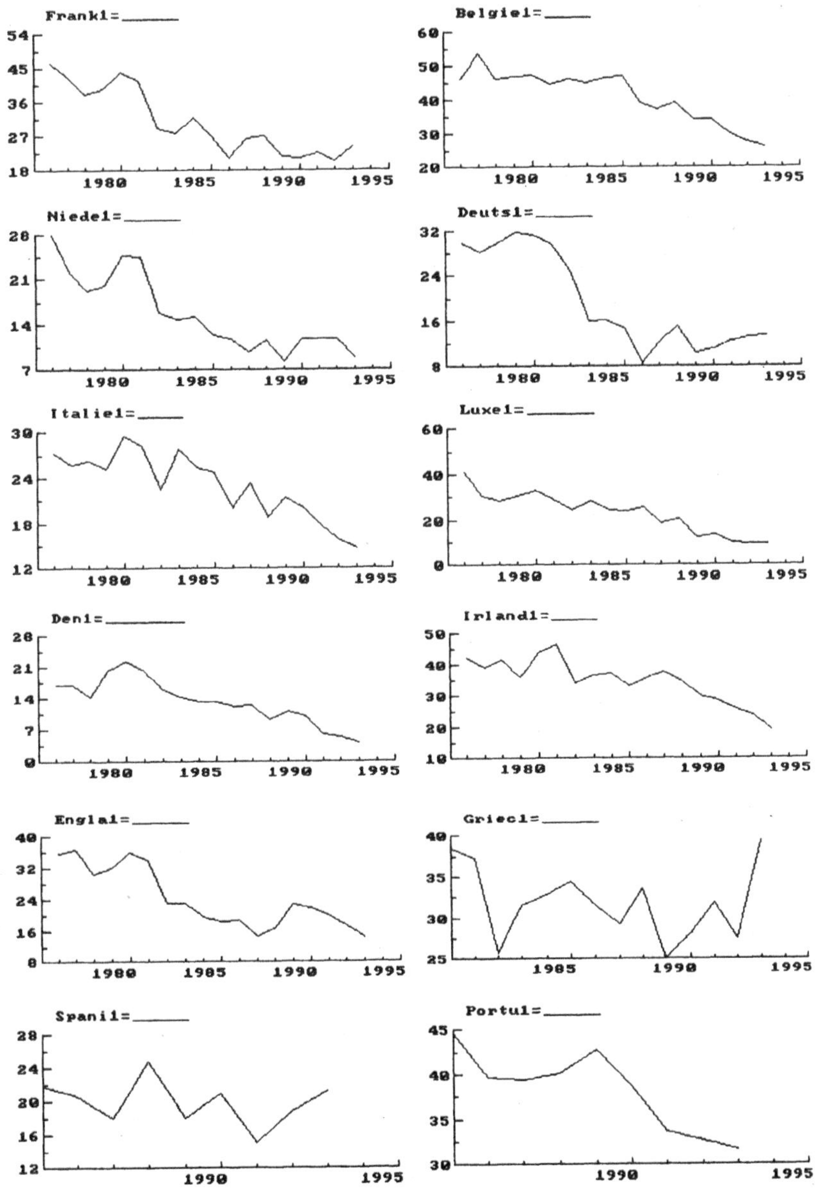

Ein numerischer Vergleich der Variablen, wie er in der folgenden Tabelle 1 dargestellt ist, ergibt, daß allgemein das Inflationsziel im Vergleich zu den anderen Zielen keinen geringen Stellenwert hat.

Tab. 1: Mittelwert ($\bar{x}$ in %) und Standardabweichung (σ) der Antworten zur Frage nach der „Wichtigkeit des Inflationsziels", Inflationsrate (Infl) und Korrelationskoeffizient (Korr) von $\bar{x}$ und Infl (1976–1993, Griechenland 1980–1993, Spanien und Portugal 1985–1993)

	Fra	Bel	Nie	Deu	Ita	Lux	Dän	Irl	Eng	Gri	Spa	Por
$\bar{x}$	30.8	40.8	15.7	19.4	23.0	23.1	13.3	34.6	24.1	32.0	19.8	38.1
σ	3.9	7.9	6.0	8.5	4.4	9.2	5.2	7.2	7.8	4.5	2.8	4.5
Infl	6.9	4.8	3.5	3.3	11.1	4.7	6.5	8.7	8.3	18.9	6.4	11.5
Korr	0.83	0.68	0.89	0.66	0.82	0.57	0.92	0.73	0.93	0.28	0.02	0.75

Quelle: Eurobarometer, OECD Economic Outlook, Dezember 1988 und Juni 1995, eigene Berechnungen.

Der Tabelle ist zu entnehmen (und so ist sie zu lesen), daß beispielsweise im Falle Frankreichs durchschnittlich 30,8 Prozent der Bevölkerung die Erhaltung der Preisstabilität über den gesamten Beobachtungszeitraum hinweg als wichtigstes Staatsziel genannt haben. Die Standardabweichung über alle Jahre beträgt dabei 3,9 und die Inflationsrate des Landes 6,9 Prozent. Überblickt man nun alle EU Länder (ohne Berücksichtigung der relativen Bevölkerungsanteile), so sind ca. 25 Prozent der Befragten der Meinung, die Inflationsbekämpfung sei das wichtigste Ziel des Staates. Das Inflationsziel genießt im Ländervergleich die höchste Priorität in Belgien, Portugal und Irland und die niedrigste in Dänemark, den Niederlanden und Deutschland. Eine Betrachtung der Werte für erste oder zweite Wichtigkeit führt zu ähnlichen Schlüssen. Insgesamt scheinen diese Ergebnisse daher nicht dafür zu sprechen, daß die Wichtigkeitsabschätzung Einfluß auf die Inflationsrate nimmt, denn in eher stabilen Ländern wie den Niederlanden oder Deutschland existiert eine relativ geringe Gewichtung des Inflationsziels (in der dritten Zeile von Tabelle 1 wird die durchschnittliche Inflationsrate der betrachteten EU-Länder angegeben). Der Eindruck verstärkt sich, daß eher eine positive Beziehung zwischen den durchschnittlichen Wichtigkeitsvariablen und den Inflationsraten besteht, was auch durch die Korrelationskoeffizienten in der letzten Zeile noch einmal unterstrichen wird (Griechenland stellt hierbei eine Ausnahme dar).

Der direkte Vergleich der Wichtigkeit des Inflationsziels und der tatsächlichen Inflationsrate über die Länderdurchschnitte ergibt also einen positiven Zusammenhang, d. h., wenn die Wichtigkeit der Bekämpfung der Inflation hoch ist, dann ist auch die tatsächliche Inflationsrate hoch. Die Hypothese: „Eine große Bedeutung des Inflationsziels verursacht hohe Inflation", ist dabei allerdings kaum überzeugend. Wahrscheinlicher ist, daß die zu einem bestimmten Zeitpunkt bekundete Wichtigkeit von Preisstabilität von der Höhe der gerade herrschenden Inflationsrate abhängt. Im nächsten Abschnitt werden deshalb die Wichtigkeitsbekundungen um den Einfluß der herrschenden Inflation bereinigt.

V. Wichtigkeit des Inflationsziels und tatsächliche Inflation

Es erscheint angesichts der eben diskutierten Resultate nötig, die Anteile der Antworten, die die Inflationsbekämpfung als wichtigstes Ziel benennen, um die Einflüsse der tatsächlichen Inflationsrate zu bereinigen. Dahinter steht die Idee, eine Art grundsätzlichen, von der aktuellen Inflation unabhängigen Prioritätenindikator zu erhalten. Dazu werden die Ergebnisse einer Regression von den Wichtigkeitsvariablen auf die Inflationsrate analysiert, d.h. es wird unterstellt, daß die Inflationsrate einen Einfluß darauf ausübt, ob man das Ziel der Inflationsbekämpfung als besonders wichtig einschätzt. Der postulierte Zusammenhang ist in der folgenden Schätzgleichung (1) angegeben, wobei für die stochastische Beeininflussung durch den sogenannten Störterm die üblichen Annahmen des klassischen Regressionsmodells gemacht werden[34]:

(1) $\text{Wichtig}_{it} = \alpha + \beta\ \text{Inflation}_{it} + u_{it}$

wobei: t = jährlicher Zeitindex, 1976–1993
i = Frankreich, (...), Portugal

Wichtig_{it} = Anteil der Menschen in Land i zum Zeitpunkt t, die die Inflationsbekämpfung als wichtigstes Ziel des Staates erachten

u_{it} = Identisch und unabhängig verteilter Störterm: $E(u_t) = 0$, $E(u_t^2) = \sigma^2$ (White-Noise Störterm)

Es ergeben sich daraus zwei naheliegende Interpretationen: Zum einen kann argumentiert werden, daß der konstante Term α in der Regressionsgleichung die grundlegende, von der tatsächlichen Preisentwicklung unabhängige Wichtigkeit des Inflationszieles erfaßt. Sollte diese Vorstellung richtig sein, dann wäre nach dem orthodoxen Ansatz zu erwarten, daß sich keine signifikanten Unterschiede in den Schätzwerten des konstanten Terms ergeben, daß also die Hypothese $\hat{\alpha} = 0$ nicht verworfen werden kann, wobei $\hat{\alpha}$ der geschätzte konstante Term aus Gleichung (1) ist. In diesem Ansatz steht – wie in Kapitel III beschrieben – die Zentralbankunabhängigkeit im Vordergrund, während die Einstellungen der Individuen keine Rolle spielen. Die alternative Hypothese zur Bedeutung der Bevölkerungseinstellung würde dagegen hohe Werte für die Länder mit geringer Inflation implizieren.

[34] Der Erwartungswert des Störterms ist null, und seine Varianz ist konstant.

Die zweite mögliche Interpretation der Regressionsergebnisse stellt auf die Sensitivität der Bevölkerungsmeinung bezüglich der tatsächlichen Inflation ab. Hier liegt der Fokus auf dem Wert der Schätzungen für den Parameter β der Inflationsvariablen; es wird also getestet, ob die Hypothese, daß der geschätzte Koeffizient für die Inflationsrate in Gleichung (1) gleich null ist (Nullhypothese: $\hat{\beta} = 0$), ausgeschlossen werden kann. Abermals würde die orthodoxe Interpretation hier keinen Zusammenhang zwischen einer niedrigen Inflationsrate in einem Land und den Reaktionen der Menschen auf höhere Preise erwarten. Die alternative Hypothese dagegen würde für die Länder mit einer geringen Inflationsrate eine größere Sensitivität der Bevölkerungsmeinung hinsichtlich der tatsächlichen Preissteigerungen postulieren, d.h. einen statistisch signifikanten, positiven Wert von $\hat{\beta}$ annehmen. In Tabelle 2 sind die Ergebnisse der Schätzungen des Regressionsmodells, wie es sich in Gleichung (1) ausdrückt, zusammengefaßt[35]:

Tab. 2: OLS-Regression von Inflation auf Wichtigkeitsanteil „erste Priorität" (1976–1993, Griechenland 1980–1993, Spanien und Portugal 1985–1993)

Land	$\hat{\alpha}$	$\hat{\beta}$	R^2
Frankreich	18.4**	1.81**	0.69
Belgien	30.8**	2.09**	0.49
Niederlande	8.3**	2.09**	0.79
Deutschland	8.7*	3.28**	0.44
Italien	16.2**	0.62**	0.68
Luxemburg	14.7**	1.78*	0.32
Dänemark	4.9**	1.30**	0.84
Irland	27.4**	0.82**	0.54
England	11.9**	1.47**	0.87
Griechenland	25.5**	0.34	0.08
Spanien	19.6**	0.04	0.0004
Portugal	27.6**	0.92*	0.56

Hinweis: Ein * (**) gibt die Ablehnung der Nullhypothese bei einem Signifikanzniveau von 5 % (1 %) an. – OLS-Regression bedeutet ein mathematisch-stochastisches Schätzverfahren in der Regressionsanalyse, das auf der „Methode der kleinsten Quadrate" basiert (*ordinary least squares estimation*). Dieses Verfahren berechnet die Schätzer $\hat{\alpha}$ und $\hat{\beta}$ durch die Minimierung der quadrierten Abweichungen der Beobachtungen von der Regressionsgerade.

[35] Die Schätzungen erfolgen separat für jedes Land und nicht im Rahmen eines Panelmodells.

In der Tabelle sind die geschätzten Koeffizienten $\hat{\alpha}$ und $\hat{\beta}$ für jedes Land ausgewiesen. Die Sternchen deuten an, ob die (im Vorhergehenden diskutierten) Hypothesen $\hat{\alpha} = 0$ bzw. $\hat{\beta} = 0$, die mit Hilfe von t-Tests überprüft werden, verworfen werden können.[36] Die t-Tests verweisen in den meisten Fällen auf hochgradig signifikante Parameterschätzungen, d.h. diese Parameter sind systematisch (nicht zufällig) von null verschieden.

Betrachtet wird zuerst, wie man den Einfluß des konstanten Terms nach der Bereinigung um die aktuelle Inflationsrate (d.h. $\hat{\alpha}$ in Tabelle 2) interpretieren kann. Hier entsteht der Eindruck, daß Länder mit niedriger Inflation auch eher einen niedrigen Schätzer für die Konstante aufweisen. Weder der orthodoxe noch der alternative Erklärungsansatz wird dadurch gestützt. Die Verwendung des geschätzten konstanten Terms $\hat{\alpha}$ als Indikator für die grundlegende Bedeutung des Inflationsziels scheint damit nicht erfolgreich zu sein.[37]

Dafür fällt bei der Untersuchung der Koeffzienten der Inflationsrate $\hat{\beta}$ ein interessanter Zusammenhang auf: Länder mit niedriger Inflation zeigen eher Anzeichen für eine hohe Sensitivität in bezug auf die aktuelle Inflationsrate, als dies bei Ländern mit hoher Inflation der Fall ist. Anders formuliert: Preisstabile Länder zeichnen sich durch einen relativ hohen Wert von $\hat{\beta}$ aus. Dieses Ergebnis steht im Gegensatz zur orthodoxen Hypothese und im Einklang mit der alternativen Sichtweise. Danach verzeichnen Länder, deren Bevölkerungen auf den Anstieg der aktuellen Inflationsrate mit einer stärkeren Betonung des Ziels der Inflationsbekämpfung reagieren, einen tendenziell geringeren Anstieg der Preise.

Das gerade abgeleitete Ergebnis legt die Interpretation nahe, daß es eine Art „Stabilitätskultur" in Ländern mit niedriger Inflation gibt. Sobald es hier zu einem Anstieg der Inflationsrate kommt, steigt der Anteil derjenigen, die Inflationsbekämpfung für das zentrale Ziel des Staates halten, deutlich an, was im folgenden als *Inflationsaversion* bezeichnet und interpretiert wird. Dieses Ergebnis hält nicht nur unter den gegebenen Annahmen stand, sondern ist statistisch robust.[38] Folgende Abbildung 3 stellt diesen negativen Zusammenhang zwischen Inflationsrate und Inflationsaversion (gemessen durch $\hat{\beta}$) noch einmal graphisch dar und konzentriert sich dabei auf die Länder, die auch durch den Alesina/Summers-Index abgedeckt werden.[39]

36 Die t-Statistik berechnet sich als [$\hat{\beta}$/Standardfehler($\hat{\beta}$)] und ist bei Gültigkeit der Nullhypothese $\hat{\beta} = 0$ t-verteilt mit (Stichprobenumfang – 2)-Freiheitsgraden. Analog berechnet sich der Test für $\hat{\alpha}$.

37 Typischerweise sind die Eigenschaften geschätzter konstanter Terme auch wenig geeignet, um ökonomische Hypothesen überzeugend zu testen.

38 Siehe *Hayo*, Studien (wie Anm. 12).

39 Bei Berücksichtigung aller elf in Tabelle 2 erfaßten Länder ergibt sich ein fast unveränderter Korrelationskoeffizient zwischen Inflationsaversion und Inflationsrate von –0.67.

Abb. 3: Inflationsaversion und Inflationsrate für acht EU-Länder

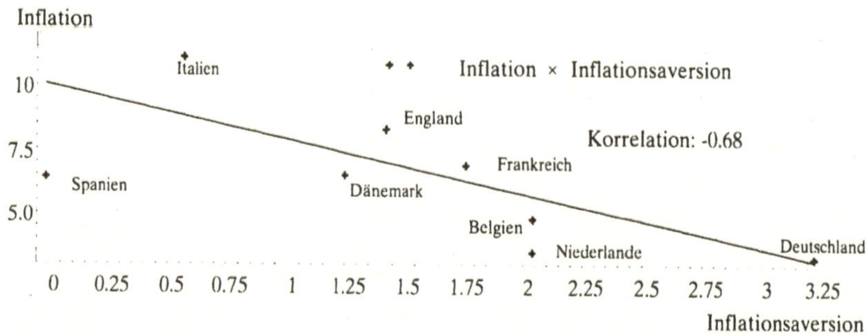

Hinsichtlich unserer zentralen Fragestellung ergibt sich nun allerdings das Problem der Beobachtungsäquivalenz, denn sowohl die orthodoxe als auch die alternative Sichtweise finden empirische Unterstützung. Die Feststellung, daß die Inflationsaversion $\hat{\beta}$ eher enger als die Indikatoren für Zentralbankunabhängigkeit mit der Inflationsrate korreliert sind, regt immerhin Zweifel, ob die starke Betonung der formal-institutionellen Ausgestaltung der Zentralbank in der Literatur ihrer tatsächlichen Bedeutung in der Realität gerecht wird. In der alternativen Sichtweise ist hingegen zu erwarten, daß sowohl die Einstellungsparameter als auch die Indizes für Zentralbankunabhängigkeit mit der Inflationsrate negativ korreliert sind.

Auf der anderen Seite läßt die Analyse aber auch nicht den Schluß zu, die Bevölkerungseinstellungen zur Inflation seien der kausal relevante Faktor. Es ist immer noch möglich zu argumentieren, daß durch die Ausgestaltung der Zentralbank die Meinung in der Bevölkerung beeinflußt wird. Die Menschen könnten das Inflationsziel höher bewerten, wenn ihnen gezeigt würde, daß die Inflationsbekämpfung durchführbar und wichtig ist. Allerdings wird dieser Aspekt in der historischen Rückkopplungs-Interpretation des alternativen Ansatzes aufgegriffen und integriert. Wenn das Argument akzeptiert wird, daß die Bevölkerungseinstellungen von Bedeutung für die Inflationsentwicklung sein könnten, dann stellt sich die Frage, ob innerhalb des betrachteten Zeitraumes eine Veränderung der Inflationsaversion stattgefunden hat.

VI. Sind die Einstellungen zur Inflationsbekämpfung zeitlich konstant?

In einem ersten Ansatz werden die Schätzungen für $\hat{\beta}$, dem Indikator für Inflationsaversion, graphisch mit Hilfe des Verfahrens der rekursiven Schätzung auf ihre Stabilität untersucht. Hierbei wird für jede Beobachtung, d.h. für jeden Zeitpunkt, die Regression für eben diesen Zeitpunkt und die Jahre zuvor wiederholt.[40] Die sich ergebende Schätzung für die Inflationsaversion $\hat{\beta}$ wird in einem Parameterwert-Zeit-Diagramm abgetragen. Es ist damit möglich zu beobachten, ob $\hat{\beta}$ im Zeitablauf stabil ist. Ein vollständig stabiler Inflationsaversionsparameter $\hat{\beta}$ würde zu jedem Zeitpunkt den gleichen Wert annehmen und damit eine horizontale Linie im Diagramm bilden. Aufgrund der Schätzungenauigkeiten, unter anderem bedingt durch zu kleine Stichproben, ist es allerdings sehr unwahrscheinlich, daß dies bei realen Phänomenen beobachtet werden kann. Ein realitätsnäheres Kriterium ist deshalb der Vergleich, ob der Parameter zu allen Zeiten innerhalb der jeweiligen Konfidenzintervalle (hier als Schätzwert plus bzw. minus zwei Standardfehler der Schätzung von Gleichung [1] berechnet) liegt. Ist das der Fall, dann kann von Parameterstabilität gesprochen werden, auch wenn leichte Schwankungen des Schätzwertes auftreten. Da die Stabilitätsuntersuchung nur bei einer entsprechend langen Zeitreihe überhaupt anwendbar ist, konzentriert sich die Analyse auf die Länder, für welche Beobachtungen durchgehend für den Zeitraum 1976 bis 1993 vorliegen. In Abbildung 4 sind die rekursiven Parameterschätzungen für $\hat{\beta}$ abgetragen:

Abb. 4: Rekursive Schätzung der Sensitivitätsparameter für erste Priorität ($\hat{\beta}$)

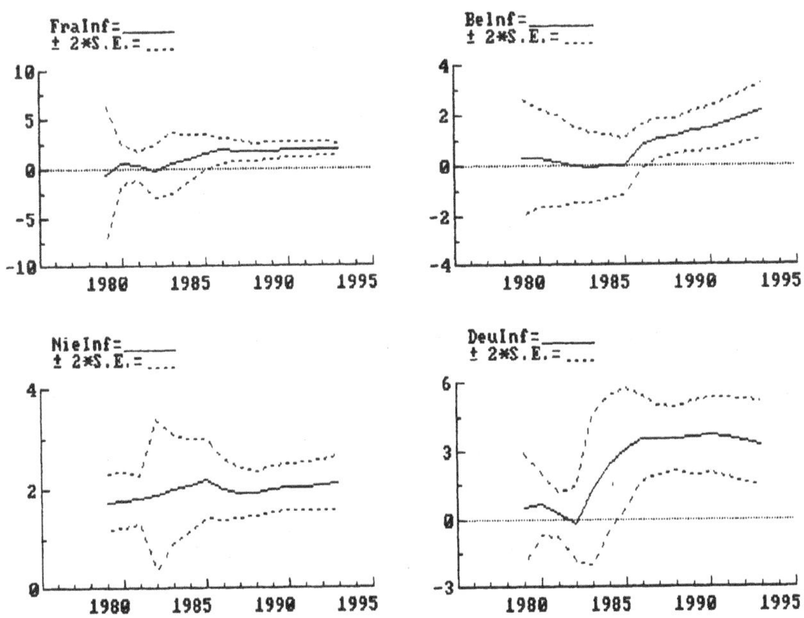

40 Die rekursiven Schätzungen erfolgen abzüglich einer bestimmten Initialisierungsperiode, also einer ausreichend langen Datenreihe, um überhaupt eine Schätzung vornehmen zu können.

Abb. 4: Rekursive Schätzung der Sensitivitätsparameter für erste Priorität ($\hat{\beta}$) (Fortsetzung)

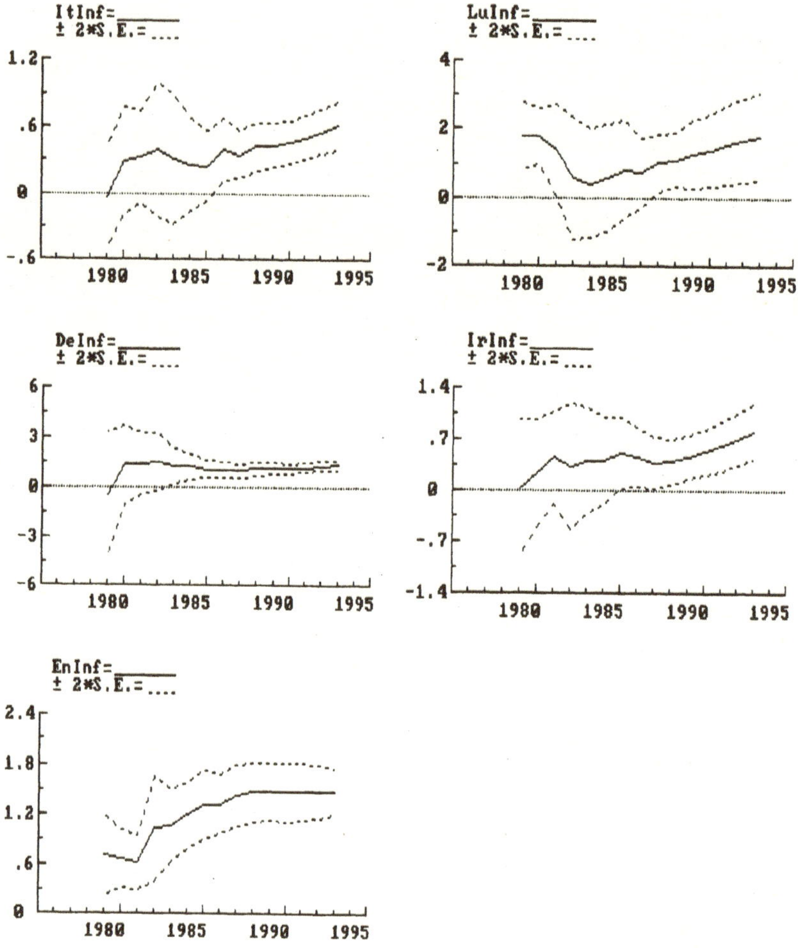

Ein eindrucksvolles Beispiel für eine temporär fast völlig stabile Parameterschätzung liefert Dänemark (DeInf). Nicht nur die Schwankungen sind minimal, auch die Konfidenzintervalle sind extrem eng. Es kann kaum ein Zweifel daran bestehen, daß im Dänemark der achtziger und frühen neunziger Jahre die Bevölkerung völlig gleich auf die Veränderungen der Inflationsrate reagiert hat. Für andere Länder trifft diese Beobachtung nur begrenzt zu. Parameter-Instabilitäten sind insbesondere in Deutschland (DeuInf), aber auch in England (EnInf) und Belgien (BeInf) zu entdecken. Hier scheint es einen Strukturbruch ungefähr in der Mitte der achtziger Jahre zu geben. Zu diesem Zeitpunkt erhöht sich die Sensitivität der Bevölkerung gegenüber steigenden Preisen klar. Ein eher langsamer, aber stetiger Anstieg der Inflationsaversion $\hat{\beta}$ kann für die anderen Länder konstatiert werden.

Bevor geschlossen wird, die Parameter seien temporal instabil, ist freilich darauf hinzuweisen, daß eine Mindestgröße der Stichprobe unerläßlich ist, um halbwegs konstante Parameter zu erhalten. Wenn dementsprechend die Vergleichsperiode ab Mitte der 1980er Jahre angesetzt wird, dann ergeben sich für die meisten Länder relativ stabile Funktionen. Insgesamt dürfen aber die auftretenden Instabilitäten nicht verkannt werden. Hier wäre es besonders interessant, die Analyse mit einer größeren Anzahl von Beobachtungen zu wiederholen.

Die Ergebnisse formaler Stabilitätstests liefern keine eindeutigen Aussagen.[41] Über die gesamte Stichprobe hinweg sind die Mittelwerte der Parameter für Inflationsaversion höher als über deren erste Hälfte, d. h. die Inflationsaversion ist im Zeitablauf tendenziell angestiegen. Zur Beantwortung der Frage, ob es zu einer Konvergenz gekommen ist, werden der Mittelwert und die Standardabweichung der Inflationsaversion $\hat{\beta}$ für 1976 bis 1984 mit dem Schätzer verglichen, wie er über den Zeitraum von 1985 bis 1993 ermittelt wurde. Basierend auf einer Analyse der Variationskoeffizienten (d.h. der Quotienten aus Standardabweichung und Mittelwert) ergibt sich über den betrachteten Zeitraum eine Angleichung der Inflationsaversion. Mit anderen Worten: Dieses Ergebnis deutet auf eine (leichte) Konvergenz der Bewertung des Inflationsziels in den Bevölkerungen der untersuchten EU-Länder hin.

VII. Zusammenfassung und Schlußfolgerungen

Zusammenfassend lassen sich aufgrund der oben geführten Analyse folgende Punkte herausheben: Erstens wurden zwei grundlegende Hypothesen zur Erklärung nationaler Inflationsdifferenzen vorgestellt, die alternative und die orthodoxe Hypothese. Dabei wird die orthodoxe Hypothese, die eine kausale Beziehung zwischen Zentralbankunabhängigkeit und Inflation unterstellt, als letztlich unzureichend angesehen. Von den möglichen Transmissionsmechanismen zwischen Inflationseinstellungen der Bevölkerung und Zentralbankunabhängigkeit sowie niedriger Inflation wurde die sogenannte historische Rückkopplungs-Interpretation aus theoretischer Sicht bevorzugt. Sie unterstellt, daß weder Präferenzen noch Institutionen a priori völlig festliegen und es im Laufe der Zeit zu den heute zu beobachtenden Inflationsdifferenzen in den einzelnen Ländern gekommen ist. Ein wesentlicher Grund dafür liegt – im Rahmen dieser Hypothese – in der Existenz eines spezifi-

[41] *Hayo*, Studien (wie Anm. 12).

schen monetären Stabilitätskonsenses als Teil der ökonomischen Kultur der Bevölkerungen in den Niedriginflationsländern.

Zweitens konnte in der empirischen Analyse letztlich keine entscheidende Differenzierung zwischen beiden Hypothesen vorgenommen werden. Allerdings stimmen die Beobachtungen der vorliegenden kleinen Stichprobe europäischer Länder eher mit der alternativen Hypothese überein, da die orthodoxe Hypothese einen etwas geringeren Varianzerklärungsgrad aufweist. Des weiteren wären bei ihrer Richtigkeit keine Beziehungen zwischen Bevölkerungseinstellungen und Inflationsraten sowie Zentralbankunabhängigkeit zu erwarten. Tatsächlich beträgt die Korrelation 76 %.

Drittens stellt sich bei Akzeptanz der alternativen Sichtweise immer noch die Frage des Zusammenhanges zwischen Präferenzen und Zentralbankunabhängigkeit. Hier wurden Präferenz-Instrument-Mechanismus und historischer Rückkopplungs-Mechanismus ausführlicher diskutiert. Die Durchführung einer statistischen (Granger-)Kausalitätsanalyse könnte prinzipiell bei einer Entscheidung zwischen den Mechanismen helfen.[42] Wenn die Existenz einer wechselseitigen Kausalität zwischen Inflationseinstellungen und Zentralbankunabhängigkeit gegeben wäre, dann spräche dies für den ersten Transmissionsmechanismus, eine einseitige Kausalität von Inflationseinstellungen zu Zentralbankunabhängigkeit dagegen für letzteren. Die Abwesenheit jeglicher gegenseitiger Einflüsse würde wiederum die orthodoxe Position unterstützen. Angesichts der vorliegenden Datenreihen ist eine Granger-Kausalitätsanalyse aber nicht sinnvoll durchzuführen. Für die Inflationsaversion und die Indizes für Zentralbankunabhängigkeit gibt es keine verwertbaren Längsschnittdaten. Selbst für Granger-Analysen der Zusammenhänge zwischen aktueller Inflation und Inflationseinstellungen sind die Daten ungeeignet.

Mit Hilfe eines indirekten Argumentes läßt sich aber vielleicht doch etwas zur Frage des Transmissionskanals sagen. Man kann zeigen, daß teilweise eine hohe Korrelation zwischen Zentralbankunabhängigkeit und der Inflationsaversion besteht. Daraus läßt sich auf eine nicht geringe gemeinsame Variation, d. h. eine gemeinsame Bewegung der Datenreihen schließen. Wenn die Korrelationen zwischen diesen Variablen nur geringe Werte annehmen, dann ist auch die Assoziation des Zentralbankunabhängigkeitsindikators mit der durchschnittlichen Inflationsrate nicht besonders hoch. Eine mögliche Erklärung dafür wäre, daß formale und tatsächliche Unabhängigkeit in die-

[42] Granger-Kausalitätstests beruhen auf der prinzipiellen Annahme, daß Vergangenheit die Zukunft verursacht. Praktisch läuft das darauf hinaus zu testen, ob vergangene Werte der Variablen X dabei helfen, die Werte der Variablen Y vorherzusagen oder umgekehrt. Sollte sich herausstellen, daß X hilfreich ist bei der Vorhersage von Y, aber nicht umgekehrt, dann spricht man davon, daß X Granger-kausal für Y ist. Vgl. *Clive W. J. Granger*, Investigating Causal Relations by Econometric Models and Cross-spectral Methods, in: Econometrica 37, 1969, 24–36.

sem Fall voneinander abweichen. Wenn nun sowohl die Inflationsaversion $\hat{\beta}$ als auch die Zentralbankindizes hoch mit der Inflationsrate korrelieren, dann könnte dies auf die gemeinsame Variation der beiden konkurrierenden Erklärungsvariablen zurückzuführen sein. Das wiederum würde die Interpretation unterstützen, daß Zentralbankunabhängigkeit und Inflationseinstellungen interdependent sind. Aus dieser Argumentation heraus ließe sich dann eine indirekte Unterstützung für die historische Rückkopplungs-Interpretation ableiten. Ein Korrelationskoeffizient von 0,76 (0,95 bei Verwendung des Indikators für erste oder zweite Priorität) in unserer Stichprobe liefert empirische Evidenz für diese Interpretation. Allerdings sollte klar sein, daß diese Schlußfolgerung allenfalls heuristischer Natur ist.

Viertens hat die Stabilitäts- und Robustheitsanalyse der Inflationsaversion auf mögliche temporale Instabilitäten der Schätzer aufmerksam gemacht. Die beobachtete Konvergenz der Gewichtung des Inflationsziels in den europäischen Ländern steht dabei im Einklang mit Ergebnissen von Collins und Giavazzi, die in einem anderen Analyserahmen gewonnen wurden.[43]

Anhang (zu Kapitel IV)

Die hier genutzten Umfragedaten stammen aus den Eurobarometern B 5, 7, 9, 11, 13, 15, 17, 19, 21, 23, 25, 27, 29, 31, 33, 35, 37 und 39. Die Rohdaten können beim Zentralarchiv für empirische Sozialforschung in Köln bestellt werden. Die untersuchten Länder sind: Frankreich, Belgien, Niederlande, Deutschland, Italien, Luxemburg, Dänemark, Irland, England (hier: Vereinigtes Königreich ohne Nordirland), Griechenland, Spanien und Portugal.

Der Originaltext des (englischen) Fragebogens lautet: „There is a lot of talk these days about what (OUR COUNTRY)'s goals should be for the next ten or fifteen years. On this card are listed some of the goals that different people say should be given top priority. Would you please say which one of them you yourself consider to be most important in the long-run? And what would be your second choice?

- Maintaining order in the country
- Giving the people more say in important government decisions
- Fighting rising prices
- Protecting freedom of speech
- Don't know."

Die Anteile der Befragten, die Inflationsbekämpfung als wichtigstes Ziel des Staates ansehen, sind in der folgenden Tabelle wiedergeben:

[43] *Collins/Giavazzi*, Attitudes (wie Anm. 9).

Tab. 3: Entwicklung des Anteils an Antworten aus dem Inglehart-Index, in denen die Bekämpfung der Inflation als das wichtigste langfristige Ziel des Staates genannt wird

	Fra	Bel	Nie	Deu	Ita	Lux	Dän	Irl	Eng	Gri	Spa	Por
1976	46.6	45.9	28.0	29.9	27.4	41.1	17.1	42.1	35.4	.–	.–	.–
1977	42.9	53.7	22.0	28.1	25.7	31.0	17.1	39.1	36.5	.–	.–	.–
1978	38.2	45.9	19.3	29.7	26.3	28.6	14.3	41.4	30.4	.–	.–	.–
1979	39.7	46.7	20.1	31.6	25.2	30.7	20.2	35.9	31.8	.–	.–	.–
1980	44.0	47.3	24.6	31.3	29.6	32.9	22.4	43.6	36.0	38.5	.–	.–
1981	41.6	44.5	24.4	29.5	28.2	29.3	20.4	46.4	33.8	37.4	.–	.–
1982	29.1	46.0	15.8	24.9	22.5	24.8	16.0	34.0	22.9	25.8	.–	.–
1983	27.9	44.8	14.7	16.0	27.9	28.6	14.5	36.3	23.0	31.6	.–	.–
1984	32.0	46.3	15.2	16.1	25.4	24.8	13.3	37.1	19.5	32.8	.–	.–
1985	27.0	46.7	12.4	14.6	24.7	24.1	13.3	32.8	18.3	34.4	21.7	44.7
1986	21.3	39.2	11.7	8.5	20.0	25.8	12.2	35.7	18.6	31.6	20.5	39.7
1987	26.5	37.1	9.8	12.3	23.3	18.8	12.6	37.5	14.5	29.3	17.9	39.5
1988	27.1	39.0	11.5	15.1	18.9	20.5	9.2	34.5	16.4	33.6	24.7	40.1
1989	21.8	33.9	8.4	10.4	21.4	12.2	11.3	29.8	22.5	25.1	17.9	42.7
1990	21.4	34.1	11.8	11.2	20.0	13.6	10.2	28.3	21.8	28.1	20.9	38.7
1991	22.6	29.7	11.7	12.6	17.8	9.9	6.0	25.5	20.0	31.8	15.0	33.7
1992	20.5	27.5	11.8	13.1	15.9	9.7	5.4	23.5	17.3	27.5	18.7	32.6
1993	24.4	26.0	8.9	13.5	14.6	9.3	4.1	18.9	14.3	39.3	21.2	31.6

Deutsches Stabilitätsbewußtsein

Wie kann man es fassen, wie kann man es erklären, welche Bedeutung hat es für die Geldpolitik?

Von

Dieter Lindenlaub

I. Das (aktuelle) Problem

Ich wähle für meinen Einstieg in das Thema ein aktuelles Problem. Die 1991 errichtete Europäische Währungsunion hat den vorrangigen Auftrag, im Euro-Raum für Preisstabilität (jetzt definiert als Inflationsrate unter, aber nahe bei 2 Prozent) zu sorgen. Sie ist zu diesem Zweck mit Unabhängigkeit von Weisungen europäischer und nationaler politischer Stellen ausgestattet worden. Dem liegt die Annahme zugrunde, daß Zentralbanken in ihrer Geldpolitik das Ziel Preisstabilität konsistenter verfolgen, wenn sie z.B. nicht wahltaktischen, an kurzfristigen Beschäftigungsinteressen ausgerichteten Überlegungen demokratisch gewählter Regierungen ausgesetzt sind. Diese Annahme hat sich in zahlreichen empirischen Ländervergleichen bestätigt: Zumindest in den Industrieländern sind die Preise um so stabiler, je unabhängiger die Zentralbank ist. Nun ist aber die Unabhängigkeit der Zentralbank als ursächliche Bedingung für Preisstabilität in Zweifel gezogen worden. Man suchte nach – tieferen, strukturellen – Faktoren, welche die Unabhängigkeit der Zentralbank nicht nur ergänzen müssen, sondern sogar ihrerseits erst bedingen. Prominentester Kandidat für diesen „dritten Faktor" wurde das Stabilitätsbewußtsein, die Stabilitätspräferenz oder die Inflationsaversion[1] der Bevölkerung oder der breiten Öffentlichkeit. Die aktuelle Frage war (und ist) daher in dieser Sicht, ob das in den Euro-Ländern vorhandene Stabilitätsbewußtsein zur Sicherstellung von Preisstabilität ausreicht. Die Eurobefürworter sagten „Ja"[2], die Euro-Gegner „Nein"[3]. Und wenn

[1] Ich benutze im folgenden alle drei Begriffe in der gleichen Bedeutung.

[2] *Peter Bofinger/Kai Pfleger/Carsten Hefeker*, Stabilitätskultur in Europa, in: Hans-Hermann Francke/Eberhard Ketzel/Hans-Helmut Kotz (Hrsg.), Europäische Währungsunion. Von der Konzeption zur Gestaltung. Berlin 1998, 137–161, hier 155f.; vgl. auch *Hans-E. Loef*, Stabilitätskultur und Zentralbankunabhängigkeit. Notwendigkeiten für die neue Währung, in: ebd. 317–339; *Pressetexte der Arbeitsgemeinschaft Euro/Euro Press Service*, Über den EURO, online unter http://www.schoenleben.org/f-eurotxt.html.

[3] Verfassungsbeschwerde der Professoren Schachtschneider, Nölling, Hankel und Starbatty gegen die Errichtung der EWU.

„Ja": Wie kann das Stabilitätsbewußtsein erhalten bleiben? Wenn „Nein": Wie kann es hergestellt werden?

Die Vermutung, daß es einen Zusammenhang zwischen den Einstellungen der Bevölkerung und dem geldpolitischen Handeln gibt, ist in der Wirtschaftswissenschaft nicht ganz neu. Ein immer wieder zitierter Satz von Alois Schumpeter lautet: „Nichts sagt so deutlich, aus welchem Holz ein Volk geschnitzt ist, wie das, was es währungspolitisch tut".[4] Aber erst in den letzten zehn Jahren begann man, die Inhalte, die Ursachen und die geldpolitischen Wirkungen dieser Einstellungen ernsthafter zu untersuchen. In dieser Debatte hat Bernd Hayo anhand eines quantitativ-empirischen Vergleichs zwischen neun EU-Ländern die These aufgestellt, daß in den Jahren 1976 bis 1993 tatsächlich eine hohe positive Korrelation zwischen dem Ausmaß an Inflationsaversion einerseits sowie dem Ausmaß an Unabhängigkeit der jeweiligen Zentralbank und der erreichten Preisstabilität andererseits bestand.[5] Hayo hat in weiteren Beiträgen viele relevante Fragen zu den Ursachen und geldpolitischen Wirkungen der Inflationsaversion angeschnitten.[6] Allerdings sind auch viele Fragen nach wie vor offen. Einige dieser Fragen möchte ich für das Beispiel Deutschland angehen und damit anregen, die Diskussion um manche substantielle Gesichtspunkte zu erweitern.

Das Deutschland nach der Währungsreform von 1948 gilt in Europa als Vorzeigebeispiel relativer Preisstabilität (1950 bis 1995 eine jahresdurchschnittliche Inflationsrate von „nur" 2,9 Prozent). Die Deutsche Bundesbank gab dem Europäischen System der Zentralbanken die Orientierung für die Formulierung des Stabilitätsziels, für die Weisungsunabhängigkeit und für die Zusammensetzung des geldpolitischen Entscheidungsgremiums. Und als Fundament der Ziele, der Institutionen und des Erfolgs der deutschen Geldpolitik galt und gilt das besondere Stabilitätsbewußtsein der deutschen Bevölkerung.

Eben jenes Fundament möchte ich etwas genauer unter die Lupe nehmen. Ich werde zunächst einige Bemerkungen zur Frage machen, wie man das Stabilitätsbewußtsein der deutschen Bevölkerung messen und wie man es

[4] *Alois Schumpeter*, Das Wesen des Geldes. Aus dem Nachlaß hrsg. und mit einer Einführung versehen v. Fritz Karl Mann. Göttingen 1970, 2. Zu den „tiefsten Bestimmungsgründen der Währungspolitik und der Geldgeschichte" zählen u.a.: „die geographische und politische Lage eines Volks; die objektiven und subjektiven Möglichkeiten seiner Wirtschaft; seine soziale Struktur und politische Organisation; seine Einstellung zu wirtschaftlichen Dingen und zur Zukunft; seine Moral und Energie; alles das, was die Worte ‚Volksgeist' und ‚Volkscharakter' decken".

[5] *Bernd Hayo*, Inflation Culture, Central Bank Independence and Price Stability, in: EJPE 14, 1998, 241-263.

[6] *Bernd Hayo/Carsten Hefeker*, Reconsidering Central Bank Independence, in: EJPE 18, 2002, 653-674; *Bernd Hayo/Stefan Voigt*, Inflation, Central Bank Independence and the Legal System. (International Center for Economic Research, Working Paper No. 2). Turin February 2005 (revised March 2006).

eventuell – z. B. aus Währungserfahrungen – erklären kann. Ich möchte dann auf die Frage eingehen, welche Beziehungen zwischen dem Stabilitätsbewußtsein der Bevölkerung und dem Stabilitätserfolg bestehen (könnten!). Dabei konzentriere ich mich vor allem auf die Beziehungen zwischen öffentlicher Meinung und Zentralbank und streife den – für den Stabilitätserfolg ebenfalls sehr bedeutsamen – Einfluß von Inflationsaversion auf das Verhalten von Interessengruppen (Gewerkschaften, Finanzsektor) nur kurz. Mein Augenmerk gilt dabei einmal der Frage, inwieweit die Unabhängigkeit der deutschen Zentralbank ihre Existenz tatsächlich der Inflationsaversion der deutschen Bevölkerung verdankt; zum anderen möchte ich die Frage prüfen, ob es auch in Deutschland nicht gerade die unvollkommene Inflationsaversion der Bevölkerung ist, welche die gesetzliche Zentralbankunabhängigkeit für den Stabilitätserfolg unentbehrlich machte. Am Ende stehen einige Schlußfolgerungen.

Eine definitorische Vorbemerkung: Der Sachverhalt, vom dem ich ausgehe, ist das Stabilitätsbewußtsein oder die Inflationsaversion, d. h. der Rang, den die Bevölkerung – auch kurzfristig – der Preisstabilität unter anderen möglichen wirtschaftlichen Zielen (Beschäftigung, Einkommen, Wachstum) oder auch politischen Zielen einräumt. Von „Stabilitätskultur" möchte ich in diesem Sinne nicht sprechen; der – diffuse – Begriff faßt eher alle rechtlichen, psychologischen und wirtschaftlichen Elemente der Stabilität zusammen[7] und eignet sich daher weniger gut für eine Analyse der Ursache/Wirkungsbeziehungen der hier zur Frage stehenden einzelnen Sachverhalte; ich verwende ihn also nur, wenn ich über das gesamte institutionelle Arrangement (und Verhalten) zur Herstellung von Geldwertstabilität, also einer eventuellen Wirkung des Stabilitätsbewußtseins, spreche.

Und am Schluß der Einführung noch ein bildhafter Vorgriff auf das Ergebnis der Untersuchung: Ich möchte deutlich machen, daß das Stabilitätsbewußtsein der Bevölkerung fast mehr noch als die Geldmenge M 3, auf die der frühere Chefvolkswirt der Europäischen Zentralbank, Otmar Issing, dieses Wort münzte[8], ein „Biest" ist, das schwer zu fassen ist, dem aber doch die ganze Aufmerksamkeit der Zentralbank in einer demokratischen Gesellschaft zu gelten hat, wenn sie dauerhaft Stabilitätserfolg haben will.

[7] *Bofinger/Pfleger/Hefeker*, Stabilitätskultur (wie Anm. 2), 138–144. – Eine Gesellschaft verfügt also dann über eine hohe Stabilitätskultur, wenn sich alle relevanten Gruppen und Institutionen stabilitätsorientiert verhalten. Dazu gehört – institutionenökonomisch gesprochen –, daß die „Geldbesitzer" (die Prinzipale) der Zentralbank (dem Agenten) aufgrund eines glaubwürdigen Stabilitätsversprechens Vertrauen entgegenbringen. Vgl. *Rudolf Richter*, Stabilitätskultur als Problem der Institutionen-Ökonomik, in: Helmut Hesse/Otmar Issing (Hrsg.), Geld und Moral. München 1994, 73–90, hier 79.

[8] Vgl. Süddeutsche Zeitung vom 10. 12. 1998 („Issing und das Biest M 3"), Zitat Issing: „Das Biest M 3 hat sich leider wenig kooperativ gezeigt".

II. Deutsches Stabilitätsbewußtsein: Wie kann man es messen und erklären?

1. Indikatoren des Stabilitätsbewußtseins

Ich wende mich also zunächst der Frage zu, wie man die Existenz der vielzitierten Präferenz für Preisstabilität feststellen kann und welchen Einfluß – um es gleich zu sagen – die spezifischen Erfahrungen mit zwei großen Inflationen auf die Entstehung und Aufrechterhaltung dieser Stabilitätspräferenz gehabt haben können.

Vorab eine Bemerkung über geeignete Indikatoren zur Messung der Stabilitätspräferenz: Einige Autoren bedienen sich einfach der tatsächlichen Inflationsraten als Präferenzindikator.[9] Damit wird das, was erklärt werden soll (die Inflationsrate), zum definitorischen Element des Faktors, der erklären soll (der Inflationsaversion). Wenn aber die Inflationsaversion wirklich auf ihre Erklärungskraft für die Entwicklung der Inflationsraten geprüft werden soll, dann muß sie auch selbständig beobachtet werden; die Erklärung des Stabilitätserfolgs aus dem Stabilitätsbewußtsein muß falsifizierbar sein. Die Inflationsraten scheiden als Indikator für die Inflationsaversion also aus. Ein problematischer Indikator sind auch die Inflationserwartungen. Denn sie zeigen nicht an, ob Inflation ihrer Wirkungen wegen positiv oder negativ bewertet wird (Inflationsaversion/Stabilitätspräferenz/Stabilitätsbewußtsein); sie drücken vielmehr (vor allem) das Urteil über die stabilitätspolitische Leistungsfähigkeit der verschiedenen Akteure auf dem Felde der Geldwertentwicklung aus. So bleiben zur unabhängigen, direkten Messung von Inflationsaversion eigentlich nur Meinungsumfragen in der Bevölkerung zur Wertschätzung von Preisstabilität bzw. Inflation – und die haben, wie wir sehen werden, ihre Tücken.

Über Meinungsumfragen zu den Stabilitätspräferenzen verfügen wir in Deutschland erst seit 1950. Schon deswegen konzentriere ich meine Bemerkungen auf die Zeit der Bundesrepublik. Für die Zeit, ja ich möchte sagen, die Jahrhunderte der Metallumlauf- oder metallgedeckten Währungen vor 1914 habe ich aus der Hand keine Anhaltspunkte dafür, daß sich die Bevölkerungen der europäischen Länder systematisch durch unterschiedliche In-

[9] *Michael Häder/Hendrik Nienbaum*, EWU und Stabilitätskultur aus institutionenökonomischer Sicht, in: Wirtschaftsdienst 1997, 94–98, hier 96; *Bofinger/Pflеger/Hefeker*, Stabilitätskultur (wie Anm. 2), 144f. Letztere behaupten für die 1950er und 1960er Jahre – unzutreffend (woher sonst die ständigen Auf- und Abwertungsprobleme und der Inflationsimport nach Deutschland?) – nur unerhebliche Inflationsdifferenzen zwischen den OECD-Ländern und stellen ab Mitte der 1980er Jahre eine zunehmende Stabilitätskonvergenz fest; sie folgern aus ersterem die Möglichkeit, aus letzterem das augenblickliche Faktum eines einheitlichen hohen europäischen Stabilitätsbewußtseins.

flationsaversionen auszeichneten. Schon von daher scheinen mir die heute beobachteten und diskutierten nationalen Unterschiede der Inflationsaversion eine relativ kurzfristige Erscheinung zu sein. Sie haben ihren Ausgangspunkt vermutlich tatsächlich in den anderthalb Jahrzehnten nach dem Ersten Weltkrieg. Für die Zwischenkriegszeit sind wir auf sehr indirekte Zeugnisse angewiesen. Die britische Botschaft urteilte im Sommer 1931, daß die deutsche Bevölkerung die Deflationsmaßnahmen der Regierung aus Inflationsfurcht akzeptiere[10]; umgekehrt war diese Inflationsfurcht vermutlich auch einer der Faktoren, die den Handlungsspielraum der Reichsregierung einschränkten, weil jeder Schritt z.B. in Richtung Abwertung oder staatlicher Schuldenaufnahme beim inflationserfahrenen deutschen Publikum zu Panikreaktionen führen mußte.[11] Und die Rüstungsfinanzierung des Dritten Reiches über die (mit Hilfe von Preis- und Lohnstopps, Warenbewirtschaftung und Devisenzwangswirtschaft) zurückgestaute Inflation war der Versuch, den Protest der Bevölkerung gegen die Wiederholung der offenen Inflation zu vermeiden.

Ich möchte in drei Punkten auf die Ergebnisse der Meinungsumfragen zur Stabilitätspräferenz in Deutschland eingehen, die ab 1950 – in unterschiedlichen Zeiträumen und mit nicht unbedingt gleichlautender Frageformulierung – von verschiedenen Meinungsforschungsinstituten angestellt worden sind. Die drei Punkte betreffen das Ausmaß der deutschen Inflationsaversion im internationalen Vergleich, die Schwankungen der Inflationsaversion in ihrer Bedeutung für die Fundierung der deutschen Stabilitätspolitik sowie die Ursachen der Inflationsaversion.

2. *Das Ausmaß des deutschen Stabilitätsbewußtseins im internationalen Vergleich*

Die bisher vorliegenden Daten widerlegen die Annahme nicht, die deutsche Bevölkerung habe ein vergleichsweise großes Stabilitätsbewußtsein ausgezeichnet; allerdings sind die Belege, die sie für diese Annahme liefern, nicht widerspruchsfrei und weniger robust als wünschenswert.

Für die 1950er und 1960er Jahre stützen einige illustrative und indirekte Hinweise die These eines hervorstechenden deutschen Stabilitätsbewußtseins: Auf die Frage, ob sie bereit wären, auf Einkommenssteigerungen zu verzichten, wenn nur die Preise stabil blieben, antworteten (1966) 61 Prozent der befragten Engländer, aber (1962) 91 Prozent der befragten Deutschen

[10] *Knut Borchardt*, Das Gewicht der Inflationsangst in den wirtschaftspolitischen Entscheidungsprozessen während der Weltwirtschaftskrise, in: Gerald D. Feldman (Hrsg.), Die Nachwirkungen der Inflation auf die deutsche Geschichte 1924–1933. München 1985, 233–260, hier 241f.

[11] Ebd. 235, 259f.

mit „Ja".[12] Gleicherweise hatten 1966 nur 5 Prozent der danach befragten Engländer eine annähernd richtige Vorstellung davon, was Inflation ist; in Deutschland konnten dagegen 1956 62 Prozent der erwachsenen Bevölkerung sagen, was eine „schleichende Inflation" ist.[13]

Für die Jahre ab 1976 gibt es internationale Umfragedaten zur Einschätzung der Inflation als Sorgenkind und als Problem der Politik – allerdings mit wechselnden Fragestellungen und nicht lückenlos. Zu nennen sind insbesondere fünf Umfragekomplexe:

a) Das Eurobarometer der Europäischen Gemeinschaft stellte 1976 bis 1993 die Frage, welchem Ziel oder welchen beiden Zielen die Befragten für ihr Land in den nächsten 10 bis 15 Jahren die höchste Priorität einräumen würden: Aufrechterhaltung der Ordnung, größeres Gewicht der Bürger bei den Regierungsentscheidungen, Bekämpfung von Inflation oder Schutz der freien Meinungsäußerung. Diese Umfragen dienen Bernd Hayo zur Berechnung der Inflationsaversion.[14]

b) In den Jahren 1993 und 1998 fragte Eurobarometer nach dem wichtigsten Problem, in den Jahren 1998 und 2003 bis 2007 nach den beiden wichtigsten Problemen, denen das eigene Land nach Meinung der Befragten augenblicklich (also nicht langfristig) gegenüberstehe. Zur Auswahl standen vierzehn Problembereiche, darunter Kriminalität, wirtschaftliche Lage, Inflation, Arbeitslosigkeit, Terrorismus, Gesundheitssystem, Umweltschutz.[15] Diese Umfragen (Tabelle in Anhang 1) wurden bisher noch nicht zur vergleichenden Messung von Inflationsaversion verwendet.

c) Eine internationale (weltweite), von Stanley Fischer und William Easterley ausgewertete Umfrage im Frühjahr 1995 wollte wissen, welche zwei bis drei Probleme den Befragten augenblicklich die größten Sorgen bereiteten. Die wirtschaftlichen Problembereiche, unter denen neben 14 anderen Problembereichen gewählt werden konnte, waren: Rezession/Arbeitslosigkeit,

[12] *Elisabeth Noelle-Neumann*, Geldwert und öffentliche Meinung. Anmerkungen zur „Psychologie der Inflation", in: Clemens-August Andreae/Karl Heinrich Hansmeyer/ Gerhard Scherhorn (Hrsg.), Geldtheorie und Geldpolitik. Günter Schmölders zum 65. Geburtstag. Berlin 1968, 35–46, hier 37f. – 1970–1972 lehnten es 87 Prozent der befragten Deutschen ab, Preissteigerungen in Kauf zu nehmen, auch wenn Löhne und Gehälter noch stärker stiegen als die Preise (Bevölkerung geldwertbewußt!, in: Der langfristige Kredit 23, 1972, 607ff., hier 609).

[13] *Noelle-Neumann*, Geldwert (wie Anm. 12), 35f. – *Volkmar Muthesius*, Augenzeuge von drei Inflationen. Erinnerungen und Gedanken eines Wirtschaftspublizisten. Frankfurt am Main 1972, 141, erinnerte sich an die Äußerung eines englischen Verlegers Mitte der 1950er Jahre, die Engländer lebten in der Inflation, wüßten aber nicht, was das ist; die Deutschen wüßten sehr gut, was die Inflation ist, lebten aber in einem inflationsfreien Geldklima.

[14] Tabelle der Umfragewerte bei *Hayo*, Inflation Culture (wie Anm. 5), 261.

[15] http//www.ec.europa.eu/public_opinion.

Inflation/hohe Preise, hinreichendes Einkommen, Qualität der Ausbildung.[16]

d) Eurobarometer (1976, 1997) und das International Survey Program (1985, 1990, 1996) fragten, ob die Regierung der Verringerung der Inflationsrate oder der Arbeitslosenrate größere Priorität einräumen solle. Diese Umfragen wurden von Kenneth Scheve ausgewertet.[17] Eine Tabelle mit den Umfragedaten und den exakten Frageformulierungen findet sich in Anhang 2.

e) Robert J. Shiller veranstaltete 1995 eine Meinungsumfrage in den USA, in Deutschland und in Brasilien. Die Teilnehmer wurden u. a. gefragt, ob sie der Auffassung zustimmten, daß die Inflationskontrolle eine der wichtigsten Aufgaben der Regierung sei; daß Inflationsraten von 30 bis 40 Prozent Wachstum und Entwicklung beeinträchtigen könnten; daß Inflation ab einer gewissen Schwelle außer Kontrolle gerate; daß die Regierung verpflichtet sei, das verkündete Stabilitätsziel auch tatsächlich zu verfolgen.[18]

Alle Umfragen zeigen für die meisten Länder (es gibt einige „Ausreißer") eine hohe Korrelation zwischen der Nennung der Inflation als Sorgenkind und als vorrangiges Lösungsproblem der Politik einerseits und der tatsächlichen Inflationsrate andererseits; in Ländern mit hoher aktueller Inflationsrate ist auch die Nennung der Inflation als Sorgenkind und als vorrangiges Lösungsproblem der Politik hoch.[19] Die Frage nach der Inflation als Sorgenkind und als vorrangiges Lösungsproblem der Politik in näherer oder weiterer Zukunft gibt aber bestenfalls dann Auskunft über die Wertschätzung, welche die Bevölkerung eines Landes im Vergleich zu anderen Ländern der Preisstabilität entgegenbringt, wenn man den Einfluß der aktuellen Inflationsraten und damit, so die Hoffnung, auch den Einfluß der Inflationserwartungen auf die Antworten ausschaltet. Ich diskutiere unter Berücksichtigung dieses Gesichtspunktes zunächst die Umfrageanalysen a bis c (Inflation als Sorgenkind) und dann – kürzer – die Ergebnisse zu den Umfragen d und e (u. a. Reduzierung der Inflation als Aufgabe der Politik).

Hayo unterzieht zwecks Ausschaltung der aktuellen Inflationsraten die europäischen Umfragedaten der Jahre 1976 bis 1993 (Umfragen a) einer

[16] *Stanley Fischer*, Why are Central Banks Pursuing Long-Run Price Stability?, in: Achieving Price Stability. Federal Reserve Bank of Kansas City Symposium. Jackson Hole, Wy. 1996, 7-34, hier 23f.; *William Easterley/Stanley Fischer*, Inflation and the Poor, in: Stanley Fischer (Ed.), The International Financial System, Stabilization, and Development. IMF Essays from a Time of Crisis. Cambridge, Mass. 2004, 461–484, hier 464–468, Tabelle der Umfragewerte 466f.

[17] *Kenneth Scheve*, Public Attitudes about Inflation: a Comparative Analysis, in: Bank of England Quarterly Bulletin, Autumn 2001, 283-291; *ders.*, Public Inflation Aversion and the Political Economy of Macroeconomic Policymaking, in: International Organization 58, Winter 2004, 1-34.

[18] *Robert Shiller*, Why Do People Dislike Inflation? (Coerles Foundation Discussion Paper No. 1115). Yale University 1996.

[19] Nur *Shiller*, Inflation (wie Anm. 18), thematisiert diese Beziehung nicht.

innovativen Sensitivitätsanalyse. Er mißt die Inflationsaversion an dem Ausmaß, mit dem die Umfragewerte in den einzelnen Ländern auf eine Veränderung der tatsächlichen Inflationsrate reagierten. Je massiver die Umfragewerte reagierten, um so höher die Inflationsaversion. Hayos Regressionsanalyse ergibt, daß in den betreffenden Jahren tatsächlich die Bevölkerung der Niedrig-Inflations-Länder, allen voran Deutschlands, die höchsten Sensibilitätswerte und das heißt: die höchste Inflationsaversion aufwies.[20] Dies Ergebnis ist plausibel. Es entspricht dem landläufigen Bild vom herausgehobenen deutschen Stabilitätsbewußtsein. Aber die Analysemethode hat ihre Probleme.

Die Sensitivitätsanalyse vernachlässigt das Niveau der Umfragewerte. Sie unterschätzt damit eventuell systematisch die Inflationsaversion in den Ländern mit vergleichsweise hohen Inflationsraten und hohen Umfragewerten (d.h. einem hohen Anteil derjenigen Personen, welche die Inflation zu den vordringlichen Problembereichen zählen). Denn hohe Umfragewerte bleiben hoch, auch wenn sie schwanken; im Extremfall, bei ständiger Nennung der Inflation als Hauptsorge durch alle Befragten, würde die Sensitivitätsanalyse sogar einen Wert von Null, also die völlige Abwesenheit von Inflationsaversion ergeben. Außerdem fallen Veränderungen der Umfragewerte bei hohem Niveau prozentual weniger ins Gewicht als bei niedrigem Niveau.

Es gibt also Grund, das Niveau der Umfragewerte in die Berechnung der Inflationsaversion einzubeziehen. „Bereinigt" man den Einfluß, den die aktuellen Inflationsraten auf das Niveau der Umfragewerte haben, so kommt man jedoch zu verwirrenden bzw. unplausiblen Ergebnissen: Aus dem Abgleich der Umfragewerte von 1995 mit den durchschnittlichen Inflationsraten der letzten zehn Vorjahre, den Easterley/Fischer vornehmen (Umfragen c), geht hervor, daß die Inflationsaversion der deutschen Bevölkerung im Weltmaßstab nicht weit vom Durchschnitt entfernt ist (eine Beobachtung, welche die Verfasser hervorheben[21]), im westeuropäischen Vergleich allerdings sehr hoch liegt. „Bereinigt" man die Umfragewerte des Eurobarometers für die Jahre 1976 bis 1993 (Umfragen a) um die tatsächliche Inflationsrate des jeweiligen Jahres, so erhält man für Deutschland, ebenso wie für die Niederlande und Dänemark, im europäischen Vergleich eine unterdurchschnittliche Inflationsaversion; bei der Bildung des „Durchschnitts" ist dabei ein linearer Zusammenhang zwischen Inflationsraten und der Höhe der Umfragewerte unterstellt. Ein ähnliches Bild erhält man, wenn man die Umfragewerte des Eurobarometers aus den Jahren 2003 bis 2007 (Umfragen b) analysiert; hier liegen Deutschland, die Niederlande und Dänemark sogar

[20] *Hayo*, Inflation Culture (wie Anm. 5), 252f.

[21] *Easterley/Fischer*, Inflation (wie Anm. 16), 474ff.

noch etwas weiter unter dem europäischen Durchschnitt.[22] Auch Hayo kommt in einer Regressionsanalyse des Niveaus der Umfragewerte (aus den Jahren 1976 bis 1993; Umfragen a) zu dem unplausiblen Ergebnis, daß die Länder mit den niedrigsten Inflationsraten auch die niedrigste Inflationsaversion aufweisen. Er verwirft daher dieses Berechnungsverfahren.[23]

Wenn die Berechnung der Inflationsaversion mit Hilfe der Stärke, mit der die Umfragewerte auf die Veränderung der aktuellen Inflationsraten reagieren (Sensitivitätsanalyse), methodisch unbefriedigend ist, und wenn die Bereinigung der Antwortniveaus um die aktuellen Inflationsraten zu unplausiblen bzw. (in der Analyse von Easterly/Fisher) nur zu teilplausiblen Ergebnissen führt: Wie ist dann das Meßproblem zu lösen? Sicher nicht dadurch, daß man – wie Collins/Giavazzi (1993) dies tun – ganz davon absieht, den Einfluß der aktuellen Inflationsraten auf die Umfragewerte auszuschalten; die – ansonsten interessante – These dieser Autoren[24], daß das Stabilitätsbewußtsein in den Ländern der Europäischen Union sich ab Mitte der 1980er Jahre zunehmend anglich, steht daher auf noch schwankenderem Boden. Ein Kernproblem der Aversionsmessung liegt vielmehr vermutlich in der Art der Fragestellung, die den Umfragen a bis c zugrunde liegt. Bei Fragen nach den dringendsten Problemen, denen das Land gegenübersteht, spiegeln die Antworten vermutlich nur zu einem Teil die generelle Wertschätzung von Preisstabilität, zu einem guten Teil hingegen auch die Inflationserwartungen der Befragten wider. In den Inflationserwartungen drückt sich aber auch das Vertrauen in die stabilitätspolitische Leistungsfähigkeit der Akteure auf dem Felde der Geldwertentwicklung, insbesondere der Zentralbank, aus. Je größer dieses Vertrauen ist, um so niedriger mögen die Inflationserwartungen ausfallen. Ein vergleichsweise großes Vertrauen in die deutsche Zentralbank mag daher die Ursache dafür sein, daß die Umfragewerte für die Inflation als eines der beiden dringlichsten anstehenden Probleme in Deutschland auf einem vergleichsweise niedrigen Niveau lagen; die „Bereinigung" der Antworten auf die Frage nach dem Sorgenkind Inflation um die aktuellen Inflationsraten schaltet offenbar die Inflationserwartungen nur unzureichend

22 Für diese Berechnungen sowie für die kritische Diskussion der alternativen Regressionsverfahren danke ich Herrn Dr. Ralph Setzer.

23 *Hayo*, Inflation Culture (wie Anm. 5), 253.

24 *Susan M. Collins/Francesco Giavazzi*, Attitudes toward Inflation and the Viability of Fixed-Exchange Rates: Evidence from the EMS, in: Michael D. Bordo/Barry Eichengreen (Eds.), A Retrospective on the Bretton Woods System. Lessons for International Monetary Reform. Chicago/London 1993, 547-557, mit den ergänzenden Kommentaren von *M. Fratianni* und *N. Thygesen*, 577-586. – Ein Beispiel für die Messung von Inflationsaversion (anhand von Umfragen, ob die Regierung eher die Inflation oder die Arbeitslosigkeit bekämpfen solle) ohne Hinausrechnung des aktuellen wirtschaftlichen Umfeldes ist auch: *Arjun Jayadev*, Differing Preferences between Anti-Inflation and Anti-Unemployment Policy among the Rich and the Poor, in: Economic Letters 91, 2006, 67-71.

aus. Für einen exakteren internationalen Vergleich der Inflationsaversion müßten also Fragestellungen entwickelt werden, die weniger die Inflationserwartungen und mehr die generelle Wertschätzung der Preisstabilität erheben.

Diesen Anforderungen kommen die Erhebungen d und e, in denen (u.a.) nach dem Stellenwert gefragt wird, welchen die Verringerung der Inflation unter den Aufgaben des Staates haben soll, eventuell näher. Scheve berechnet die Inflationsaversion, indem er die Umfrageergebnisse (Umfragen d) um die aktuellen Inflations- und Arbeitslosenraten bereinigt. Dem liegt die Annahme zugrunde, daß der Stellenwert, der in den Umfragen der Inflationsbekämpfung eingeräumt wird, mit der aktuellen Inflationsrate steigt und mit steigender aktueller Arbeitslosenrate sinkt.[25] Scheves Regressionsrechnungen kommen zu dem Ergebnis, daß Australien und Deutschland die Rangliste der Inflationsaversion anführen, während etwa die USA und England dahinter positioniert und z.B. Frankreich, Portugal und Schweden im hinteren Feld zu finden sind.[26]

Scheve wertet Umfragen aus (Umfragen d), in denen der Stellenwert der Inflationsbekämpfung und der Bekämpfung von Arbeitslosigkeit in der Meinung der Befragten miteinander verglichen werden soll; es wird also in den Fragen bereits unterstellt, daß die Inflationsbekämpfung (in höherer Arbeitslosigkeit) ihre Kosten hat. Shiller (Umfragen e) fragt anders, nämlich nach der Einschätzung der Inflation, ohne ausdrücklich auf eventuelle Kosten niedriger Inflationsraten (in Gestalt höherer Arbeitslosigkeit) hinzuweisen. In der Literatur gelten solche Fragen im allgemeinen als wenig geeignet, da sie kaum differenzierte Informationen erzeugten; denn kaum jemand würde z.B. Preisstabilität nicht für wünschenswert halten, wenn er nicht auf begleitende Kosten hingewiesen würde.[27] Dieses Verdikt ist aber so nicht gerechtfertigt: Einmal gehen auch in die Antworten auf zusatzlose Fragen nach der Bedeutung niedriger Inflationsraten die Vorstellungen der Befragten über eventuelle Kosten stabiler Preise ein. Zum anderen suggerieren Fragen, in denen man sich zwischen Inflations- und Arbeitslosigkeitsbekämpfung entscheiden soll, eine Alternative, die de facto bestenfalls kurzfristig besteht. Und schließlich fördern auch die Erhebungen Shillers (wenn auch nicht alle, so doch mehrere seiner Fragen) deutliche Meinungsunterschiede zwischen Deutschland und den USA zutage. Die Deutschen zeigten sich besorgter um die Preisstabilität als die Amerikaner.[28]

[25] *Scheve*, Public Inflation Aversion (wie Anm. 17), 10f.

[26] Ebd. 14–17.

[27] Vgl. z.B. ebd. 10; *Hayo*, Inflation Culture (wie Anm. 5), 248f.

[28] Die Deutschen tendierten z.B. stärker als die Amerikaner zu der Auffassung, daß Inflation ab einer gewissen Schwelle außer Kontrolle gerate (42f.); daß Inflationsraten von 30 bis 40 Prozent Wachstum und Entwicklung schmälern könnten (20); daß Inflationskontrolle eine der wichtigsten Aufgaben der Regierung sei (17); und daß die Regie-

Die Ergebnisse der empirischen Untersuchungen sind also uneinheitlich, die Meßmethoden der Inflationsaversion mit einer Fülle von Problemen behaftet. Alles in allem spricht aber einiges dafür, für Deutschland tatsächlich ein im internationalen Vergleich hohes Stabilitätsbewußtsein anzunehmen.

3. Schwankungen und Verläßlichkeit des deutschen Stabilitätsbewußtseins

Ich teile also bis auf weiteres die Vermutung, daß das Stabilitätsbewußtsein in Deutschland besonders ausgeprägt und damit eine vergleichsweise gute, generelle Grundlage für eine stabilitätsorientierte Geldpolitik war. Aber war diese Grundlage auch zu jedem Zeitpunkt verläßlich? Hier können unter Umständen die „unbereinigten" Schwankungen der Antworten auf Fragen, inwieweit Inflation und Arbeitslosigkeit augenblicklich oder zukünftig Sorgenkinder sind bzw. ob die Regierung der Bekämpfung von Inflation oder Arbeitslosigkeit Vorrang einräumen soll, Hinweise geben.

Welche Werte ergeben die verfügbaren Umfragen zu Inflation und Arbeitslosigkeit als vorrangige Sorgenkinder bzw. zu Inflations- oder Arbeitslosigkeitsbekämpfung als vorrangiger Regierungsaufgabe in Deutschland? Einige Beispiele: Im Januar 1966 (1965 waren die Preise um 3,2 Prozent gestiegen) machten sich 79 Prozent der befragten Deutschen um die Preissteigerungen Sorge, aber nur 16 Prozent um die Arbeitslosigkeit; ein Jahr später, in der beginnenden Rezession, waren um die Arbeitsplätze 62 Prozent, um die Preissteigerung (die 1966 immerhin 3,6 Prozent erreicht hatte) nur noch 59 Prozent besorgt.[29] Im Oktober 1972 (Inflationsrate 1972: 5,5 Prozent) waren die Preissteigerungen für 85 Prozent Sorgenkind, die Arbeitslosigkeit nur für 20 Prozent.[30] In den Jahren 1975 und 1976 dagegen nannten in einer infas-Umfrage deutlich mehr Personen die Beseitigung der Arbeitslosigkeit denn die Preisstabilität als das wichtigste wirtschaftspolitische Ziel[31]; ähnlich äußerten sich 1976 die Teilnehmer der Eurobarometer-Umfrage.[32] Im Herbst 1986 (1986: Inflationsrate 1986 -0,2 Prozent;

rung zur Verfolgung der verkündeten Stabilitätsziele verpflichtet sei (52). Die beiden letzten Feststellungen vergleichen allerdings nur die „nackten", nicht um aktuelle Inflationsraten bereinigten Umfragedaten. – Auch die Österreichische Nationalbank veranschlagt den Informationsgehalt „zusatzloser" Fragen zur Preisstabilität offenbar nicht als gering. Denn sie fragt z. B. in ihren jährlichen Umfragen: „Für wie wichtig halten Sie es, dass in Österreich die Inflationsrate gering bleibt?" Vgl. *Manfred Fluch/Ernest Gnan/ Sabine Schlögl*, Fünf Jahre Euro – Bargeld in Österreich – ein Stimmungsbarometer, in: Österreichische Nationalbank, Geldpolitik und Wirtschaft, Q1/07, 2007, 30–55, hier 37.

29 Allensbach-Umfrage, zitiert bei *Brigitte Schenkluhn*, Konjunkturpolitik und Wahlen. Eine fallanalytische Langzeituntersuchung der konjunkturpolitischen Regierungsentscheidungen in 7 Wahlperioden (von 1949–1976). Bergisch-Gladbach 1985, 456.

30 Allensbach-Umfrage, bei *Schenkluhn*, Konjunkturpolitik (wie Anm. 29), 456.

31 *Schenkluhn*, Konjunkturpolitik (wie Anm. 29), 460.

32 Vgl. Anhang 2.

Arbeitslosenquote 7,9 Prozent) pflichteten in einer Infratest-Umfrage 73 Prozent der befragten Deutschen der Meinung bei, daß die Beseitigung der Arbeitslosigkeit wichtiger als Preisstabilität sei[33]; in der Umfrage des International Survey Program entschied sich (wie auch noch 1990) ebenfalls eine Mehrheit der Befragten für die Verringerung der Arbeitslosigkeit als vorrangige Regierungsaufgabe.[34] Und die Umfragen aus dem Frühjahr 1995[35] und (Eurobarometer) ab 1998, also in Jahren vergleichsweise niedriger Inflationsraten und hoher Arbeitslosigkeit, besagen, daß die Sorge um die Beschäftigung diejenige um die Preisstabilität ständig (und oft weit) überwog. Die Umfragen des International Survey Program (1996) und des Eurobarometers (1997) zur Frage der Regierungsprioritäten ergaben 1996 ein klares Votum für Inflationsbekämpfung, 1997 ein ebensolches für Arbeitslosigkeitsbekämpfung als vorrangige Regierungsaufgabe.[36]

Der zeitweilige Vorrang der Vollbeschäftigung vor der Preisstabilität in den Umfragewerten besagt natürlich noch nicht, daß in Zeiten steigender bzw. hoher Arbeitslosigkeit die deutsche Bevölkerung ihr Stabilitätsbewußtsein verlor, denn die Priorität für Vollbeschäftigung(spolitik) ist ja zumindest langfristig mit der Überzeugung durchaus vereinbar, daß Beschäftigungszunahme nur in einem preisstabilen Umfeld möglich ist. So stimmte auch im Herbst 1986 die Mehrheit (53 Prozent) der Befragten der Aussage zu, daß sich langfristig das Arbeitslosenproblem nur lösen lasse, wenn man die Inflation in den Griff bekomme.[37] Andererseits zeigt jedoch eine Umfrage aus dem Rezessionsjahr 1967, daß eine Mehrheit fiskalische Beschäftigungsprogramme, die zur Bekämpfung der Arbeitslosigkeit gedacht waren, befürwortete, obwohl darauf hingewiesen wurde, daß bei dieser Konjunkturentwicklung doch nur die Preise steigen würden.[38] Und das häufige mehrheitliche Votum der Befragten, die Regierung solle der Arbeitslosigkeitsbekämpfung Vorrang vor der Inflationsbekämpfung einräumen, deutet darauf hin: Es ist alles andere als auszuschließen, daß die Befragten bereit waren, zumindest kurzfristig Inflation zugunsten höherer Beschäftigung in Kauf zu nehmen. Entsprechende wünschenswerte und eigentlich notwendige Kontrollfragen sind in den Meinungserhebungen allerdings nicht gestellt worden; die theoretischen Vorstellungen der Öffentlichkeit über die Zusammenhänge zwischen Inflationsraten und Beschäftigung bleiben eine große Unbekannte. Insgesamt erlauben die genannten Beobachtungen jedoch die Vermutung, daß die öffentliche Meinung ein nicht unbedingt verläßlicher Bundesgenosse

33 Infratest-Bericht, April 1987, 12 (Historisches Archiv Bundesbank, B 330/26652).
34 Vgl. Anhang 2.
35 *Easterley/Fischer*, Inflation (wie Anm. 16), 466.
36 Vgl. Anhang 2.
37 Infratest-Bericht, April 1987, 12 (Historisches Archiv Bundesbank, B 330/26652).
38 *Noelle-Neumann*, Geldwert (wie Anm. 12), 42.

ist, wenn es gilt, in Zeiten steigender bzw. hoher Arbeitslosigkeit eine stabilitätsorientierte Geld-, Lohn- und Finanzpolitik zu betreiben.[39]

4. *Ursachen des deutschen Stabilitätsbewußtseins*

Ich möchte nun in einem letzten Punkt dieses ersten Teils einige – wiederum kursorische und teilweise auch wenig befriedigende – Bemerkungen zur Erklärung der besonderen deutschen Inflationsaversion machen. Um es kurz zu sagen: Ich habe augenblicklich keine Anhaltspunkte für die Vermutung, daß die spezielle Inflationsaversion, wie sie sich im 20. Jahrhundert in Deutschland vorfindet, in jahrhundertealten speziellen deutschen kulturellen Traditionen begründet ist. Jüngst hat Eelke de Jong versucht, nationale Unterschiede in der Akzeptanz von Inflation mit der Akzeptanz von Ungleichheit, z. B. ungleicher Einkommen (je höher die Akzeptanz von Ungleichheit, um so höher die Akzeptanz von Inflation) zu begründen, in der sie einen tief in der Gesellschaft verankerten Grundwert sieht.[40] Aber diese tieferen Einstellungen sind gerade einmal den Erhebungen arbeitsbezogener Wertvorstellungen entnommen, die in den Jahren 1968 bis 1973 die IBM unter Mitarbeitern in 40 Ländern anstellte.[41] Ich sehe mich vorderhand außerstande, diesen Gedanken über längere Zeiträume vergleichend zurückzuverfolgen.

Es liegt meines Erachtens näher, die Entstehung der besonderen deutschen Inflationsaversion mit den spezifischen Inflationserfahrungen in der ersten Hälfte des 20. Jahrhunderts in Verbindung zu bringen: mit den fühlbaren negativen Wirkungen der offenen und der zurückgestauten Inflation auf die Sparer und auf die Wirtschaftsaktivität insgesamt. Diese These ist alt und gängig, aber deswegen nicht falsch. Sie hält meines Erachtens auch dem Einwand[42] stand, daß die USA, Japan und die Schweiz nach dem Zweiten Weltkrieg auch ohne solche Geldentwertungen eine erfolgreiche Geldpolitik betrieben hätten: Inflationsaversion kann eben mehreren Faktoren ihre Entstehung verdanken. Es wäre genauer zu untersuchen (wenn das überhaupt

39 Diese Auffassung steht nicht unbedingt im Widerspruch zum Urteil des Sachverständigenrates, „[...] das starke Drängen in der Bevölkerung auf mehr Stabilität und die Bereitschaft, für deren Wiedergewinnung notfalls Opfer zu bringen, [sei] das größte wirtschaftspolitische Potential der Bundesrepublik". Vgl. *Sachverständigenrat zur Begutachtung der gesamtwirtschaftlichen Entwicklung*, Vollbeschäftigung für morgen. Jahresgutachten 1974/75. Stuttgart/Mainz 1975, Tz. 370.

40 *Eelke de Jong*, Why are Price Stability and Statutory Independence of Central Banks Negatively Correlated?: the Role of Culture, in: EJPE 18, 2002, 675–694, hier 682f., 691.

41 Ebd. 681.

42 *Bofinger/Pfleger/Hefeker*, Stabilitätskultur (wie Anm. 2), 156; *Andreas Busch*, Die politische Ökonomie der Inflation, in: Herbert Obinger/Uwe Wagschal/Bernhard Kittel (Hrsg.), Politische Ökonomie. Demokratie und wirtschaftliche Leistungsfähigkeit. Opladen 2003, 175–197, hier 180.

geht!), welche Mischung aus Inflationserfahrungen, aus Erfahrungen mit der Tiefe und der Überwindung der Großen Depression der 1930er Jahre und aus dem Lernen von anderen die stabilitäts- und beschäftigungspolitischen Präferenzen der Bevölkerung in verschiedenen Ländern geprägt haben; in Deutschland hat sich, vermutlich überlagert durch die Inflationen, die Deflation – zunächst – zu einem, wenn auch noch erheblichen, so doch zu einem geringeren Trauma entwickelt als die Inflation.

Die Vermutung eines durch die Inflationserfahrung in Deutschland ausgelösten Schocks könnte sich mit der These von Collins/Giavazzi decken, daß die Inflationsaversion in Frankreich, Italien und Großbritannien im Laufe der 1980er Jahre stark zugenommen habe – sofern diese Werte besser abgesichert werden, als sie es bisher sind. Die zum Teil doppelstelligen Inflationsraten dieser Länder in den 1970er und beginnenden 1980er Jahren mögen – zusammen mit der Beobachtung alternativer geld- und wirtschaftspolitischer Erfolge im Ausland – eine Veränderung der wirtschaftspolitischen Wertvorstellungen nicht nur (wie vielfältig belegbar) der Entscheidungsträger, sondern auch der Bevölkerung bewirkt haben. Anhaltspunkte für einen Einfluß der nachwirkenden Inflationserfahrungen der 1970er und beginnenden 1980er Jahre erkennt Scheve[43] in seiner Analyse der EB- und ISSP-Umfrageergebnisse von 1976 bis 1996: Die Antwort aus den 1980er und 1990er Jahren spiegeln eine größere Vorliebe für Preisstabilität wider als die aus dem Jahr 1976.

In den Meinungsumfragen in Deutschland wurde die Frage nach dem Einfluß der Inflationserfahrungen auf die Stabilitätspräferenz nie explizit gestellt, auch nicht von der Kölner Forschungsstelle für empirische Sozialökonomik.[44] Aber für die Meinungsforscherin Noelle-Neumann war klar, daß z.B. die größere Inflationskenntnis der Deutschen oder der Popularitätsverlust der Bundesregierungen in den Jahren 1950 und 1966, als die Inflations-

[43] *Scheve*, Public Inflation Aversion (wie Anm. 17), 21. Scheve neigt damit der Auffassung zu, daß Erfahrungen mit hohen Inflationen die Bevölkerung inflationsaverser machen, statt sie (da sie gelernt haben könne, Vermeidungsstrategien zu entwickeln) gegen Inflation abzustumpfen. – In der Umfrageanalyse von *Shiller*, Inflation (wie Anm. 18), wird die „Great Inflation" der 1970er/1980er Jahre als mögliche Quelle zunehmender Inflationsaversion in den USA nicht erörtert. Shiller stellt einen scharfen Generationenunterschied heraus: Die vor 1940 geborenen Amerikaner sind durchweg erheblich skeptischer gegenüber Inflation eingestellt als die nach 1950 geborenen. Shiller (50) führt dies darauf zurück, daß die zeitgenössische internationale Medienberichterstattung über die Inflationen der ersten Hälfte des 20. Jahrhunderts in der älteren und nicht mehr in der jüngeren Generation eine länderübergreifende inflationsskeptische Meinungskultur ausgebildet habe. Hat demnach die „Great Inflation" in den USA (die Inflationsraten waren allerdings niedriger als etwa in Frankreich, England, Italien oder Spanien) die Inflationsaversion nicht verstärkt? Vgl. auch *Robert J. Shiller*, Why do People Dislike Inflation?, in: Christina D. Romer/David H. Romer (Eds.), Reducing Inflation: Motivation and Strategy. Chicago 1997, 13-65.

[44] *Günter Schmölders*, Der Umgang mit Geld im privaten Haushalt. Berlin 1969, 183ff.

raten wieder stiegen, Nachwirkungen der Inflationserfahrungen waren und daß es über diese Inflationserfahrungen auch einen intensiven Gedankenaustausch zwischen den Generationen gab (wofür die oft nur geringen Bewertungsunterschiede zwischen jungen und alten Personen sprächen).[45] Die Erinnerung an die beiden großen Inflationen mag auch publizistisch wach gehalten worden sein, indem z.B. der ehemalige Reichsbankpräsident Hjalmar Schacht für die erste Hälfte der 1960er Jahre oder der Wirtschaftspublizist Volkmar Muthesius für die Jahre ab 1967 die schleichende Inflation publikumswirksam als „dritte Inflation" bezeichneten.[46] Es ist kaum herauszufiltern, wie lange diese Inflationserfahrungen für die Stabilitätspräferenz zentral waren und wann sie durch positive Stabilitätserfahrungen und negative Erfahrungen mit der schleichenden Inflation in der Nachkriegszeit ersetzt oder ergänzt wurden. Im Jahre 1986 erklärte noch ein Drittel der Befragten, persönliche Erfahrungen mit der Inflation gemacht zu haben.[47] Die Österreichische Nationalbank fand im Jahre 2006 in einer Umfrage heraus, „dass junge Menschen, die keine Phase höherer Inflation mehr erlebt haben, eine niedrigere Inflation für etwas weniger wichtig erachten als der Durchschnitt der Bevölkerung".[48]

Für die Bundesbank und schon für die Bank deutscher Länder war jedenfalls klar, daß Inflationserfahrungen vergänglich sind und das Stabilitätsbewußtsein der Öffentlichkeit immer wieder regeneriert werden muß. Die deutsche Zentralbank betrieb daher von Anfang an eine relativ umfangreiche Öffentlichkeitsarbeit.[49] Da diese jedoch nicht nur die Stabilitätspräferenz wachhalten sollte, sondern vor allem Vertrauenswerbung für die Zentralbank bezweckte, will ich sie später erörtern.

Damit schließe ich meine Bemerkungen zur Messung und Erklärung der Inflationsaversion in Deutschland ab. Ich wollte zeigen, daß diese Inflationsaversion (Meßprobleme bleiben bestehen) vermutlich stark, aber nicht unbedingt konstant war und daß zumindest für ihre Auslösung nach wie vor Inflationserfahrungen des 20. Jahrhunderts herhalten müssen.

[45] *Noelle-Neumann*, Geldwert (wie Anm. 12), 36f., 40.

[46] *Hjalmar Schacht*, In Sorge um die Deutsche Mark, in: Quick Nr. 48/49, 1964; *ders.*, Magie des Geldes. Schwund oder Bestand der Mark. Düsseldorf 1966, 195; *Muthesius*, Augenzeuge (wie Anm. 13), 163.

[47] Infratest-Bericht, April 1987, 11 (Historisches Archiv Bundesbank, B 330/26652).

[48] *Fluch/Gnan/Schlögl*, Euro (wie Anm. 28), 35.

[49] Vgl. auch *Manfred J. M. Neumann*, Geldwertstabilität: Bedrohung und Bewährung, in: Deutsche Bundesbank (Hrsg.), Fünfzig Jahre Deutsche Mark. Zentralbank und Währung in Deutschland seit 1948. München 1998, 309-346, hier 344: „Wenn Inflation unpopulär ist in Deutschland, dann nicht weil wesentliche Teile der Bevölkerung große Inflationen erlebt hätten, sondern weil die Zentralbankiers nicht müde werden", den Wert der Preisstabilität und der Zentralbankunabhängigkeit zu erklären.

III. Welche Bedeutung hat das Stabilitätsbewußtsein in Deutschland für den Stabilitätserfolg?

1. Die Fragen

Ich wende mich nun der Frage zu, welche Bedeutung das Stabilitätsbewußtsein für den Stabilitätserfolg, vor allem für die Geldpolitik und hier in erster Linie für die Unabhängigkeit der Zentralbank, also für wichtige Komponenten der deutschen Stabilitätskultur, hatte. Ich will zuerst einen kurzen Überblick über die Entwicklung derjenigen Elemente der deutschen Zentralbankverfassung geben, deren Beeinflussung durch das Stabilitätsbewußtsein hier zur Frage steht: des Zieles der Preisstabilität und der Unabhängigkeit der Zentralbank von Weisungen der Regierung; dabei zeigt sich, wie jung im internationalen Vergleich die besondere deutsche Stabilitätsorientierung ist. Dann will ich auf die Fragen eingehen, inwieweit das Deutschland des 20. Jahrhunderts die Unabhängigkeit seiner Zentralbank dem besonders stark ausgeprägten Stabilitätsbewußtsein verdankt und ob Deutschland angesichts einer stabilitätsbewußten Öffentlichkeit zur Erreichung des Stabilitätsziels nicht auch ohne die gesetzliche Unabhängigkeit der Zentralbank ausgekommen wäre. Und im Zusammenhang damit werde ich schließlich fragen, ob es im Unterschied zur breiten Bevölkerung einzelne Gesellschafts- oder Interessengruppen sind, deren Stabilitätsbewußtsein die Unabhängigkeit der Zentralbank bewirkt oder entbehrlich macht.

2. Deutsche Stabilitätskultur: Die Entwicklung des Preisstabilitätsziels und der Unabhängigkeit in der deutschen Zentralbankverfassung

Beide Elemente sind relativ jungen Datums. Die Zentralbankgesetze im Zeitalter des Deckungsdenkens (der teilweisen Deckung der emittierten Banknoten durch Edelmetall) kennen keine explizite Formulierung der Währungs- oder Preisstabilitätssicherung, so auch nicht die Reichsbankgesetze bis 1939. Man muß sich vorstellen, daß die dortige Aufgabenformulierung der „Sicherung des Geldumlaufs" das Ziel der Währungs- und Preisstabilitätssicherung eben mit umfaßte.[50] Zum ersten Mal nannte das Reichsbankgesetz vom 15. Juni 1939 die „Sicherstellung des Wertes der deutschen Währung" als Ziel. Das Gesetz zur Errichtung der Bank deutscher Länder aus dem Jahre 1948 folgte mit der „Festigung der Währung", das Bundesbankgesetz vom 26. Juli 1957 mit der „Sicherung der Währung" als Zielsetzung. Die Bundesbank interpretierte diese uneindeutige Zielformulierung zuneh-

[50] *Dieter Lindenlaub*, Auf der Suche nach einem Instrumentarium zur Kontrolle der Geldschöpfung. Zentralbank und Banken in Deutschland im ersten Drittel des 20. Jahrhunderts, in: Bankhistorisches Archiv 26, 2000, 117–151, hier 119–122.

mend als Preisstabilität (und nicht als Wechselkursstabilität). Ausdrücklich fand das Preisstabilitätsziel aber erst im Zuge der Anpassung an die Maastricht-Bestimmungen Eingang in das Bundesbankgesetz. Die Unabhängigkeit der Zentralbank von Weisungen deutscher Regierungsstellen kam mit dem Autonomiegesetz vom 26. Mai 1922 in die deutsche Zentralbankgesetzgebung hinein; bis dahin unterstand die Reichsbank der Leitung des Reichskanzlers. Im Jahre 1937 wurde die Reichsbank wieder dem Reichskanzler (Hitler) unterstellt. Die Bank deutscher Länder war seit 1948 unabhängig von Weisungen deutscher, ab 1951 (Überleitungsgesetz vom 10. August 1951) auch alliierter Stellen. Im Bundesbankgesetz von 1957 wurde diese Unabhängigkeit dann ausdrücklich formuliert.

Die im internationalen Vergleich hohe deutsche „Stabilitätskultur" (hier, wo das institutionelle Arrangement gemeint ist, ist dieser Begriff angebracht), wie man sie in der zweiten Hälfte des 20. Jahrhunderts beobachten kann[51], ist also nicht alt. Schon das deutet darauf hin, wie sehr sich „Stabilitätskulturen" wandeln können und beeinflußbar sind, wie labil ihre Fundierung ist. Das zeigt auch ein etwas längerfristiger Vergleich der deutschen und der englischen Stabilitätskultur: Deutschland wies in der zweiten Hälfte des 20. Jahrhunderts (gemessen an der Zentralbankverfassung und dem Stabilitätserfolg) eine höhere Stabilitätskultur auf als England. Im 19. Jahrhundert war dies eher umgekehrt: Die Geldpolitik der Reichsbank war expansiver angelegt und mit mehr Stabilitätsrisiken behaftet als die der Bank of England. Die Bank of England war auf das Currency-Prinzip festgelegt, das heißt der durch Gold nicht gedeckte Banknotenumlauf war auf ein starres Kontingent begrenzt. Die Reichsbank dagegen folgte der flexibleren Banking-Doktrin, nach der der Notenumlauf nur zu einem Drittel durch den „Barvorrath" (vor allem Gold) gedeckt sein mußte, zu zwei Dritteln aber durch Handelswechsel gedeckt sein durfte.[52] Diese Regelung erlaubte der Reichsbank eine flexiblere Kreditgewährung und eine üppigere Lender-of-last-resort-Tätigkeit als der Bank of England – Umstände, die die Reichsbank im letzten Jahrzehnt vor Ausbruch des Ersten Weltkrieges in ernsthafte Schwierigkeiten bei der Kontrolle der Geldschöpfung brachten.[53] Auch diese Sachverhalte weisen also darauf hin, daß man zur Erklärung des stabilitätskulturellen

[51] Bis in die Mitte der 1990er Jahre rangierte die Bundesbank in den nach dem Grad der institutionellen Unabhängigkeit aufgestellten Ranglisten abwechselnd mit der Schweiz auf Platz eins oder zwei. Vgl. dazu die Tabellen bei *Peter Bofinger/Julian Reischle/Andrea Schächter*, Geldpolitik. Ziele, Institutionen, Strategien und Instrumente. München 1996, 310.

[52] *Dieter Lindenlaub*, Vergleichende Bemerkungen zur deutschen Zentralbankgeschichte, in: Franz Bosbach/Hans Pohl (Hrsg.), Das Kreditwesen in der Neuzeit. Banking System in Modern History. Ein deutsch-britischer Vergleich. München 1997, 85–99, hier 92f.

[53] *Lindenlaub*, Suche (wie Anm. 50).

Vorsprungs Deutschlands in der zweiten Hälfte des 20. Jahrhunderts auf junge Vorgänge zurückgreifen muß.[54]

3. Ruft Stabilitätsbewußtsein Zentralbankunabhängigkeit hervor?

Verdankt Deutschland die Unabhängigkeit seiner Zentralbank, also ein wesentliches Element seiner Stabilitätskultur im 20. Jahrhundert, dem besonders stark ausgeprägten Stabilitätsbewußtsein der deutschen Bevölkerung? Die Antwort wird sein: Irgendwie schon! Darauf deutet die hohe positive Korrelation zwischen Inflationsaversion (wenn man die Vermutung hoher deutscher Inflationsaversion gelten läßt) und Unabhängigkeit der Zentralbank hin, die Hayo im Ländervergleich feststellt. Aber das Stabilitätsbewußtsein ist eher eine Stütze denn ein initiierender Faktor für die Unabhängigkeit, und auch als Stütze ist es erstens schwer durchschaubar und bedarf zweitens ständiger Pflege.

Zunächst ist festzuhalten, daß die Anstöße zur Einführung der Unabhängigkeit in die Verfassung der deutschen Zentralbank von außen kamen: Das Autonomiegesetz vom 26. Mai 1922, das die Weisungsbefugnis des Reichskanzlers beseitigte, kam auf Druck der alliierten Reparationskommission zustande, die es zur Bedingung für einen teilweisen Aufschub der Reparationszahlungen machte; einer der Initiatoren, der britische Zentralbankgouverneur Montagu Norman, erwartete von einer unabhängigen Reichsbank einen erfolgreicheren Widerstand gegen die Hauptquelle der Inflation, das Kreditbegehren des Reichs an die Reichsbank. Das Gesetz zur Errichtung der Bank deutscher Länder aus dem Jahre 1948, das keine Weisungsbefugnisse deutscher Regierungsstellen enthielt, war ein alliiertes Militärgesetz, wobei hier unerheblich ist, ob dieser Punkt ein alliierter Oktroi war[55] oder – wie ich meine – die Zustimmung gewichtiger deutscher Sachverstän-

[54] Auch die stabilitätspolitischen Arrangements der Banque de France waren im 19. Jahrhundert nicht lockerer als die der Preußischen Bank und der Reichsbank. Die Deckungsquoten der Banque de France waren stets sehr hoch. Und eine spezielle Schutzbestimmung gegen den Zugriff des Staates auf die Zentralbank, nämlich das Vetorecht, das die Vertretung der privaten Anteilseigner gegenüber außergewöhnlichen kaufmännischen Geschäften mit dem Staat besaßen, hatten die Preußische Bank und die Reichsbank der Verfassung der Banque de France entnommen.

[55] *Christoph Buchheim*, Die Unabhängigkeit der Bundesbank – Folge eines amerikanischen Oktrois?, in: VfZ 49, 2001, 1-30, hier 6ff.; vgl. ferner *Bernhard Löffler*, Soziale Marktwirtschaft und administrative Praxis. Das Bundeswirtschaftsministerium unter Ludwig Erhard. Stuttgart 2002, 393. Auch *Christoph Buchheim*, Die Geschichte der Deutschen Bundesbank in der geldpolitischen Verantwortung, in: Zeitschrift für das gesamte Kreditwesen 19, 2007, 22-26, hier 22f., betont „den fast einhelligen Widerstand deutscher Sachverständiger einschließlich Ludwig Erhards" gegen die politische Weisungsunabhängigkeit der Bank deutscher Länder.

diger, eventuell auch ihrer Mehrheit, fand.[56] In der gleichen Weise wurde im übrigen der Übergang der Zentralbanken der Länder der Europäischen Union zur Unabhängigkeit (und zur expliziten Formulierung des vorrangigen Preisstabilitätsziels) in den 1990er Jahren von außen, nämlich durch die Auflagen des Maastricht-Vertrages, angestoßen[57]; Deutschland reichte hier sozusagen das Unabhängigkeitsprinzip weiter. Alle diese und andere[58] Vorgänge zeigen, welch große Bedeutung der internationalen Übertragung wichtiger zentralbankpolitischer Grundsätze zukommt.

[56] *Deutsche Bundesbank*, Der Zentralbankrat vor fünfzig Jahren, in: Monatsberichte der Deutschen Bundesbank, März 1998, 17-31, hier 25. Die überlieferten Äußerungen der deutschen Sachverständigen, die 1947/48 über die Errichtung einer westdeutschen Zentralbank berieten, über die politische Unabhängigkeit dieser Zentralbank sind mager und verwirrend. Aber die Position Ludwig Erhards, der die bei der Verwaltung für Finanzen eingerichtete Sonderstelle Geld und Kredit in Bad Homburg leitete, läßt sich m. E. herausschälen: Einerseits hielt Erhard es für ausgeschlossen, daß sich die Zentralbank bei ansteigender Arbeitslosigkeit „wieder auf das hohe Ross" setze und sich „gleichgültig" zeige; insofern ziehe „in letzter Instanz immer die Politik". Hierbei mag die Beobachtung eine Rolle gespielt haben, daß sich die unabhängige Reichsbank in der Weltwirtschaftskrise zwar längst nicht durchweg, aber doch Ende 1931 restriktiver gezeigt hatte, als es die Regierung Brüning wünschte. Andererseits setzte Erhard einem Weisungsrecht des Wirtschaftsrates gegenüber der Zentralbank ein klares „Nein" entgegen. Hierbei mag die Inanspruchnahme der ab 1937 abhängigen Reichsbank durch das Dritte Reich ein Bezugspunkt gewesen sein. Beide Vorstellungen schlossen sich in den Augen Erhards offenbar nicht aus. Dem lag wohl, wie aus späteren Äußerungen Erhards hervorgeht, die Auffassung zugrunde, daß die Unabhängigkeitsfragen letztlich überhaupt nicht durch organisatorische Maßnahmen, sondern nur durch das „Zusammenwirken der agierenden Persönlichkeiten" gelöst werden könnten (Ludwig Erhard an Fritz Schäffer, 12. Oktober 1950: Historisches Archiv Bundesbank, B 330/358). Aber soweit die Zentralbankpolitik organisatorischen Maßnahmen unterworfen werden mußte, kam dafür eben nur die politische Weisungsunabhängigkeit, nicht die Weisungsabhängigkeit in Frage. Die Verknüpfung von Weisungsunabhängigkeit und gleichzeitigem Zusammenwirken der Zentralbank mit der Regierung wurde auch zum Kennzeichen der deutschen Zentralbankverfassung und -politik in den folgenden Jahrzehnten.

[57] Ebenso ist das Schlüsselereignis für den Übergang Frankreichs zu einer stabilitätsorientierten Geld- und Wechselkurspolitik im Jahre 1983 wohl nicht, wie *Collins/Giavazzi*, Attitudes (wie Anm. 24), 550, meinen, der Druck veränderter, nun stabilitätsorientierter Verbraucherpräferenzen, sondern das Zugeständnis Deutschlands, die D-Mark (um 5,5 Prozent) aufzuwerten, wodurch die fällige Franc-Abwertung (2,5 Prozent) in Grenzen gehalten werden konnte; nur mit Hilfe dieses Prestigeerhalts waren offenbar die Stabilisierung der Wechselkurse (auf neuem Niveau) und eine restriktivere Geldpolitik in Frankreich nach innen vermittelbar. Vgl. *Hans Tietmeyer*, Herausforderung Euro. Wie es zum Euro kam und was er für Deutschlands Zukunft bedeutet. München 2005, 85-93. – Damit ist natürlich eine die anschließende französische Stabilitätspolitik fördernde Änderung der Verbraucherpräferenzen nicht ausgeschlossen.

[58] Auch andere Bestandteile der bundesrepublikanischen Zentralbankpolitik wurden von außen übernommen: so von den USA (zumindest in der Tendenz) die relativ dezentrale Zusammensetzung des obersten geldpolitischen Entscheidungsgremiums und von England der Verzicht auf das Direktgeschäft (mit den Nichtbanken).

Wenn auch nicht Anstoßgeber, so konnte die Inflationsaversion der Bevölkerung natürlich doch eine wichtige Stütze der Unabhängigkeit der deutschen Zentralbank sein. Daß dies so war, findet einen Anhaltspunkt in der Tatsache, daß es mit dem Überleitungsgesetz vom 10. August 1951 und dem Bundesbankgesetz vom 26. Juli 1957 der deutsche Gesetzgeber – als Repräsentant des Wählerwillens – war, der die Weisungsunabhängigkeit der Zentralbank festzurrte, auch wenn an den Beratungen der Gesetze nur ein kleiner Personenkreis aus Bundesministerien, Bundestag, Bundesrat und Zentralbank teilnahm.[59] Die Bedeutung der Inflationsaversion für die deutsche Zentralbankunabhängigkeit wird in der Literatur aber vor allem mit dem Hinweis begründet, daß die geldpolitischen und politischen Entscheidungsträger von einem Angriff auf die Unabhängigkeit der Zentralbank einen massiven Vertrauensverlust in die Währung und in die Regierung erwarteten. Tatsächlich gibt es zahlreiche solcher Beobachtungen. So betonte die Bank deutscher Länder 1950, nach zwei Inflationen würde das Vertrauen des Volkes in die Währung beeinträchtigt, wenn der Zentralbank geldpolitische Entscheidungen aus der Hand genommen werden könnten.[60] Die Bundesregierungen scheuten davor zurück, Konflikte mit der Zentralbank mit dem Ziel einer Gesetzesänderung im Bundestag zu „dramatisieren", obwohl der Gesetzgeber eine solche Möglichkeit ausdrücklich 1957 vorsah[61] und obwohl der Wunsch nach einer solchen Gesetzesänderung zeitweise durchaus bestand[62]

[59] In den durchaus umstrittenen Beratungen votierten besonders auch die Ländervertreter für die Unabhängigkeit der Zentralbank, um diese vor dem Zugriff des Kanzlers zu schützen; *Jörg Bibow*, Zur (Re-)Etablierung zentralbankpolitischer Institutionen und Traditionen in Westdeutschland: Theoretische Grundlagen und politisches Kalkül (1946–67). Ms. Hamburg 2003, 48. Dies könnte die These von *de Jong*, Price Stability (wie Anm. 40), 681, 690f., und *Horst Hegmann*, Hüter der Geldwertstabilität oder Agenten der volonté générale. Deutsche und französische Stabilitätskultur im Vergleich, in: ders./Bernhard Neumärker (Hrsg.), Die Europäische Union aus politökonomischer Perspektive. Marburg 2002, 43–65, hier 53f., stützen, daß es Staaten mit einer – föderalistisch bedingten – Aufteilung der Gesetzgebungsbefugnisse leichter gelingt, politische Kompetenzen an unabhängige Gremien zu vergeben.

[60] Wilhelm Vocke an Bundesfinanzminister Fritz Schäffer, 7.3.1950, fol. 3 (Historisches Archiv Bundesbank, B 330/2043). Ähnlich argumentierte bereits die Reichsbank 1933 gegen eine eventuelle Aufhebung der Unabhängigkeit von Weisungen des Staates: Der Zugriff des Staates auf die Notenemission würde – u.a. nach den Erfahrungen mit der nicht lange zurückliegenden Inflation – das Vertrauen in die Währung beeinträchtigen. Vgl. Dr. Einsiedel, Grundsätzliches zur Frage einer Änderung des Bankgesetzes, April 1933 (Bundesarchiv Berlin, R 2501/6748).

[61] Vgl. den Abschlußbericht des Vorsitzenden des Bundestagsausschusses Geld und Kredit, Hugo Scharnberg, vom 28.6.1957, in: *Deutsche Bundesbank* (Hrsg.), 30 Jahre Deutsche Bundesbank. Die Entstehung des Bundesbankgesetzes vom 26. Juli 1957. Dokumentation einer Ausstellung. Frankfurt am Main 1988, 148.

[62] So 1956 bei Adenauer; vgl. *Bibow*, (Re-)Etablierung (wie Anm. 59), 47f.

bzw. bestanden haben mag[63]. Sie fürchteten diese und ähnliche Konflikte, weil sie nicht glaubten, sie im Parlament gewinnen zu können. Sie nahmen an, daß die Öffentlichkeit immer auf der Seite der Zentralbank stehe[64] und dies möglicherweise um so mehr, als sie vermuten mußten, daß die in zurückliegenden Konflikten mit der Bundesregierung erworbene Reputation die Zentralbank unangreifbar machte[65]; die Abschaffung der Unabhängigkeit der Zentralbank wäre dann für die Bundesregierung mit zu hohen Kosten, nämlich dem Verlust der öffentlichen Zustimmung, verbunden gewesen.[66] Der Rückenwind der öffentlichen Meinung war für die Bundesbank also wichtig, zumal dann, als deren Unabhängigkeit bis 1992 (erst dann erhielt sie Verfassungsrang) durch ein einfaches Gesetz hätte aufgehoben werden können.

Der Nachweis des Einflusses, den die inflationsaversive öffentliche Meinung auf die Einrichtung der unabhängigen Zentralbank in Deutschland gehabt hat, leidet allerdings unter einem – gravierenden – Mangel: Die Wertschätzung, welche die Öffentlichkeit dem Institut der Unabhängigkeit der Zentralbank entgegenbringt, wurde nicht direkt – anhand von Meinungsumfragen – erhoben, sondern dem – eventuell irrigen – Urteil Dritter entnommen. Ich kenne bis in das Jahr 1986 keine Meinungsumfragen, die sich mit der Bedeutung der Zentralbank oder gar der Unabhängigkeit der Zentralbank für die Geldwertstabilität beschäftigen. Solche Fragen sind – vielleicht (weil als zu unbedeutend angesehen) bezeichnenderweise – nie gestellt worden.

Allensbach beispielsweise fragte 1957 und 1964, ob die Regierung etwas gegen die Preissteigerungen tun könne, indem sie die Betriebe an Preiserhöhungen hindere. Etwas mehr als 60 Prozent der Befragten antworteten jeweils mit „Ja"; Elisabeth Noelle-Neumann folgerte daraus, daß der Bevölkerung das, was sich mit dem Geldwert zuträgt, „ebenso unerwünscht wie unverständlich" sei.[67]

63 So bei Bundeswirtschaftsminister Karl Schiller nach dem Konflikt mit der Bundesbank über die Ersatzaufwertung im November 1968; vgl. *Dieter Lindenlaub*, Karl Blessing, in: Hans Pohl (Hrsg.), Deutsche Bankiers des 20. Jahrhunderts. Stuttgart 2008, 13–34.

64 Hugo Scharnberg (CDU), Vorsitzender des Bundestagsausschusses Geld und Kredit, in dessen Sitzung am 26.1.1957, in: *Deutsche Bundesbank* (Hrsg.), 30 Jahre (wie Anm. 61), 147; Bundeskanzler Konrad Adenauer im CDU-Bundesvorstand am 26.4.1956 (*Helge Berger*, Konjunkturpolitik im Wirtschaftswunder. Handlungsspielräume und Verhaltensmuster von Bundesbank und Regierung in den 1950er Jahren. Tübingen 1997, 56f.); Bundeswirtschaftsminister Ludwig Erhard an Bundeskanzler Konrad Adenauer, 26.6.1956 (*Bibow*, [Re-]Etablierung [wie Anm. 59], 46); Bundeskanzler Helmut Schmidt in einer Studie für die SPD-Spitze vom Mai 1974 (*Otmar Emminger*, D-Mark, Dollar, Währungskrisen. Erinnerungen eines ehemaligen Bundesbankpräsidenten. Stuttgart 1986, 28).

65 Die Bedeutung der in den 1950er Jahren erworbenen Reputation für die starke Stellung der Zentralbank gegenüber der Bundesregierung hebt besonders *Berger*, Konjunkturpolitik (wie Anm. 64), 55ff., hervor.

66 *Hayo/Hefeker*, Reconsidering (wie Anm. 6), 660.

67 *Noelle-Neumann*, Geldwert (wie Anm. 12), 43f.

Die bereits erwähnte, in den Jahren 1986 und 1990 im Auftrag der Bundesbank veranstaltete, unveröffentlichte Infratest-Meinungsumfrage enthielt erstmals Fragen über die Bedeutung der Bundesbank für den Stabilitätserfolg der D-Mark: Diesen Erfolg schrieben 1986 2 Prozent, 1990 23 Prozent der Befragten der Bundesbank zu, die damit ähnliche Werte wie die Industrie erzielte; die Spitzenwerte bei dieser Frage bekam die Regierung (28 bzw. 34 Prozent). Die Unabhängigkeit der Bundesbank war 1986 43 Prozent, 1990 nur noch 30 Prozent der Befragten bekannt. Auf die Frage, wessen Interessen die Bundesbank vertrete, nannten 84 Prozent die Interessen des Staates, 62 Prozent die Interessen der Banken und gerade die Hälfte die Interessen der Allgemeinheit.[68] Dieses Bild dürfte sich in der Zwischenzeit nicht entscheidend verändert haben.

Der Präsident der Europäischen Zentralbank, Jean-Claude Trichet, zitierte 2007 mehrfach aus einer Gallup-Umfrage, daß 73 Prozent der Bürger im Euroraum (in Frankreich 75 Prozent) für die Unabhängigkeit der Europäischen Zentralbank von der Politik seien.[69] Dem stehen jedoch die Ergebnisse von Eurobarometer-Umfragen aus den Jahren 1998 bis 2000 gegenüber: Eurobarometer fragte, ob die Europäische Zentralbank für ihre Entscheidungen dem Europäischen Parlament verantwortlich sein solle. In Deutschland bejahten mehr als zwei Drittel diese Frage (u. a. in Frankreich, Belgien, Italien noch etwas mehr).[70] Das kommt einer Ablehnung des Unabhängigkeitspostulats gleich. Denn die politische Unabhängigkeit schließt die Parlamentsfreiheit ein und damit die Kontrolle, nach der in der Umfrage gefragt wurde, aus.

Alles dies zeigt, wie begrenzt die Kenntnisse des Publikums über die Rolle der unabhängigen Zentralbank in der Wirtschaftspolitik waren und sind, was angesichts der Schwierigkeit und Spezialität des Gegenstandes nicht verwunderlich ist. Aus den vorgestellten Beobachtungen zur Einschätzung des Unabhängigkeitsprinzips durch die Öffentlichkeit ergeben sich daher zwei Schlußfolgerungen, eine für die These vom Zusammenhang zwischen der Inflationsaversion und der Forderung nach Unabhängigkeit und eine andere für die Kommunikationspolitik der Zentralbanken.

Zur ersten Konsequenz: Die Öffentlichkeit wurde für die Aufrechterhaltung des Unabhängigkeitsstatuts vor allem deswegen bedeutend, weil sie von der Politik als bedeutend eingeschätzt wurde. Die Politik hat dabei die

[68] Ergebnisse der Infratest-Umfragen, in: Historisches Archiv Bundesbank, B 330/26652.

[69] Trichet warnt vor Attacken auf EZB, in: Frankfurter Allgemeine Zeitung vom 21.12.2006; Under Fire, on Target. A Vindicated Trichet Continues to Press for Reform, in: Financial Times vom 18.5.2007. Eine Anfrage bei Gallup nach näheren Angaben zu der Umfrage blieb ohne Antwort.

[70] http://www.ec.europa.eu/public_opinion.

Öffentlichkeit offenbar mit der Medienberichterstattung gleichgesetzt[71], was deren Einfluß kennzeichnet. Das Meinungsbild der Öffentlichkeit selbst war sehr viel verschwommener. Die deutsche Öffentlichkeit zeigte sich in bezug auf ihre Unabhängigkeitspräferenz – weit mehr noch als bei der Inflationsaversion – als unsicherer Kantonist. Es ist nicht einfach so, daß eine inflationsaversive deutsche Bevölkerung sich als Instrument zur Erreichung des Stabilitätsziels die unabhängige Zentralbank geschaffen hätte[72]; deren Eigenschaften waren ihr nur begrenzt bekannt. Instrumente der Stabilitätspolitik, wie es die unabhängige Zentralbank oder etwa auch ein System fester Wechselkurse sind, werden von Experten und Politikern entsprechend deren theoretischen Vorstellungen über die relevanten Wirkungszusammenhänge eingerichtet; die Öffentlichkeit akzeptiert sie, bis sie „irgendwie" von ihrem Scheitern überzeugt wird.

Dies führt zu der zweiten Konsequenz, die aus den vorgestellten Beobachtungen zu ziehen ist, nämlich von den Zentralbanken: Da das Meinungsbild der Öffentlichkeit zur Unabhängigkeit der Zentralbank wenig festgefügt ist, kann es leicht zu deren Ungunsten umschlagen. Die Politik brauchte dann, wenn sie die Unabhängigkeit der Zentralbank auf dem Gesetzeswege abschaffen will, unter Umständen keine Unabhängigkeitspräferenz der Öffentlichkeit mehr zu fürchten. Um dieser Situation zu entgehen, muß die Zentralbank versuchen, das Meinungsbild der Öffentlichkeit zu ihren Gunsten fester zu fügen. Dazu benötigt sie vorzeigbare Stabilitätserfolge, aber auch erläuternde Öffentlichkeitsarbeit.[73] Geldpolitische Maßnahmen wirken nur stark verzögert auf die Preise; ihr Erfolg ist also nicht unmittelbar beobachtbar. Daher muß die Zentralbank das Stabilitätsbewußtsein und das Vertrauen in ihr Tun stärken, indem sie der Öffentlichkeit klarmacht: daß Preisstabilität auf mittlere Sicht für Wachstum, Beschäftigung und Einkommen vorteilhaft ist; daß einer unabhängigen Zentralbank die beständige Verfolgung des Stabilitätsziels leichter fällt als einer zuweilen kurzfristigen, wahltaktischen Beschäftigungsüberlegungen unterworfenen abhängigen Zentralbank; daß die von ihr gewählte Strategie und die von ihr eingesetzten Instrumente zur Erreichung des Stabilitätsziels geeignet sind; daß also das Vertrauen in die Zentralbank berechtigt, niedrige Inflationsraten zu erwarten (niedrige Inflationserwartungen sind eine wichtige Voraussetzung für Aufrechterhaltung von Preisstabilität); daß der Zentralbank kurzfristige Verfehlungen des Stabilitätsziels nicht unbedingt angelastet

[71] Vgl. dazu etwa Hugo Scharnberg in der Sitzung des Bundestagsausschusses Geld und Kredit am 26.1.1957 (wie Anm.64); Bundeswirtschaftsminister Erhard an Bundeskanzler Adenauer, 26.6.1956 (wie Anm.64).

[72] So aber *Hayo*, Inflation Culture (wie Anm.5), 247.

[73] Dies wird auch in der wirtschaftswissenschaftlichen Literatur so gesehen. Vgl. z.B. – institutionenökonomisch – *Richter*, Stabilitätskultur (wie Anm.7), 79, 82, 87.

werden können, da auf die kurzfristige Preisniveauentwicklung auch noch andere Einflüsse (Finanzpolitik, Lohnpolitik, Außenwirtschaft) wirken; daß Restriktionspolitik zugunsten der Preisstabilität auch einmal kurzfristige realwirtschaftliche Opfer erfordert; usw.[74]

Die nachkriegsdeutsche Zentralbank hat von Anfang an erkannt, wie schwankend das Fundament ist, das auch eine relativ inflationsaversive öffentliche Meinung für die Aufrechterhaltung des Unabhängigkeitsstatus bildet. Unabhängige Zentralbanken stehen unter stärkerem Rechtfertigungsdruck als abhängige Zentralbanken. Die Bank deutscher Länder und die Deutsche Bundesbank haben daher von Anfang an eine gerade auch im internationalen Vergleich umfangreiche Öffentlichkeitsarbeit betrieben[75]: mit Hilfe von Geschäfts- und Monatsberichten, Reden, den Auszügen aus Presseartikeln, Pressekonferenzen, und – in ausgesprochen breitenwirksamer Absicht – mit Materialien für Schüler und Lehrer sowie zuletzt einem geldpolitischen, die Wirkungen und Bedingungen stabilen (und instabilen) Geldes erläuternden „Museum". Dies blieb vermutlich nicht ohne Erfolg;

[74] *Dieter Lindenlaub*, The Role of the Visitors Centre in Implementing Central Bank's Goal. Vortrag auf dem Bank of Latvia Seminar „Opportunities and Solutions for Central Bank Visitors Centres", Riga 6.10.2005, online unter: http://www.bank.lv/eng/main/all/sapinfo/oldrelease/1996_98. Vgl. auch *Otmar Issing*, Kommunikation, Transparenz, Rechenschaft. Geldpolitik im 21.Jahrhundert, in: Perspektiven der Wirtschaftspolitik, 6/4, 2005, 521-540. Einen Überblick über die Inhalte der „ökonomischen Bildung" des breiten Publikums, deren sich die Zentralbanker zunehmend mehr annehmen, geben neuerdings *Ernest Gnan/Marie Antoinette Silgoner/Beat Weber*, Volkswirtschafts- und Finanzbildung: Konzepte, Ziele, Messung, in: Österreichische Nationalbank, Geldpolitik und Wirtschaft, Q3/07, 2007, 30-52. – Hinweise darauf, wie substanzhaltig eine wirkungsvolle Information zu sein hat, liefert m.E. auch die von Robert Shiller im Jahre 1995 veranstaltete Umfrage. An dieser Umfrage (*Shiller*, Inflation [wie Anm. 18]) fällt auf, daß sich die älteren, vor 1940 geborenen Deutschen von den jüngeren, seit 1950 geborenen Deutschen weniger in puncto einzelner historischer Inflationskenntnisse, deutlicher hingegen in puncto Inflationsaversion unterschieden: Die älteren wie die jüngeren Befragten betonten in ähnlich starkem Maße, vom Einfluß der großen Inflation nach dem Ersten Weltkrieg auf die „Machtergreifung" Hitlers und von der Gepflogenheit gehört zu haben, bei sehr hoher Inflation das Geld schnell auszugeben und die Preise extrem oft zu erhöhen (45f.). Die systematischen Fragen nach Inflationswirkungen und nach der Notwendigkeit der Inflationskontrolle beantworteten jedoch die älteren Deutschen deutlich inflationsaverser als die jüngeren Deutschen (17, 20, 42f., 52). Die punktuelle Kenntnis einzelner – dazu extremer – Inflationserscheinungen erzeugt also für sich genommen nur vergleichsweise begrenzt Inflationsaversion. Die durch die Erzählung der genannten Inflationsgeschichten mitbewirkte nationale Kultur, von der Shiller (49) annimmt, daß sie in allen Altersgruppen lebendig ist, ist offenbar ein schwankender Boden für ein tragfähiges Stabilitätsbewußtsein. Siehe auch *Shiller*, Why Do People Dislike Inflation (wie Anm. 43).

[75] Zu diesen Überlegungen seit den Anfängen der Bank deutscher Länder vgl. *Emminger*, D-Mark (wie Anm. 64), 27ff.; ferner *Helge Berger*, Die aktuelle Debatte um Zentralbankunabhängigkeit: Theoretische und empirische Fragen, in: ZUG 42, 1997, 89-111, hier 100.

man kann annehmen, daß ohne die Publizität die Kenntnisse der Öffentlichkeit über Geld- und Währungspolitik und Zentralbank (noch) geringer als beobachtet ausgefallen wären. Die Zentralbanken anderer Länder unternehmen nun (das US-amerikanische Federal Reserve System allerdings immer schon) ähnliche Schritte. Sie tun dies also in der zutreffenden Annahme, daß Stabilitätsbewußtsein und Stabilitätskulturen durch Lernvorgänge veränderbar sind.[76]

4. Macht Stabilitätsbewußtsein die Unabhängigkeit der Zentralbank entbehrlich?

Die wissenschaftliche Diskussion der letzten zehn Jahre über die Einflußfaktoren auf eine stabilitätsorientierte Geldpolitik hat u.a. die Bedeutung des Stabilitätsbewußtseins der Bevölkerung als Ergänzung und, mehr noch, als Vorbedingung der gesetzlichen Unabhängigkeit der Zentralbank hervorgehoben. Ich habe zu zeigen versucht, daß die öffentliche Meinung über Geldwert und Geldpolitik sicher von Bedeutung, daß sie aber auch ein fragiles Gebilde ist. Ich empfehle, die Bedeutung der gesetzlichen Unabhängigkeit der Zentralbank gegenüber derjenigen der Inflationsaversion der Bevölkerung nicht aus dem Auge zu verlieren, und möchte diesen Gedanken im folgenden noch etwas verstärken.

Natürlich ist die Unabhängigkeit der Zentralbank nicht immer und überall notwendige Vorbedingung für die Erreichung von Preisstabilität; es lassen sich auch andere institutionelle Arrangements denken, die hier nicht zu diskutieren sind (etwa strikte Grundsätze zur Metalldeckung der Banknoten, Einbindung in ein Festkurssystem, Inflationskontrakte mit Zentralbanken, politische Vorgabe von Inflationsraten).[77] Für Entwicklungsländer ist festgestellt worden, daß Preisstabilität hoch mit einer langen faktischen Amtsdauer der Zentralbankgouverneure korreliert.[78] Und natürlich ist die gesetzliche Unabhängigkeit auch keine hinreichende Bedingung für die Erzielung von Preisstabilität; das klassische Beispiel für Inflationspolitik bei Unabhängigkeit ist die Inflationspolitik der unabhängigen Reichsbank in den Jahren 1922 und 1923, die darauf abzielte, die Reparationen und den passiven Widerstand an der Ruhr zu finanzieren sowie den wirtschaftlichen Zusammenbruch und den Staatsbankrott zu vermeiden. Allerdings läßt sich

[76] Einen Überblick über die neueren Bemühungen der verschiedenen Zentralbanken um „ökonomische Bildung" gibt *Manfred Fluch*, Das Bildungsangebot ausgewählter Zentralbanken zu Wirtschafts- und Finanzthemen, in: Österreichische Nationalbank, Geldpolitik und Wirtschaft, Q3/07, 2007, 90–109.

[77] *Hayo/Hefeker*, Reconsidering (wie Anm. 6), 661f.

[78] *Helge Berger/Jakob de Haan/Sylvester C. W. Eijffinger*, Central Bank Independence: An Update of Theory and Evidence, in: Journal of Economic Surveys 15, 2001, 3-39, hier 23.

als Ursache dieser Inflationspolitik zunächst lediglich ein Inflationskonsens von Reichsbank und Reichsregierung, nicht, wie Hayo[79] annimmt, ein Inflationskonsens der Öffentlichkeit feststellen; die Bevölkerung dürfte spätestens mit Eintritt der Hyperinflation Mitte 1922 der Inflation keine Sympathien mehr entgegengebracht haben, auch wenn es zur Repudiation des Geldes erst im Sommer 1923 kam. Bevölkerung und Zentralbank/Regierung hatten aller Wahrscheinlichkeit nach unterschiedliche Präferenzen. Dieser Fall einer inflationsaversen Bevölkerung und einer stabilitätsaversen Zentralbank dürfte in Europa in den letzten zwanzig Jahren nur noch selten zu finden sein. Es hat sich mit Hilfe des Becket-Effektes[80] eine stabilitätsorientierte Zentralbankkultur herausgebildet, die gefestigter ist als die Inflationsaversion der Bevölkerung. In der Bank deutscher Länder und in der Bundesbank kam der Becket-Effekt besonders deutlich in den zinspolitischen Abstimmungen des Zentralbankrates zum Ausdruck; die Zentralbankratsmitglieder entschieden sich z.B. in Vorwahlperioden überwiegend stabilitätsorientiert und gegen die kurzfristigen Interessen der politischen Parteien, denen sie nahestanden.[81]

So wenig aber die Unabhängigkeit der Zentralbank immer und überall eine hinreichende und eine notwendige Voraussetzung für die Sicherung von Preisstabilität ist und so wichtig der Rückhalt der stabilitätsorientierten

[79] *Hayo*, Inflation Culture (wie Anm. 5), 246.

[80] Im Jahre 1162 machte König Heinrich II. von England seinen Kanzler Thomas Becket zum Erzbischof von Canterbury. Als Kanzler war Becket königstreu, als Erzbischof vertrat er die Interessen der Kirche und leistete nachhaltigen Widerstand gegen die Verfügungen des Königs zur Gerichtsbarkeit über Kriminaldelikte von Klerikern.

[81] Im Rahmen der Theorie des politischen Konjunkturzyklus war demgegenüber behauptet worden, die Regierungsanhänger hätten sich, um die Wiederwahl ihrer Partei zu sichern, für Zinssenkungen, die Oppositionsanhänger dagegen für Zinserhöhungen ausgesprochen. Vgl. zu diesem Komplex *Dieter Lindenlaub*, Le modèle de la Deutsche Bundesbank. Son historique, in: Comité pour l'histoire Économique et Financière de la France (Éd.), Les banques en Europe de l'Ouest de 1920 à nos jours, Bercy 7 et 8 octobre 1993. Paris 1995, 305–313, hier 311f.; *Neumann*, Geldwertstabilität (wie Anm. 49), 320–329; *ders.*, Das Erfolgsmodell Bundesbank, in: Frankfurter Allgemeine Zeitung vom 4.8.2007; *Uwe Wagschal*, Monetary Institutions in Germany: Maintaining Independence in Times of Fiscal Stress, in: Ludger Helms (Ed.), Institutions and Institutional Change in the Federal Republic of Germany. London 2000, 143–165; *ders.*, Parteien, Wahlen und die Unabhängigkeit der Bundesbank, in: Zeitschrift für Politikwissenschaft 11, 2001, 573–600. – Auch in der Bundesbank selbst war man sich des Becket-Effekts bewußt. Bundesbankpräsident *Helmut Schlesinger*, Stabilität und Solidarität. Perioden der Währungspolitik 1922-2002. Vortrag anläßlich des 75jährigen Jubiläums der R + V Versicherung in Berlin, am 15. Januar 1997, in: Deutsche Bundesbank, Auszüge aus Presseartikeln Nr. 10, 20.2.1997, 9–14, hier 14, urteilte im Rückblick: „Schon manches Ratsmitglied ist schneller, als man es sich nach dessen beruflicher und politischer Vergangenheit vorstellte, zu einem stabilitätsbewußten Zentralbankier geworden, oder, wie es im englischen Sprachgebrauch heißt, von einer ‚Taube' zu einem ‚Falken' mutiert; denn das Amt prägt den Mann und prägt die Frau".

Geldpolitik in der – wie auch immer festgestellten – öffentlichen Meinung ist: Das Stabilitätsbewußtsein der Öffentlichkeit hat in Deutschland die gesetzliche Unabhängigkeit der Bank deutscher Länder und der Bundesbank alles andere als entbehrlich gemacht. Das zeigen besonders die Konfliktfälle, in denen die Zentralbank geldpolitische Entscheidungen unter Mißbilligung der Bundesregierung fällte. Konflikte traten beispielsweise dann mehrfach auf, wenn die Zentralbank im Interesse der Preisstabilität zu Lasten kurzfristiger Konjunkturstabilisierung eine restriktive Geldpolitik einschlug bzw. aufrechterhielt.[82] Sie machten die Bedeutung der Unabhängigkeit und das Ungenügen einer laufenden demokratischen Kontrolle der Geldwertstabilität deutlich. Ohne gesetzliche Unabhängigkeit hätte die deutsche Zentralbank diese Auseinandersetzungen nicht durchstehen können; ihr Stabilitätsversprechen wäre unglaubwürdiger geworden, der Preisauftrieb stärker gewesen, höhere Inflationserwartungen hätten sich verfestigt.[83] Entweder benötigte in diesen Fällen eine stabilitätsbewußte Öffentlichkeit eine unabhängige Zentralbank, um den Stabilitätsgedanken gegen eine eher konjunkturorientierte Regierung durchzusetzen. Oder aber es gab die stabilitätsbewußte öffentliche Meinung in diesen wichtigen Momenten gar nicht, so daß eine stabilitätsorientierte Zentralbank sich gegen eine konjunkturorientierte Koalition aus Regierung und öffentlicher Meinung durchsetzen mußte.[84] Einige Autoren[85] halten lediglich den ersten Fall für relevant: Die unabhängige Zentralbank schützt die stabilitätsbewußte Öffentlichkeit gegen eine Regierung, die sich kurzfristig dem Druck von Interessengruppen ausgesetzt sieht. Aber die theoretische Literatur erklärt den Ruf der Regierung nach Lockerung der Geldpolitik bei rückläufiger Konjunktur gemeinhin mit der

[82] Eine Kurzbeschreibung der größeren zinspolitischen Konflikte findet sich in Anhang 3.

[83] *Helge Berger/Friedrich Schneider*, The Bundesbank's Reactions to Policy Conflicts, in: Jakob de Haan (Ed.), The History of the Bundesbank. Lessons for the European Central Bank. London/New York 2000, 43–61, kommen zu dem Ergebnis, daß die Bank deutscher Länder und die Bundesbank nicht in einem politischen Vakuum operierten und in scharfen Konflikten dem Druck der Regierung teilweise nachgaben. Dies widerspricht jedoch der hier vertretenen These nicht. Zwar hat die Bundesbank nicht immer strikt stabilitätsorientiert gehandelt; wiederholt hat sie z. B. aus Rücksicht auf Konjunktur und Beschäftigung die Geldpolitik etwas lockerer betrieben, als das aus Stabilitätsgründen eigentlich geboten war. Aber die unabhängige Bundesbank setzte dem „Pragmatismus", der „Flexibilität" und den „Kompromissen" deutlich engere Grenzen, als dies abhängige Zentralbanken taten. Die Bank hat jedenfalls in den Konfliktfällen eine Politik verfolgt, die den Vorstellungen der Regierung, wenn nicht vollständig, so doch immer deutlich widersprach. So z. B. im Rezessionsjahr 1967, als sie die Zinsen zwar senkte, aber nur in Trippelschritten, und als sie zwar die Konjunkturbelebungsprogramme der Bundesregierung stützte, aber nur zwei von drei geplanten, und auch die nur verzögert und eingeschränkt (*Lindenlaub*, Blessing [wie Anm. 63]).

[84] *Lindenlaub*, Bemerkungen (wie Anm. 52), 89f.

[85] *Hayo*, Inflation Culture (wie Anm. 5), 247.

Rücksicht auf Wählerstimmen[86], nicht auf Interessengruppen. Und die Meinungsumfragen zeigen, wie labil das Stabilitätsbewußtsein der Bevölkerung bei rückläufiger Konjunktur ist. Aus beiden Gründen muß durchaus auch die zweite Möglichkeit in Betracht gezogen werden: Die gesetzliche Unabhängigkeit der Zentralbank ist nötig, um Stabilitätspolitik gegen eine Koalition von Regierung *und* öffentlicher Meinung durchzusetzen.[87]

5. *Macht das Stabilitätsbewußtsein einzelner Interessengruppen die Unabhängigkeit der Zentralbank entbehrlich?*

Ich habe im Vorstehenden die in der Literatur vertretene These diskutiert, die inflationsaversive Öffentlichkeit benötige die unabhängige Zentralbank als Bundesgenossen gegen den Versuch von Interessengruppen, die Regierung zu einer an kurzfristigen Beschäftigungseffekten ausgerichteten, lockeren Geldpolitik zu bewegen. In der Literatur wird aber auch die entgegengesetzte Meinung vorgetragen: Es sei nicht die inflationsaversive breite Öffent-

[86] Argumente dafür, daß Regierungen sich an den Präferenzen des Durchschnittswählers, nicht von Interessengruppen orientierten, finden sich bei *Michael Berlemann*, Time Inconsistency of Monetary Policy. Empirical Evidence from Polls, in: Public Choice 125, 2005, 1-15, hier 4f.

[87] In diesen Konfliktfällen kann die Zentralbank allerdings nur schwer an Reputation in der Öffentlichkeit gewonnen haben. Zumindest ergibt sich hier ein Erklärungsbedarf. Die These, daß eine unabhängige Zentralbank auch dazu da ist, Stabilitätspolitik gegen eine Koalition von Regierung und öffentlicher Meinung durchzusetzen, steht im Einklang mit den Ergebnissen einer Studie von *Berlemann*, Inconsistency (wie Anm. 86). Berlemann geht der Frage nach, inwieweit die unterschiedlichen Präferenzen der Öffentlichkeit für Preisstabilität und Senkung der Arbeitslosigkeit sich in den geldpolitischen Maßnahmen und in der Entwicklung der Inflationsrate niederschlagen; er geht dabei von der Annahme aus, daß sich die geldpolitischen Maßnahmen mit einer Verzögerung von 1 bis 1,5 Jahren in der Inflationsrate niederschlagen. Datengrundlage sind Meinungsumfragen (in uneinheitlicher Formulierung) zur Vorrangigkeit von Inflations- oder Arbeitslosigkeitsbekämpfung in Österreich (1974–1997), Australien (1987-2001), Dänemark (1971-1991), Deutschland (1996–1998), England (1984–2001) und den USA (1982-2001). Berlemann findet, daß sich die öffentlichen Präferenzen zwar in England, Dänemark und den USA, nicht aber in Deutschland, Österreich und Australien auf die Preisentwicklung ausgewirkt haben. Er erklärt den Unterschied damit, daß Deutschland, Österreich und Australien erfolgreich das Zeitinkonsistenz-Problem gelöst, d.h. der Versuchung widerstanden haben, Überraschungsinflationen in Gang zu setzen; im Falle Deutschlands und Österreichs könne dafür die unabhängige Zentralbank verantwortlich gemacht werden, welche die vom Durchschnittswähler abhängigen Präferenzen der Regierung nicht unbedingt zu teilen brauche. Es entsteht natürlich die Frage, wie diese Feststellungen mit der Mehrheitsmeinung der Literatur, daß die deutsche Bevölkerung sich durch eine überdurchschnittliche Inflationsaversion auszeichne, zu vereinbaren sind. Tücken der Umfrageformulierungen und der ökonometrischen Auswertung der Umfrageergebnisse sind in Rechnung zu stellen. Aber die Beobachtungen Berlemanns nähren doch die Zweifel an der These, daß – gerade auch in Deutschland – der Stabilitätserfolg eine einfache Folge des Stabilitätsbewußtseins ist.

lichkeit, sondern es seien spezielle inflationsaversive Interessengruppen, die entweder - so der Finanzsektor - für eine unabhängige Zentralbank sorgten oder - wie die Gewerkschaften - die unabhängige Zentralbank entbehrlich machten.

Die von Adam Posen (1993), aber auch von Alex Cukierman (1992) vertretene These, daß die Lobby des inflationsaversen Finanzsektors für eine unabhängige Zentralbank und deren Stabilitätspolitik sorgen, hat allerdings in der Kritik keine Zustimmung gefunden; die zu ihrer Prüfung unternommenen Cross-Country-Studien sprechen dagegen.[88] Und auch ich finde für Deutschland keine Anhaltspunkte für diese These. Natürlich mag auch in Deutschland der Finanzsektor (mit seinen an Preisstabilität interessierten Geldvermögensbesitzern) inflationsaverser gewesen sein als der Rest der Gesellschaft.[89] Aber für eine Führungsrolle des Finanzsektors gegenüber der deutschen Zentralbank in Sachen Stabilitätsorientierung gibt es keine Anhaltspunkte. Die vielfach beobachtbare Zustimmung der Banken zur Geldpolitik der Bundesbank drückt eher einen Gleichklang der Interessen, nicht ein Stabilitätsdiktat der Banken aus. Fälle, in denen die Bundesbank sich gegen ihre fachlichen Einsichten einem Ruf der Banken nach restriktiverer Geldpolitik gebeugt hätte, sind mir aus den Akten nicht bekannt. Dagegen sind sehr wohl Konflikte zu beobachten, in denen die Bundesbank versuchte, die Geschäftsbanken auf Stabilitätslinie zu bringen, bzw. in denen sie gegen deren Votum eine stabilitätsorientierte, restriktive Geldpolitik (welche die Kreditvergabe der Banken ja erschwerte) betrieb. Hier nur einige kursorische Beispiele:

In den Jahren 1965/66[90] und im Frühjahr 1979[91] beklagte die Bundesbank angesichts steigender Inflationsgefahren, daß ihre Versuche, die Banken ver-

[88] Vgl. *Berger/de Haan/Eijffinger*, Independence (wie Anm. 78), 23f.; *Hayo/Hefeker*, Reconsidering (wie Anm. 6), 665f. Eigentlich hätte - der These Posens zufolge - dem britischen Finanzsektor zur Stärkung des Finanzplatzes London an einem stabilen britischen Pfund liegen müssen. Aber England war nach dem Zweiten Weltkrieg im Vergleich zu Deutschland ein Inflationsland (mit einer abhängigen Zentralbank). Vgl. *Adam Posen*, Why Central Bank Independence Does not Cause Low Inflation, in: Richard O'Brian (Ed.), Finance and the International Economy. Vol. 7. Oxford 1993, 40-65; *Alex Cukierman*, Central Bank Strategy, Credibility, and Independence. Cambridge, Mass. 1992.

[89] In der im Vergleich zur übrigen Gesellschaft größeren Inflationsaversion des Finanzsektors sieht auch *Scheve*, Public Attitudes (wie Anm. 17), 290; *ders.*, Public Inflation Aversion (wie Anm. 17), 7f., 20, den Kern des Posenschen Arguments. Aber auch wenn (so die weitere Überlegung Scheves) das Gewicht des Finanzsektors (Zahl der Beschäftigten, Einfluß auf die Medien) die durchschnittliche Inflationsaversion eines Landes anhebt, bleiben die Fragen, inwieweit diese Inflationsaversion, erstens, auf diese Weise im internationalen Vergleich deutlich an Rang gewinnt, und, zweitens, als Garant einer stabilitätsorientierten Geldpolitik ausreichen würde. In Deutschland und auch in England war letzteres mit Sicherheit nicht der Fall.

[90] *Lindenlaub*, Blessing (wie Anm. 63).

[91] *Emminger*, D-Mark (wie Anm. 64), 449ff.

bal und durch Zinserhöhung zu einer zurückhaltenden Kreditpolitik zu bewegen, erfolglos geblieben seien. Die (weitergeführte) Restriktionspolitik stieß (1979 eine Zeitlang) auf den Widerstand der Banken. Im Jahre 1965/66 wollte sich die Bundesbank im Stabilitätsgesetz das Recht zur Kreditplafondierung einräumen lassen und zog diesen Wunsch lediglich zurück, als die Bundesregierung ein Mitspracherecht verlangte. Die Kreditplafondierung hätte es der Bundesbank ermöglicht, bei Versagen der üblichen kreditpolitischen Instrumente den Banken den Kredit zu verweigern, wenn sie ihre Kreditvergabe nicht begrenzten. Seinen Ursprung hatte das Plafondierungsverlangen der Bundesbank in der (wie die Bundesbank es sah) stabilitätspolitischen Unzuverlässigkeit der Banken. Die Zinserhöhungen vom 9. September 1983, 29. Juni 1984 und 1. Februar 1985 negierten die gegenläufigen Mahnungen zumindest von Teilen der Kreditwirtschaft.[92] In der zweiten Hälfte der 1980er Jahre verschärfte sich der (erfolglose) Widerstand der Banken gegen das geldpolitische Instrument der unverzinslichen Mindestreserve.[93]

Meine Schlußfolgerung aus diesen wenigen Beobachtungen[94] ist: Im Verhältnis zwischen Bundesbank und den Geschäftsbanken spielten, was die Initiative zur Sicherung der Preisstabilität angeht, die Zentralbank den aktiven, die Geschäftsbanken den weitgehend, aber nicht immer zustimmenden Part.

Nun zu einer zweiten Interessengruppierung, den Gewerkschaften: Der These von deren Stabilitätsleistung liegt der Gedankengang zugrunde, stark

[92] Handelsbilanz wird noch besser, in: Frankfurter Rundschau vom 9.8.1983; US-Zinsen und Dollarkurs – Gefahr für die deutsche Geldpolitik, in: Die Welt vom 26.7.1984; Frankfurter Währungshüter im Blickpunkt, in: Frankfurter Rundschau vom 17.1.1985.

[93] Vgl. z.B. Unverzinsliche Zwangseinlagen bei der Bundesbank – wenig marktwirtschaftlicher Hoheitsakt als Störfaktor, in: Die Welt vom 15.12.1990.

[94] Die Feststellung, daß bankkonforme Entscheidungen der Zentralbank noch nicht der Ausdruck für erfolgreiche Einflußnahme der Banken sind, sondern einfach Meinungskonsens widerspiegeln können, und die angeführten Konfliktbeobachtungen sind auch die entscheidenden Einwände gegen die Studie von *Philipp Maier/Jan-Egbert Sturm/Jakob de Haan*, Political Pressure on the Bundesbank: an Empirical Investigation Using the Havrilesky Approach, in: Journal of Macroeconomics 24, 2002, 103–123. Die Verfasser verfolgen die in der Presse verlautbarten Voten der Kreditwirtschaft für Anhebung bzw. Absenkung der Zentralbankzinssätze und vergleichen sie mit den zinspolitischen Entscheidungen der Zentralbank (Havrilesky-Verfahren). Sie stellen für Deutschland Gleichlauf fest und folgern daraus die erfolgreiche Einflußnahme der deutschen Kreditwirtschaft auf die geldpolitischen Entscheidungen der Bundesbank; die Zentralbanker seien um Reputation bei den Geschäftsbanken bemüht gewesen, ein Anreiz, auf ihre Signale zu hören (114). Die oben genannten Einwände hinterlassen bei der Meßmethode (wo kommen z.B. die Konflikte zum Ausdruck?) und bei der Schlußfolgerung ein großes Fragezeichen. Natürlich kann es auch erfolgreiche Einflußversuche gegeben haben. Aber vermutlich führt hier nur ein „altbackenes“ Aktenstudium weiter. Ich kann an dieser Stelle allerdings weder den Einflußversuchen der Kreditwirtschaft noch denjenigen der anderen Interessengruppen (hier stellen die Verfasser keine erfolgreiche Einflußnahme fest) auf die deutsche Zentralbank weiter nachgehen.

zentralistische Gewerkschaften seien inflationsavers, weil sie den größten Teil der inflationsaversen Gesellschaft umfaßten, weil sie den Lohnwettbewerb anderer Gewerkschaften nicht zu fürchten hätten oder weil sie von Lohn- und Preissteigerungen einen Kaufkraftverlust z.B. der Unterstützungszahlungen für Arbeitslose erwarten müßten.[95] Deshalb verzichteten die inflationsaversen Gewerkschaften auf preissteigernde Lohnerhöhungen. Sie täten das um so eher, je mehr die Zentralbank eine lockere, an Beschäftigungszielen ausgerichtete Geldpolitik verfolge. Denn dann könnten sie davon ausgehen, daß die Zentralbank von zusätzlichen, konservativen Restriktionsmaßnahmen absehe, die nur Produktion und Beschäftigung beeinträchtigen würden. Inflationsaverse Gewerkschaften nähmen „liberalen", akkomodierenden Zentralbanken den Anreiz, durch eine Überraschungsinflation für Wachstum und Beschäftigung zu sorgen, weil sie dies durch ihr inflationsaverses Verhalten bereits selber erreichten. Zentralistische, inflationsaverse Gewerkschaften seien im Verein mit „liberalen", vorrangig auf Beschäftigungsziele ausgerichteten Zentralbanken am besten geeignet, Löhne, Preisanstieg und Arbeitslosigkeit gleichzeitig zu begrenzen. Unabhängige, „konservative" Zentralbanken seien dagegen bei inflationsaversen Gewerkschaften nicht nur entbehrlich, sondern auch gefährlich.

Ich kann auf die internationale skeptische Diskussion dieser Thesen[96] hier nicht näher eingehen. Ich möchte lediglich für die deutschen Verhältnisse folgendes feststellen: Das Verhalten der deutschen Gewerkschaften hat die Erzielung der im internationalen Vergleich geringen deutschen Inflationsraten erleichtert. Die Streikbereitschaft war vergleichsweise gering[97]; die Nominallöhne stiegen häufig, besonders in den 1950er und in den letzten zehn Jahren, nicht schneller als die Arbeitsproduktivität, blieben mehrfach sogar darunter, so daß sie kaum Druck auf Preiserhöhungen ausübten. Das mag seine Ursache zum Teil in der jeweiligen Situation des Arbeitsmarktes, zum Teil auch in einer Inflationsaversion haben. Eher jedoch dürften die moderaten Lohnabschlüsse darauf zurückzuführen sein, daß die zentralisierten

[95] Darstellung der Thesen bei *Helge Berger/Carsten Hefeker/Ronnie Schöb*, Optimal Central Bank Conservatism and Monopoly Trade Unions. (CESifo Working Paper, No.407.) München 2001, 1f.; *Berger/de Haan/Eijffinger*, Independence (wie Anm.78), 8ff.; *Alex Cukierman*, Monetary Institutions, Monetary Union and Unionised Labour Markets: some Recent Developments, in: Roel M. W. J. Beetsma/Carlo A. Favero (Eds.), Monetary Policy, Fiscal Policies and Labour Markets. Macroeconomic Policymaking in the EMU. Cambridge 2004, 299-326, hier 299ff., 308f., 315ff.; der Ansatz findet sich aber auch schon bei *Erich Streissler*, Die schleichende Inflation als Phänomen der politischen Ökonomie. Zürich 1973, 40f.

[96] Vgl. *Berger/Hefeker/Schöb*, Conservatism (wie Anm.95), 1f.; *Berger/de Haan/Eijffinger*, Independence (wie Anm.78), 8ff; *Cukierman*, Institutions (wie Anm.95), 299ff., 308f., 315ff.

[97] Die positive Beziehung zwischen geringer Streikbereitschaft und geringen Inflationsraten betonen bes. *Bofinger/Pfleger/Hefeker*, Stabilitätskultur (wie Anm.2), 151ff.

deutschen Gewerkschaften die Drohung der deutschen Zentralbank ernst nahmen, preissteigernde Lohnabschlüsse mit beschäftigungssenkenden Restriktionsmaßnahmen zu beantworten. Die Gewerkschaften wollten in diesen Situationen Beschäftigungseinbrüche vermeiden und beachteten daher die Signale der Zentralbank für vergleichsweise stabilitätsorientierte Lohnabschlüsse.[98] Jedenfalls gibt es keine Anhaltspunkte dafür, daß die deutschen Gewerkschaften im Sinne der oben vorgestellten These eine stärkere Inflations- als Arbeitslosigkeitsaversion gehabt hätten und daß ihre Inflationsaversion größer oder stabiler gewesen sei als die der deutschen Zentralbank. Über weite Strecken der Jahre 1960 bis 1995 stiegen die Nominallöhne – z. T. erheblich – rascher als die Arbeitsproduktivität, d.h. auch in den Jahren nach 1974, als die Bundesbank begann, mit Hilfe ihrer Geldmengenziele die stabilitätsverträglichen Spielräume für Lohnsteigerungen bekanntzugeben.[99] Es waren auch die preissteigernden Tarifabschlüsse, die die Zentralbank immer wieder zu geldpolitischen Restriktionsmaßnahmen veranlaßten – und zwar (wie 1955/56, 1965/66, 1974/75, 1980–1982, also in den sich ankündigenden Rezessionsperioden) unter scharfem Protest der Gewerkschaften. Die Inflationsaversion der Gewerkschaften war nicht so groß[100], daß sie eine starke „konservative" Zentralbank entbehrlich gemacht hätte.

Es trifft also zu, daß die Geldpolitik in Zeiten rückläufiger Beschäftigung, aber weiterhin drohenden Preisanstiegs dem Druck von Interessengruppen ausgesetzt war, die Zinszügel zu lockern. Eine Zentralbank, die von Weisungen einer von Interessengruppen beeinflußten Regierung abhängig gewesen

[98] Überwiegend in diese Richtung geht auch die Argumentation der neueren Literatur, die unabhängige konservative deutsche Zentralbank könne die zentralisierten Gewerkschaften unter Androhung restriktiver geldpolitischer Maßnahmen zu moderaten Lohnforderungen bewegen. Auf diese Weise seien die vergleichsweise niedrigen Inflations- und Arbeitslosenraten eine Gemeinschaftsleistung der unabhängigen Zentralbank und zentralisierter Gewerkschaften. Vgl. etwa *Wolfgang Streeck*, Pay Restraint without Income Policy: Institutionalized Monetarism and Industrial Unionism in Germany, in: Ronald Dore/Robert Boyer/ Zoe Mars (Eds.), The Return to Income Policy. London 1994, 118–140; *Robert J. Franzese/Peter A. Hall*, Institutional Dimensions of Coordinating Wage Bargaining and Monetary Policy, in: Torben Iversen/Jonas Pontussen/David Soskice (Eds.), Unions, Employers, and Central Banks. Macroeconomic Coordination and Institutional Change in Social Market Economics. Cambridge 2000, 173–204; *Wolfgang Streeck/Anke Hassel*, Trade Unions as Political Actors, in: John T. Addison/Claus Schnabel (Eds.), International Handbook of Trade Unions. Cheltenham/Northampton 2003, 335–365, hier 351–354; *Herbert Kitschelt/Wolfgang Streeck*, From Stability to Stagnation: Germany at the Beginning of the Twenty-First Century, in: dies. (Eds.), Germany: Beyond the Stable State. London 2004, 1–34, hier 23; *Cukierman*, Institutions (wie Anm. 95), 315.

[99] Die Bedeutung dieser Vorgaben der Geldpolitik für stabilitätsorientierte Lohnverhandlungen betonen *Bofinger/Pfleger/Hefeker*, Stabilitätskultur (wie Anm. 2), 157.

[100] Oder aber die Gewerkschaften glaubten, bei gegebener Stabilitätspräferenz, Preisstabilität mit den ihnen zur Verfügung stehenden Mitteln nicht erreichen zu können.

wäre, hätte diesem Druck womöglich eher nachgeben müssen. Aber wir sahen, daß nicht nur die Interessengruppen, sondern auch die öffentliche Meinung in puncto Inflationsaversion keine verläßlichen Bündnispartner der Zentralbank waren. Die Zentralbank hatte im Einzelfall mit dem labilen Stabilitätsbewußtsein sowohl der Interessengruppen als auch der breiten Öffentlichkeit zu rechnen. Die gesetzliche Unabhängigkeit von Weisungen der Regierung war für die deutsche Zentralbank ein zwar nicht hinreichender, aber doch wohl notwendiger Schutz gegen die labile Inflationsaversion beider Größen, der Interessengruppen wie der öffentlichen Meinung.

IV. Schlußfolgerungen

1. Die international vergleichende Messung der Inflationsaversion birgt ihre Schwierigkeiten. Die bisherigen Meßergebnisse sind uneinheitlich. Die Messungen beruhen auf Erhebungen, die nach dem Rang der Inflation als augenblickliches oder künftiges Sorgenkind oder nach der Inflationsbekämpfung als Aufgabe der Regierung fragen. Will man die Inflationsaversion (als einen möglichen Erklärungsfaktor für Unterschiede in der Stabilitätspolitik) im internationalen Vergleich erheben, so kann man versuchen, den Einfluß der aktuellen Inflationsraten und mit ihnen den Einfluß der Inflationserwartungen auf die Umfragewerte mit Hilfe von Regressionsverfahren auszuschalten. Dies gelingt bei den Umfragen zum Rang der Inflationsbekämpfung als Regierungsaufgabe offenbar besser als bei den Umfragen zum Rang der Inflation als Sorgenkind. Darüber hinaus fällt auf, daß auch Umfragen, die nicht ausdrücklich auf Arbeitslosigkeit als Kosten der Preisstabilität und Inflationsbekämpfung hinweisen, zu verwertbaren, die Inflationsaversion messenden Antworten führen. Strebt man nicht einen internationalen Vergleich der Inflationsaversion an, sondern will die Verläßlichkeit des Stabilitätsbewußtseins als Stütze der Geldpolitik in jedem Augenblick kennenlernen, so braucht man die Umfragedaten zur Einschätzung von Inflation und Inflationsbekämpfung nicht um die aktuellen Inflationsraten zu bereinigen; man benötigt aber eigentlich zusätzliche, nur vereinzelt vorfindbare Angaben darüber, inwieweit die Befragten bereit sind, zugunsten von Preisstabilität Arbeitslosigkeit bzw. zugunsten von Beschäftigung Inflation in Kauf zu nehmen.

2. Alles in allem machen die bisherigen Erhebungen bei allen Unsicherheiten, die sie hinterlassen, wahrscheinlich, daß die deutsche Bevölkerung nach dem Zweiten Weltkrieg ein im internationalen Vergleich herausgehobenes Stabilitätsbewußtsein besaß. Diese besondere Stärke des Stabilitätsbewußtseins und der Stabilitätskultur (die das gesamte institutionelle Arrangement und das Verhalten aller relevanten Gruppen in puncto Geldwertstabilität umfaßt) waren Produkte des 20. Jahrhunderts und insofern jung. Sie

hatten (wenn dies auch schwer meßbar ist) zumindest ihren Ausgangspunkt in den Inflationserfahrungen in der ersten Hälfte des 20. Jahrhunderts. Außerdem zeigt auch das deutsche Beispiel, daß Stabilitätsbewußtsein und Stabilitätskultur kein Volksschicksal, sondern veränderbar und gestaltbar sind – auch in der EU; sie unterliegen dem Einfluß eigener Inflations- und Deflationserfahrungen, theoretischer Vorstellungen der Entscheidungsträger und der Öffentlichkeit über die relevanten Wirkungszusammenhänge und des Lernens von Anderen.

3. Indes: So sehr sich Stabilitätsbewußtsein und Stabilitätskultur der Deutschen im internationalen Vergleich heraushoben, so waren doch auch sie – wie die Umfragen zur Inflationsaversion erkennen lassen – im Zeitablauf labil. Sie bildeten daher keine verläßliche Stütze einer stabilitätsorientierten Geldpolitik. Die öffentliche Meinung war in Konflikten der Zentralbank mit der Regierung ein unvollkommener Bundesgenosse der Zentralbank.

4. Die stabilitätsbewußte deutsche Öffentlichkeit hat die Unabhängigkeit der Zentralbank, diesen wichtigen Bestandteil der deutschen Stabilitätskultur, nicht initiiert, wohl aber gestützt. Doch auch von dieser Unterstützung ist uns in erster Linie nur bekannt, daß die Politik sie als solche *einschätzte* (und daher die Unabhängigkeit der Zentralbank nicht antastete). Die Vorstellungen der Wähler selbst über die Eigenschaften der Zentralbankunabhängigkeit erscheinen dagegen eher diffus. Mehr noch als die Inflationsaversion war die Präferenz der Öffentlichkeit für eine unabhängige Zentralbank ein „Biest", das schwer zu fassen und zu kontrollieren war. Um die Präferenzen der Bevölkerung für Zentralbankunabhängigkeit (und Geldwertstabilität) zu festigen, hat die deutsche Zentralbank daher – wohl nicht ohne Erfolg – von Anfang an eine vergleichsweise intensive Öffentlichkeitsarbeit betrieben.

5. Das Stabilitätsbewußtsein der Deutschen – das gilt für die breite Öffentlichkeit wie für bestimmte Interessengruppen (wie Banken und Gewerkschaften) – machte die gesetzliche Unabhängigkeit der Zentralbank nicht entbehrlich. Eine vollkommen inflationsaversive Gesellschaft benötigt keine unabhängige Zentralbank; sie kann die Wahrnehmung ihrer Stabilitätsinteressen auch einer abhängigen Zentralbank übertragen.[101] Aber bei labiler Inflationsaversion kann eine Zentralbank die durchaus auftretenden Konflikte mit der Regierung nicht ohne gesetzliche Unabhängigkeit durchstehen. Institutionen bedürfen der Unterstützung durch das öffentliche Bewußtsein; sie sind aber auch notwendig, um dessen Unbeständigkeit zu kompensieren.

[101] *Francesco Lippi*, Median Voter Preferences, Central Bank Independence and Conservatism, in: Public Choice 105, 2000, 339-355, hier 323-325.

Anhang 1

Tab. 1: Eurobarometer (EB), Inflation als aktueller Problembereich 2003 bis 2007[1]

EB	40	50	59	60	61	62	63	64	65	66	67
	F 1993[2]	H 1998[2]	F 2003	H 2003	F 2004	H 2004	F 2005	H 2005	F 2006	H 2006	F 2007
Belgien	40 (26)	(26)	13	16	15	15	23	21	14	22	20
Dänemark	11 (4)	(4)	16	1	2	3	3	5	3	3	4
Deutschland	34 (22)	(13)	15	14	11	9	9	12	10	14	15
Griechenland	38 (22)	(23)	18	18	17	23	33	36	32	31	28
Spanien	34 (20)	(13)	14	19	14	11	13	12	10	8	14
Frankreich	33 (22)	(18)	14	22	24	21	24	24	18	20	21
Irland	41 (24)	(22)	28	31	31	30	28	36	20	27	28
Italien	31 (17)	(11)	22	21	45	29	32	31	27	25	26
Luxemburg	19 (12)	(11)	11	20	17	18	18	26	25	24	27
Niederlande	22 (12)	(6)	3	5	4	3	2	3	5	9	8
Österreich		(21)	13	15	16	23	20	28	24	29	25
Portugal	38 (22)	(28)	30	28	24	24	26	32	35	35	30
Finnland		(12)	6	10	8	14	13	13	10	12	12
Schweden		(10)	2	2	2	2	1	1	1	0	3
Ver. Kgr.	33 (21)	(21)	4	5	7	5	3	4	3	3	7
EU 15	32 (20)[3]	(15)	14	19	18	?	16	17	14	15	17

[1] Anteil der Antworten (in Prozent), in denen steigende Preise/Inflation als eines der beiden wichtigsten Probleme genannt wurde, denen das eigene Land augenblicklich gegenüberstehe. – F bedeutet Frühjahr, H meint Herbst.
[2] In Klammern: Was ist *das* wichtigste Problem, dem Ihr Land zur Zeit gegenübersteht?
[3] Im EB 40 nur für EU 9.

Quelle: http://www.ec.europa.eu/public_opinion (Standard EB).

Anhang 2

Tab. 2: Eurobarometer (EB) und International Survey Program (ISSP), Senkung der Inflation oder der Arbeitslosigkeit als vorrangige Aufgabe der Regierung (ausgewählte Länder)

	EB 5/1976[1]		ISSP 1985[2]		ISSP 1990[2]		ISSP 1996[2]		EB 48/1997[3]		
	SJ	SA	SJ	SA	SJ	SA	SJ	SA	SJ	SA	GR
Deutschland	43,8	56,2	39,4	60,6							
Deutschl./West					48,1	51,9	61,8	38,2	11,2	54,6	34,3
Deutschl./Ost					34,3	65,7	53,4	46,6	12,2	47,9	40,5
Belgien	41,9	58,1							9,2	67,2	32,8
Frankreich	39,2	60,8					18,7	81,3	7,5	54,9	37,7
Großbritannien	61,4	38,6	30,8	69,2	57	43			22,6	38,4	39
Irland	37,7	62,3			34	66	34	66	16,4	50,5	33
Italien	78,8	21,2	30,6	69,4	30,4	69,6	21,9	78,1	12,2	54,7	33,2
Niederlande	28,7	71,3			45,6	54,4			15,5	43,9	24,4
Österreich			30,4	69,6					14,8	46,5	38,7
Portugal							48,6	51,4	4,6	57,4	38
Spanien							21,5	78,5	7,4	76,3	27
Australien			58,3	41,7	61,8	38,2	42,4	57,6			
USA			46,8	53,2	53,8	46,2	47	53			

[1] Die Frage lautete: „What do you think the Government should give greater priority to curbing inflation or reducing unemployment (in Italien: curbing strikes)?" – Weitere in der Umfrage erfaßte Länder: Dänemark, Luxemburg, Nordirland.

[2] Die Frage lautete: „If the government had to choose between keeping down inflation or keeping down unemployment to which do you think it should give highest priority?" – Weitere in der Umfrage erfaßte Länder: Israel, Nordirland, Ungarn (alle 1990); Israel, Japan, Kanada, Lettland, Neuseeland, Polen, Rußland, Schweiz, Slowenien, Tschechische Republik, Ungarn (alle 1996).

[3] Die Frage lautete: „Do you think the national government should give higher priority to reducing inflation or higher priority to reducing unemployment?" Die Spalten SJ und SA fassen die Antworten „hohe" und „leichte" Priorität für die Senkung der Inflation bzw. Arbeitslosigkeit zusammen. – Weitere in der Umfrage erfaßte Länder: Dänemark, Finnland, Griechenland, Luxemburg, Nordirland, Schweden.

Abkürzungen:
SJ = Anteil der Antworten (in Prozent), welche die Senkung der Inflation als die vorrangige Aufgabe der Regierung angaben.
SA = Anteil der Antworten (in Prozent), welche die Senkung der Arbeitslosigkeit als die vorrangige Aufgabe der Regierung angaben.
GR = Anteil der Antworten (in Prozent), welche die Senkung der Inflation und Senkung der Arbeitslosigkeit als gleichrangige Regierungsaufgabe angaben.

Quelle: Gesellschaft Sozialwissenschaftlicher Infrastruktureinrichtungen e. V., Abt. Zentralarchiv für Empirische Sozialforschung, Köln.

Anhang 3

Zinspolitische Konflikte zwischen Bank deutscher Länder/Deutscher Bundesbank und Bundesregierung

26. Oktober 1950: Der Zentralbankrat der Bank deutscher Länder tagt auf Wunsch von Bundeskanzler Adenauer im Kanzleramt, beschließt aber gegen den Wunsch Adenauers eine Erhöhung ihres Leitzinses, des Diskontsatzes, von 4 auf 6 Prozent. Der Preisauftrieb aufgrund des Koreabooms soll gebrochen, das Handelsbilanzdefizit verringert werden; Adenauer dagegen will einen Anstieg der Arbeitslosenzahlen verhindern. – Im Zusammenwirken mit anderen Maßnahmen stellt sich der Stabilisierungserfolg ab Frühjahr 1951 ein. Die Bank hat ihr Ansehen als inflationsaverse Zentralbank gestärkt.

18. Mai 1956: Der Zentralbankrat der Bank deutscher Länder erhöht den Diskontsatz von 4,5 auf 5,5 Prozent, obwohl der Konjunkturhöhepunkt überschritten ist; er will den anhaltenden Preisanstieg bremsen. Adenauer, der einen Konjunktureinbruch im Wahljahr 1957 fürchtet, brandmarkt in einer Rede im Kölner „Gürzenich" am 23. Mai diese Zinserhöhung als ein „Fallbeil" für die „kleinen Leute" und zieht die Unabhängigkeit der „niemanden verantwortlichen" Zentralbank in Zweifel. – Die Preise bleiben relativ stabil.

27. Mai 1966: Die Bundesbank erhöht bei bereits nachlassender Konjunktur den Diskontsatz von 4 auf 5 Prozent und senkt ihn – in kleinen „Trippelschritten" – erst ab Januar 1967 wieder – zum Unmut der Regierungen Erhard und Kiesinger (Wirtschaftsminister Schiller). Zugunsten der Preisstabilisierung nimmt die Bank die Rezession in Kauf.

30. März 1979 bis 27. August 1982: Die Bundesbank erhöht – unter zeitweise scharfer Kritik der Regierung Schmidt – den Diskontsatz in mehreren Schritten von 3 auf 7 Prozent, um Preisanstieg (Ursache u. a. zweiter Ölpreisschub) und Leistungsbilanzdefizit zu vermindern. Bundeskanzler Schmidt moniert im Nachhinein, die rigide Politik der Bundesbank habe ganz wesentlich dazu beigetragen, die Arbeitslosigkeit zu verschärfen. Aber die Preise stabilisieren sich, die langfristigen Zinsen sinken, die Investitionen nehmen wieder zu.

31. Januar 1991 bis 14. Juli 1992: Die Bundesbank erhöht ihren Diskontsatz in mehreren Schritten, bis in den beginnenden Konjunkturabschwung hinein, von 6 auf 8,75 Prozent. Sie bremst den wiedervereinigungsbedingten Preisanstieg, zieht sich aber mehrfach den Unmut der Bundesregierung zu. Horst Köhler, damals persönlicher Beauftragter des Bundeskanzlers für den Weltwirtschaftsgipfel, erklärt im Nachhinein, er habe im Juli 1992 „arg mit den Zähnen geknirscht", als die Bundesbank mit ihrer Zinsanhebung die „konjunkturellen Dämpfungseffekte offensichtlich bewusst in Kauf nahm".

5. November 1998: Die Bundesbank widersteht der Forderung von Bundeskanzler Schröder und Finanzminister Lafontaine, die Zinsen zu senken; Zinssenkungen könnten bei der Bekämpfung der Arbeitslosigkeit strukturelle Anpassungen nicht ersetzen. Sie senkt aber ihren Leitzins am 3. Dezember 1998 im Rahmen einer koordinierten Zinssenkung der europäischen Zentralbanken von 3,3 auf 3 Prozent; der ab 1. Januar 1999 agierenden Europäischen Zentralbank soll ein solcher, eventuell vertrauensmindernder Schritt zum Start nicht zugemutet werden.

La culture monétaire française au XXe siècle

La construction d'une *overdraft economy*

Von

Olivier Feiertag

L'exploration des liens entre les faits économiques et les faits culturels est difficile. Fernand Braudel et Ernest Labrousse ont souligné cette difficulté dans la conclusion en forme de regret qu'ils ont donnée, au début des années 1980, à leur magistrale histoire économique et sociale de la France: „Nous n'avons pas aussi bien réussi en ce qui concerne le *culturel*".[1] Mais, plaidaient-ils à leur décharge, „était-il possible de mettre facilement en ordre et d'insérer dans nos chapitres le jeu des mentalités, des sentiments, des fantasmes, des idéologies qui jettent à travers l'espace de l'économique et du social tant de préjugés, de croyances, d'illusions et pourquoi ne pas le dire, tant de faux problèmes?"[2]

La difficulté est encore plus grande si l'on considère la culture monétaire, c'est-à-dire les représentations et les pratiques liées, en France, à l'argent sous toutes ses formes: espèces métalliques, billets de banque ou encore monnaie scripturale ou de banque. L'histoire du rapport des Français à l'argent semble, en effet, reposer sur un profond paradoxe. La société française n'aime pas l'argent. Jean Bouvier, a même pu évoquer „l'allergie sociale" des Français aux banques, confessant en 1977 que lui-même, l'historien du Crédit lyonnais, n'avait jamais été titulaire d'un compte chèque.[3] Ces préjugés défavorables sont très anciens. Sans doute faudrait-il faire remonter leur genèse au moins au XIe siècle et à la formation de la doctrine de l'Église sur l'usure. Quoi qu'il en soit, le fait marquant est la pérennité remarquable de cette aversion pour l'argent, apparemment largement dominante encore de nos jours.[4] Les mentalités, en particulier dans le domaine de l'économie, apparaissent bien comme des „prisons de longue durée"[5]. Pourtant, les pratiques monétaires des Français ont incontestablement beaucoup changé à

[1] *Fernand Braudel/Ernest Labrousse* (Éds.), Histoire économique et sociale de la France, Vol. 4: L'ère industrielle et la société d'aujourd'hui (1880–1980). 3ième éd. Paris 1982, 1679.

[2] Ibidem.

[3] *Jean Bouvier*, [Art.] „Banques", dans: André Burguière (Éd.), Dictionnaire des Sciences historiques. Paris 1986, 78; *id./Pierre Dumayet*, Les Français et l'argent. Émission télévisée. Office de Radiodiffusion Télévision Française (ORTF) 1977.

[4] Cf. *André Gueslin*, Mythologies de l'argent. Essai sur l'histoire des représentations de la richesse et de la pauvreté dans la France contemporaine. Paris 2007.

[5] *Fernand Braudel*, Histoire et science sociale: La longue durée, dans: Annales 13/4, 1958, 725-753.

l'époque contemporaine. La monnaie sous toutes ses formes s'est largement diffusée dans toutes les couches de la société française. Et depuis le début des années 1980, la bancarisation de la société française est achevée: plus de 90% des ménages ont un compte bancaire, et même plusieurs. Comment expliquer cette apparente contradiction française entre le discours et les pratiques de l'argent?

Pour tenter de répondre à cette question, nous présenterons, dans un premier temps, les grands traits de la culture monétaire française, telle qu'elle s'est progressivement forgée au cours du XIXe siècle, à la veille de la Première Guerre mondiale: aversion pour l'argent et culte de la stabilité monétaire. Nous essaierons, dans un deuxième temps, de montrer comment cette culture monétaire est entrée en crise à partir de 1914. La tension croissante entre les représentations anciennes et les réalités monétaires nouvelles a eu une traduction politique: la politisation de la monnaie est apparue comme une tentative de réponse à la crise de la culture monétaire. Dans un troisième temps, nous nous efforcerons, à la lumière de cette apparente contradiction entre les représentations et les faits monétaires, d'analyser les étapes de l'évolution du système monétaire et financier français au XXe siècle, en mettant notamment en évidence les mutations de la banque centrale, la Banque de France. Nous montrerons comment cette évolution a correspondu à la construction progressive en France d'une „économie de découvert" *(overdraft economy)*, un concept proposé dans le champ de l'analyse économique par John R. Hicks en 1973/74.[6] Cette hypothèse nous permettra d'esquisser une explication plus globale, propre à montrer que les structures de l'économie de découvert furent inséparables des évolutions de la vie politique et de la cohésion de la société française au XXe siècle.

I. *Auri sacra fames*: la culture monétaire française en 1914

La culture monétaire française est caractérisée par une méfiance viscérale à l'égard de l'argent. Dès 1850, tout semble dit par Flaubert dans son „Dictionnaire des idées reçues": „Argent. Cause de tout le mal. – Dire: *Auri sacra fames*. Banquiers. Tous riches, Arabes, loups-cerviers".[7] Admirable concision qui résume parfaitement et pour longtemps le *topos* français de l'argent: aversion pour l'argent et condamnation de la richesse en soi; attachement à la stabilité monétaire contre toutes formes de spéculation apte à menacer les fondaments de l'ordre social. Ces représentations se sont forgées tout au long du XIXe siècle, des caricatures de Daumier dans les années 1830 à „L'Argent" d'Émile Zola, au début des années 1890. À la veille de la Pre-

[6] *John R. Hicks*, The Crisis in Keynesian Economics. Oxford 1974, 50–57.
[7] *Gustave Flaubert*, Œuvre complètes. Vol. 1. Paris 1964, 304.

mière Guerre mondiale, cette culture monétaire est profondément enracinée dans la société française. Elle est inséparable de la „France bourgeoise" qui fonde le modèle républicain.[8] Mais elle s'explique aussi par le poids d'une France toujours très majoritairement catholique et rurale à cette date. Son trait dominant est, sans conteste, l'aversion pour l'argent: „Ah! l'argent, cet argent pourrisseur, empoisonneur, qui desséchait les âmes, en chassait la bonté, la tendresse, l'amour des autres! Lui seul était le grand coupable, l'entremetteur de toutes les cruautés et de toutes les saletés humaines".[9] La „faim terrible de l'or", pour reprendre le vers de Virgile devenu lieu commun, semble la source de tout mal, son pouvoir de corruption sans limites. Cette répulsion repose sur l'idée que l'argent n'est pas la vraie richesse mais une illusion qui masque les biens économiques authentiques: la terre et les produits de l'artisanat, sinon de l'industrie. La méfiance à l'égard des banques en dérive. Le banquier ne produit rien; simple intermédiaire, il se contente de vivre, en parasite, du travail véritable des autres. Le taux d'intérêt, condamné à juste titre semble-t-il par Aristote, concentre toute la critique sociale. L'article 1905 du code civil interdit d'ailleurs depuis 1807 l'usure et limite à 6 % le taux d'intérêt commercial maximum.

De l'aversion pour l'argent découle l'attachement à la stabilité monétaire que garantit le régime de l'étalon or et de la convertibilité métallique de la monnaie. C'est un élément essentiel de cette culture de la stabilité monétaire qui est certainement la mieux partagée du monde au début du XXe siècle. Il ne fait pas doute qu'à la veille de la Première Guerre mondiale, le traumatisme du „destin torturé de l'assignat" de la Révolution française pèse toujours dans la mémoire collective en France[10], hantée, plus profondément encore, par le souvenir de la banqueroute de Law en 1720, ce financier d'origine écossaise, „ennemi de l'or" et créateur de la première banque d'émission en France.[11] La stabilité de la monnaie motive une autre valeur cardinale de la culture monétaire française en 1914: l'épargne. À l'inverse du crédit, objet d'un soupçon généralisé, l'épargne semble assurer, sur la base du travail dont elle est le corollaire, un enrichissement très graduel qui ne compromet pas l'ordre social.[12] Elle fonde la condamnation unanimement répandue de la spéculation et des agioteurs. Ce trait est attesté par la large diffusion dont bénéficiait le „Manuel du Spéculateur" de Pierre-Joseph Proud-

[8] Cf. *Alain Plessis*, Une France bourgeoise, dans: André Burguière/Jacques Revel (Éds.), Histoire de la France. Vol. 3: Les formes de la culture. Paris 1993, 225–306.

[9] *Emile Zola*, L'Argent. Paris 1891, 286.

[10] Cf. *Michel Bruguière*, Assignats, dans: Francois Furet/Mona Ozouf (Éds.), Dictionnaire critique de la Révolution française. Paris 1988, 462–472.

[11] Cf. *Edgar Faure*, La banqueroute de Law. Paris 1977.

[12] Cf. *Carole Christen-Lecuyer*, Histoire sociale et culturelle des Caisses d'épargne en France (1818–1881). Paris 2005.

hon, réédité à quatre reprises et vendu à plusieurs dizaines de milliers d'exemplaires.[13]

La préférence sociale pour la stabilité monétaire nourrit également l'antisémitisme diffus de la société française au tournant du XIXᵉ et du XXᵉ siècle. En témoigne l'audience, bien au-delà des antisémites notoires, de la „France juive“ d'Édouard Drumont qui paraît pour la première fois en 1886. „L'Argent“ de Zola, en dépit de la neutralité proclamée qui fonde le roman naturaliste, n'échappe pas au lieu commun. „Ah! Le sale juif!“, s'exclame Saccard, le banquier dit catholique, à propos de son rival Gundermann, le double littéraire de James de Rothschild. „Et il prophétisait avec emportement la conquête finale de tous les peuples par les juifs, quand ils auront accaparé la fortune totale du globe.“[14] La figure fantasmée du juif concentre dès lors toutes les peurs sociales liées à l'argent. „Race maudite qui n'a plus de patrie“, fait dire Zola à Saccard, les juifs semblent menacer un ordre social solidement fondé à cette date sur le sentiment d'appartenance nationale. L'argent des affaires est vu comme dangereux en raison de sa nature internationale qui met en question les identités nationales. Il apparaît également comme néfaste parce qu'il peut bouleverser les hiérarchies naturelles de la société en permettant au spéculateur de se hisser en peu de temps au sommet de la richesse et de la pyramide sociale. Dans l'imaginaire collectif, Rothschild, passé en une génération du ghetto de Francfort aux cours princières de toute l'Europe, incarne durablement en France comme dans bien d'autres pays cette angoisse face au transfuge soudainement enrichi, franchissant trop vite les frontières nationales et les barrières de classes.[15]

Ces stéréotypes négatifs constituent assurément le socle de la culture monétaire en France au début du XXᵉ siècle. Mais ils existent aussi largement dans d'autres sociétés. Ils affleurent, par exemple, dans la première étude sociologique sur l'argent, la „Philosophie des Geldes“ publiée en 1900 par Georg Simmel.[16] La spécificité française est ailleurs. Elle tient à l'étonnante pérennité de cet ensemble de représentations négatives de l'argent, quasiment inchangées au XXᵉ siècle, peut-être encore au début du XXIᵉ siècle. Cette continuité se laisse le mieux appréhender dans le champ politique, à l'intersection des structures sociales et de la conjoncture économique. Dans cette perspective, trois moments historiques peuvent être distingués. Ils correspondent chacun à un moment où la culture monétaire française, progressivement forgée au XIXᵉ siècle, traverse une phase de crise aiguë. Les repré-

[13] Cf. *Christophe Reffait*, La Bourse dans le roman du second XIXᵉ siècle. Discours romanesque et imaginaire social de la spéculation. Paris 2007.

[14] *Zola*, L'Argent (voir note 9), 136f.

[15] Vgl. *Jean Bouvier*, Les Rothschild, histoire d'un capitalisme familial. Paris 1967; *Herbert Lottman*, La dynastie Rothschild. Paris 1995.

[16] *Georg Simmel*, Philosophie des Geldes. Leipzig 1900.

sentations que la société se fait de la monnaie et des choses de l'argent entrent en conflit avec les réalités monétaires nouvelles du XXe siècle. Ce conflit trouve, à chaque fois, une traduction immédiate dans le champ politique. Mais c'est aussi des hommes politiques que la société attend un remède au choc culturel monétaire.

II. Crise de la culture monétaire et politisation de l'argent au XXe siècle

Le premier moment de crise de la culture monétaire française recouvre la période qui va de la fin de la Première Guerre mondiale à la stabilisation du franc par Raymond Poincaré en 1926–1928. La vie politique française durant cette période peut être interprétée comme le produit de la confrontation entre la culture monétaire héritée de la période d'avant-guerre qu'on commence alors à qualifier de Belle Époque – et les faits monétaires inédits apparus lors de la grande rupture de 1914. C'est, au premier chef, le cas de l'inflation. Le mot lui-même, importé du vocabulaire de la médecine, n'apparaît chez les économistes français qu'au début des années 1920[17] – alors qu'en Allemagne, il est employé dès la fin de 1916 par l'économiste Friedrich Bendixen pour désigner „une pathologie de la création monétaire"[18]. L'inflation désigne à la fois un processus rapide de gonflement de la masse monétaire et un mouvement de hausse du niveau général des prix. Rapporté à son niveau d'avant-guerre, le volume des billets de banque en circulation a été multiplié par cinq en 1918 et par plus de 7 en 1924. Quant à la monnaie de banque – le montant total des sommes inscrites sur les comptes bancaires –, elle a été multipliée par près de trois entre 1918 et 1924.[19] Il s'est donc produit une poussée physique sans précédent de la monnaie. Cette évolution est mondiale, mais elle s'est déroulée selon des rythmes et une intensité différentes selon les pays. Ces distorsions internationales provoquent donc l'apparition d'un autre phénomène monétaire nouveau: la crise de change, entraînée par la multiplication des mouvements de capitaux internationaux à court terme (*hot money*). La crise du franc de 1923/24, provoquée par la spéculation „anglo-saxonne" dans le contexte de l'occupation de la Ruhr, est ainsi ressentie de manière particulièrement dramatique par l'opinion publique française.[20]

[17] Cf. *Jacques Marseille/Alain Plessis*, Vive la crise et l'inflation! Paris 1983, 211.
[18] *Friedrich Bendixen*, Das Inflationsproblem. Stuttgart 1917, 5.
[19] Cf. *Olivier Feiertag*, La déroute des monnaies, dans: Stéphane Audoin-Rouzeau/Jean-Jacques Becker (Éds.), Encyclopédie de la Grande Guerre. Paris 2004, 1165f.
[20] Cf. *Jean-Noël Jeanneney*, De la spéculation financière comme arme diplomatique. À propos de la première ‚bataille du franc' (novembre 1923-mars 1924), dans: Relations Internationales 13, 1978, 5–27.

De manière générale, tous ces phénomènes monétaires inédits de l'après-guerre ne sont pas compris par l'opinion publique, en France comme d'ailleurs en Angleterre.[21] L'intensité du choc culturel qui en a résulté ne saurait être sous-estimée. La récurrence des scandales politico-financiers dans la période, de l'affaire de la Banque industrielle de Chine au scandale de „La Gazette du Franc" de la banquière Marthe Hanau, en témoigne. Mais les scandales financiers en soi ne sont pas nouveaux. Ils s'étaient déjà multipliés dans la seconde moitié du XIXe siècle. Le fait nouveau est bien la politisation des faits monétaires et financiers, qui domine dans les années 1920 la vie politique française. C'est ainsi que l'histoire du Cartel des gauches en 1924–1926 est inséparable de la métaphore du „mur d'argent". La formule est lancée devant les militants du parti radical par Édouard Herriot, le 10 octobre 1926. Par là, il rendait l'hostilité des puissances de l'argent responsable de l'échec final du Cartel des gauches. Les porteurs de bons du Trésor, au premier rang desquels les grandes banques, auraient refusé de renouveler leurs souscriptions; la Banque de France, surtout, aurait refusé d'augmenter ses avances à l'État et menacé de révéler à l'opinion que ses bilans étaient faux et que le plafond de la circulation monétaire avait été crevé. L'image parlante du „mur d'argent" était promise à un bel avenir. Elle devait peser sur toute l'histoire politique de la gauche française durant tout le reste du XXe siècle.

La mémoire immédiate de la crise monétaire des années 1920 a été déterminante au cours du deuxième moment critique pour la culture monétaire française, de 1934 à 1945. Cette décennie est décisive dans l'histoire des mentalités monétaires. Elle est marquée par l'installation dans une crise monétaire et financière d'une gravité inédite. Les „maladies monétaires" (Jean Bouvier) dominent les années 1930. À la phase de déflation des années 1931–1935 succède le retour de l'inflation, aggravée encore par l'entrée en guerre et les charges de l'Occupation. Surtout, la guerre des monnaies, déclenchée par la dévaluation de la livre sterling en 1931, ouvre un long débat passionné sur la fixation de la valeur externe du franc. La question de la *dévaluation*, sans cesse redoutée, déniée et finalement accomplie, a traversé, au-delà des cercles de spécialistes, l'opinion publique tout entière. La crise bancaire des années 1930 a également soulevé la question du contrôle des banques et contribué, plus généralement, à poser le problème des responsabilités des banques et du crédit dans l'activité économique productive. Ces interrogations sont demeurées posées au cœur de la société française pendant toute la période de la guerre et de l'Occupation, jusqu'à la Libération.

Le processus de politisation des phénomènes monétaires et des questions financières a alors atteint son apogée. Le Front populaire se construit large-

[21] Cf. *Marguerite Perrot*, La monnaie et l'opinion publique en France et en Angleterre de 1924 à 1936. Paris 1955.

ment sur ces questions. Le 28 octobre 1934, Édouard Daladier lance le slogan des „deux cents familles" lors du congrès du parti radical réuni à Nantes: „Deux cents familles sont maîtresses de l'économie française et, en fait, de la politique française."[22] L'extraordinaire postérité de la formule dans la mémoire collective française tient sans doute au chiffre de deux cents. Il a été choisi par Daladier en référence aux deux cents plus gros actionnaires de la Banque de France, obligatoirement des „citoyens français" qui, en vertu des statuts originels de 1800, ont le privilège de former l'assemblée générale de la Banque et d'élire les quinze Régents chargés de conduire ses affaires. L'image des deux cents familles a contribué à nourrir la mobilisation sociale qui a amené la victoire du Front Populaire en 1936. Elle est amplement relayée dans la presse et par de nombreuses publications polémiques, comme „La Banque de France aux mains des 200 familles" édité au début de 1936 par Francis Delaisi, sous l'égide du Comité des intellectuels anti-fascistes.[23] Il n'est donc pas étonnant que la réforme de la Banque de France, destinée à assurer sa transformation en „Banque de la France", ait figuré en bonne place dans le programme électoral du Front populaire du 9 janvier 1936. La politisation de la monnaie, de la banque et du crédit s'est incontestablement nourrie dans les années 1930 des scandales financiers contemporains. Le déclenchement de l'affaire Stavisky au début de 1934 en est la meilleure illustration. Cette affaire – elle fut, comme l'on sait, à l'origine de la journée des ligues qui faillit renverser le régime républicain le 6 février 1934 – met parfaitement à nu les ressorts de la crise de la culture monétaire française héritée du XIXe siècle. Elle cristallise la méfiance à l'égard de l'argent corrupteur, l'allergie aux banques nécessairement spoliatrices et la figure fantasmée du juif apatride et malhonnêtement enrichi.

Dans cette perspective, la période de Vichy, de 1940 à 1944, s'inscrit pleinement dans la continuité des années 1930. L'anticapitalisme affiché de la Révolution nationale sert de ciment au rassemblement hétérogène sur lequel, de la gauche à la droite de l'échiquier politique, s'est appuyé au moins jusqu'en 1942 le nouveau régime. Vichy concentre, une fois de plus, les grands traits de la culture monétaire française traditionnelle: aversion pour l'argent et sa puissance destructrice, condamnation morale et économique de la spéculation, défiance à l'égard des banques. Le mythe de la Synarchie qui se développe en 1941, après le remplacement à la tête du gouvernement de Laval par Darlan, le démontre parfaitement: le pouvoir à Vichy serait tombé aux mains d'une société secrète composée d'Inspecteurs des Finances et de financiers privés rattachés d'une manière ou d'une autre à la banque Worms, centre d'un complot inévitablement international, émanation de la

22 Cf. *Malcom Anderson*, The Myth of the ‚two hundred families', dans: Political Studies 13, 1965, 163–178; *René Sédillot*, Les Deux Cents familles. Paris 1988.

23 *Francis Delaisi*, La Banque de France aux mains des 200 familles. Paris 1936.

puissance occulte des *trusts* et supposé reposer sur l'alliance des juifs et des francs-maçons.[24] La législation antisémite de Vichy, en particulier les mesures d'aryanisation économique d'avril et de juillet 1941, dont il est aujourd'hui bien démontré qu'elles furent prises à l'initiative de l'État français et non des occupants allemands, a largement reposé sur l'ensemble de représentations négatives de l'argent et de la banque, constituées en une culture monétaire depuis la fin du XIXe siècle.[25] De la même manière, c'est sous le régime de Vichy qu'est finalement introduit pour la première fois en France un dispositif de contrôle administratif des banques et de la Bourse dont la genèse remonte à 1935/36 et qui devait trouver sa forme définitive avec les réformes de la Libération.[26]

Le cadre mis en place à la Libération n'a guère changé jusqu'au troisième moment de crise de la culture monétaire française, au tournant des années 1960 et 1970. La période, comme les deux précédentes, est caractérisée par une nette poussée de l'inflation, notamment à la suite de l'explosion sociale de mai et juin 1968, mais aussi par le retour au désordre monétaire international, avec la rupture du système de Bretton Woods amorcée en 1968, par la fin du *pool* de l'or et, au début des années 1970, avec la suspension définitive de la convertibilité métallique du dollar. Mais la période a également correspondu à une nette densification du réseau bancaire en France. Le nombre de comptes bancaires a été multiplié par près de trois entre 1962 et 1974. La course aux guichets à laquelle toutes les banques commerciales se sont livrées entre 1967 et 1974 est alors particulièrement intense. C'est d'ailleurs en 1973 qu'apparaît pour la première fois dans la langue française le néologisme *bancarisation*. Les tout premiers distributeurs automatiques de billets font également leur apparition cette année-là, avant la plupart des autres pays européens. C'est l'achèvement d'un long processus historique d'acclimatation des pratiques monétaires de la société française à la banque.[27] Cette évolution est allée de pair avec la généralisation rapide du recours au crédit, aussi bien de la part des entreprises que des particuliers. L'autofinancement atteint alors son étiage historique, tombant en dessous de 40 % du total des moyens de financement de l'économie au début des années 1970. Le crédit à la consommation rompt également les digues qui le canalisaient étroitement depuis les années 1920. Le montant des crédits à la consomma-

[24] Cf. *Richard F. Kuisel*, The Legend of Vichy Synarchy, dans: French Historical Studies 6/3, 1970, 375–398; *Olivier Dard*, La synarchie, le mythe du complot permanent. Paris 1998.

[25] Cf. *Phlippe Verheyde*, Les mauvais comptes de Vichy. Paris 2000.

[26] Cf. *Claire Andrieu*, La banque sous l'Occupation. Paradoxes de l'histoire d'une profession (1936–1946). Paris 1990.

[27] Cf. *Olivier Feiertag*, La bancarisation de la société française au XXe siècle: vivre à crédit?, dans: Alya Aglan/Olivier Feiertag/Yannick Marec (Éds.), Les Français et l'argent (XIXe–XXe siècle). Actes du colloque de Rouen (mars 2007). Rouen 2009.

tion, essentiellement destinés à l'achat d'une automobile, a ainsi été multiplié par cinq entre 1966 et 1976.[28]

Il ne fait donc pas de doute que les pratiques monétaires des Français ont connu une véritable révolution au tournant des années 1960 et 1970. Jamais l'écart entre les faits et les représentations monétaires n'a été aussi grand. Cette tension a trouvé, selon un mécanisme propre à la société française, un exutoire dans le champ du politique. Le gaullisme, jusqu'en 1968, a semblé durablement offrir une protection contre les forces dissolvantes de l'argent. Le verbe du général de Gaulle paraissait capable de maintenir la France hors d'atteinte de la spéculation internationale. „La politique de la France ne se fait pas à la corbeille", avertissait solennellement de Gaulle en 1966.[29] La crise politique et sociale de mai 1968 a peut-être été avant tout une crise culturelle. Le rejet du „vieux monde", dans l'entreprise, à l'école et dans la famille, a trouvé aussi à s'exprimer dans le domaine monétaire. La libéralisation des mœurs, en ce sens, était profondément liée à la libéralisation des marchés de l'argent. Cette évolution avait été amorcée de manière spectaculaire par les réformes monétaires et financières décidées par le ministre de l'Économie, Michel Debré, dès 1966/67. La plus significative d'entre elles, prise le 28 décembre 1966, a consisté à lever en grande partie le contrôle des changes en place depuis 1939. La plupart des flux monétaires entre le système financier national et les marchés internationaux n'étaient donc plus filtrés par l'État. Une série d'autres mesures était destinée, à l'intérieur, à alléger notablement la tutelle des pouvoirs publics sur les banques. Elles supprimaient en particulier l'autorisation du Conseil National du Crédit pour l'ouverture de nouveaux guichets. Mais elles permettaient aussi, entre autres, à une femme mariée d'ouvrir à son nom un compte-chèques sans l'autorisation écrite de son mari! Le conflit de mai 1968 et plus encore les modalités de sa résolution ont abouti, de manière paradoxale, à enrayer ce processus de libéralisation des mentalités monétaires en France. Le contrôle des changes est partiellement rétabli dès le 31 mai 1968 en vue de freiner les fuites de capitaux. Au même moment les accords de Grenelle mettent fin à la vague de grève en décrétant une augmentation générale du niveau des salaires. Cette décision rétablit aussitôt „l'ordre social", mais elle entraîne aussi une forte accélération de l'inflation, qui dépasse la barre symbolique du taux à

[28] Cf. *Sabine Effosse*, Investir ou consommer? L'opposition du logement et de la voiture en France au temps des Trente Glorieuses, dans: Aglan/Feiertag/Marec (Éds.), Les Français (voir note 27).

[29] Conférence de presse du 28 octobre 1966. Le général de Gaulle répondait à une question sur les conséquences qu'avait sur l'économie française l'évolution en dents de scie de la Bourse de Paris depuis le début des années 1960. La „corbeille" désigne le lieu à l'intérieur de la Bourse de Paris où les agents de change se réunissaient pour procéder à la cotation des principales valeurs de la cote officielle sur le marché à terme.

deux chiffres (10 %) en 1974. Dès lors le mouvement était lancé. Il ne devait fléchir qu'à partir du tournant de la désinflation de 1983.

Mais dans le même temps, le discours et les pratiques politiques restent dominés, plus que jamais, par la culture de la défiance à l'égard de l'argent. Le contrôle des changes est totalement rétabli à partir de novembre 1968. Simultanément des mesures sont prises pour fortement limiter la liberté qu'ont les banques d'accorder des crédits. On entre dans l'ère de l'encadrement du crédit qui devait durer jusqu'en 1986. Quant au contrôle des changes, il ne fut totalement aboli qu'en 1990. L'arrivée au pouvoir de la gauche en 1981 peut dans une certaine mesure s'expliquer, comme en 1924 et en 1936, par le rejeu, au sens géologique du terme, des failles d'une culture monétaire française constituée pour l'essentiel au cours du XIXe siècle. Il suffit pour le comprendre de citer les termes avec lesquels François Mitterrand, fraîchement élu secrétaire général du nouveau parti socialiste refondé en juin 1971 au congrès d'Épinay, fustige „toutes les puissances de l'argent, l'argent qui corrompt, l'argent qui achète, l'argent qui écrase, l'argent qui tue, l'argent qui ruine et l'argent qui pourrit jusqu'à la conscience des hommes". *Quid nove sub sole*?

Les premières années du gouvernement de la gauche au pouvoir, entre 1981 et 1983, ont en effet été dominées par la hantise du mur d'argent.[30] En février 1982, au lendemain du vote nationalisant la quasi-totalité du système bancaire français, le président de la République aurait confié à Jacques Attali, son conseiller économique à l'Elysée: „Eh bien, comme ça, maintenant, les banques ne joueront pas contre l'État. Même si elle n'aident pas notre politique, elles ne lui nuiront pas."[31] Étonnante persistance rétinienne des représentations monétaires en France! C'est bien le sens de l'article retentissant que Guy de Rothschild public dans „Le Monde" en octobre 1981, au moment de la nationalisation de la vieille banque de la rue Laffitte, pour expliquer sa décision de quitter la France et s'installer aux États-Unis: „Juif sous Pétain, paria sous Mitterrand, pour moi cela suffit. Adieu Rothschild!"

De la fin de la Première Guerre mondiale jusqu'aux années 1980 au moins, la culture monétaire française s'est donc trouvée globalement en porte-à-faux sur les évolutions réelles de la monnaie et de la finance. Cette crise persistante de la culture monétaire en France a trouvé une traduction directe dans le champ politique. C'est dans le discours politique, de droite ou de gauche, qu'on peut le mieux en prendre la mesure. Mais la crise de la culture monétaire française se laisse également appréhender à travers les évolutions de la politique monétaire et financière conduite en France durant la période.

[30] Cf. *Olivier Feiertag*, Finances publiques, mur d'argent et genèse de la libéralisation en France de 1981 à 1984, dans: Serge Berstein/Pierre Milza (Éds.), François Mitterrand, les années du changement (1981-1984). Paris 2001, 431-455.

[31] *Jacques Attali*, Verbatim. 1: Chronique des années 1981-1986. Paris 1993, 168.

Les étapes de la construction du système financier français au XXe siècle apparaissent ainsi d'abord comme le produit de la crise de la culture monétaire. Le modelage du système financier peut aussi s'interpréter comme la réponse apportée par le pouvoir politique à cette crise qui menace la cohésion de la société.

III. Le système financier français au XXe siècle: cohésion sociale et *overdraft economy*

Le système financier français est au XXe siècle profondément original. Il est politique par nature. La notion même de système financier, telle qu'elle s'était formée à l'époque moderne, est en effet inséparable de la réalité de l'État ou, plus précisément, de celle de l'État en guerre et à ses besoins de financement accrus, nécessitant une mobilisation de toutes les ressources financières du royaume.[32] Mais elle n'est vraiment définie dans son acception contemporaine qu'au cours du XIXe siècle, parallèlement à la formation d'une administration financière publique.[33] Point de naturalisme, donc, à l'origine d'un système financier donné, mais au contraire un processus historique dont il importe de dégager les étapes et les logiques.

Dans cette perspective, l'histoire du système financier français au XXe siècle peut être globalement appréhendée comme une des réponses principales apportées par le pouvoir politique au problème de la cohésion sociale. Cette cohésion à la veille de la Première Guerre mondiale a reposé, entre autres choses, sur une culture monétaire commune. Les mutations du système financier ont ainsi permis de dépasser le conflit croissant, à partir de 1914, entre la stabilité des représentations françaises de la monnaie et l'évolution très rapide des faits monétaires et financiers. Notre hypothèse est que cette adaptation proprement politique du système financier a abouti à construire par étapes, des années 1920 aux années 1980, une „économie de découvert" (*overdraft economy*) en France.[34]

32 Cf. *Jean-Marie Thiveaud*, Système de finances: la longue marche d'un concept, dans: Revue d'économie financière 18, 1991, 13–28.

33 Dès 1840, le marquis d'Audiffret, directeur de la comptabilité publique sous la Restauration, publiait son Système financier de la France. Vol. 1. Paris 1840.

34 Cette hypothèse sous-tend la biographie que nous avons consacrée à Wilfrid Baumgartner, haut fonctionnaire des finances en France des années 1920 aux années 1980. Cf. *Olivier Feiertag*, Wilfrid Baumgartner, un grand commis des finances à la croisée des pouvoirs (1902–1978). Paris 2006. Mais elle a été également mise en œuvre avec beaucoup de pertinence dans le champ des sciences politiques pour décrire les mutations du rôle financier de l'État et de la position internationale de la France dès le début des années 1990 par *Michael Loriaux*, France after Hegemony. International Change and Financial Reform. Ithaca/Londres 1991.

La notion d'*overdraft economy* apparaît pour la première fois dans le champ de la théorie économique sous la plume de l'économiste britannique John R. Hicks (1904–1989). À l'encontre de son étiquette d'économistes post-keynésien, Hicks, prix Nobel d'économie en 1971 (en même temps que Kenneth Arrow), préférait à la fin de sa vie se définir, en manière de boutade, comme le disciple à la fois d'Adam Smith et de Karl Marx.[35] C'est à l'occasion d'une conférence prononcée en 1973 à Helsinki et publiée l'année suivante sous le titre „The Crisis of Keynesian Economics" que John Hicks proposa l'idée d'*overdraft economy*: „It would nevertheless seem helpful, fairly generally, to think business (we can now include financial business) as divided into two sectors – one which mainly relies for its liquidity on the actual possession of liquid assets, and one which is mainly supported by assured (or apparently assured) borrowing power. Let us call them *auto-sector* and *overdraft sector* respectively."[36] Hicks pose la coexistence de deux types de monnaie en circulation dans de l'économie. D'une part, de l'argent que l'on possède effectivement, en propre pour ainsi dire, et qui représente une richesse tangible et immédiate; le secteur de l'économie qui fonctionne sur la base de ces liquidités effectives est appelé auto-secteur mais on pourrait aussi l'appeler économie patrimoniale ou de fonds propres. D'autre part, de l'argent qu'on ne possède pas encore effectivement mais dont la réalité est tout aussi incontestable car elle est garantie par une capacité automatique et illimitée d'emprunt; cette monnaie alimente le secteur de l'économie qui fonctionne ainsi *à découvert*.

Cette distinction, assez ponctuelle somme toute chez Hicks, a été très approfondie dans un petit groupe d'économistes de la Banque de France entre 1977 et 1982, autour de Gérard Maarek et Vivien Lévy-Garboua, que l'on désigne parfois sous le nom d'„école de la Banque de France". Ils s'emparent explicitement de la notion d'*overdraft economy* qui leur semble pouvoir parfaitement caractériser l'état du système financier français tel qu'on peut alors l'observer, au tournant des années 1970 et 1980, tandis que les modèles théoriques monétaristes importés des États-Unis leur semblent inopérants.[37] La notion va s'en trouver considérablement enrichie.[38] L'économie de découvert se caractérise par la conjonction de trois conditions. La première est le rôle essentiel joué par les banques, quel que soit le mode de calcul du poids de l'intermédiation bancaire. Une *overdraft economy* est sans conteste

[35] *John Hicks*, A Market Theory of Money. Oxford 1989.

[36] *Hicks*, Crisis (voir note 6), 51f.

[37] Cf. *Olivier Feiertag*, Greffe économétrique et genèse de l'école de la Banque de France (1969–1985), dans: id. (Éd.), Mesurer la monnaie, banques centrales et construction de l'autorité monétaire (XIXe–XXe siècle). Paris 2005, 213–245.

[38] *Vivien-Lévy Garboua*, La régulation monétaire dans une économie d'endettement, note du 16 août 1977. (Archives de la Banque de France, service d'études économétrique et de recherche, SEER, 77/1.)

un type particulier des systèmes financiers qu'on caractérise plus généralement comme *bank-based*. L'existence d'un système bancaire développé est cependant une condition nécessaire, mais non suffisante pour une économie de découvert.

Une deuxième condition est exigée. Elle concerne la banque d'émission. C'est le point qui a été le mieux mis en évidence par les économistes de l'école de la Banque de France. La banque centrale est la clef de voûte du système. Bénéficiant par privilège du monopole de la création de monnaie ayant cours légal, elle seule est à même de garantir, au bout du compte, ce pouvoir illimité et automatique d'emprunt (*borrowing power*) qui est au cœur de l'*overdraft economy*. Dans une telle configuration, la banque centrale agit bien comme prêteur en *premier* ressort du système bancaire (et non comme le décrivait Bagehot en 1873, en *dernier* ressort). Cette fonction régulatrice de la banque d'émission est donc cruciale. Elle est assumée de manière non discrétionnaire. Ce point est la différence essentielle avec la fonction classique de prêteur en dernier ressort. C'est la condition technique *sine qua non* et le critère indiscutable d'une économie de découvert.

Mais à ces conditions internes au système financier, il faut ajouter, *last but non least*, une condition plus globale, relative au système monétaire international. Une *overdraft economy* requiert que le système financier domestique soit isolé du reste du monde par un contrôle des changes. En pratique, la gestion de ce dispositif de filtre est confiée à la banque centrale. Il permet de déconnecter jusqu'à un certain point l'émission automatique de monnaie nationale à découvert des flux monétaires internationaux qui, par leurs mouvements centrifuges ou centripètes, rendent impossible le bouclage du circuit monétaire.

Ainsi définie la notion d'*overdraft economy* offre un cadre théorique pertinent pour analyser les évolutions du système financier français au XXe siècle. Elle éclaire en particulier les mutations importantes traversées par la Banque de France. Trois moments scandent cette histoire. Ils correspondent *grosso modo* aux trois périodes de crise de la culture monétaire française qui apparaissent ainsi comme autant d'étapes dans le processus historique, non linéaire, de construction d'une *overdraft economy* en France. La première étape est marquée, sans aucun doute, par les ruptures monétaires de la Première Guerre mondiale. Cette rupture a d'abord été celle de la fin du *gold standard*. La suspension de la convertibilité métallique du franc et de toutes les autres monnaies principales du monde a supprimé d'un coup les chaînes d'or qui avaient amarré jusque-là les systèmes financiers nationaux aux stocks matériels d'or détenus dans les caves de leur propre banque d'émission et, entre eux, par le biais du mécanismes des points d'or. Les rapports monétaires internationaux s'en sont trouvés radicalement modifiés. À une régulation privée, décentralisée et largement automatique des flux de capitaux internationaux s'est substitué, d'un coup, un système public de règlements internationaux, fortement centralisé au niveaux des États, donc fondamentalement négocié. Le système financier français entre alors dans l'ère du contrôle des changes qui devait perdurer sans grands changements jusqu'à la fin des années 1980. De la sorte s'est trouvée réalisée la condition de possibilité internationale d'une *overdraft economy*: une „barrière de feu", comme l'a écrit Charles Rist en 1938 à propos du cas britannique, isolait désormais, telle Brünnehilde sur son rocher, le système financier domestique des marchés de l'argent internationaux.[39]

Mais la rupture de la Première Guerre mondiale a également provoqué, à l'intérieur, une mutation au moins aussi nette de la place et du rôle des banques. La très forte poussée physique de la monnaie fiduciaire, émise pour les besoins sans précédent de financement de la nation en guerre puis de la reconstruction de l'après-guerre, a transformé quantitativement et qualitativement le système bancaire en France comme d'ailleurs dans la plupart des autres pays européens. Certes, les bilans bancaires apparaissent, au début des années 1920, comme affaiblis si on les compare à leur niveau en volume de 1914 et si on raisonne en francs constants. Mais les acteurs économiques et sociaux, auxquels le phénomène de l'inflation n'était pas familier, ne raisonnaient pas en francs constants. Et la hausse considérable des bilans en valeur a été l'origine, dans les années 1920, d'un fort développement de la bancarisation de l'économie et de la société française. Cette croissance des banques peut se mesurer à l'aune des dépôts et à celle de l'augmentation de la densité des réseaux bancaires.[40] Cette densification est évidente à l'échelle nationale, comme en atteste la multiplication des guichets, permanents ou périodiques, de toutes les grandes banques de dépôts. C'est ainsi que le réseau du Crédit Lyonnais passe de 374 guichets en 1913 à 1450 en 1933. Mais elle se laisse également observer à l'échelle locale et régionale. C'est en 1928 que le réseau de la Banque de France, organisé sur une base régionale, atteint ainsi son maillage le plus serré.

D'autre part, sur un plan qualitatif, on peut dire que c'est bien avec la Première Guerre mondiale, qu'émerge la notion de système bancaire en France. Il se produit en effet une évolution très nette vers une spécialisation des banques. C'est le moment où de fait, sinon encore de droit, se vulgarise la distinction entre banques d'affaires et banques de dépôts.[41] Mais c'est aussi le moment où se multiplient les organismes de crédits spécialisés, sous l'égide des pouvoirs publics, dans le but explicite de combler les lacunes du

[39] *Charles Rist*, Les fonds d'égalisation des changes et leur action sur les prix et sur l'activité économique, dans: Revue d'économie politique 52/6, 1938, 1545.

[40] Cf. *Alain Plessis/Alessandro Polsi*, La diffusione territiale delle grandi banche. L'esperienza del Crédit Lyonnais e della banca Commerciale fino al 1965, dans: Guiseppe Conti/Olivier Feiertag/Rosanna Scatamacchia (Éds.), Credito e nazione in Francia e in Italia (1860–1990). Pise 2009.

[41] *Edmond Baldy*, Les banques d'affaires en France depuis 1900. Paris 1922.

crédit.[42] La création en 1917 du crédit populaire, mais aussi, en 1918 des chèques postaux, qui ont bénéficié *ipso facto* du réseau très dense de la Poste, a lancé un incontestable mouvement de démocratisation de la banque et du crédit. Le Crédit National est constitué sous la forme d'une société mixte, associant l'État aux principales banques commerciales, en 1919, pour financer la reconstruction industrielle. En 1920 est fondée, sur une base juridique similaire, la Banque française pour le Commerce extérieur. Les différentes caisses locales du Crédit agricole qui existaient depuis le dernier quart du XIXe siècle sont fédérées en 1920 également par la Caisse nationale du crédit agricole. En 1923 est fondée une caisse centrale du Crédit hôtelier et, en 1929, les banques populaires sont regroupées, de même, en une Caisse centrale des banques populaires.

Cette évolution du paysage bancaire en France a contribué à poser pour la première fois la question de la hiérarchie du système bancaire. La Banque de France au lendemain immédiat de la guerre n'est pas encore usuellement désignée comme banque centrale, mais toujours comme banque d'émission. De plus, à cette date, la Banque de France, sur la base de son très dense réseau de succursales, accorde toujours des crédits directs à l'économie en concurrence frontale avec les banques proprement commerciales. Un tournant se produit lorsque le poste de gouverneur de la Banque de France revient, de 1926 à 1930, à Émile Moreau, flanqué de Charles Rist et de Pierre Quesnay, venu du comité financier de la Société des Nations. En 1931, Moreau, qui vient de quitter la Banque de France pour passer à la présidence de la Banque de Paris et des Pays-Bas, est auditionné devant la commission d'enquête parlementaire chargée d'examiner le scandale Oustric, un aigrefin qui avait bénéficié d'appuis dans le milieu bancaire et dans le personnel politique. Il précise à cette occasion sa conception du rôle de la Banque de France: „La Banque centrale ne devrait pas avoir de succursales, elle ne devrait pas avoir besoin de gagner de l'argent, elle ne devrait avoir à régler que tout ce qui concerne le marché."[43] À l'issue des années 1920, le besoin d'une hiérarchie au sein du système bancaire est donc ressenti par de nombreux acteurs. La période qui va de la Première Guerre mondiale à la fin des années 1920 a ainsi contribué à faire évoluer le système financier français, rassemblant les conditions structurelles et conjoncturelles propices à l'instauration de forme d'économie de découvert.

Mais c'est la période suivante, marquée par les chocs de la crise des années 1930 et de la Seconde Guerre mondiale, qui marque l'entrée véritable

[42] Cf. *Jean Bouvier*, Un siècle de banque française, les contraintes de l'État et les incertitudes des marchés. Paris 1973, 144f.

[43] Audition de Emile Moreau devant la commission d'enquête parlementaire sur l'affaire Oustric, le 25 mars 1931, Chambre des députés, dans: Bulletin des Commissions 93, 7 avril 1931, 3982.

du système financier français dans l'âge de l'*overdraft economy*. Entre 1935 et 1945 ont été créé, de manière toujours empirique et sans plan d'ensemble, plusieurs mécanismes financiers nouveaux qui ont abouti à transformer, à son corps défendant, la Banque de France en prêteur en premier ressort contraint d'un système bancaire doté pour la première fois de cadres juridiques et de structures institutionnelles. L'innovation décisive a lieu en janvier 1935 sous le gouvernement que vient de former Pierre-Étienne Flandin pour lancer une politique alternative à la déflation et sortir le pays de la crise économique. Appuyé sur la Banque de France, la Caisse des dépôts et le Trésor – dont il a pris soin de s'assurer le concours en nommant à leur tête, par un véritable coup d'état administratif, des hauts fonctionnaires acquis à son plan –, Flandin institue un mécanisme nouveau de mobilisation d'effets du Trésor: les avances à 30 jours sur effets publics. L'innovation ne consiste pas, pour la banque d'émission, à accepter de prendre dans son portefeuille des bons du Trésor. Elle y recourait ponctuellement depuis le XIXe siècle. La nouveauté est bien plus que cette faculté est désormais opérée officiellement au profit des banques elles-mêmes, et non plus à travers la fiction d'une présentation par un particulier. D'autre part, cette faculté de mobilisation est automatique et ne laisse aucune marge de négociation à l'institut d'émission. Les régents de la Banque de France opposèrent du reste une vive résistance à l'automaticité de ce mécanisme et obtinrent que cette faculté de mobilisation fussent étroitement plafonnée.

Il reste que le pas franchi, à l'échelle de l'histoire longue du système financier français, était considérable. Les avances à 30 jours ont représenté le premier mécanisme d'*overdraft economy* en France.[44] On doit toutefois souligner, même si aucune filiation n'est avérée, leur ressemblance avec les *Arbeitsbeschaffungswechsel* qui avaient financé, dans des conditions techniques similaires mais à une tout autre échelle, la reprise économique dans les premières années du régime nazi, entre 1933 et 1935.[45] Le développement des *Sonderwechsel*, dans le cas de l'Allemagne, s'expliquait cependant par deux facteurs: l'isolement du système financier allemand depuis l'instauration du contrôle des changes en 1932 et surtout la restructuration des banques en un système très réglementé, en vertu de l'appareil légal édifié après la crise de 1931. Ces deux conditions nécessaires pour la mise en place d'une économie de découvert manquaient en France dans les années 1930. C'est la raison véritable de l'échec du plan Flandin de 1935. La Seconde Guerre mondiale a modifié profondément la situation et a réuni les conditions pour une mutation durable du système financier français.

[44] Cf. *Feiertag*, Baumgartner (voir note 34), 176–184.

[45] Cf. *Albrecht Ritschl*, Hat das Dritte Reich wirklich eine ordentliche Beschäftigungspolitik betrieben?, dans: JbWG 2003/II, 125–141.

C'est véritablement entre 1936 et 1945 que s'est mis en place une économie de découvert en France. L'évolution la plus marquante a concerné le système bancaire français. La question de „l'organisation du crédit" a été au cœur du Front Populaire. Seule parmi les grandes économies européennes, la France était demeurée sans loi bancaire. La banque ne disposait pas d'un statut légal spécifique et apparaissait encore comme une entreprise comme une autre, soumise au droit commun du code du commerce. Les gouvernements du Front Populaire ont tenté de traiter la question des banques et du crédit. La loi du 25 juillet 1936 accroît le contrôle de l'État sur la Banque de France en modifiant la composition de son conseil d'administration. Le Front Populaire a également tenté de développer de nouveaux mécanismes de financement par le biais d'organismes spécialisés supplémentaires, comme la Caisse nationale des Marchés de l'État ou l'Office du blé, destiné à mobiliser auprès de l'Institut d'émission les créances de la céréaliculture. Mais ces tentatives n'ont pas réellement abouti du fait de l'inertie des milieux bancaires et également de résistances politiques multiples, notamment au Sénat, bastion du conservatisme financier.

Le déclenchement de la guerre a levé ces freins. L'instauration du contrôle des changes, que Léon Blum en 1936 avait repoussée par attachement aux libertés démocratiques, le financement des commandes de guerre par émissions massives de bons d'armements mobilisables auprès de la banque d'émission ont contribué à lever ces résistances. Mais c'est en fait sous le régime de Vichy que les étapes décisives ont été franchies. D'une part, la loi du 13 juin 1941 dote pour la première fois les banques françaises d'un cadre légal, définissant leur nature juridique, établissant une distinction légale entre banques de dépôts et banques d'affaires et les plaçant sous la supervision mixte de la Banque de France et d'organisations professionnelles de banques.[46] D'autre part, sous l'Occupation, deux mécanismes inédits de financement sont introduits, contribuant à modifier profondément la nature du système financier dans son ensemble. Le 12 octobre 1940 sont créées les „acceptations du Crédit national", des traites à échéance de six mois renouvelables, tirées sur l'État par ses fournisseurs. Ces traites, une fois revêtues de la signature du Crédit national, sont mobilisables sans limitation auprès de la Banque de France. Le 11 mai 1944, un simple arrêté du conseil général de la Banque de France crée le „crédit à moyen terme mobilisable": la banque centrale s'engageait à escompter sans limitation et à taux fixe les effets de crédit à moyen terme, d'une durée comprise entre deux et sept ans, représentatifs non plus d'opérations commerciales mais bien d'opérations d'investissement en capital. Au sein de la Banque de France et de l'histoire du sys-

[46] *Claire Andrieu*, Genèse de la loi du 13 juin 1941, première loi bancaire française (septembre 1940–septembre 1941), dans: RH 546, 1983, 385–397.

tème financier français, le crédit à moyen terme mobilisable constitue donc „une révolution culturelle“ (Jean Bouvier).

La mutation accomplie par la Banque de France à cette date est évidente. Comme l'écrit dès le début de 1945 l'économiste François Perroux, ces mécanismes nouveaux de financement font dorénavant de la banque d'émission „la centrale monétaire de la Nation“. À la banque d'émission passive, simple „enclume“ pour reprendre l'image de Paul Warburg, l'un des pères fondateurs du système de réserve fédéral des Etats-Unis, succède la banque centrale active, devenue „marteau“.[47] Il ne fait guère de doute que ces innovations sont le résultat d'un transfert de technologie financière: le prétendu „miracle financier allemand“ fait l'objet depuis 1936 en France de nombreuses études et la défaite de 1940 semble avoir fait la preuve de la supériorité du modèle financier allemand. L'économiste Henry Laufenburger et le banquier Alfred Pose ont beaucoup contribué à diffuser la connaissance précise des mécanismes de financement allemands. Ils ont exercé une influence de taille sur les hauts fonctionnaires à l'origine de leur introduction en France, tel Wilfrid Baumgartner, à la tête du Crédit national de 1936 à 1949. Cette configuration nouvelle du système financier et le rôle nouveau qui revient dès lors à la Banque de France ont été pleinement confirmés par les réformes financières de la Libération. La loi du 2 décembre 1945 a nationalisé la banque d'émission et les plus grandes banques de dépôts, confirmant dans ses grandes lignes, par-delà le changement de régime politique et le rétablissement du cadre républicain, l'organisation du système bancaire établie sous Vichy.

Au sortir de la Seconde Guerre mondiale, le système financier français, ainsi remodelé, présente sans conteste les traits d'une économie de découvert. Le fait majeur est qu'il a conservé ces traits jusqu'aux années 1980 au moins. Les mécanismes de financement spécifiques d'une économie de découvert ont été amplifiés, voire étendus dans les années 1950. Les acceptations du Crédit national ont assuré le financement au jour le jour du Trésor public durant toute la IVe République. Quant au crédit à moyen terme mobilisable, il a joué un rôle essentiel dans le financement de la reconstruction industrielle, assurant en particulier la quasi-totalité des besoins de financement des entreprises nationalisées, telles Renault ou EDF.[48] La formule est étendue en 1950 au crédit au logement. Les conséquences de cette mesure sont importantes, puisqu'elle est largement à l'origine de l'essor sans précédent de la construction immobilière qui a marqué les années 1950–1960. Grâ-

[47] *François Perroux*, Les banques d'émission et l'État, dans: Revue d'économie politique 54, 1945, 485–498.

[48] Cf. *Olivier Feiertag*, Le nerf de l'après-guerre: le financement de la reconstruction entre l'État et le marché (1944–1947), dans: Matériaux pour l'histoire de notre temps, juillet–décembre 1995, 46–51.

ce à ce mécanisme, la société française est sortie de la crise du logement qui pesait sur sa cohésion depuis plus d'un siècle.[49] Le crédit à moyen terme mobilisable, enfin, a assuré dans une large mesure le financement du commerce extérieur de la France, contribuant en particulier directement aux excédents de la balance commerciale dans les années 1960.[50]

Les conséquences monétaires des mécanismes d'*overdraft economy* sont évidentes. Il ne fait pas de doute qu'ils ont contribué à l'inflation endémique qui a caractérisé la France jusqu'au tournant de la désinflation, en 1983. Ils ont également, par suite, contribué à fragiliser la balance des paiements français, parce que leur effet sur la demande globale a abouti à gonfler les importations. C'est le sens des recommandations que la mission du Fonds Monétaire International, conduite par Per Jacobson, a formulées à l'issue du long audit du système financier français suscité par la grave crise des paiements extérieurs de la France durant l'automne de 1957. Pour que la France bénéficie des crédits extérieurs de ses partenaires de l'Union Européenne des Paiements et du FMI, il fallait qu'elle mette fin, par le biais d'une caisse de consolidation, aux différents mécanismes de financement par les crédits à moyen terme mobilisables, en particulier dans le secteur du logement.[51] Malgré ces pressions exercées au nom de la coopération monétaire internationale, en 1957 comme en 1968, le système financier français est demeuré marqué par des formes d'économie de découvert jusqu'aux années 1980. Les tentatives de sortie de l'économie de découvert n'ont pourtant pas manqué. Le plan Pinay-Rueff de 1958 a sans doute constitué la tentative la plus sérieuse pour mettre fin à des mécanismes de financement dont l'économiste Jacques Rueff avait parfaitement compris, depuis le début des années 1950, la nature spécifique et qu'il n'avait cessé dès lors de dénoncer comme porteurs de „faux droits". Il s'était heurté en 1958–1960 à la résistance d'un système financier comme pétrifié dans la pyramide du système de crédit édifié depuis le milieu des années 1930. Il s'était heurté aussi, plus profondément, à la conscience que les hommes politiques, le général de Gaulle au premier chef, avaient du lien profond existant entre les mécanismes d'*overdraft economy* et le maintien de la cohésion sociale, en particulier dans le contexte difficile de la guerre d'Algérie. De même, la tentative de sortie de l'économie de découvert de 1966/67 a tourné court en raison de la crise de mai 1968. Les modalités de résolution du conflit ont, au contraire, contribué à réactiver les mécanismes d'*overdraft economy*, notamment sous la forme d'avances directes de la Banque de France aux entreprises en difficulté. Ce n'est finale-

[49] Cf. *Sabine Effosse*, L'invention du logement aidé en France, l'immobilier au temps des Trente Glorieuses. Paris 2003.

[50] Cf. *Laurence Badel*, L'État français et les marchés extérieurs au 20e siècle, chapitre 7 (à paraitre).

[51] Cf. *Feiertag*, Baumgartner (voir note 34), 518–546.

ment qu'au milieu des années 1980 que s'est opérée une sortie véritable de l'économie de découvert en France. Là est le sens des réformes profondes du système financier qui ont alors été menées à l'initiative des gouvernements socialistes à partir de 1983 puis des gouvernements de droite, dans le cadre de période dite de cohabitation en 1986–1989. Mais la question reste bien entendu posée de savoir dans quelle mesure cette évolution est irréversible. La réconciliation des Français avec leur culture monétaire est-elle véritable et définitive?

IV. Résumé

L'originalité de la culture monétaire française n'est pas un fait certain. La méfiance à l'égard de l'argent, le culte de la stabilité, l'allergie à la banque sont des traits répandus dans bien d'autres sociétés nationales à la veille de la Première Guerre mondiale. La spécificité française réside davantage dans la longévité de ces représentations négatives de la monnaie qui ont perduré *grosso modo* tout au long du XXe siècle, alors même que les pratiques monétaires des Français et les faits monétaires résultant de ces pratiques évoluaient considérablement: la généralisation de la monnaie dans toutes les couches de la société française et tous les domaines de la vie sociale, la tendance continue à l'inflation, l'achèvement de la bancarisation de l'économie et de la société française ont sans conteste tout autant marqué la période.

La réponse à cette apparente contradiction a été, comme souvent en France, d'ordre politique. C'est le discours politique, de Poincaré à Blum, de de Gaulle à Mitterrand, qui a servi de lieu d'ajustement entre les représentations et les pratiques de la monnaie en France. C'est surtout la politique monétaire et financière qui a longtemps permis de dépasser l'écart croissant entre la culture et les usages monétaires. Cette politique, en 1920 comme en 1936, en 1940 comme en 1968, peut être caractérisée comme la construction par étapes, en mouvements saccadés de flux et de reflux, d'une „économie de découvert" en France. La notion a l'avantage de permettre de dépasser les clivages proprement politiques et l'opposition entre l'État et le marché, au cœur de la culture politique et économique française. Ces mécanismes de découvert, d'ailleurs, n'ont jamais été exclusifs d'autres formes de monnaie. L'économie patrimoniale, en particulier, est toujours restée importante en France.

Ainsi comprise, l'*overdraft economy* est constitutive d'un modèle de société, à bien des égards original, qui a longtemps confié au politique la tâche de garantir sa cohésion contre les puissance perçue comme dissolvante de l'argent sous toutes ses formes. Les mécanismes d'*overdraft economy*, en dernière analyse, ont donc consisté, selon l'intuition souvent citée de Karl Polanyi, à intégrer les faits monétaires dans les institutions dont s'est dotée la société française des années 1920 aux années 1980. On peut s'interroger, dès lors, sur la signification historique du tournant du milieu des années 1980 et sur la sortie de l'économie de découvert qu'il a entraîné. A-t-il correspondu à une évolution réelle de la culture monétaire française, réconciliée avec l'argent et ses valeurs? Ou bien a-t-il révélé une faillite du système politique, dorénavant incapable de jouer le rôle qui avait été le sien, à l'intersection des représentations sociales et des faits monétaires et financiers? Les évolutions très contemporaines que semblent connaître les sociétés européennes dans le contexte nouveau de l'actuelle crise financière mondiale apportent déjà un début de réponse. Le discours que le président de la République française a prononcé à Toulon le 25 septembre 2008 semble renouer avec un cycle historique: „Quoi qu'il arrive, l'État garantira la sécurité et la continuité du système bancaire et financier français."[52] La sortie de l'économie de découvert dans les années 1980 n'a en tout cas pas été la fin de l'histoire. Assurément elle se poursuit.

[52] Discours de Nicolas Sarkozy le 25 septembre 2008 à Toulon, dans: Le Monde, 27 septembre 2008, 22.

„Eine Art Religionskrieg“

Argumentationsmuster, Diskursstrategien und politische Symbolik in den deutsch-französischen Debatten um die Einführung des Euro

Von

Bernhard Löffler

Es gibt kaum eine Periode, in der die Fragen nach den kulturellen Dimensionen von Wirtschaft und Währung in der europäischen Öffentlichkeit so breit und kontrovers diskutiert wurden, wie dies während der hitzigen Debatten zur Einführungs- und Startphase der europäischen Gemeinschaftswährung Euro der Fall war. Allenfalls in der äußerst kritischen Zeit der Weltwirtschaftskrise zu Ende der 1920er und zu Beginn der 1930er Jahre, als in Deutschland die wirtschaftspolitischen Krisenreaktionsstrategien stark durch die noch frischen Erfahrungen der Hyperinflation und Währungsreform von 1923/24 bestimmt und eingeschränkt wurden[1], oder in der inflationären Nachkriegszeit 1945 bis 1948, als die Suche nach Alternativwährungen auf Schwarzen und Grauen Märkten und die Erwartungen einer Währungsreform mit ihren bangen Fragen nach Währungsgewinnlern und Währungsverlieren die tagespolitischen Gespräche wie den ökonomischen Lebensalltag beeinflußten[2], trat der Umgang mit Währung in vergleichbarer Weise ins öffentliche Bewußtsein. Aber auch diese Auseinandersetzungen mit der eigenen Währung unterschieden sich qualitativ um einiges von den Eurodebat-

[1] *Knut Borchardt*, Wirtschaftspolitische Beratung in der Krise: Die Rolle der Wissenschaft, in: Heinrich August Winkler (Hrsg.), Die deutsche Staatskrise 1930–1933. Handlungsspielräume und Alternativen. München 1992, 109-132; *ders.*, Das Gewicht der Inflationsangst in den wirtschaftspolitischen Entscheidungsprozessen während der Weltwirtschaftskrise, in: Gerald D. Feldman (Hrsg.), Die Nachwirkungen der Inflation auf die deutsche Geschichte 1924–1933. München 1985, 233-260; *ders./Hans Otto Schötz* (Hrsg.), Wirtschaftspolitik in der Krise. Die (Geheim-)Konferenz der Friedrich-List-Gesellschaft im September 1931 über Möglichkeiten und Folgen einer Kreditausweitung. Baden-Baden 1991; *Gerald D. Feldman*, The Great Disorder. Politics, Economics, and Society in the German Inflation, 1914–1924. Oxford 1993; *Carl-Ludwig Holtfrerich*, Die deutsche Inflation 1914–1923. Berlin 1980; ferner unten Anm. 30.

[2] Vgl. etwa *Christoph Buchheim*, Die Währungsreform 1948 in Westdeutschland, in: VfZ 36, 1988, 189-231; *Rainer Klump* (Hrsg.), 40 Jahre Deutsche Mark. Die politische und ökonomische Bedeutung der westdeutschen Währungsreform von 1948. Stuttgart 1989; *Wolfram Fischer* (Hrsg.), Währungsreform und Soziale Marktwirtschaft. Erfahrungen und Perspektiven nach 40 Jahren. Berlin 1989; *Toni Pierenkemper*, Die Angst der Deutschen vor der Inflation oder: Kann man aus der Geschichte lernen?, in: JbWG 1998/I, 59-84.

ten: Denn diese waren deutlich eruptiver; sie stießen – freilich unter anderen medialen Rahmenbedingungen – auf eine wesentlich breitere und intensivere öffentliche Resonanz und Rezeption (während die Kontroversen davor doch weit mehr in kleinen Expertenzirkeln stattfanden); und sie trugen viel stärker als jemals zuvor einen transnational-europäischen Charakter.

Was hier mit Eurodebatten umschrieben wird, ist in zweifacher Weise noch genauer zu bestimmen: Diese Diskussionen sahen ihren *zeitlichen* Kulminationspunkt in einer Phase von Herbst 1996 bis etwa Sommer 1997, als die Entscheidungen über den „Stabilitäts- und Wachstumspakt", über die sogenannten „Konvergenzkriterien" für einen Beitritt zur Eurozone und über institutionelle Struktur und Sitz der neuen Europäischen Zentralbank fielen bzw. vorbereitet wurden. Und sie sahen ihre *zentralen Protagonisten* in deutschen und französischen Diskutanten unterschiedlicher politischer Couleur und unterschiedlicher politischer Verantwortlichkeit. Eben diesen Hauptkontroversen, die 1996/97 von Deutschen und Franzosen dominiert wurden, gilt der Blick der folgenden Analyse, weil in ihnen das Generalthema des vorliegenden Sammelbandes, der Zusammenhang von Währungsordnung, Notenbanksystem und Währungskultur, in besonders verdichteter Weise zutage tritt.

Bekanntlich bildete der Vertrag von Maastricht vom 7. Februar 1992 den rechtlichen Ausgangspunkt des umstrittenen Euro-Unternehmens. Der Vertrag setzte den Prozeß zur Gründung der Europäischen Wirtschafts- und Währungsunion (zum 1. Januar 1999) definitiv in Gang und bestimmte mit der Fixierung konkreter währungspolitischer Anforderungen für eine Teilnahme an der Eurozone auch bereits grundlegende fiskalische Rahmenbedingungen. Den Euro einführen durften demnach nur Staaten: deren Inflationsrate höchstens 1,5 Prozent über dem Inflationsniveau lag, das sich aus dem Durchschnitt derjenigen drei Länder mit der niedrigsten Inflationsrate errechnete; deren langfristige Zinssätze sich höchstens um 2 Prozent über dem Durchschnitt der drei Länder mit den niedrigsten Zinssätzen bewegten; deren Haushaltsdefizit „im Prinzip" drei Prozent des Bruttoinlandsprodukts nicht überstieg; deren öffentlicher Schuldenstand (jedenfalls annäherungsweise) unterhalb eines Referenzwertes von 60 Prozent des Bruttoinlandsproduktes lag; deren Wechselkurs im Rahmen des europäischen Währungssystems seit mindestens zwei Jahren stabil war. Im weiteren Verlauf der Verhandlungen einigte man sich zunächst am 16. Dezember 1995 auf den Namen „Euro" für die gemeinsame Währung. Entscheidender aber war, daß auf nachhaltiges Drängen deutscher Finanzpolitiker und Zentralbanker seit Herbst 1995 die Konvergenzkriterien erneut diskutiert und im Ergebnis schärfer gefaßt und restriktiver ausgelegt wurden. Dies mündete am 13. Dezember 1996 auf einem EU-Gipfeltreffen in Dublin in die Verabschiedung des „Stabilitäts- und Wachstumspaktes" und nach einigen Folgedebatten und Kompromissen in dessen genaue Fixierung im Amsterdamer Vertrag vom Juni 1997 (ergänzt durch weitere Bestimmungen im Mai 1998). In erster Linie die nunmehr strikte Begrenzung des Haushaltsdefizits auf 3 Prozent des Bruttoinlandsprodukts („Dreikommanull" mit der Möglichkeit einer Überschreitung nur bei einem Rückgang des Haushaltsdefizits von mehr als 2 Prozent im Vergleich zum Vorjahr) sowie die Eröffnung von Sanktionsmöglichkeiten und -mechanismen (Sanktionsbetrag von 0,2 bis 0,5 Prozent des Bruttoinlandsprodukts) standen hier im Mittelpunkt des Interesses; Anlage I des Amsterdamer Vertrags formulierte dazu das „Ziel eines soliden, nahezu ausgeglichenen oder einen Überschuß ausweisenden Haushalts"; allerdings wurden diese Bestimmungen ergänzt um einen eigenen Abschnitt (VIII) des Amsterdamer Vertrags, der u.a. Formen und Möglichkeiten einer EU-Beschäftigungspolitik zum Thema hatte. Im Juli 1998 nahm eine starke und unabhängige Europäische Zentralbank ihre Arbeit auf. Sie war nicht nur wie die Deutsche Bundesbank in Frankfurt am Main beheimatet, sondern wurde auch satzungsmäßig auf das primäre Ziel der Wahrung der Geldwertstabilität verpflichtet. Ab 1. Januar 1999 fungierte der Euro dann in den Ländern der Eurozone offiziell als Buchgeld, ab 1. Januar 2002 als generelles Zahlungsmittel.[3]

Innerhalb dieser zeitlichen und inhaltlichen Markierungen bewegten sich die öffentlichen deutsch-französischen Debatten. Für unseren Zusammenhang ist dabei schon bemerkenswert und aufschlußreich, an welchem Ort und in welcher Art und Weise sie geführt wurden. Die Kontroversen wurden nämlich über weite Strecken und besonders intensiv nicht in den Politik- und Wirtschaftsteilen der Zeitungen und Zeitschriften, sondern in den Feuilletons ausgetragen. In Deutschland wie in Frankreich wurde um die Währung und deren institutionelle Sicherung nicht als ein technisch-ökonomisches Problem, sondern als „Kulturgut" gestritten. Es ging, expressis verbis, um den Kampf „zweier Währungskulturen", um eine Auseinandersetzung weni-

[3] *Martin Klein/Manfred J. M. Neumann*, Fiskalpolitische Regeln und Beitrittsbedingungen für die Europäische Währungsunion: Eine Analyse der Beschlüsse von Maastricht, in: Dieter Duwendag u.a. (Hrsg.), Europa vor dem Eintritt in die Wirtschafts- und Währungsunion. (Schriften des Vereins für Socialpolitik, NF., 220.) Berlin 1993, 195-225; *Barry Eichengreen*, European Monetary Unification, in: Journal of Economic Literature 31, 1993, 1321-1357; *Wolfgang Kitterer*, Öffentliche Finanzen und Notenbank, in: Fünfzig Jahre Deutsche Mark. Notenbank und Währung in Deutschland seit 1948. Hrsg. v. der Deutschen Bundesbank. München 1998, 199-256, hier 245-248; *Peter Bernholz*, Die Bundesbank und die Währungsintegration in Europa, in: ebd. 773-833, hier 815-828; *Daniel Cohn-Bendit/Olivier Duhamel*, Euro für alle. Das Währungswörterbuch, Köln 1998 (frz. Orig. Paris 1998), hier 27f., 92ff., 156ff., 205ff.; *Markus Freitag*, Politik und Währung: Ein internationaler Vergleich. Bern/Stuttgart/Wien 1999, 216ff.; ferner die Reportagen zum Stabilitätspakt, zur Besetzung der Europäischen Zentralbank und zum Start des Euro als allgemeinem Zahlungsmittel in: Frankfurter Allgemeine Zeitung (künftig: FAZ) vom 10.6.1997, 1-3; 9.6.1998, 18; 31.12.2001, 3; zur genaueren rechtlichen Konstruktion der Europäischen Zentralbank siehe *Matt Marshall*, The Bank: The Birth of Europe's Central Bank and the Rebirth of Europe's Power. London 1999; sowie unten Punkt III.

ger um „Münzen“ denn um „Monstranzen“, um die „Religion des Euro“ (und die „deutsche Sphinx Inflationsangst“), um eine „Art Religionskrieg in der Europäischen Union“, ausgetragen als „sakrales Großereignis“ von den „Hohen Priestern des Geldes“ und den „Evangelisten der Weltfinanz“.[4]

Den spektakulären Startschuß der publizistisch-journalistischen Auseinandersetzungen gab bezeichnenderweise auch kein Politiker, Ökonom oder Unternehmer, sondern der französische Soziologe Pierre Bourdieu, als er am 25. Oktober 1996 in einem fulminant polemischen Artikel in der linksliberalen „Libération“ „contre la ‚pensée Tietmeyer‘“, gegen das „Modell Bundesbank“ wetterte und dabei seinerseits auf ein Interview des deutschen Bundesbankpräsidenten Hans Tietmeyer in „Le Monde“ vom 17. Oktober 1996 reagierte.[5] In der Debatte, die sich daran knüpfte, agierten auf französischer Seite vornehmlich linksliberale Intellektuelle, an der Spitze neben Bourdieu vor allem der Demograph und Annales-Historiker Emmanuel Todd und der Schriftsteller Max Gallo sowie der ehemalige sozialistische Verteidigungsminister Jean-Pierre Chevènement. Auf deutscher Seite fanden sich die Intellektuellen – auch dies nicht wenig bezeichnend – allenfalls vereinzelt und jedenfalls zu keiner Zeit vergleichbar diskussionsleitend.[6] Statt dessen dominierten das Feld dort weitgehend die Währungsexperten, außer Tietmeyer etwa der spätere EZB-Chefvolkswirt Otmar Issing oder Bundesbankvizepräsident Helmut Schlesinger, und daneben deren journalistische Sekundanten vor allem aus der Redaktion der Frankfurter Allgemeinen Zeitung.[7]

Mit Blick auf dieses mediale Diskussionsfeld hat Ulrike Guérot zu Recht darauf aufmerksam gemacht, man dürfe nicht der Gefahr erliegen, reale strategische oder wirtschaftspolitische Interessenlagen in eins zu setzen mit

[4] Vgl. beispielhaft die entsprechenden Kommentare, Berichte und Reportagen von *Michael Jeismann, Peter Hort, Frank Schirrmacher, Hans D. Barbier* und *Klaus Harpprecht* in: FAZ vom 28.10.1996, 37 (*Jeismann*, „Der Schwarze Freitag“); 16.12.1996, 1 (*Hort*, „Zwei Währungskulturen“); 23.1.1997, 33 (*Barbier*, „Münzen und Monstranzen. Kampf um die Idee Bundesbank: Eine Art Religionskrieg“); 6.3.1997, 1 (*Schirrmacher*, „Die deutsche Sphinx“); 10.6.1997, 35 (*Jeismann*, „Der konstitutive Moment“); 19.6.1997, 38 (*Harpprecht*, „Europa oder die gelähmten Zungen“); ferner: Die Welt ist brutaler geworden. Keine Fusion von Deutschland und Frankreich – Intellektuelle gegen den Euro: Ein Gespräch [von Jürg Altwegg] mit dem Historiker und Soziologen Emmanuel Todd, in: FAZ vom 16.12.1996, 34; sowie David Marsh zitiert von *Helga Einecke*, Götter aus Schlagsahne, in: FAZ vom 30.7.2007, 19.

[5] *Pierre Bourdieu*, Contre la „pensée Tietmeyer“, un Welfare State européen, in: Libération vom 25.10.1996, 4.

[6] Eine der wenigen Ausnahmen bildete Jürgen Habermas, der – allerdings schon 1990 im Zuge der deutschen Wiedervereinigung und nicht im Zusammenhang mit der Euro-Einführung – den „DM-Nationalismus“ seiner Landsleute angeprangert hatte; *Jürgen Habermas*, Der DM-Nationalismus, in: Die Zeit vom 30.3.1990, 62f.

[7] Zum engen Zusammenspiel zwischen Bundesbank und FAZ vgl. *Hans Tietmeyer*, Die Geldpolitik braucht das Wächteramt der Zeitungen, in: FAZ vom 29.4.1995, 4.

den diversen Formen der publizistischen „Legendenbildung“; „Diskussion und Metadiskussion“ müßten auseinandergehalten werden. So argumentierten etwa Bourdieu, Todd und ihre Kollegen bei genauerem Hinsehen weithin am Rande des französischen Meinungsspektrums. Die Mehrheit der Franzosen repräsentierten sie mit ihrer strikten Maastricht- und Globalisierungskritik keineswegs, sondern nur einen quantitativ begrenzten Teil der Bevölkerung, der nach wie vor antikapitalistischen „linken (Wirtschafts-) Utopien und dem Mythos der nationalen Eigenständigkeit und Einzigartigkeit“ anhänge. Es sei nur ihrem „fulminanten Pressewirbel“ und dessen öffentlicher Rezeption geschuldet, daß eine starke reformistische Fraktion, in ihr ebenfalls nicht wenige „linke“ Intellektuelle von François Furet über André Gorz bis hin zu Daniel Cohn-Bendit, die für Maastricht und die Währungsunion, teilweise auch für eine Politik der „désinflation compétitive“ und des „franc fort“ eintrete, weniger Beachtung finde. Und auch auf deutscher Seite werde die öffentlich dominante, legendarisch unterfütterte, nicht selten irrational zugespitzte Stabilitätsdoktrin durchaus durch pragmatische sozial-, beschäftigungs-, konjunktur- oder außenwirtschaftspolitische Einwände eingefangen, relativiert und ergänzt. Man müsse daher aufpassen, nicht in eine mediale „Perzeptionsfalle“ zu tappen und bestimmte Meinungsrichtungen zu überschätzen.[8]

Dieser Einwand Guérots ist richtig, wichtig und zu beachten. Dennoch gibt es natürlich die angesprochenen öffentlichen Wahrnehmungsmuster und Rezeptionsvorgänge. Sie hängen nicht von den absoluten Mehrheitsverhältnissen oder der rein qualitativen Schlagkraft der Argumente ab, sondern weit mehr davon, wem es mit welchem Thema gelingt, öffentliche Meinungs-, Diskurs- und Deutungshoheit zu gewinnen, die entscheidenden Kommunikationskanäle zu besetzen, eingängige Publizitätsstrategien und attraktive symbolische Schlagworte zu entwickeln, Aufmerksamkeit zu erregen und Wirkung zu erzielen. Und diese Rezeptions- und Perzeptionsebene ist kein Gegenbild zur Realität oder einfach Metadiskussion. Sie ist eigengewichtiger, eigendynamischer und mitgestaltender Teil der Realität. Daher wollen wir uns in der Folge – bei allem Differenzierungs- und Relativierungsgebot – die deutsch-französischen Euro-Kontroversen in eben denjenigen Facetten inhaltlich näher ansehen, die hauptsächlich öffentlich wahrgenommen wurden, wollen versuchen, die prägenden Denk- und Diskursstrategien der einschlägigen Artikel zu systematisieren und ihre Aussagen dabei vor allem auf die explizierten *kulturell-symbolischen* Argumentationsmuster zuzuspitzen.

[8] *Ulrike Guérot*, Deutschland, Frankreich und die Währungsunion – über Diskussionen und Metadiskussionen, in: Frankreich Jahrbuch 1997. Opladen 1997, 223–240, hier 225–228, 232f., 239f.

I. Die deutschen Argumente

Auf den ersten Blick kann man die deutschen Argumente als Ausdruck einer ganz handfesten nationalen ökonomischen Interessenpolitik interpretieren. In vorderster Reihe die Vertreter von Zentralbank und Finanzministerium verteidigten die eigene starke Position, die bedeutsame, weit über die nationalen Grenzen hinaus einflußreiche Stellung der Deutschen Bundesbank und die Funktion der D-Mark als europäischer Anker- und Leitwährung. Das Institutionengefüge, das diese Position sicherte, nämlich eine vom Zugriff der Regierungen und Parlamente unabhängige Zentralbank und eine Strategie des „unpolitischen Geldes" als Basis währungspolitischer Stabilität (die von der „Wacht am Main" gesicherte „harte D-Mark"), in den größeren europäischen Rahmen der Währungsunion zu transponieren, bildete deshalb das erklärte tagespolitische Ziel. Für die meisten schien dies allerdings nur erreichbar, wenn man den Transfervorgang einbettete in grundsätzlichere wirtschaftspolitische Reformen. Gemeint war damit ein „strenges Fitneßprogramm" (Hort), wie es cum grano salis der angelsächsisch geprägte und in vielerlei Hinsicht ökonomistisch verengte und radikalisierte Neoliberalismus in der für die ausgehenden 1990er Jahre typischen marktorientierten Weise vorgab. In dem eingangs erwähnten Interview mit „Le Monde" verwies Tietmeyer in diesem Sinne beispielsweise auf die Notwendigkeiten einer Begrenzung der öffentlichen Haushaltsausgaben, von konsequenten Steuersenkungen, einer Deregulierung und Flexibilisierung des Arbeitsmarktes und einer gründlichen Reform der wohlfahrtsstaatlichen Systeme, d.h. einer Senkung der Sozialausgaben. Nur so ließen sich in der modernen globalisierten Wirtschaftswelt günstige Wettbewerbsbedingungen schaffen, die Investitionsbereitschaft steigern und eine starke Währung sichern.[9]

Nun regte sich gegen diese Argumentation natürlich auch innerhalb Deutschlands ernsthafter Widerspruch. So wurde der Kurs Tietmeyers (vor allem in den Debatten um die Kautelen des Stabilitätspaktes) als Ausdruck eines ziemlich brachialen „Stabilitätsfetischismus" kritisiert. Altbundeskanzler Helmut Schmidt etwa monierte eine kontraproduktive „Insistenz und Penetranz" im Auftreten der Bundesbanker, die den europäischen Nachbarn,

[9] *Hans Tietmeyer*, in: Le Monde vom 17.10.1996; *ders.*, Der Stabilität verpflichtet, in: FAZ vom 28.12.1996, 11; sowie das Tietmeyer-Interview im Spiegel vom 2.12.1996, 118ff.; ferner *Otmar Issing*, Geldpolitik für einen stabilen Euro, in: FAZ vom 2.1.999, 13; *Peter Hort*, Geburtsschmerzen der Währungsunion, in: FAZ vom 14.12.1995, 15; *Benedikt Fehr*, Die Wacht am Main, in: FAZ vom 31.12.2001, 3. – Zu den Differenzen zwischen dem angelsächsisch und marktkapitalistisch geprägten Neoliberalismus und den viel stärker gesellschaftsethisch ausgerichteten Ursprüngen neoliberaler Denkansätze vgl. etwa *Bernhard Löffler*, Religiöses Weltbild und Wirtschaftsordnung. Zum Einfluss christlicher Werte auf die Soziale Marktwirtschaft, in: Hans Zehetmair (Hrsg.), Politik aus christlicher Verantwortung. München 2007, 110–124.

zumal Frankreich, als „herrschsüchtig und als zu mächtig“ erscheinen müsse. Claus Noé, 1998 Staatssekretär unter Bundesfinanzminister Oskar Lafontaine, sprach sogar von fast diktatorischen Anmaßungen der Zentralbank. Schmidt, Noé und andere Parteigänger einer eher keynesianisch ausgerichteten Wirtschaftspolitik verwiesen zudem inhaltlich auf die Komplexität ökonomischer Prozesse, die man, abgesehen von der sozialen Verantwortung des Staates, nicht einfach stabilitätspolitisch verengen oder einseitig auf die Gefahren von Inflationen zuspitzen dürfe. Auch ein Stabilitätspakt oder eine unabhängige Zentralbank könnten nicht alle ökonomischen Probleme lösen; Preisstabilität allein oder die Inflationsaversion als Doktrin sicherten noch keine Arbeitsplätze. Gefragt sei vielmehr eine mehrschichtige und gelassen-„ideologiefreie“ Geldpolitik in Händen erfahrener Pragmatiker und im Geist des Stabilitäts- und Wachstumsgesetzes von 1967, welches das Ziel der Preisstabilität nur in Kombination und Abstimmung mit anderen Zielkomponenten (Vollbeschäftigung, außenwirtschaftliches Gleichgewicht und stetiges Wirtschaftswachstum) als Gradmesser gesamtwirtschaftlichen Wohlergehens anerkenne. Bereits die 1970er wie die 1990er Jahre mit Öl- und Vereinigungskrisen hätten hier eindringlich gezeigt, wie flexibel und umsichtig das währungspolitische Instrument angewandt werden müsse und daß man mitunter auch leichte inflationäre Tendenzen als wirtschaftspolitisches Handlungsinstrument gerade zur Stabilisierung der ökonomischen Lage einsetzen könne. Obendrein habe auch die Bundesbank selbst ihre Stabilitätspolitik nur mit Blick auf den Binnengeldwert verfolgt, nicht aber hinsichtlich des Außenwertes der D-Mark; da sei wegen der relativen Hochzinspolitik der Bank durchgehend eine Aufwertung des Wechselkurses der Mark hingenommen worden.[10]

[10] Vgl. zur Argumentation *Helmut Schmidt*, Die Bundesbank – kein Staat im Staate, in: Die Zeit vom 8.11.1996, 3; *Claus Noé*, Was heißt denn Stabilitätskultur?, in: Die Zeit vom 14.7.1995; *ders.*, Geld ist Politik, in: Die Zeit Nr.45 vom 29.10.1998; ferner *Heiner Flassbeck* [ebenfalls Staatssekretär unter Lafontaine], Geldwertstabilität und Geldpolitik in der europäischen Währungsunion, in: Christa Randzio-Plath (Hrsg.), Der Euro – mehr als ein Symbol. Beiträge zur Europäischen Währungsunion. Baden-Baden 1996, 45–53; *Peter Bofinger*, Der Stabilitätspakt ist ökonomisch zweifelhaft und überflüssig, in: Handelsblatt vom 11.12.1996; *Wilfried Herz*, Feigheit vor dem Wähler, in: Die Zeit vom 23.6.1995; *Peter Graf Kielmansegg*, Der Oktroi. Mit dem Stabilitätspakt überfordern die Deutschen alle, in: FAZ vom 18.2.1997, 35; *Guérot*, Deutschland (wie Anm.8), 231f.; speziell zum außenwirtschaftlichen Aspekt vgl. *Jacob A. Frenkel/Morris Goldstein*, Die internationale Rolle der Deutschen Mark, in: Fünfzig Jahre Deutsche Mark (wie Anm.3), 723–771; *Harold James*, Rambouillet, 15.November 1975. Die Globalisierung der Wirtschaft. München 1997; *ders.*, International Monetary Cooperation since Bretton Woods. New York 1996; *Bernholz*, Bundesbank (wie Anm.3); insgesamt zur von der wissenschaftlichen Schulzugehörigkeit (Keynesianer oder Montaristen) abhängigen Bewertungsdiskussion siehe *Rudolf Richter*, Die Geldpolitik im Spiegel der wissenschaftlichen Diskussion, in: Fünfzig Jahre Deutsche Mark (wie Anm.3), 561–606; *Alexander Nützenadel*, Stunde der Ökonomen. Wissenschaft, Politik und Expertenkultur in der Bundesrepublik 1949–1974. Göttingen 2005.

Mehr noch als diese wirtschaftskonzeptionelle Diskussionsebene erscheint in unserem Kontext aber der Hinweis bemerkenswert, daß die Ausführungen auch der an sich eher trocken-prosaischen Währungs- und Finanzfachleute wie Hans Tietmeyer, Helmut Schlesinger, Otmar Issing oder Theo Waigel (wie der diese flankierenden Journalistenfraktion) ganz wesentlich gruppiert wurden um einen ganz anders konturierten, einen explizit *kulturellen* Argumentationskern. Zu wahren gelte es nicht die Institution Bundesbank um ihrer selbst Willen oder die deutsche Währung als rein technisches Zahlungsmittel, sondern vielmehr einen „tief [...] in unserer Gesellschaft verankerten" und nationalspezifischen „stabilitätspolitischen Konsens" der deutschen Öffentlichkeit. Tietmeyer und Schlesinger brachten hierfür den Terminus einer „gemeinsamen Währungskultur", genauer: „Stabilitätskultur" auf und verstanden diese als „soziale Norm", die auf bestimmten, kollektiv anerkannten Konventionen beruhe, allerdings auch ohne das aktive „Gemeinschaftshandeln" der geldpolitischen Institutionen nicht auskomme. Kritische Stimmen sprachen dagegen von einer „deutschen Angstkultur". Aber gleich, ob die Bewertung positiv oder negativ ausfiel: Die Bundesbank wurde primär gesehen als Institutionalisierung historisch akkumulierter, kulturell-mentaler Erfahrungsschätze. Wolle man diese künftig auch im europäischen Rahmen bewahren, sei es deshalb unabdingbar, die entscheidenden Momente des deutschen Zentralbankwesens fortzuführen. Nur so könne einer „geschichtslosen" Instanz wie der Europäischen Zentralbank das nötige währungskulturelle Gewissen zugeführt werden.[11]

[11] Öffentliche Stellungnahmen, die auf dem skizzierten (positiven) Argumentationspfad wandeln, etwa bei: *Tietmeyer*, Die Geldpolitik braucht das Wächteramt der Zeitungen (wie Anm. 7), 4; *ders.*, Der Stabilität verpflichtet (wie Anm. 9), 11; sowie die Rede von *Hans Tietmeyer*, 50 Jahre Deutsche Mark. Vom Wirken einer Währung, in: Festakt Fünfzig Jahre Deutsche Mark. Ansprachen in der Paulskirche zu Frankfurt am Main am 20. Juni 1998. Hrsg. v. der Deutschen Bundesbank. Frankfurt am Main 1998, 9-18; *Otmar Issing*, Ein stabiler Geldwert ist Voraussetzung für individuelle Altersvorsorge, in: FAZ vom 16.11.1996, 14; *ders.*, Geldpolitik für einen stabilen Euro (wie Anm. 9), 13; *ders.*, Finanzmärkte und Notenbankpolitik, in: Rolf-E. Breuer u.a., Finanzmärkte und Zentralbankpolitik. Frankfurt am Main 1995, 39-55; *ders.*, Communication, Transparency, Accountability: Monetary Policy in the Twenty-first Century, in: Federal Reserve of St. Louis Review 87, 2005, 65-83; *ders.*, Die Europäische Zentralbank – Das Problem der Glaubwürdigkeit, in: Dieter Duwendag u.a. (Hrsg.), Finanzmärkte im Spannungsfeld von Globalisierung, Regulierung und Geldpolitik. (Schriften des Vereins für Socialpolitik, NF., 261.) Berlin 1997, 179-192; *ders.*, The Problem of Credibility of the European Central Bank, in: Deutsche Bundesbank, Auszüge aus Presseartikeln 1998, Nr. 1, 2ff.; *Wilhelm Nölling* [Präsident der Landeszentralbank Hamburg], Vorsichtiger Irrtum nicht ausgeschlossen, in: FAZ vom 8.7.1997, 37. – Zu den Einschätzungen und zum Begriff der „Stabilitätskultur" siehe auch *Rudolf Richter*, „Stabilitätskultur" als Problem der modernen Institutionenökonomik, in: Helmut Hesse/Otmar Issing (Hrsg.), Geld und Moral. München 1994, 73-90, hier 73f., 81, 87; und *Manfred J. M. Neumann*, Geldwertstabilität: Bedrohung und Bewährung, in: Fünfzig Jahre Deutsche Mark (wie Anm. 3), 309-346, hier 343; *Harold James*, Die D-Mark, in: Etienne François/Hagen Schulze

Insgesamt schöpft diese deutsche Argumentationslinie aus vier großen Erfahrungs- und Denkfeldern. Erstens beruft man sich auf eine bestimmte westdeutsche normativ-institutionelle Währungs- und Notenbanktradition. Sie wurde rechtlich basiert durch zwei Gesetzeswerke: durch das noch unter alliierter Besatzungshoheit zustande gekommene (vorläufige) Gesetz zur Errichtung der Bank deutscher Länder (BdL) vom 1. März 1948 sowie durch das nach langwierigen Verhandlungen im Bundestag verabschiedete (definitive) Gesetz über die Deutsche Bundesbank vom 26. Juli 1957.[12]

Bei allen Unterschieden in Details (etwa hinsichtlich des Grades an föderaler Dezentralität, der beim Gesetz von 1948 ausgeprägter war[13]) war beiden Gesetzen die entscheidende (stabilitäts-)politische Aussagetendenz gemeinsam: Mit beiden Gesetzen wurde eine sehr stark ausgestaltete Zentralbank auf das hauptsächliche Ziel hin festgelegt, „die Währung sowie das Geld- und Kreditsystem zu festigen“[14]. Der einschlägige Paragraph des Bundesbankgesetzes von 1957 formulierte deutlich: „Die Deutsche Bundesbank

(Hrsg.), Deutsche Erinnerungsorte. Bd. 2. 2. Aufl. München 2002, 434–449, hier 442–449; zum Begriff „Angstkultur“ siehe *Thomas Kielinger*, Europa oder: Die verspielte Zukunft, in: FAZ vom 25.2.1997, 36; ferner *Schmidt*, Bundesbank (wie Anm. 9), der der Rhetorik der Bundesbank die Schuld an einer unverantwortlichen Steigerung der „hypochondrischen deutschen Ängste vor jeder Innovation“ gibt.

12 Gesetz zur Errichtung der Bank deutscher Länder vom 1.3.1948 (Gesetz- und Verordnungsblatt des Wirtschaftsrates des Vereinigten Wirtschaftsgebietes Nr. 12, Beilage Nr. 3), zusammen mit dem erläuternden Militärgesetz Nr. 60 vom 20.3.1948 (Gesetzliche Vorschriften der amerikanischen Militärregierung in Deutschland, März 1948, 10–15) sowie dem Übergangsgesetz zur Änderung des Gesetzes über die Errichtung der Bank deutscher Länder vom 10.8.1951 (Bundesgesetzblatt [künftig: BGBl.] I 1951, 509); Bundesbankgesetz vom 26.7.1957 (BGBl. I 1957, 745-755). – Zur Gründungsphase der BdL siehe *Christoph Buchheim*, Die Errichtung der Bank deutscher Länder und die Währungsreform in Westdeutschland, in: Fünfzig Jahre Deutsche Mark (wie Anm. 3), 91-138, hier 103-117; *ders.*, Die Unabhängigkeit der Bundesbank. Folge eines amerikanischen Oktrois?, in: VfZ 49, 2001, 1-30; *Carl-Ludwig Holtfrerich/Toru Iwani*, Post-war Central Banking Reform: A German-Japanese Comparison, in: Carl-Ludwig Holtfrerich/Jaime Reis/Gianni Toniolo (Eds.), The Emergence of Modern Central Banking from 1918 to the Present. Aldershot u.a. 1999, 69-110, hier 79-86, 91-97; Erörterung zu Rechtsstruktur und Verhandlungen des Bundesbankgesetzes: *Klaus Stern*, Die Notenbank im Staatsgefüge, in: Fünfzig Jahre Deutsche Mark (wie Anm. 3), 141-198, bes. 149-152; *Volker Hentschel*, Die Entstehung des Bundesbankgesetzes 1949-1957, in: Bankhistorisches Archiv 14, 1988, 3-31, 79-115; *Bernhard Löffler*, Soziale Marktwirtschaft und administrative Praxis. Das Bundeswirtschaftsministerium unter Ludwig Erhard. Stuttgart 2002, 391-397.

13 Zu diesen Einzelheiten vgl. *Buchheim*, Errichtung (wie Anm. 12), 113-117; *David Marsh*, Die Bundesbank. Geschäfte mit der Macht. 2. Aufl. München 1992, 21ff.; sowie *Bernhard Löffler*, Währungsrecht, Bundesbank und deutsche „Stabilitätskultur“ nach 1945. Überlegungen zu mentalitätsgeschichtlichen Dimensionen normativ-institutioneller Regelungen, in: Manfred Seifert/Winfried Helm (Hrsg.), Recht und Religion im Alltagsleben. Perspektiven der Kulturforschung. Passau 2005, 61-82, hier 62ff.

14 So die Präambel des Militärgesetzes Nr. 60 von 1948 (wie Anm. 12).

regelt mit Hilfe der währungspolitischen Befugnisse, die ihr nach dem Gesetz zustehen[15], den Geldumlauf und die Kreditversorgung mit dem Ziel, die Währung zu sichern [...]".[16] Wesentlich vager und unverbindlicher war dagegen die Vorgabe formuliert, „die allgemeine Wirtschaftspolitik der Bundesregierung zu beachten und im Rahmen ihrer Aufgaben zu unterstützen".[17] Die Verpflichtung zu einer stabilitätsorientierten Geldpolitik besaß also unmißverständlich Vorrang vor dem Ziel der Unterstützung der jeweils tagesaktuellen staatlichen Wirtschafts- oder Konjunkturpolitik.[18]

Dies zeigt sich nicht zuletzt daran, daß beiden Institutionen ausdrücklich die Unabhängigkeit von der Regierung zugesichert war. Zwar wurden die Direktoriumsmitglieder der Bundesbank von der Bundesregierung ernannt und konnten Kanzler und Minister an den Sitzungen des Zentralbankrats teilnehmen. Aber sie besaßen kein Stimmrecht oder bindende Weisungsbefugnisse.[19] Im Zuge der europapolitischen Entwicklung und der sich anbahnenden Währungsvereinheitlichung wurde diese unabhängige Position der Zentralbank zu Beginn der 1990er Jahre sogar noch einmal gestärkt und erhielt Verfassungsrang: Mit einem die europäische Währungsunion vorbereitenden Gesetz vom 21. Dezember 1992 wurde dem Grundgesetz ein neuer Artikel 88 Satz 2 eingefügt, der bestimmte, daß die Aufgaben und Befugnisse der Bundesbank nur auf eine Europäische Zentralbank übertragen würden, „die unabhängig [...] und dem vorrangigen Ziel der Sicherung der Preisstabilität verpflichtet" sei.[20]

Mit dieser rechts- und institutionengeschichtlichen Tradition bekam die Bundesbank ein sehr signifikantes nationales Profil; kaum ein anderer europäischer Staat besaß ein Zentralbanksystem mit einem ähnlich hohen Grad

[15] Also der klassischen Instrumente wie Geld-, Kredit-, Diskont-, Mindestreserve- oder Offenmarktpolitik. Vgl. Bundesbankgesetz von 1957, §§ 14–25 (BGBl. I 1957, 747–750).

[16] Bundesbankgesetz von 1957, § 3 (BGBl. I 1957, 745).

[17] Übergangsgesetz von 1951, Artikel II, Punkt 6a (wie Anm. 12), und Bundesbankgesetz von 1957, § 12 (BGBl. I 1957, 747).

[18] Vgl. *Stern*, Notenbank (wie Anm. 12), 163–178. Stern betont, daß sich an der Prioritätenreihung auch durch das Gesetz zur Förderung der Stabilität und des Wachstums der Wirtschaft vom 8. 6. 1967 (BGBl. I 1967, 582–598) nichts grundlegend geändert habe.

[19] Vgl. Übergangsgesetz von 1951, Artikel II, Punkt 6c (wie Anm. 12); Bundesbankgesetz von 1957, §§ 12, 13 (BGBl. I 1957, 747); zur konkreten Praxis der Bank im Umgang mit der Regierung: *Löffler*, Marktwirtschaft (wie Anm. 12), 397–408; *Dieter Lindenlaub*, La modèle de la Deutsche Bundesbank son historique, in: Ministère de l'économie et des finances (Éd.), Les banques en Europe de l'Ouest de 1920 à nos jours. Paris 1995, 305–313, hier 309f.; *Carl-Ludwig Holtfrerich*, Relations between Monetary Authorities and Governmental Institutions: The Case of Germany from the 19th Century to the Present, in: Gianni Toniolo (Ed.), Central Banks' Independence in Historical Perspective. Berlin/New York 1988, 105–159, hier 139–154.

[20] Gesetz zur Änderung des Grundgesetzes, 21. 12. 1992 (BGBl. I 1992, 2086f.); Erörterung bei *Stern*, Notenbank (wie Anm. 12), 179–192; *Neumann*, Geldwertstabilität (wie Anm. 11), 316–320.

politischer Selbständigkeit und mit ähnlich deutlicher Betonung des Stabilitätsziels.[21] Bemerkenswert sind diese Zusammenhänge außerdem auf einer noch grundsätzlicheren Ebene. Es gibt im internationalen Vergleich wohl keine Notenbanktradition, die im öffentlichkeitspolitischen Diskurs überhaupt so stark die juristischen Normen reflektiert und der rechtlichen Institutionenstruktur so große politische Bedeutung zuweist, wie dies in Deutschland der Fall ist. In Großbritannien etwa werden die politischen Handlungsspielräume und die öffentliche Reputation der (bis Ende der 1990er Jahre regierungsabhängigen) Bank of England keineswegs hauptsächlich in Abhängigkeit vom juristischen Normengerüst gesehen. Vielmehr begründet man hier das Renommee der Bank in erster Linie mit der Kraft ihrer Tradition oder mit den informellen Einflußmöglichkeiten und Netzwerken in der Bankenszene der Londoner City.[22]

Die besondere deutsche Fixiertheit auf rechtlich-institutionelle Konstruktionen mag auch damit zu tun haben, daß man hier „unpolitischen", fachlich-bürokratischen und dem (partei-)politisch-parlamentarischen Alltagsgeschäft enthobenen Expertengremien traditionell eine hohe Problemlösungskapazität zubilligte. Man kann diese Haltung sogar als zweiten großen nationalspezifischen, geistig-ideellen Bezugspunkt der deutschen Euro-Argumentation festhalten, steht sie doch in einer ebenso einflußreichen wie problematischen längeren Denklinie politischer Philosophie. In einer auf Hegel zurückgehenden Tradition betrachtete man in Deutschland (ganz anders als etwa in Großbritannien) parlamentarisches Aushandeln, partei- oder

21 Hinsichtlich der Unabhängigkeit, aber nicht der Stabilitätsverpflichtung vielleicht am ehesten noch vergleichbar ist die Schweizer Nationalbank. Vgl. den Beitrag von *Tobias Straumann* in diesem Band; ferner im Überblick: Acht europäische Zentralbanken. Eine Darstellung ihres Aufbaus und ihrer Tätigkeit. Hrsg. v. der Bank für Internationalen Zahlungsausgleich Basel. Frankfurt am Main 1963, 367–415; v. a. zur Position der Banque de France und der Bank of England siehe *Löffler*, Währungsrecht (wie Anm. 13), 65–69. – Horst Hegmann verweist in diesem international-vergleichenden Zusammenhang auch auf die große Bedeutung historisch gewachsener föderativer Strukturen in Deutschland, die – im Gegensatz zu Frankreich – eine allzu starke zentralstaatliche Bindung der Notenbank von vornherein erschwert hätten. *Horst Hegmann*, Hüter der Geldwertstabilität oder Agenten der volonté générale. Deutsche und französische Stabilitätskultur im Vergleich, in: ders./Bernhard Neumärker (Hrsg.), Die Europäische Union aus politökonomischer Perspektive. Marburg 2002, 43–66, hier 53f.

22 *Rolf Caesar*, Der Handlungsspielraum von Notenbanken. Theoretische Analyse und internationaler Vergleich. Baden-Baden 1981, hier 331-399, 451–460; *Michael Collins/ Mae Baker*, Bank of England Autonomy: A Retrospective, in: Holtfrerich/Reis/Toniolo (Eds.), Emergence (wie Anm. 12), 13-33; *Alec Cairncross*, The Bank of England: Relationships with the Government, the Civil Service, and Parliament, in: Toniolo (Ed.), Independence (wie Anm. 19), 39–72; zur rechtlichen Konstruktion und Tradition der Banque de France siehe in der Folge Punkt 2 sowie den Beitrag von *Olivier Feiertag* und zur britischen Situation den Beitrag von *Gabriele Metzler* in diesem Band; speziell zur außenwirtschaftspolitischen Rolle der Bank of England: *James*, Rambouillet (wie Anm. 10), 67ff., 70f., 86ff.

verbandspolitischen Interessenpluralismus und koalitionspolitisches do-ut-des nicht selten als Faktoren, die das „Gemeinwohl" zugunsten egoistischer Partikularinteressen gefährdeten. Um Einheit und Wohl des Staatsganzen zu schützen, baute man eher auf die Kompetenz, langfristige Verläßlichkeit und Glaubwürdigkeit überparteilicher Fachleute und auf die Legitimationskraft vermeintlich unabhängiger wissenschaftlicher Berater, denn auf die wankelmütige demokratische „volonté générale" und die angeblich wahlkampftaktisch agierenden Parteienvertreter. Gerade Protagonisten des deutschen Ordo- und Neoliberalismus wie Alexander Rüstow oder Wilhelm Röpke, teilweise auch Ludwig Erhard, von deren äußerst einflußreichem währungspolitischen Credo wir gleich Näheres hören werden, stimmten oftmals diese Art von Parteienkritik und Pluralismusskepsis an und waren deshalb prinzipiell darauf bedacht, die Währungshüter dem kurzfristigen Interessen- und Parteieneinfluß zu entziehen. In diesem Kontext ist es auch nicht wenig bezeichnend, daß die beiden zentralen Währungsreformen der zweiten Hälfte des 20. Jahrhunderts, diejenigen von 1948 und 1990 (mit der deutsch-deutschen Währungseinheit), jeweils der Schaffung neuer politischer Verfassungszustände und deren demokratischen Legitimationsakten, also der Gründung der Bundesrepublik Deutschland (mit Erlaß des Grundgesetzes) sowie dem rechtlichen Vollzug der Wiedervereinigung (mit dem Beitritt der neuen Bundesländer), *voraus*gingen. In beiden Fällen erfolgte zuerst die technische Organisation des gemeinsamen Währungsraumes durch „unpolitische" Experten; erst danach konnte sich der demokratisch verfaßte Volkswille artikulieren.[23]

Im Verlauf der Euro-Diskussionen wurden gerade diese Denktraditionen von vielen französischen, aber auch einigen deutschen Stimmen scharf kritisiert. Die Übertragung politischer Macht auf Experten und die Entpolitisierung deutscher Währungspolitik seien höchst problematisch, weil sie den aufgeklärten Staatsbürger entmündigten und die demokratischen Institutionen beschädigten. Der bereits erwähnte sozialdemokratische Finanzstaatssekretär Noé warnte drastisch-polemisch vor „vordemokratischen" und „absolutistischen" Verfahren: „Diese Art der impliziten Disqualifikation von Parlamenten erinnert an die Schmähung der Parlamente als ‚Quasselbuden' – so

[23] Vgl. zu diesen Zusammenhängen *Hegmann*, Hüter (wie Anm. 21), 54f.; *Wolfram Bickerich*, Die D-Mark. Eine Biographie. Reinbek 1998, 103-134, 272-291; *Otto Singer*, Constructing the Economic Spectacle. The Role of Currency Union in the German Unification Process, in: Journal of Economic Issues 26/4, 1992, 1095-1115; zur Bedeutung der Hegelianischen Denktradition auf wirtschafts- bzw. ordnungstheoretischem Feld mit weiteren Belegen *Löffler*, Marktwirtschaft (wie Anm. 12), 50f., 463ff.; *Michael Stolleis*, Gemeinwohl und Minimalkonsens. Öffentliche und private Interessen in der Demokratie, in: Aus Politik und Zeitgeschichte B 3/78, 1978, 37-45; *Paul Nolte*, Die Ordnung der deutschen Gesellschaft. Selbstentwurf und Selbstbeschreibung im 20. Jahrhundert. München 2000, 187-207, 289-309, 383-389.

wurde die Autorität der Weimarer Verfassungsorgane untergraben. Tietmeyers Formel vom entpolitisierten Geld ermuntert – wohl unbedacht und ungewollt – die Stammtischpöbelei, Politik sei ihrer Natur nach ein schmutziges Geschäft. Niemand hat sie [die Bundesbank] zu vatikanischer Dogmatik ermächtigt. Politik mit dem Geld ist so gewichtig wie der ganze Staatshaushalt, sie gehört in den öffentlichen Raum der Bürger [...]. So muß es sein, wenn wir in einer bürgerlichen Republik leben wollen, in der Staat und Politik Sache der Bürger bleiben".[24]

Hinter der deutschen währungspolitischen Argumentationsstrategie der 1990er Jahre (und nicht zuletzt auch hinter der rechtlichen Konstruktion der deutschen Zentralbank) stehen noch zwei weitere ideen- und mentalitätsgeschichtliche Referenzfelder. Es ist – in unserem Überblick Punkt drei – die eben genannte wirtschaftswissenschaftliche Tradition des deutschen Ordoliberalismus bzw. dessen spezifische Rezeption und Umsetzung in der deutschen Nachkriegspolitik. Diese Schulrichtung hatte sich seit den beginnenden 1930er Jahren unter konzeptioneller Führung des Freiburger Ökonomieprofessors Walter Eucken und im Austausch mit weltweiten neoliberalen Diskussionsforen wie der 1947 von Friedrich August von Hayek gegründeten Mont-Pèlerin-Gesellschaft entwickelt. Einen zentralen strategischen Kern der ordoliberalen Wirtschaftskonzeption bildete dabei – neben der Forderung nach möglichst freiem, wenngleich durch staatliches Recht geordnetem Wettbewerb – die Sicherstellung einer stabilen Währung oder, allgemeiner gesprochen, die Gewährleistung der Vermögensbestände von Sparern, Konsumenten und Unternehmern. In seinem Standardwerk „Grundsätze der Wirtschaftspolitik" sprach Eucken deshalb programmatisch vom „Primat der Währungspolitik" und betonte: „Alle Bemühungen, eine Wettbewerbsordnung zu verwirklichen, sind umsonst, solange eine gewisse Stabilität des Geldwertes nicht gesichert ist."[25] Der von den Ordoliberalen inspirierte Ludwig Erhard hat in seinen Schriften ebenfalls auf dieses Moment abgehoben und sehr früh die strikte Neuordnung der Währung zur Grundvoraussetzung jeder wirtschaftlichen Regeneration nach dem Krieg, ja zum

[24] Vgl. *Noé*, Geld ist Politik (wie Anm. 10); ähnlicher Grundtenor in vielen der in Anm. 10 genannten Artikel; zu den französischen Diskussionen eingehend unten Abschnitt II.

[25] *Walter Eucken*, Grundsätze der Wirtschaftspolitik. 5. Aufl. Tübingen 1975, bes. 255–264, Zitat 256; Erörterung bei *Willibald J. Folz*, Das geldtheoretische und geldpolitische Werk Walter Euckens. Berlin 1970; *Anthony J. Nicholls*, Freedom with Responsibility. The Social Market Economy in Germany, 1918-1963. Oxford 1994, 32ff., 110ff.; *Jonathan Story/Ingo Walter*, Political Economy of Financial Integration in Europe. Cambridge, Mass. 1997, 162-223; *Eric Dehay*, L'indépendance de la banque centrale en Allemagne: des principes ordolibéraux à la pratique de la Bundesbank, in: Patricia Commun (Éd.), L'ordolibéralisme allemand. Aux sources de l'économie sociale de marché. Cergy-Pontoise 2003, 243–254.

„Gradmesser für Gut und Böse“ erklärt.[26] Und obwohl Eucken selbst – und noch mehr die Vertreter der monetaristischen neoliberalen Schule um Hayek und Milton Friedman – einer von einer autonomen Notenbank getragenen Geld*prozeß*politik als wenig marktkonformer Manipulierung der Zinsbildung an sich ziemlich ablehnend gegenüberstand, wesentlich skeptischer jedenfalls als der prozeßorientierte Keynesianismus[27], wurde von vielen politischen Interpreten nach 1948/49 (etwa von Tietmeyer oder Issing) der Ordoliberalismus mit seinem „Primat der Währungspolitik“ doch immer als wirtschaftstheoretische Begründung einer starken, unabhängigen und inflationsaversen Zentralbank (um)gedeutet. Nur eine solche könne den Geldwert sichern. „Die Formel ‚abhängige Notenbank = Inflation‘ gilt stets und überall“, so spitzte Erhard dieses Credo 1956, durchaus propagandistisch und wahlkampfpolitisch, zu.[28]

Last not least und viertens wird das deutsche notenbank-, ordnungs- wie geldpolitische Arrangement zurückgeführt auf die nationalkollektive Wahrnehmung, mentalitätsgeschichtliche Verarbeitung und alltagsgeschichtliche Prägekraft einer einschneidenden stabilitätskulturellen Kontrasterfahrung von großer historischer Tiefenschärfe. Gemeint sind zunächst die Erfahrungen zweier großer Inflationsperioden im 20. Jahrhundert, dem „Jahrhundert der Inflationen in Deutschland“[29], mit denen wiederum ursächlich das politische Trauma Nationalsozialismus in Verbindung steht. Die erste Inflationsperiode setzte 1914 ein und hatte zuallererst zu tun mit der Finanzierung des Ersten Weltkriegs (Erhöhung des Banknotenumlaufs, Kriegsschuldverschrei-

[26] Am frühesten und bekanntesten wohl *Ludwig Erhard*, Kriegsfinanzierung und Schuldenkonsolidierung. Faksimiledruck der Denkschrift 1943/44. Frankfurt am Main u. a. 1977; vgl. daneben etwa *ders.*, Gestern – Heute – Morgen [9. 6. 1961], in: ders., Gedanken aus fünf Jahrzehnten. Reden und Schriften. Hrsg. v. Karl Hohmann. Düsseldorf u. a. 1988, 684–704.

[27] Darauf verweist eindringlich *Jörg Bibow*, Zur (Re-)Etablierung zentralbankpolitischer Institutionen und Traditionen in Westdeutschland: Theoretische Grundlagen und politisches Kalkül (1946–67). Ms. Hamburg 2002 [Kopie in Händen des Vf.s], hier 21–34, 49ff.

[28] Erhard an den Hamburger Bankier Hugo Scharnberg, 20. 7. 1956 (Bundesarchiv Koblenz, B 102/12595 H.2); ähnlich Erhard an Adenauer, 15. 3. 1952 (Archiv der Ludwig-Erhard-Stiftung Bonn, Nachlaß Erhard, I. 1.3) und 18. 2. 1956 (Bundesarchiv Koblenz, B 136/1202). Erhards politische Haltung zum genauen Grad der institutionellen Unabhängigkeit der Zentralbank war freilich längere Zeit unklar und schwankend. Vgl. zu Kontext, Rezeptionsgang und Einschätzung Erhards: *Bibow*, (Re-)Etablierung (wie Anm. 27), 43–49; *Löffler*, Marktwirtschaft (wie Anm. 12), 392ff.; *Buchheim*, Unabhängigkeit (wie Anm. 12), 6ff., 10–15; *Dieter Lindenlaub*, Der Zentralbankrat vor fünfzig Jahren, in: Deutsche Bundesbank, Monatsberichte 50/3, März 1998, 17–31, hier 24ff.; *Otmar Issing*, Vom Primat der Währungspolitik, in: Ordo 40, 1989, 351-361; *Hans Tietmeyer*, Die Europäische Wirtschafts- und Währungsunion. Eine deutsche Sicht, in: ders., Währungsstabilität für Europa. Beiträge, Reden und Dokumente zur europäischen Währungsintegration aus vier Jahrzehnten. Hrsg. v. Zentralbankrat der Deutschen Bundesbank. Baden-Baden 1997, 45–68.

[29] *Erwin Hielscher*, Das Jahrhundert der Inflationen in Deutschland. Ein Beitrag aus der Bundesrepublik Deutschland. München/Wien 1968.

bungen etc.). Sie entwickelte sich lange Zeit eher schleichend und wirtschaftspolitisch verträglich. Spätestens seit Ende des Jahres 1922 geriet sie jedoch außer Kontrolle und kippte in eine Hyperinflation um. Die Entwicklung endete mit dem Währungsschnitt 1923/24 in der Vernichtung praktisch aller Sparkonten. Das Resultat war eine traumatisierende sozialpsychologische Konstellation, die künftig die wirtschaftspolitischen Handlungsmöglichkeiten entscheidend einschränken sollte (vor allem in der Depression seit 1929).[30] Die zweite Inflationswelle wurzelte in der bedenkenlosen Geldausgabepraxis des NS-Regimes, seinen reichsbankfinanzierten Arbeitsbeschaffungsmaßnahmen und, mehr noch, in der hemmungslosen Rüstungs- und Kriegsfinanzierung seit 1936/39. Es handelte sich dabei um eine durch staatsdirigistische Lohn- und Preisstopmaßnahmen „verdeckte" und „zurückgestaute" Inflation, die sich eigentlich erst nach dem Kriegsende 1945 bemerkbar machte. Sie führte zuerst zur Bildung zahlreicher Schwarzer und Grauer Märkte, die ihrerseits das nervöse Mißtrauen in die Währung nur noch ein weiteres Mal nährten. Und sie führte 1948 zu einer neuerlichen Währungsreform, die (mit einer 10:1, für größere Reichsmarkguthaben sogar 100:6,5 Umstellung) abermals die Sparkonten breiter Schichten entwertete.[31]

Auf eine längere Sicht handlungs- und mentalitätsprägend wurden diese Inflationserfahrungen, weil sie nach 1948/49 durch eine als genau gegensätzlich empfundene Realität kontrastiert wurden. Denn die westdeutsche Nachkriegswährung erwies sich – nach gewissen Anlaufschwierigkeiten und dank beispiellos günstiger weltwirtschaftlicher Rahmenbedingungen[32] – tatsäch-

[30] Vgl. neben den in Anm. 1 genannten Titeln: *Harold James*, Die Reichsbank 1876 bis 1945, in: Fünfzig Jahre Deutsche Mark (wie Anm. 3), 29-89, hier 46-54; *ders.*, Das Elend der Mark im „Dreißigjährigen Krieg" 1914-1945, in: Carl-Ludwig Holtfrerich/Harold James/Manfred Pohl, Requiem auf eine Währung. Die Mark 1873-2001. Stuttgart/München 2001, 109-191; *Gerhard Schulz*, Inflationstrauma, Finanzpolitik und Krisenbekämpfung, in: Feldman (Hrsg.), Nachwirkungen (wie Anm. 1), 261-296; *Jürgen von Kruedener*, Die Entstehung des Inflationstraumas. Zur Sozialpsychologie der deutschen Hyperinflation 1922/23, in: Gerald D. Feldman (Hrsg.), Konsequenzen der Inflation. Berlin 1989, 213-286; zum sich fortsetzenden stabilitätspolitischen Vertrauensverlust und zur Beschränktheit der politischen Handlungsspielräume in der Weltwirtschaftskrise klassisch *Knut Borchardt*, Zwangslagen und Handlungsspielräume in der großen Weltwirtschaftskrise der frühen dreißiger Jahre: Zur Revision des überlieferten Geschichtsbildes, in: Jahrbuch der Bayerischen Akademie der Wissenschaften. München 1979, 85-132; *Charles Kindleberger*, The World in Depression 1929-1939. 2. Aufl. Berkeley 1986.

[31] Vgl. *James*, Reichsbank (wie Anm. 30), 64-83; *Pierenkemper*, Angst (wie Anm. 2), 66-69; zur Begriffsbildung der „zurückgestauten Inflation" *Wilhelm Röpke*, Offene und zurückgestaute Inflation, in: Kyklos 3, 1949, 57-71.

[32] *Hartmut Kaelble* (Hrsg.), Der Boom 1948-1973. Gesellschaftliche und wirtschaftliche Folgen in der Bundesrepublik Deutschland und in Europa. Opladen 1992; *Werner Abelshauser*, Deutsche Wirtschaftsgeschichte seit 1945. München 2004; *Ludger Lindlar*, Das mißverstandene Wirtschaftswunder. Westdeutschland und die westeuropäische Nachkriegsprosperität. Tübingen 1997.

lich recht bald als sehr robust und bewährte sich als verläßliche Grundlage unternehmerischer Kalkulationen, vor allem aber erweiterter Konsum- und Sparmöglichkeiten der Verbraucher. Zwar hat die D-Mark, wie andere europäische Währungen auch, durchgehend an Kaufkraft eingebüßt, allein zwischen 1948 und 1968 ein Drittel. Im internationalen Vergleich – ganz zu schweigen vom diachronen Vergleich mit den 1920er Jahren – waren das aber relativ geringe, jedenfalls weithin akzeptierte Inflationsraten. Das britische Pfund etwa hatte in den 20 Jahren von 1948 bis 1968 über 40 Prozent, der französische Franc fast 50 Prozent an Kaufkraft verloren. Die noch längerfristigen durchschnittlichen Inflationsraten 1950 bis 1995 lagen in der Schweiz bei 3,18 Prozent, in den USA bei 4,11 Prozent, in Großbritannien und Frankreich bei deutlich über 6 Prozent, in der Bundesrepublik dagegen nur bei 2,87 Prozent.[33] Im Rückblick entbehrt es daher also nicht ganz der empirischen Basis, daß das Startdatum der kombinierten Wirtschafts- und Währungsreform vom Juni 1948[34] sehr rasch legendären Charakter gewann und sich bald zum „Sagenschatz des Wirtschaftswunders" verklärte (trotz des drastischen Enteignungscharakters, den der radikale Geldschnitt ja ebenfalls besaß). Aus seinen breiten interviewgestützten Untersuchungen zur lebensweltlichen Erinnerung der Nachkriegszeit hat Lutz Niethammer feststellen können, kein punktuelles Ereignis habe sich bis zum Fall der Mauer 1989 so allgemeinverbindlich in das nationale Gedächtnis der westdeutschen Bevölkerung eingeschrieben wie die Währungsreform. Der berühmte „Schaufenster-Effekt" am Morgen des 21. Juni 1948, der Blick in die vollen Geschäftsauslagen, habe in der Kollektivmentalität der Deutschen schon bald zwei Welten voneinander geschieden: Krieg und Zusammenbruchschaos davor, Stabilität und den „ereignislosen Fortschritt der 50er Jahre" danach.[35] Heinrich Böll hat in seinem 1960 verfaßten Essay „Hierzulande" dafür die erste literarische Verarbeitung geliefert, als er einen Taxi-

[33] Zahlen und Erläuterungen bei *James*, D-Mark (wie Anm. 11), 444; *Holtfrerich/James/Pohl*, Requiem (wie Anm. 29), 39, 110f.; *Bernholz*, Bundesbank (wie Anm. 3), 804f.; ferner *John B. Goodman*, Monetary Sovereignty. The Politics of Central Banking in Western Europe. Ithaca/London 1992, 58–102.

[34] Zur Kombination von liberalisierender Wirtschafts- und amerikanisch oktroyierter Währungsreform vgl. *Buchheim*, Währungsreform (wie Anm. 2); *ders.*, Errichtung (wie Anm. 12), 117–135; *Abelshauser*, Wirtschaftsgeschichte (wie Anm. 32), 120–130.

[35] *Lutz Niethammer*, Privat-Wirtschaft, in: ders. (Hrsg.), „Hinterher merkt man, daß es richtig war, daß es schiefgegangen ist". Nachkriegserfahrungen im Ruhrgebiet. (Lebensgeschichte und Sozialkultur im Ruhrgebiet 1930 bis 1960, Bd. 2.) Berlin/Bonn 1983, bes. 79–87, Zitat 79; vgl. auch *Rainer Gries/Volker Ilgen/Dirk Schindelbeck*, Gestylte Geschichte. Vom alltäglichen Umgang mit Geschichtsbildern. Münster 1989, 9, 67ff.; Zeitzeugenerinnerungen auch in *Hans Riehl*, Die Mark. Die aufregende Geschichte einer Weltwährung. Hannover 1978, 13ff., 124ff., 133–156; *Helmut Kahnt/Michael H. Schöne/Karlheinz Walz*, 50 Jahre Deutsche Mark. 1948–1998. Die Geschichte der deutschen Nachkriegswährungen in Ost und West. Regenstauf 1998, 57–66.

fahrer räsonieren ließ: „Mit den Worten ‚nach dem Zusammenbruch‘ bezeichnet man die Zeit von Mai 45 bis zur Währungsreform, oder zurückblickend nennt man sie: vor der Währungsreform. Die Zeit vom 20. Juni 1948 bis heute nennt man: nach der Währungsreform, im Volksmund schlichter: vor und nach der Währung, wobei mit ‚vor der Währung‘ instinktsicher auch die Kriegszeit, in der das Geld strömte, gemeint ist. Wir leben im Jahre 12 nach der Währung.“[36]

Die ursprüngliche Krisen- und die folgende Kontrasterfahrung *zusammengenommen*, das Amalgam aus leidvollen Inflationserinnerungen vor 1948 und überhöhten Stabilitätserfahrungen nach 1948, bewirkten also eine Bewußtseinskonstellation von langer Dauer, die dann in den 1990er Jahren als eigene nationale „Währungs- und Stabilitätskultur“ apostrophiert wurde. Das deutsche Zentralbanksystem, seine konkrete Geldpolitik wie seine öffentliche (Selbst-)Darstellung kann man daher in der Tat bezeichnen als Institutionalisierung und dauerhafte Materialisierung eines veritablen deutschen Inflationstraumas, einer „erschütternden Funktionsstörung“, die zwar 1948 gewissermaßen geheilt wurde, aber dennoch latent fortwirkte und die Entscheidungen in Konfliktfällen weiterhin stark beeinflußte.[37] Nur vor diesem Erfahrungshintergrund auch läßt sich die „geradezu tabuisierende Art“[38] verstehen, mit der in der Öffentlichkeit die Position und Reputation der Bank zementiert scheinen. Dabei wurde ihr eine – in anderen Ländern kaum vorstellbare – „geballte Deutungsmacht“[39] auch für Fragen der allgemeinen wirtschaftlichen Ordnungs- und Wirtschaftspolitik zugestanden, obwohl in der Praxis natürlich der reale geldpolitische Handlungsspielraum der Bundesbank immer ganz erheblich begrenzt war durch die Rahmenbedingungen des internationalen Zahlungsverkehrs (gerade etwa bei fixen Wechselkursen).[40]

Das enorme Renommee der Bank mußten jedenfalls sehr schnell auch Regierung, Parlament und Parteien respektieren und bedenken. Jeder Poli-

[36] *Heinrich Böll*, Hierzulande, in: Gewerkschaftliche Monatshefte 12, 1961, 129–134, Zitat 129.

[37] *Borchardt*, Gewicht (wie Anm. 1), 262; außerdem *ders.*, Die Erfahrung mit Inflationen in Deutschland, in: ders., Wachstum, Krisen, Handlungsspielräume der Wirtschaftspolitik. Studien zur Wirtschaftspolitik des 19. und 20. Jahrhunderts. Göttingen 1982, 151–161; *Pierenkemper*, Angst (wie Anm. 2), 69–82; *Peter Bernholz*, Geldwertstabilität und Währungsordnung. Tübingen 1989, 37–76; *Neumann*, Geldwertstabilität (wie Anm. 11), 309, 315f., 343f.

[38] *Caesar*, Handlungsspielraum (wie Anm. 22), 167–214, Zitat 201f.; *Bibow*, (Re-)Etablierung (wie Anm. 27), 50f.

[39] *Helge Berger*, Konjunkturpolitik im Wirtschaftswunder. Handlungsspielräume und Verhaltensmuster von Bundesbank und Regierung in den 1950er Jahren. Tübingen 1997, 227.

[40] Vgl. *Holtfrerich*, Relations (wie Anm. 19), 142ff.; *ders.*, Geldpolitik bei festen Wechselkursen (1948–1970), in: Fünfzig Jahre Deutsche Mark (wie Anm. 3), 347–438.

tiker, dem es gelang, sich als Partner der Bundesbank zu profilieren oder zu inszenieren, konnte von deren symbolischem Kapital und Glaubwürdigkeitsvorschüssen profitieren. So hat sich in den 1950er und 1960er Jahren vor allem Bundeswirtschaftsminister Erhard bewußt und geschickt als Verteidiger der unabhängigen Zentralbank und damit als (Mit-)Vater der „harten D-Mark" vermarktet.[41] Auf einer Sitzung des CDU-Bundesvorstands 1956 mußte selbst Kanzler Adenauer, zeitgleich in schweren persönlichen Differenzen mit der Zentralbank und seinem Wirtschaftsminister (in der berühmten Gürzenich-Affäre), eingestehen, „daß diese Leute wie Vocke, Bernard, Erhard, Schäffer usw. in der Öffentlichkeit doch ein großes Ansehen genießen" und man es sich daher „unter keinen Umständen" erlauben dürfe, „Schwierigkeiten" mit ihnen zu bekommen.[42] Die in den 1970er Jahren mit steigenden Inflationsraten zutage tretenden Probleme der keynesianischen Globalsteuerungspolitik haben diesem Ansehen auch nach der im Stabilitäts- und Wachstumsgesetz von 1967 vollzogenen wirtschaftskonzeptionellen Wende auf lange Sicht nur noch weiteren Auftrieb gegeben, abgesehen von der bezeichnenden Tatsache, daß Karl Schiller schon während der Gesetzesberatungen von 1967 beinahe präventiv meinte betonen zu müssen, daß das Bundesbankgesetz bei allem Reformeifer „ein noli me tangere" sei.[43] Diese Lehre mußte die Bundesregierung auch noch Jahrzehnte später machen. Als unmittelbar nach der von der SPD gewonnenen Bundestagswahl im Herbst 1998 vom designierten Bundesfinanzminister Oskar Lafontaine ins Gespräch gebracht wurde, die Deutsche Bundesbank wie auch eine zu installierende Europäische Zentralbank nach dem institutionellen Vorbild der englischen

[41] Und dies, obwohl sich auch Erhard in Einzelfragen mit der Zentralbank oft heftige Auseinandersetzungen lieferte, so etwa in der ersten Hälfte der 1960er Jahre in sehr kontroversen, vor allem mit Bundesbankpräsident Karl Blessing geführten Debatten um Aufwertungsfragen oder um die Hochzinspolitik der Bank (vgl. *James*, Rambouillet [wie Anm. 10], 99f.). In der allgemeinen öffentlichen Wahrnehmung aber verschmolzen im Wirtschaftsminister dennoch für viele Wirtschaftserfolg und „harte DM" zu einer beinahe personalisierten Einheit. Am vielleicht prägnantesten ist das festgehalten in einer frühen Karikatur aus der Feder Rolf Brinkmanns (im „Hamburger Abendblatt"), die den rundlichen Kopf Erhards mit einer rauchenden Zigarre einem Markstück entwachsen ließ und mit „Das Gesicht der D-Mark" untertitelte. Abgebildet in: *Ludwig Erhard*, Wohlstand für alle. Düsseldorf 1957, 27; zum Thema *Bernhard Löffler*, Öffentliches Wirken und öffentliche Wirkung Ludwig Erhards, in: Jahrbuch des Historischen Kollegs 2003, 121-161, hier 144-148.

[42] Adenauer vor dem CDU-Bundesvorstand am 26.4.1956, ähnlich am 20.9.1956, in: *Günter Buchstab* (Bearb.), Die Protokolle des CDU-Bundesvorstandes. Bd. 2: 1953-1957. Düsseldorf 1990, 903, 1024; zu den Konflikten im Überblick *Holtfrerich*, Relations (wie Anm. 19), 144-153.

[43] Vgl. *Wolfgang Disch*, Die geldpolitische Konzeption der Banque de France und der Deutschen Bundesbank. Eine vergleichende Analyse der Geldmengenpolitik in Deutschland und Frankreich. Pfaffenweiler 1995; *Caesar*, Handlungsspielraum (wie Anm. 22), 192ff., 203-206, 213f., 344f., 389ff., 469ff.; *Bibow*, (Re-)Etablierung (wie Anm. 27), 50.

Treasury wesentlich stärker an das Finanzministerium zu binden, so zum Instrument der Wirtschafts-, Konjunktur- und Beschäftigungspolitik zu machen und deshalb auch ihre geldpolitische Unabhängigkeit einzuschränken, mußte er nach heftigen öffentlichen Protesten sehr rasch zurückrudern. Das hauptsächliche Gegenargument seiner zahlreichen Kritiker lautete, das Vorhaben lege die Axt an die Wurzeln einer bewährten und historisch gewachsenen Organisationskultur. Den herausragenden und vertrauenspendenden Symbolwert der Unabhängigkeit der deutschen Zentralbank zugunsten kurzfristiger „vulgärkeynesianischer" Nachfragestimulierungen zu verletzen, das widerspreche zutiefst den deutschen Inflations- wie Stabilitätserfahrungen des 20. Jahrhunderts. Lafontaine konnte sich letztlich nicht durchsetzen, weil er offensichtlich „Deutungsmacht" und öffentliches Prestige der Zentralbank unterschätzt hatte.[44]

Sicherlich hätte es eine spröde und an sich gesichtslose Institution wie eine Zentralbank nie zu solcher Popularität bringen können, würde sie nicht einen sagenumwobenen Schatz hüten, der ihr erst den öffentlichen Glanz verlieh und den man daher als das eigentliche symbolische Gravitationszentrum der kollektivmentalen Legende bezeichnen kann: die „D-Mark" selbst! Vermutlich kann sie als *das* deutsche Symbol für wirtschaftlichen Erfolg und politische Stabilität nach 1948/49 gelten, als beinahe staatslegitimierender Faktor westdeutscher Nachkriegsbefindlichkeit überhaupt (dies auch im Zeichen einer ganz eigenen „postnationalen" Selbstdefinition). Als „Verkörperung der Marktwirtschaft und Absage an die Planwirtschaft ins Leben getreten" (James), konnte die D-Mark gleichermaßen als evidenter Gegenpol zur prekären Zwischenkriegszeit wie – im Kontext der Systemkonkurrenz des „Kalten Krieges" – als (auch propagandistisch hervorragend verwertbarer[45]) Gegenpart zur „negativen Vergleichsgesellschaft" des wohlstandsarmen „Ostens" erscheinen. Nicht wenigen galt sie in Anlehnung an eine Formulie-

[44] Vgl. die Berichte und Kommentare in: FAZ vom 24. 10. 1998, 13 (*Jürgen Jeske*, „Demontage einer Institution"); 29. 10. 1998, 17 (*ctg.*, „Noé greift den Bundesbankpräsidenten an"); 5. 11. 1998, 17 (*ctg.*, „Die Kritik an Lafontaine nimmt weiter zu"), 21 (*Wolfgang Schäuble*, „Mit Lafontaine auf den Irrweg der Jakobiner"); ferner den Disput zwischen *Noé*, Geld ist Politik (wie Anm. 10), und *Carl Christian von Weizsäcker*, Lieber irren als schwach sein, in: Die Zeit Nr. 46 vom 5. 11. 1998; sowie *Oskar Lafontaine/Dominique Strauss-Kahn*, Europa – sozial und stark, in: Die Zeit vom 14. 10. 1999, 17f. – Erörterung bei *Löffler*, Währungsrecht (wie Anm. 13), 77ff.; *James*, D-Mark (wie Anm. 11), 445.

[45] Zu diesem Aspekt: *Keith Tribe*, Strategies of Economic Order. German Economic Discourse, 1750–1950. Cambridge 1995, 203-207; *Klaus Schönberger*, „Hier half der Marshallplan". Werbung für das europäische Wiederaufbauprogramm zwischen Propaganda und Public Relations, in: Gerald Diesener/Rainer Gries (Hrsg.), Propaganda in Deutschland. Darmstadt 1996, 193-212; *Sonja Isabel Krämer*, Westdeutsche Propaganda im Kalten Krieg: Organisation und Akteure, in: Jürgen Wilke (Hrsg.), Pressepolitik und Propaganda. Historische Studien vom Vormärz bis zum Kalten Krieg. Köln u. a. 1997, 333-371.

rung Dostojewskis als „geprägte Freiheit". Jürgen Habermas sprach von einer beinahe „libidinös besetzten" Beziehung der Deutschen zu ihrem Geld, die so weit gehe, „daß eine Art wirtschaftsnationale Gesinnung das republikanische Bewußtsein" überwältige. Besonders deutlich wurde das unmittelbar vor und nach der Wiedervereinigung 1989/90: Die Währung (und die damit eröffneten Konsummöglichkeiten) und nicht etwa die demokratische Verfassung wurde hier zum zentralen, identitätsstiftenden politischen Einheitssymbol.[46]

Vermutlich am hellsten aber strahlte der „Mythos der Deutschen Mark" in ebenjenem Augenblick, als sich die Deutschen mit der Einführung des Euro 1999/2002 von ihr trennen mußten. So wurde in der zentralen Feierstunde zum 50. Geburtstag der Mark, die am 20. Juni 1998 an dem seinerseits schon sehr symbolträchtigen Ort der Frankfurter Paulskirche stattfand, noch einmal das ganze Arsenal der inflations- und währungsgeschichtlichen Reminiszenzen beschworen. In ihren Reden erklärten Bundeskanzler Kohl und Bundesbankpräsident Tietmeyer die Nachkriegswährung ganz programmatisch zu einem zentralen, identitätsstiftenden Bestandteil der „politischen und gesellschaftlichen Kultur" des Landes, noch „vor unserer Nationalhymne und vor unserer Bundesflagge". Ohne eine derart breit akzeptierte, stabile Währung könnten auch die Prinzipien „Einigkeit und Recht und Freiheit" nicht gedeihen. Zum ersten Mal in der turbulenten deutschen Währungsgeschichte dieses Jahrhunderts starte man daher in eine neue Währung nicht mit dem Auftrag, alte Fehler zu korrigieren, sondern „das vorhandene Erbe der Stabilität zu bewahren, daran anzuknüpfen und zu mehren".[47]

Große Teile der deutschen D-Mark-Gedächtnisliteratur klangen allerdings weit weniger zukunftsoptimistisch; sie waren auf Trauer gestimmt. So

[46] *James*, D-Mark (wie Anm. 11), 435, 437, 439, 443; *Jürgen Habermas*, Der DM-Nationalismus, in: Die Zeit vom 30.3.1990, 62f.; *Neumann*, Geldwertstabilität (wie Anm. 11), 309; *Alex Möller* in: Riehl, Mark (wie Anm. 35), 264ff.; ferner *Thomas Hanke*, Der Euro-Kurs auf die Zukunft. Frankfurt am Main 1997, 7f., der von der D-Mark als „Seele der Deutschen" handelt; *Tietmeyer*, 50 Jahre Deutsche Mark (wie Anm. 11), 11f.; *Manfred Pohl*, Das Symbol für Freiheit und Stabilität. Die D-Mark 1948-2001, in: Holtfrerich/James/Pohl, Requiem (wie Anm. 30), 7-59, hier 50-57; vgl. auch *Bodo von Rueden*, Die Rolle der D-Mark in der DDR. Von der Nebenwährung zur Währungsunion. Baden-Baden 1991; *Tribe*, Strategies (wie Anm. 45), 233-239: zur politischen Stabilisierungsfunktion und zum Element der Kontrastierung des „Ostens" siehe *Wolfgang J. Mommsen*, Wandlungen der nationalen Identität, in: Werner Weidenfeld (Hrsg.), Die Identität der Deutschen. München/Wien 1983, 170-192, hier 174ff.; *M. Rainer Lepsius*, Die Teilung Deutschlands und die deutsche Nation, in: Lothar Albertin/Werner Link (Hrsg.), Politische Parteien auf dem Weg zur parlamentarischen Demokratie in Deutschland. Düsseldorf 1981, 417-449, hier 419ff.

[47] Vgl. v.a. die Rede von *Tietmeyer*, 50 Jahre Deutsche Mark (wie Anm. 11), hier bes. 11, 13, 15f.; ähnlich *Helmut Kohl*, Erfolgsgeschichte der D-Mark mündet ein in Erfolgsgeschichte des Euro, in: Festakt Fünfzig Jahre Deutsche Mark (wie Anm. 11), 19-34, hier bes. 20, 26; Dokumentation der Feierstunde in: FAZ vom 22.6.1998, 19.

vermittelte das 2001 bei der Deutschen Verlagsanstalt erschienene Büchlein „Requiem auf eine Währung" mit seinem schwarzen Einband mit Goldschrift schon äußerlich den Eindruck einer Mischung aus Brevier und Totengedenkbuch. „Wir nehmen Abschied", stand auf einer weihevollen roten Banderole: „Deutsche Mark, 1873–2001, verw. Goldmark, gesch. Reichsmark nach langem wechselvollen Leben verschieden". Entsprechend getragen-salbungsvoll hebt das „Gebetbuch" auch in seinem Text an: „Die D-Mark war eine Göttin. Sie war nicht nur eine Währung [...]. Die D-Mark war für die Deutschen Hoffnung, Glaube und Liebe [...]." Für viele sei sie die „eigentliche Religion" gewesen.[48] Andernorts wurde geklagt, „das einzig unbelastete nationale Symbol" werde in einem unwürdigen „ökonomischen Grobianismus" für ein „undefinierbares ‚Esperanto-Geld'" als „Brandopfer auf dem Altar von Maastricht dargebracht".[49]

Angesichts solcher Einschätzungen ist es fast logisch, daß das Stichwort „D-Mark" auch Eingang fand in den Kanon „deutscher Erinnerungsorte" – und nur in Deutschland war dies der Fall. Nimmt man die diversen „Erinnerungsorte", wie sie im Laufe der 1990er Jahre für viele andere Nationalitäten erschienen sind, als Vergleichsmaßstab, so wird man nirgendwo auf eine ähnlich prominente Position der Landeswährung stoßen. Für Italien etwa kann man als dezidiert ökonomischen „Erinnerungsort" einer spezifisch italienischen Nachkriegskonsumkultur allenfalls den Fiat Cinquecento finden; von der Lira keine Spur.[50] Auch in den „Erinnerungsorten" der Niederlande

[48] *Holtfrerich/James/Pohl*, Requiem (wie Anm. 30), Zitate 7f., 10 (aus dem Beitrag Manfred Pohls); fast identisch im Titel und ähnlich im Grundtenor: *Hans Riehl*, Requiem für eine Währung. Die D-Mark geht – der Euro kommt. München 1999; weitere „Gedenkliteratur": *Alfred Apholte*, Von der D-Mark zum Euro. Eine neue Währung für Europa – warum? Frankfurt am Main 1998; *Bickerich*, D-Mark (wie Anm. 23); *Sonning Bredemeier/ Winfried Harter*, 50 Jahre Deutsche Mark. Der Weg der D-Mark zum Euro. Stuttgart 1998; *Kahnt/Schöne/Walz*, 50 Jahre (wie Anm. 35); *Werner Meyer*, Abschied von der Deutschen Mark. Die Geschichte unserer Währung. Düsseldorf 1998; *Alexander Schudy*, Fünfzig Jahre Deutsche Mark. Berlin 1998; wissenschaftlich ambitionierter: Fünfzig Jahre deutsche Mark (wie Anm. 3).

[49] *Ludwig Watzal*, Der Irrweg von Maastricht, in: Rainer Zitelmann u. a. (Hrsg.), Westbindung. Chancen und Risiken für Deutschland. Berlin 1993, 477–500, hier 481.

[50] Skizziert im Rahmen des Artikels „L'utilitaria" (von *Omar Calabrese*), in: Mario Isnenghi (Ed.), I luoghi della momoria. Simboli e miti dell' Italia unita. Rom/Bari 1996, hier 537–557; vgl. ferner *ders.* (Ed.), I luoghi della momoria. Personaggi e date dell' Italia unita. Rom/Bari 1997; *Ernesto Galli della Loggia*, L'identità italiana. Bologna 1998. – Ein Abschnitt beschäftigt sich indes mit „I tedeschi" (*Enzo Collotti*, in: Isnenghi [Ed.], I luoghi della momoria, 65–86). Diese treten dabei zum einen ökonomisch als Verkörperung des „miracolo economico" nach 1945, als Zufluchtsort italienischer „Gastarbeiter" sowie als touristischer Wirtschaftsfaktor seit den 1960er Jahren ins italienische Nationalbewußtsein, zum anderen und in erster Linie aber als Teil der vom Resistenza-Mythos getragenen politischen Erinnerungskultur als Soldaten und Besatzer des Zweiten Weltkriegs.

oder Dänemarks taucht die Währung nicht auf.[51] Dasselbe gilt für das Ursprungsland des von Pierre Nora entwickelten analytischen Konzepts, für die französischen „lieux de mémoire". Wo in Deutschland D-Mark und Bundesbank als die entscheidenden Identitätsanker und Wahrer des kollektiven „Gemeinwohls" erscheinen, ist es in Frankreich „l'État" der souveränen Staatsbürger, der als „l'outil du bien commun" gilt. Wir werden die damit implizit verbundene Aussagetendenz – nicht ein ökonomischer Faktor mit seiner wirtschaftsimmanenten (neoliberalen) Logik, die Währung und ihre politisch unabhängige institutionelle Hüterin, sondern der (revolutionär-demokratische, kulturtragende und interventionsbereite) Wohlfahrtsstaat bestimme die Referenzpunkte nationalen Handelns und Denkens – direkt auch in der Eurodebatte aufscheinen sehen.[52]

Ebenso bezeichnend ist, daß nirgendwo sonst als in Deutschland vergleichbar humorlose Diskussionen um die Gestaltung und die politische Ikonographie von Banknoten stattfanden. Das begann schon bei den neuen DM-Scheinen im Jahr 1948. Vielen war es damals ein ausgesprochenes Ärgernis, als auf den neuen Fünf-Mark-Scheinen in einer völlig ungewohnten Freiheits-Darstellung im Stile Delacroix' eine entblößte Damenbrustwarze zu sehen war; auch wurde von Anfang an peinlich darauf geachtet, keine Politiker abzubilden, weil das angeblich der Notwendigkeit einer überparteilichen Dignität des Geldes nicht entspreche und seine gesamtgesellschaftliche Kohäsionskraft schwächen könne.[53] Und als es Ende 1996 um die Entwürfe der neuen Euro-Scheine ging, wurde ebenfalls wieder in Deutschland besonders genau auf deren Bildprogramm und Symbolik geachtet. Zeitgenössische Graphiken, abstrakte Darstellungen moderner Erfindungen des 20. Jahrhunderts, computergesteuerte Stechverfahren oder gar spielerische Abbildungselemente und phantasievolle Details aus den Werken Saint-Exupérys wie der kleine Prinz, die Schlange oder der Elefant, wie sie auf den französischen Euro-Scheinen zu sehen sind, könne sich ein deutscher Ver-

[51] *Pim den Boer/Willem Frijhoff* (Red.), Lieux de mémoire et identités nationales. Amsterdam 1993 (statt dessen etwa Beiträge zur holländischen Malerei oder zur Rezeptionsgeschichte der Französischen Revolution); *Ole Feldbæk* (Red.), Dansk Identitetshistorie 4: Danmark og Europa 1940–1990. Kopenhagen 1992.

[52] Vgl. *Pierre Nora* (Éd.), Les lieux de mémoire. [3 Teile mit insgesamt 7 Bänden:] La République. La Nation. Les Frances. Paris 1984–1992, dreibändige Ausgabe Éd. Gallimard 1997, dort zu unserem Thema v. a. *Alain Guéry*, L'État, in: Vol. 3, 4545–4587, bes. 4545–4549, 4571–4578, 4581ff.; eine gute deutschsprachige Auswahl samt methodischer und werkgeschichtlicher Einleitung von Etienne François bei *Pierre Nora* (Hrsg.), Erinnerungsorte Frankreichs. München 2005; vgl. auch die zurückhaltenden Notizen zu „Franc" und „Banque de France" in: *Bernhard Schmidt* u. a., Frankreich-Lexikon. 2., überarb. Aufl. Berlin 2005, 104f., 417f., 1014ff.

[53] Bekanntlich einigte man sich dann auf kulturelle Größen wie Bettina von Arnim, Carl Friedrich Gauß, Annette von Droste-Hülshoff oder die Gebrüder Grimm; *James*, D-Mark (wie Anm. 11), 442f., 445.

antwortlicher nie leisten, so der Leiter der Abteilung Hauptkasse der Deutschen Bundesbank, Peter Walter, etwas neidisch. Das würde die Akzeptanz in Frage stellen und die Soliditätsvorstellungen des deutschen Publikums verletzen. Daher habe man gedeckte Farben, Fraktur, Handgravurverfahren und gemessene Darstellungen gewählt, ohne „jegliche vermutbare Provokation konfessioneller oder politischer Natur“. In Frankreich hatte ein fehlerhafter Akzent auf dem großen „E“ des besagten Saint-Exupéry-50-Euro-Scheins nur Schmunzeln und eine unaufgeregte Korrektur zur Folge; das sei „eh nicht wichtig“, vielmehr komme es nur darauf an, daß „die Note eine überzeugende kulturelle Visitenkarte für Frankreich“ sei, so die Reaktion des französischen Designers Roger Pfund. Walter hätte bei einem solchen Fauxpas nach eigener Aussage seinen Hut nehmen können. Beim Geld höre der Spaß auf, und für das Bargeld, das in Deutschland aufgrund seiner haptischen Anmutungsqualitäten weit mehr als tägliches Zahlungsmittel genutzt werde als bei den stärker bargeldlos operierenden Franzosen, gelte dies ganz besonders.[54]

Schließlich spiegelt sich die kulturelle Symbolkraft und „emotionale“ Wertschätzung der Währung in manchen Meinungsumfragen.[55] Wenngleich es im einzelnen erhebliche methodische und analytische Probleme aufwirft, die Umfrageergebnisse exakt als Indikator für kollektive Mentalitäten (etwa für besondere öffentliche Inflationsaversionen) zu bewerten[56], lassen sich daraus doch gewisse Grundaussagen zu unserem Thema ableiten. So spielte

[54] *Ludwig Siegele*, Von Banknoten und Pfennigfuchsern. Auf dem EU-Gipfel in Dublin werden an diesem Freitag erstmals die Entwürfe der Euro-Scheine vorgestellt, in: Die Zeit vom 13.12.1996; daneben *Klaus-Peter Schmid*, Über den Umgang mit Geld, in: Robert Picht u.a. (Hrsg.), Fremde Freunde. Deutsche und Franzosen vor dem 21. Jahrhundert. München/Zürich 1997, 291-296, hier 294ff.

[55] Im Kontext einer systematisierten Geld- und Finanzpsychologie, wie sie sich recht früh etwa in den Arbeiten des Kölner Nationalökonomen Günter Schmölders niederschlug, wurden solche Umfragen gerade auf dem Feld der Währungsempfindungen in der BRD durchgehend erhoben, traditionell besonders stark in Studien des Allensbacher Instituts für Demoskopie, deren Leiterin Elisabeth Noelle-Neumann in engem persönlichen Kontakt zu Schmölders stand und sich seit den 1960er Jahren selbst als eine angesehene Analytikerin währungspsychologischer Fragen etabliert hatte. Vgl. dazu die Bemerkungen im einleitenden Beitrag dieses Bandes (dort S.5 mit Anm.3); *Elisabeth Noelle-Neumann*, Geldwert und öffentliche Meinung. Anmerkungen zur „Psychologie der Inflation“, in: Clemens-August Andreae u.a. (Hrsg.), Geldtheorie und Geldpolitik. Günter Schmölders zum 65. Geburtstag. Berlin 1968, 35-46; außerdem *Löffler*, Wirken (wie Anm. 41), 127f.; sowie die instruktive Erörterung bei *Anja Kruke*, Demoskopie in der Bundesrepublik. Meinungsforschung, Parteien und Medien 1949-1990. Düsseldorf 2007; *dies.*, „Atomwaffe im Propagandakampf?“ Markt- und Meinungsforschung in Politik und Wirtschaft der frühen Bundesrepublik, in: Hartmut Berghoff (Hrsg.), Marketinggeschichte. Die Genese einer modernen Sozialtechnik. Frankfurt am Main/New York 2007, 347-371.

[56] Zur methodischen Problematik vgl. die Beiträge von *Bernd Hayo* und *Dieter Lindenlaub* in diesem Band.

die Furcht vor Preissteigerungen und Geldwertverlusten in Deutschland (bei allen Schwankungen) stets eine prominente Rolle, wenn – wie seit 1950 regelmäßig geschehen – nach den „größten Sorgen" der Deutschen gefragt wurde. Elisabeth Noelle-Neumann jedenfalls folgerte aus ihren Umfrageergebnissen bereits Ende der 1960er Jahre, in keinem anderen europäischen Land besitze das Vertrauen in den Wert des Geldes oder die Furcht vor dessen Entwertung eine derart unmittelbare Einwirkung auf die politische Loyalität der Bürger zu ihrem Staat und zu ihrer Regierung als in Deutschland. „Wir kennen keinen anderen Bereich, in dem die Bevölkerung so sensibel wie gegenüber dem Geldwertverlust reagiert, und wir glauben, daß sich diese Nervosität nur als Nachwirkung von Erfahrung erklären läßt." Noch 1963 bezeichnete eine Mehrheit der Befragten die Inflation als das denkbar schrecklichste Ereignis; der Weltuntergang rangierte dahinter. Und Renate Köcher resümierte 1997: „[...] Die deutsche Bevölkerung [ist] in Fragen der Geldwertstabilität so kritisch wie wohl keine andere Nation. Selbst in Zeiten mit sehr niedrigen Inflationsraten zählt das Ziel, die Geldwertstabilität zu erhalten und weiter zu verbessern, immer zu den wichtigsten politischen Prioritäten der Bevölkerung".[57]

Speziell im Zusammenhang mit dem Start der Währungsunion wurden diese Einstellungen natürlich vermehrt demoskopisch erfaßt und analysiert, sei es in nationalen Erhebungen wie den Allensbacher Jahrbüchern, sei es in übernationalen Statistiken wie dem Eurobarometer. In der graphischen Darstellung und im europäischen Vergleich entwickelte sich die Zustimmung zur Einführung einer einheitlichen Währung dabei folgendermaßen[58]:

[57] Die „Angstquote" war dabei um so höher, je älter die Befragten waren. Vgl. *Noelle-Neumann*, Geldwert (wie Anm. 55), 35–41; ferner Jahrbuch der öffentlichen Meinung (ab Bd. 6: Allensbacher Jahrbuch der Demoskopie). Hrsg. v. *Elisabeth Noelle-Neumann, Erich-Peter Neumann* (bis Bd. 5) bzw. *Renate Köcher* (ab Bd. 9). Bde. 1-11 [1947-2002]. Allensbach/Bonn (ab Bd. 8 München u.a.) 1956–2002 [künftig: Allensbacher Jahrbuch mit Bd.-Nummer und Umfragezeitraum], hier Bd. 3 (1958–1964), 396; Bd. 5 (1968–1973), 132f., 139, 350, 360; Bd. 6 (1974–1976), 101f.; Bd. 8 (1978–1983), 24, 676f.; Bd. 9 (1984–1992), 31, 773, 1030; Bd. 10 (1993-1997), 17, 1187, dort 1194 das Zitat von Köcher; Bd. 11 (1998–2002), 22, 29f.; vergleichbares Umfragematerial von Emnid bei *Karl-Georg von Stackelberg*, Attentat auf Deutschlands Talisman. Ludwig Erhards Sturz. Hintergründe, Konsequenzen. Stuttgart u.a. 1967; siehe auch *Pia Maria Froehlich*, Das Problem der Politikvermittlung in der Demokratie. Die Öffentlichkeitsarbeit der Bundesregierung bei der Einführung des Euro. Würzburg 2001, hier 63–70.

[58] Gefragt wurde, ob man für eine gemeinsame europäische Währung mit Geldscheinen und Münzen sei, die überall benutzt werden könnte, so „wie die [D-Mark, der Franc, etc.] hier im [jeweils eigenen] Land". – Die Grundlage der Graphik bildet: Europäische Kommission, Eurobarometer. Die öffentliche Meinung in der Europäischen Union, Bericht Nr. 21 (Umfragen März/April 1984) – Bericht Nr. 58 (Umfragen Oktober/November 2002). Brüssel 1984-2003, hier Nr. 21 (Umfragen März/April 1984), 46; Nr. 37 (Umfragen März/April 1992), 43f. Anm. 48; Nr. 44 (Umfragen Oktober/Dezember 1995), 51f.; Nr. 46 (Umfragen Oktober/November 1996), 37–40; Nr. 52 (Umfragen Oktober/November

Abb. 1: Zustimmungsquoten für eine gemeinsame europäische Währung (in v. H. der Befragten), 1984-2002

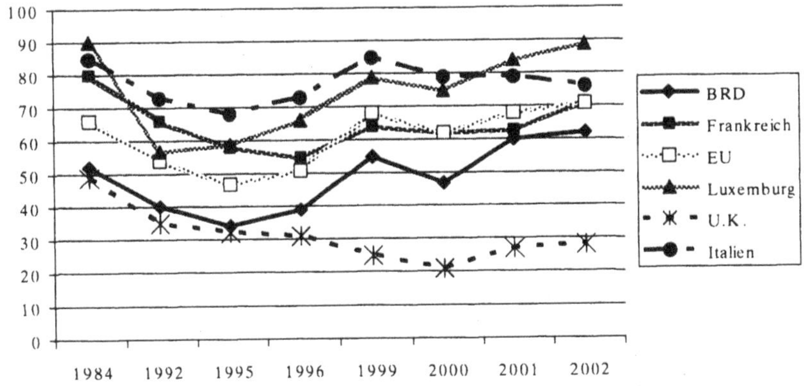

Für Deutschland verdeutlicht die Abbildung im innereuropäischen Vergleich zwei Entwicklungstendenzen. Von einer aktuellen Warte kann man sagen, daß sich die Zustimmungsquoten der meisten europäischen Länder (mit Ausnahme Großbritanniens) – zumal nach der ziemlich reibungslosen tatsächlichen Währungsumstellung – weitgehend angenähert haben; auch in Deutschland setzte sich *à la longue* eine pragmatische Akzeptanz des Euro durch; im Jahr 2002 gab es erstmals seit Anfang der 1970er Jahre wieder deutlich mehr Befürworter einer einheitlichen europäischen Währung (61 Prozent) als deren Gegner (nur noch 19 Prozent).[59] Auf der anderen Seite belegt die Graphik aber auch die Zählebigkeit währungspolitischer Skepsis in Deutschland, die wohl um einiges geringer war als in Großbritannien, aber doch durchgehend über den Werten aller anderen europäischen Vergleichsstaaten lag. In einer etwas längeren Perspektive haben wir hier seit Mitte der 1970er Jahre ein stetiges Abnehmen der zunächst recht positiven Werte für die Einführung eines „einheitlichen europäischen Geldes"; je näher der genaue Umstellungstermin rückte, desto zurückhaltender wurde die deutsche Bevölkerung. Waren 1970/74 noch 52 bzw. 57 Prozent vorbehaltlos für und nur 26 bzw. 22 Prozent explizit gegen die Einführung einer europäischen Einheitswährung (und damit die Abschaffung der D-Mark), so brachen die Zustimmungsraten in der Folge bis zu einem Tiefststand 1995/96 regelrecht ein: Das Eurobarometer verzeichnete nur noch eine Zustimmung von 34 bis

1999), 64–69; Nr. 54 (Umfragen November/Dezember 2000), 71ff.; Nr. 56 (Umfragen Oktober/November 2001), 59–62; Nr. 58 (Umfragen Oktober/November 2002), 61–66. – EU bedeutet für 1996 den Durchschnitt der 15 EU-Mitglieder, für 1999 den Durchschnitt der 11 und ab dem Jahr 2000 denjenigen der 12 Euro-Teilnehmerstaaten.

[59] Vgl. Allensbacher Jahrbuch, Bd. 10 (1993-1997), 1194f.; Bd. 11 (1998-2002), 931-936, 951ff., 956f., 960.

40 Prozent, das Allensbacher Jahrbuch sogar nur eine solche von 19 bis 23 Prozent (dagegen knapp 30 Prozent Unentschlossene und 48 bis 58 Prozent Gegner einer Gemeinschaftswährung).[60] Dementsprechend antworteten im Herbst 1995 auf die Frage: „Sind Sie stolz auf die D-Mark?" auch 46 Prozent der befragten Deutschen mit „sehr" (bei den über 60jährigen sogar 60 Prozent); weitere 37 Prozent zeigten sich „etwas" stolz und nur 8 Prozent „gar nicht". Bei Fragen nach den langfristigen emotionalen „Assoziationen zu Euro und D-Mark" wurde die D-Mark im März 1998 von 60 bis 80 Prozent der Befragten assoziativ mit den Begriffen „Stärke", „Erfolg", „Sicherheit" und „Wohlstand" in Verbindung gebracht; beim Euro waren dies gerade 10 bis 30 Prozent. Selbst noch im Herbst 2002, als sich die Euro-Akzeptanz eigentlich schon verfestigt hatte, bekundeten über 52 Prozent der befragten Deutschen, sie „fühlten" sich bei der „Verwendung" des Euro „nicht sehr wohl" oder „überhaupt nicht wohl"; in Frankreich sagten dies, obwohl der Umrechnungskurs zwischen Franc und Euro viel komplizierter und gewöhnungsbedürftiger war, nur 37 Prozent, in Luxemburg und Irland nicht einmal 10 Prozent.[61] Das Bild ließe sich dabei noch weiter differenzieren, würde man den Zustimmungsgrad nach Altersgruppen, Geschlecht, sozialen Schichten, Berufsgruppen oder Parteizugehörigkeit unterscheiden. So stieg beispielsweise die Skepsis in allen europäischen Staaten deutlich, je älter die Befragten waren. Die Frauen waren um einiges weniger begeistert als die Männer. Die Arbeiter, Rentner und Hausfrauen zeigten sich wesentlich zurückhaltender als die Selbständigen, die „Führungskräfte" oder die Studenten; in Deutschland akzeptierten PDS-nahe Ostdeutsche den Verlust der D-Mark weniger als die westdeutschen Unionswähler.[62]

Im Ausland wurden die deutschen Währungsdiskussionen und Empfindlichkeiten teilweise durchaus mit Verständnis zur Kenntnis genommen und auch bis zu einem gewissen Grad akzeptiert. Die italienische „La Repubbli-

[60] Vgl. Allensbacher Jahrbuch, Bd. 8 (1978-1983), 603; Bd. 9 (1984-1992), 1029; Bd. 10 (1993-1997), 1176, 1178f., 1181, 1183ff.; Bd. 11 (1998-2002), 951; zu den Zahlen im Eurobarometer oben Anm. 58.

[61] Eurobarometer (wie Anm. 58), Nr. 58, 66, 69; Nr. 56, 62ff.; Allensbacher Jahrbuch, Bd. 10 (1993-1997), 1177, 1185, 1191, 1194; Bd. 11 (1998-2002), 958; *Froehlich*, Problem (wie Anm. 57), 61f., 92-97, 298-320. – Die aktuellste Umfrage des Bundesverbandes deutscher Banken vom Mai 2008 besagte, daß sich unter dem Eindruck drastisch steigender Energie- und Lebensmittelpreise immerhin 34 Prozent der befragten Deutschen für die Abschaffung des Euro und eine Wiedereinführung der D-Mark aussprachen. Begründet wurde dies von seiten der Währungspsychologen explizit mit dem Hinweis, daß die „D-Mark [...] in den Köpfen immer noch als stabile Währung verankert" sei und für viele, vor allem ältere Menschen die „DM-Preise positive Angelpunkte im eigenen Leben" bildeten. Vgl. FAZ vom 2.5.2008 und Tagesspiegel vom 3.5.2008.

[62] Genaueres in Eurobarometer (wie Anm. 58), Nr. 46, 39f.; Nr. 52, 67f.; Nr. 54, 73; Nr. 56, 62; Nr. 58, 65; ferner die Umfragen in Spiegel special 2/1998; Allensbacher Jahrbuch, Bd. 10 (1993-1997), 1183, 1196f.; Bd. 11 (1998-2002), 954.

ca“ etwa kommentierte im November 1996: „Wie könnte man nicht verstehen, daß es gerade die Deutschen sind, die vor dem Datum der Währungsumstellung Angst haben? [...] Denn schließlich sind die Deutschen aufgefordert, ihre größte Sicherheit aufzugeben, die härter als Granit ist [...]. Wenn ihr ein schönes Haus hättet, sicher und geräumig, würdet Ihr dann mit lärmenden und disziplinlosen Familien zusammenleben wollen, die Euch den Kühlschrank leer räumen?“[63] Und der damalige Gouverneur der italienischen Zentralbank, Carlo Azeglio Ciampi, nahm sich Deutschland sogar zum Vorbild, mit seinem Land ebenfalls den Weg in eine „neue Stabilitätskultur“ mit drastischer Reduzierung der Inflationsraten und strengerer Haushaltspolitik einzuschlagen.[64] Beim westlichen Nachbarn Frankreich allerdings kam es zu äußerst kritischen Stimmen, und auf sie wollen wir jetzt blicken.

II. Die französischen Argumente

Wie im deutschen Fall kümmerten sich auch die Stellungnahmen Pierre Bourdieus, Emmanuel Todds oder Jean-Pierre Chevènements nicht vorrangig um die währungstechnische oder formalrechtliche Einschätzung von Franc und Centimes. Auch sie thematisierten vielmehr primär Fragen nach der Verankerung von Wirtschaft und Währung in der nationalen politischen Kultur, versuchten die kulturellen Dimensionen und Begründungen der Währungsdiskussionen, ihre Rhetorik, Semantik und Symbolik, die kommunikativen Vermittlungsstrategien der „Hohen Priester“ von Geld und Kapital zu erfassen. In dieser Weise, als „le grand prêtre du Deutschemark“ und nicht als Beamter oder Politiker, wurde Hans Tietmeyer von Bourdieu präsentiert. Tietmeyer vertrete nichts weniger als „bien de religion“ und eine „mythologie rationalisée, dont on pourrait dire, avec Durkheim parlant de la religion, qu'il s'agit d'un ‚délire bien fondé‘“ (eine „rationalisierte Mythologie“ im Sinne von Émile Durkheims „wohldurchdachtem Delirium“).[65] Will man die näheren inhaltlichen Faktoren betrachten, die diese Kritik struktu-

[63] Kommentar der La Repubblica vom 11.11.1996, zitiert in: FAZ vom 12.11.1996, 2.

[64] *Carlo Azeglio Ciampi*, Zurückgekehrt, in: FAZ vom 26.11.1996, 16.

[65] *Bourdieu*, Contre la „pensée Tietmeyer“ (wie Anm. 5); zu dem Bourdieu-Artikel vgl. auch dessen Interview in: Die Zeit vom 12.12.1996; sowie die Kommentare von *Michael Jeismann*, Der Schwarze Freitag, in: FAZ vom 28.10.1996, 37; und *Hans D. Barbier*, Bourdieu und die „Idee Tietmeyer“, in: FAZ vom 5.11.1996, 1. Während Jeismanns Beitrag von gewisser Sympathie getragen ist, lehnt der Neoliberale Barbier Bourdieus Polemik als „Utopie“ eines „humanitär und sozial begründeten Protektionismus“ und als wohlstandsgefährdende Wettbewerbsbeschränkung ab und stellt sie in die Nähe des „parteiübergreifenden Sozialdemokratismus deutscher Provenienz“. Vgl. auch *Barbier*, Münzen (wie Anm. 4).

rierten und grundierten, und will man dabei – wie im deutschen Fall – wieder die entscheidenden historisch-politischen und mentalitätsgeschichtlichen Bezugspunkte identifizieren, auf die hin eine spezifisch französische Währungskultur ausgerichtet wurde, wird man wohl ebenfalls vier große Argumentationsebenen hervorheben können:

Ein erster argumentativer Strang erwuchs aus der Tradition französischer Sozialstaatlichkeit, deren Grundmuster auch auf ein künftiges Europa übertragen werden sollten. Zugespitzt wurde das in der Forderung eines „Primats der Sozialpolitik vor der Währungspolitik".[66] Der französische Weg weise den Pfad zu einem „Welfare State européen et ses politiques de protection sociale [...] avec la défense des acquis sociaux des travailleurs" und führe damit weg von der „Idee Bundesbank". In der französischen Sozialstaatstradition habe sich die neue Währung gerade nicht an den Geldwert-Stabilitäts-Maßgaben irgendeiner Zentralbank, sondern an sozial- und arbeitsmarktpolitischen Erfordernissen zu orientieren. Sie habe „im Dienst einer Politik der sozialen Befriedung" zu stehen und dabei lieber mehr Inflation als mehr Arbeitslose, lieber etwas Geldentwertung als die schmerzenden Kosten einschneidender ökonomischer Reformen und eines harten Interessenausgleichs zu akzeptieren. Dieses Postulat wurde von Bourdieu und seinen Parteigängern in höchstem Grad normativ aufgeladen: Sie eröffneten nämlich die prinzipielle Alternative zwischen einem zügellosen, am globalisierten Neoliberalismus angelsächsischer Prägung orientierten und ganz und gar inhumanen „Marktfundamentalismus" einerseits und einem humanen, selbstbestimmten Menschenbild in einer funktionierenden, sozial solidarischen Zivilgesellschaft andererseits. Das „Modell Bundesbank" und die „pensée Tietmeyer" basierten auf einem „idéal humain qui n'a rien d'humaniste". Laut Bourdieu zeige sich das bereits am „raffinement rhétorique" menschenverachtender sprachlicher Euphemismen eines ökonomistischen Jargons, wie er sich beispielhaft in Formulierungen wie „effort de flexibilité sur le marché du travail" („Flexibilisierung des Arbeitsmarktes") ausdrücke, wo es doch in der Praxis einseitig um eine Erhöhung der Nacht- und Wochenendarbeit, um unregelmäßige Arbeitszeiten oder um die Steigerung der täglichen Arbeitslast gehe. Andere Schlagwörter wie „dérégulation", „baisse des taux" („Senkung der Abgabenlast") oder „plan social" seien ähnlich irreführend und verharmlosend, meinten sie doch konkret: Sozialdumping, Lohnkürzungen und Massenentlassungen. Um so wichtiger sei es, daß Frankreich seine wohlfahrtsstaatlichen Errungenschaften sozialer Sicherungssysteme, eines starken Arbeitnehmerschutzes, der strikten Begrenzung der Wochen- und Lebensarbeitszeiten usw. gegen die Usurpation seitens eines hemmungslosen „D-Mark-Kapitalismus" verteidige. Für die praktische Europapolitik bedeute das: Maastricht und der Stabilitätspakt müßten unbedingt um ein

[66] So etwa auch der Kommentar von *Schirrmacher*, Sphinx (wie Anm. 4).

Beschäftigungsprogramm erweitert und vor allem den Leitlinien eines „sozialen Europa, in dem nicht nur die Marktkräfte spielen", verpflichtet werden. Diese sozialpolitische Rahmensetzung habe der währungspolitischen Einheit vorauszugehen. Nur so könne der Gefahr einer zunehmenden „Dichotomie des sozialen Raumes mit einer Konzentration an seinen Extremen" begegnet werden. Alles in allem solle Frankreich damit im Sinne einer großen sozial-solidarischen Menschheitsvorstellung agieren. Evoziert wird letztlich kein nationales, sondern ein universalistisches Prinzip, eben ein „idéal humain".[67]

Diese „ausholend-soziologischen" Formulierungen Bourdieus, wie sie der deutsche neoliberale Kommentator Barbier spöttisch titulierte[68], wurden von dem Sozialhistoriker Emmanuel Todd gewissermaßen am historischen Exempel konkretisiert und alltagspraktisch unterfüttert. Todd sah die Notwendigkeit verstärkter sozialpolitischer Sensibilitäten in Frankreich allein schon wegen der besonderen demographischen und familialen Strukturen des Landes. Frankreich weise höhere Geburtenraten als Deutschland auf, besitze folglich einen größeren Bevölkerungsanteil von Jugendlichen, der auf den Arbeitsmarkt dränge, und sehe sich so bei rigoroser, deflationärer Wirtschafts- und Währungspolitik auch wesentlich größeren Gefahren einer Jugendarbeitslosigkeit ausgesetzt. Hinzu komme eine größere Bereitschaft zum Streik und zur sozialen Revolte, weil die konsenspolitischen bzw. korporativ-sozialpartnerschaftlichen Traditionen, wie sie das deutsche Wirtschafts- und Gesellschaftssystem kennzeichneten und stabilisierten (Soziale Marktwirtschaft, Konzertierte Aktionen, „rheinischer Kapitalismus"), in Frankreich fehlten und die Gesellschaft durch weit mehr Individualismus und Disparitäten charakterisiert sei. Um unter diesen Bedingungen „sozialen Dialog" zu ermöglichen und die Gegensätze sozialpolitisch auszugleichen, benötige Frankreich unbedingt eine flexible, konsumanreizende, keynesiani-

[67] *Bourdieu*, Tietmeyer (wie Anm. 66); *ders.*, Stellungnahme „Gegen das Maastricht-Europa", in: Telepolis vom 24. 7. 1997, online unter der URL: http://www.telepolis.de/r4/artikel/8/8037/1.html (23. 2. 2007); *ders.*, L'essence du néolibéralisme, in: Le Monde diplomatique, Nr. 528, März 1998, 3; zur Argumentation der linken Neoliberalismus- und Globalisierungskritiker auch *Bernard Cassen*, Au Nom de Maastricht. La cohésion sociale sacrifiée à la monnaie, in: Le Monde diplomatique vom Juni 1995, 22; *ders.*, Des Elections pour une ‚servitude volontaire'? Dans l'étau de l'euro, in: Le Monde diplomatique vom Mai 1997, 6f.; *Albert Du Roy*, Après la fracture sociale ... la fracture morale, in: L'Evénement du Jeudi, 20.–26. 2. 1997, 16ff.; *Jean-François Kahn*, Centrisme, gauche, néolibéralisme. Réponses à quelques lecteurs tourneboulés, in: Marianne, 5.–11. 1. 1997, 9ff. – Vgl. auch *James*, D-Mark (wie Anm. 11), 449; *Ingo Bode*, Abschied vom Vorsorgestaat? Sozialpolitik und Zivilgesellschaft à la française, in: Frankreich Jahrbuch 1999. Opladen 1999, 121–144; *François Beilecke*, Diskursive Rehabilitierung des republikanischen Modells und Neoliberalismus-Kritik in der französischen Presse seit 1990, in: ebd. 97–112, bes. 98–105.

[68] *Barbier*, Bourdieu (wie Anm. 65).

sche Nachfragepolitik und auch ein Mindestmaß an Inflation. „Wenn wir weniger als 3,5 Prozent Inflation haben, ist die Gesellschaft blockiert, das System lahmgelegt. In dieser Situation kommen allenfalls die Reichen, die Alten, die Rentner, die an einem stabilen Wechselkurs und einem starken Franc interessiert sind, auf ihre Rechnung. Dieser Stillstand geht auf Kosten der Armen, der Jungen, der Unternehmer und Verschuldeten, die eine leichte Inflation nicht schreckt." Im europäischen Rahmen plädierte Todd daher für eine „gewisse Beweglichkeit" und die Fähigkeit zu einem pragmatischen Nebeneinander unterschiedlicher institutioneller Systeme und währungspolitischer Kulturen, anstatt, wie dies gerade in den „obersten Sphären der französischen Verwaltung wie der Regierung und generell bei den Eliten" der Fall sei, in einer Art „deutschen Obsession" das System des großen östlichen Nachbarn einfach kopieren zu wollen und, wie von Chirac vertreten, ebenfalls eine „Religion des Euro" zu zelebrieren.[69]

Die traditionelle französische Sozialstaatspräferenz, auf die Bourdieu oder Todd abhoben und die François Furet – wesentlich selbstkritischer – als reformhemmendes „nationales Tabu [...] sozialer Sicherung"[70] bezeichnete, besaß unmittelbare währungspolitische Wirkungen auf das moderne Frankreich. Denn tatsächlich verfolgten die französische Politik wie die Banque de France über weite Strecken des 20. Jahrhunderts (anders als im 19. Jahrhundert) eine Politik des „leichten Geldes", mit deutlich höheren Inflationsraten und der wirtschaftspolitischen Zielsetzung, durch bewußtes notenbankfinanziertes „defecit spending" einer aktiven Beschäftigungs- und Konjunkturpolitik zuzuarbeiten. Goodman setzt hier für die Zeit der V. Republik plakativ der westdeutschen „Politics of Stability" die französische „Politics of Facility" entgegen und weist darauf hin, aus wahltaktischen Gründen und angesichts der ökonomischen Verteilungskämpfe unter den Vorzeichen einer wachsenden weltweiten Wirtschafts- und Währungsverflechtung sei die französische Geldpolitik gegenüber „societal pressures" und „clientele groups,

69 Die Welt ist brutaler geworden. Keine Fusion von Deutschland und Frankreich – Intellektuelle gegen den Euro: Ein Gespräch [von Jürg Altwegg] mit dem Historiker und Soziologen Emmanuel Todd, in: FAZ vom 16.12.1996, 34. In eine ganz ähnliche Richtung wiesen Warnungen Chevènements oder Max Gallos, ein strenges Stabilitätspostulat zwinge die Länder geradezu zu „einer nachhaltig rezessionistischen Wirtschaftspolitik, die der Arbeitslosigkeit Vorschub" leiste. Vgl. *Jean-Pierre Chevènement*, Wer von Politik nicht reden will, soll vom Euro schweigen. Die „Idee Bundesbank" gefährdet das Vorhaben eines republikanischen Europa, in: FAZ vom 17.1.1997, 39; *Max Gallo*, Das Europa der Deutschen, in: Der Spiegel 51/1996, 140f.; siehe außerdem *Guérot*, Deutschland (wie Anm. 8), 230ff.; *René Lasserre*, Währungsunion, in: Picht u.a. (Hrsg.), Fremde Freunde (wie Anm. 54), 296–303, hier 299f.

70 Wir sind die Verlierer des untergegangenen Kommunismus. Die Euro-Skepsis der französischen Intellektuellen lebt von den Träumen linker Utopie und nationaler Einzigartigkeit. Ein Gespräch mit François Furet, in: FAZ vom 20.2.1997, 35. Zur Position Furets in der Folge mehr.

which demanded an increasingly large portion of its resources", stets außerordentlich anfällig gewesen.[71] Das schlägt sich auch in konkreten Zahlen nieder: Während zwischen 1960 und 1984 die Geldmenge (M1 nominal) in der Bundesrepublik Deutschland im Jahresdurchschnitt um 7,9 Prozent stieg (M2 nominal, Geldmenge unter Einschluß der Termineinlagen bis zu vier Jahren sogar um 8,7 Prozent), waren es in Frankreich für die Zeit 1960 bis 1982 10,6 Prozent (bzw. 13,0 Prozent).[72] Für die Periode 1973 bis 1989 lag die kumulierte Inflationsrate im Jahresdurchschnitt (prozentualer Jahreszuwachs des Konsumpreisindex) in Frankreich bei 8,52 Prozent, in der Bundesrepublik Deutschland dagegen nur bei 3,75 Prozent.[73] Und was für die V. Republik galt, nämlich eine inflationäre Politik als Schmiermittel einer Wohlfahrts- und Wachstumspolitik zu benutzen, das besaß durchaus längere Tradition.

Der Zustand des Franc erwies sich im Laufe des ganzen 20. Jahrhunderts, unter den politisch instabilen Bedingungen zweier Weltkriege bzw. Besatzungs- und Nachkriegszeiten, der schweren kolonialpolitischen Belastungen sowie der rasch wechselnden Regierungen der III. und IV. Republik als außerordentlich prekär, oftmals zerrüttet, durchgehend umstritten und stets schwankend; allein zwischen 1936 und 1958 kam es zu 14 Abwertungsschritten – von älteren Phasen tiefgreifender inflationärer Währungszerrüttung wie der Papiergeldentwertung unter John Law 1722 oder dem Verfall der revolutionären Banknoten (der Assignaten) 1796 gar nicht zu reden. Natürlich spielten auch im Zuge dieser wechselhaften nationalen Währungsgeschichte – wie in Deutschland – immer wieder psychologische Momente eine Rolle: So können wir etwa seit Mitte der 1920er Jahre eine zunehmend höhere Inflationssensibilität in der französischen Öffentlichkeit feststellen, nachdem die außen- und reparationspolitisch geschürten Illusionen verlorengegangen waren, den französischen Haushalt einfach auf Kosten des deutschen Kriegsschuldners sanieren und deshalb eine inflationäre Wachstumspolitik leicht hinnehmen zu können. Aufs Ganze gesehen, kann man also wirklich nicht behaupten, Frankreich hätte nicht ebenfalls eine veritable Inflationsgeschichte mit einschneidenden Schritten der Geldentwertung vorzuweisen.[74] Aber was bei alldem doch den kategorialen Unterschied zu

[71] *Goodman*, Sovereignty (wie Anm. 33), 103–141, bes. 110, 114, 126ff., Zitat 104f.

[72] *Wolfram Fischer* u. a. (Hrsg.), Handbuch der europäischen Wirtschafts- und Sozialgeschichte. Bd. 6. Stuttgart 1987, hier 166; ferner *Goodman*, Sovereignty (wie Anm. 33), 121, 137; aussagekräftige Preisindices auch bei *René Sedillot*, Histoire du franc. Paris 1979, 292–297, und *Carlo M. Cipolla/Knut Borchardt* (Hrsg.), Europäische Wirtschaftsgeschichte. (The Fontana Economic History of Europe, Bd. 5.) Stuttgart/New York 1980, hier 470–477.

[73] Errechnet aus *Goodman*, Sovereignty (wie Anm. 33), Anhang 224f.

[74] Vgl. zur französischen Inflationsgeschichte – neben dem Beitrag von *Olivier Feiertag* in diesem Band – hier und in der Folge *Fernand Braudel/Ernest Lavisse* (Éds.), Histoire économique et sociale de la France. Vol. 4/1. Paris 1979, 41–47 (*Jean Bouvier*, Flux monétaires et flux financiers: Reflets ou incitations?); Vol. 4/2. Paris 1980, 639–646, 680–696 (*François Caron/Jean Bouvier* über die Inflationsgeschichte 1914–1949); Vol. 4/3. Paris

Deutschland ausmachte: Es gab keine ähnlich frischen und präsenten Erfahrungen einer eigendynamischen und galoppierenden Hyperinflation (der erwähnte Law-Skandal oder die Assignatenkrise lagen da viel zu weit zurück); die Entwicklung im 20. Jahrhundert verlief mit weniger dramatischen Schwankungen; so wenig wie der Franc nach 1945 die steile Erfolgsgeschichte der D-Mark erlebte, so wenig erlitt er vor 1945 eine mit der Reichsmark vergleichbare Totalkatastrophe.[75] Insgesamt wog also der historische Erfahrungsballast mit schwankender Währung ungleich weniger schwer als in Deutschland, das Grundvertrauen in den Franc ging nie verloren, und eine sozialstaatlich oder beschäftigungspolitisch motivierte, keynesianische „Politik des leichten Geldes" war zu keiner Zeit wirklich grundlegend delegitimiert worden. Oder prinzipieller gewendet: Inflationäre Erfahrungen müssen, damit sie in prägender Weise währungskulturell wirken können, nicht nur von traumatischer Tiefe, sondern offenbar auch von gewisser zeitlicher Nähe, Gegenwartsbezogenheit und unmittelbarer mentaler Präsenz sein.

Indes verlor seit Beginn der 1980er Jahre auch in Frankreich die Währungspolitik eines „leichten Geldes" – jedenfalls im Kreis der währungs- und finanzpolitischen Entscheidungsträger – mehr und mehr an Rückhalt. Mit dem wirtschaftspolitischen Kurswechsel François Mitterrands im Jahr 1983 und im Zeichen des weltweiten Einflußgewinns des neoliberal-monetaristischen wirtschaftstheoretischen Paradigmas bestimmten nun (wie etwa parallel im Großbritannien Margaret Thatchers) zunehmend auch in Frankreich die Vertreter der sogenannten „desinflation" die notenbankpolitische Szenerie. Ihre Leitlinien sahen – durchaus nach dem Vorbild der „harten Mark" und der autonomen Bundesbank – im „franc fort", also in einer starken und durch eine unabhängige französische Zentralbank gesicherten Währung, den entscheidenden Garanten für Wirtschaftswachstum. An ihrer Spitze stand (und steht) Jean-Claude Trichet, den manche seiner innerfranzösischen Kritiker als „Ajatollah des Geldes" oder „Marschall des Monetarismus" charak-

1982, 1019–1051 (*dies.* über die Inflationsgeschichte 1950–1974); *Sedillot*, Histoire (wie Anm. 72), 119–287; *ders.*, Muscheln, Münzen und Papier. Die Geschichte des Geldes. Frankfurt am Main/New York 1992, 290–303, 323ff.; *André Thiers*, Quarante ans d'erreurs monétaires ou les quinze dévaluations du Franc. Paris 1966; *Jean-Guy Mérigot/ Paul Coulbois*, Le Franc 1938–1950. Paris 1950; *Jacques Le Bouvra*, L'inflation française d'après guerre 1944–1949. Paris 1952; *Jacques Rueff*, L'Âge de l'inflation. Paris 1963; *ders.*, Geld – Schicksal des Menschen, in: Albert Hunold (Hrsg.), Inflation und Weltwährungsordnung. Erlenbach bei Zürich/Stuttgart 1963, 11–19; zeitgenössisch für die Zwischenkriegszeit *Peter Oestergaard*, Inflation und Stabilisierung des französischen Franc. Jena [1930], bes. 47–172.

[75] *Claude Fohlen*, Frankreich 1920–1970, in: Cipolla/Borchardt (Hrsg.), Europäische Wirtschaftsgeschichte (wie Anm. 72), Bd. 5, 101–137, hier 107, 121f.; *Oestergaard*, Inflation (wie Anm. 74), 70, 100; *Hegmann*, Hüter (wie Anm. 21), 49ff.; *Georges Valance*, La Légende du franc. Paris 1996, bes. 77–222; *Richard Gaettens*, Geschichte der Inflation. München 1982, 100–127; *Schmid*, Umgang (wie Anm. 54), 291ff.

terisierten.[76] Ihren institutionellen Ausdruck fand diese Tendenzwende in einer fundamentalen Änderung der politischen Statuten der Banque de France, die sich mit einer Reform im Jahr 1993 in den wichtigen Punkten institutioneller Unabhängigkeit und stabilitätspolitischer Verpflichtung weitgehend der Deutschen Bundesbank anglich.[77] Allerdings wäre es wohl übertrieben und verfehlt, den Umschwung von 1983 als Zeichen eines vermehrten Drucks durch generell gewandelte französische Verbraucherpräferenzen im Sinne einer kollektiven Übernahme der „deutschen Stabilitätskultur" zu interpretieren oder von einer wirklichen „mentalen Kulturrevolution" in der breiten französischen Öffentlichkeit zu sprechen.[78]

Zurück zu den kritischen französischen Stimmen in der Eurodebatte. Das skizzierte Sozialstaatsargument bewegte sich im Rahmen eines zweiten Argumentationsfeldes. Es ging den Euro-Kritikern nicht nur um den Vorrang der Sozial- vor der Währungspolitik, sondern noch viel grundsätzlicher um die Sicherung eines „Primats der Politik" gegen den „Primat der Wirtschaft". Furet sprach von der „Idee einer staatlichen Potenz in der Wirtschaft". Für die Währungspolitik folgerte man daraus, diese habe immer den allgemeinpolitischen Vorstellungen und der allgemeinen Wirtschaftspolitik in untergeordneter Rolle zu dienen, und die allgemeine Wirtschaftspolitik müsse von der (demokratisch gewählten) Regierung und ihren konjunktur- oder beschäftigungspolitischen Programmen bestimmt werden und nicht etwa von einer unabhängigen Notenbank und deren (parlamentarisch unverantwortlichem) Zins- und Geldwertdiktat.[79] Kurzum: Die Währung habe der Politik gefügig zu sein und nicht umgekehrt; die Notenbank sei ausführendes Organ

[76] *Éric Aeschimann/Pascal Riché*, La guerre de sept ans. Histoire secrète du franc fort 1989-1996. Paris 1996; *Jean-Paul Fitoussi*, Le débat interdit. Monnaie, Europe, Pauvreté. Paris 1995, 61ff.; *Hegmann*, Hüter (wie Anm. 21), 51f.; *Guérot*, Deutschland (wie Anm. 8), 226; *Wolfgang Proissl/Fredy Gasteiger*, Frank und fröhlich, in: Die Zeit vom 13.12.1996. – Zum weltweit steigenden Einfluß monetaristischer Ansätze in den 1980er Jahren vgl. *Maria Paprotzki*, Die geldpolitischen Konzeptionen der Bank von England und der Deutschen Bundesbank. Eine Analyse über den Einfluß des monetaristischen Paradigmas. Frankfurt am Main u.a. 1991; *James*, Rambouillet (wie Anm. 10), 237-252; *Kathleen R. McNamara*, The Currency of Ideas. Monetary Politics in the Global Economy. Cambridge 1998, 122ff.; *Peter A. Johnson*, The Government of Money. Monetarism in Germany and the United States. Ithaca 1998; sowie den Beitrag von *Tobias Straumann* in diesem Band.

[77] Vgl. unten mit Anm. 91 und 92.

[78] So war die Neujustierung der französischen Geld- und Wechselkurspolitik nicht zuletzt durch einen außenwährungspolitischen Akt mit angestoßen und flankiert, durch das Zugeständnis Deutschlands, die D-Mark um 5,5 Prozent aufzuwerten und dadurch die fällige Franc-Abwertung um 2,5 Prozent in Grenzen zu halten und so das Prestige des Franc bei stabilisierten Wechselkursen zu sichern. Vgl. den Beitrag von *Dieter Lindenlaub* in diesem Band (dort mit Anm. 48); übertrieben dagegen *Guérot*, Deutschland (wie Anm. 8), 226.

[79] Vgl. Wir sind die Verlierer [Gespräch mit Furet] (wie Anm. 70); *Barbier*, Münzen (wie Anm. 4); *Guérot*, Deutschland (wie Anm. 8), 235-238.

der Regierung. Bei Bourdieu und seinen Freunden klang das dann so: Der Staat müsse sich mit seinen Sozialstaatspflichten wieder stärker seine staatliche Potenz an sich bewußt machen, anstatt sich einem „Marktfinalismus“, „Marktfatalismus“ oder der „deutschen monetären Besessenheit“ zu unterwerfen. Wenn es schon nicht der „État universel“ sei, dann müsse der „État social européen“ in die Lage versetzt werden, aufgrund seiner eigenen institutionellen Traditionen und autonomen, nicht ökonomischen Normen denjenigen materiellen und symbolischen Kräften zu widerstehen, „qu'incarne et exprime M. Tietmeyer“. In diesem Sinne seien „toutes les forces progressistes“ aufgerufen, für ein handlungsfähiges und selbständiges europäisches Staatswesen zu kämpfen und „contre l'Europe des banques, contre l'Europe de la Bundesbank, contre l'Europe de M. Hans Tietmeyer“ einzutreten. Teilweise subsumierte Bourdieu diese Argumente auch unter dem Schlagwort: „Gegen die Brüsseler Technokraten“, und konzentrierte sie in dem Vorwurf, diese „Eurokraten“ ließen einen „supranationalen Staat entstehen, der zu einer Entstaatlichung der Politik“ führe. Insgesamt jedenfalls müsse man sich überlegen, ob man Europa wirklich als Staat definieren wolle, „der um eine Bank herum aufgebaut“ werde. „Wenn wir keinen Staat wollen, dann sollten wir sagen, daß wir eine Bank wollen, und wenn wir einen Staat wollen, dann sollten wir sagen, daß er diese Bank kontrollieren sollte“.[80]

Unterfüttert wurden dergleichen Überlegungen natürlich durch die historische Tradition des französischen Etatismus, eines wesentlich rigideren Staatsinterventionismus und Protektionismus. Man kann sie bis in den Merkantilismus zurückreichen und nach 1945 in die „planification“ der „méthode Monnet“ münden lassen, in eine Politik gezielter staatlicher Industrieplanung, Investitionslenkung und Beschäftigungsförderung („richtungsweisende Planung“).[81] Noch wichtiger aber erscheint in unserem Kontext, daß diese Wirtschaftspolitik eben aus einem umfassenderen Politikverständnis eigener Prägung hergeleitet wurde; Günther Ammon spricht von einem speziellen französischen, einem dezidiert *politischen* „Wirtschaftsstil“.[82]

[80] *Bourdieu*, Tietmeyer (wie Anm. 66); Stellungnahme „Gegen die Brüsseler Technokraten“, in: Telepolis vom 24.7.1997, online unter der URL: http://www.telepolis.de/r4/artikel/8/8031/1.html (23.2.2007). Vgl. zum „Primat der Politik gegenüber der Wirtschaft“ auch *Chevènement*, Wer von Politik nicht reden will (wie Anm. 69); *Gérard Lafay*, Le cercle vicieux du rigorisme monétaire franco-allemand, in: Libération vom 27.11.1996; *Jean-François Kahn*, Geld ist kein Götze, sondern bloß ein Instrument, das dem politischen Willen dienstbar sein muß, in: Die Zeit vom 7.3.1997; *Cassen*, Elections (wie Anm. 67).

[81] Vgl. *Agnès Labrousse/Jean-Daniel Weisz* (Eds.), Institutional Economics in France and Germany. German Ordoliberalism versus the French Regulation School. Berlin 2001; *Andrew Shonfield*, Geplanter Kapitalismus. Wirtschaftspolitik in Westeuropa und USA. Berlin 1968, 81-100, 140-176; *Pierre Massé*, Le Plan ou l'anti-hasard. Paris 1991; *Claus Koch*, Die Methode Monnet und die Idee Tietmeyer, in: FAZ vom 11.2.1997, 32.

[82] *Günther Ammon*, Der französische Wirtschaftsstil. München 1994, hier 159ff.; *ders.*, Der französische Wirtschaftsstil. Eine Bestandsaufnahme nach 12 Jahren Liberalisie-

Dieser „französische Wirtschaftsstil" spiegelte sich konkret und unmittelbar auch in der institutionellen Tradition der Banque de France. Zwar nahm die Geschichte der zentralen Notenbank in Frankreich im Jahr 1800 ihren Ausgang als private Aktiengesellschaft, der bestimmte öffentlich-rechtliche Aufgaben (vor allem der Notenemission) übertragen worden waren. Im Laufe des 20. Jahrhunderts jedoch war sie sukzessive staatlicher Kontrolle unterworfen worden, zunächst schon sehr weitgehend durch die Volksfrontregierung Léon Blums im Jahr 1936 und dann definitiv mit der gesetzlich verfügten Nationalisierung zum 1. Januar 1946. Die entscheidende Klärung ihrer Rechtsstellung und Geschäftsgrundlage hatte die Bank schließlich in einem Gesetz vom Januar 1973 gefunden.[83] Auch wenn nicht explizit von einem Weisungsrecht der Regierung die Rede war, wurden darin Selbständigkeit und Handlungsspielräume der Bank erheblich eingeschränkt. Die entscheidenden Artikel 1, 3 und 4 des Gesetzes von 1973 legten fest: „Art. 1: La Banque de France est l'institution qui, dans le cadre de la politique économique et financière de la nation, reçoit de l'État la mission générale de veiller sur la monnaie et le crédit [...]. Art. 3: Pour le comte de l'État et dans le cadre des instructions générales du ministre de l'économie et des finances, la Banque de France régularise les rapports entre le franc et les devises étrangères et gère les réserves publiques de change. [...]. Art. 4: [... La Banque de France] contribue à la préparation et participe à la mise en œuvre de la politique monétaire arrêtée par le Gouvernement et, avec concours, dans le cadre de sa compétence, du Conseil national du crédit [...]."[84]

Die Bank war also zum einen eng an die Vorgaben der Regierung gebunden, genauer an die Richtlinien des mit umfassenden Kompetenzen ausgestatteten Ministère de l'Économie et des Finances, in dem sich gleicher-

rung, in: Rainer Klump (Hrsg.), Wirtschaftskultur, Wirtschaftsstil und Wirtschaftsordnung. Methoden und Ergebnisse der Wirtschaftskulturforschung. Marburg 1996, 125–139.

[83] Gesetz zur Nationalisierung der Bank von Frankreich und zur Neuregelung des Kreditwesens, 2.12.1945, sowie Gesetz über die Bank von Frankreich, 3.1.1973, beide in ihren zentralen Passagen abgedruckt bei *Konrad von Bonin*, Zentralbanken zwischen funktioneller Unabhängigkeit und politischer Autonomie. Dargestellt an der Bank von England, der Bank von Frankreich und der Deutschen Bundesbank. Baden-Baden 1979, hier 246–251. Vgl. Zur Banque de France ebd. 47–59, 130–159; *Patrice Brunet*, L'organisation de la banque de France. Paris 1973, 69–77, 98ff.; *Michel Redon/Denis Besnard*, La banque de France. 2. Aufl. Paris 1991; *Caesar*, Handlungsspielraum (wie Anm. 22), 315–352; *Olivier Feiertag/Pablo Martín Aceña*, The Delayed Modernization of the Central Banks of France and Spain in the Twentieth Century, in: Holtfrerich/Reis/Toniolo (Eds.), Emergence (wie Anm. 12), 37–68, hier bes. 51–54; *Jean Bouvier*, Un siècle de banque française. Paris 1973; *ders.*, Les relations entre l'État et la Banque de France depuis les années 1950, in: Vingtième Siècle, revue d'histoire 1987, hier 23–33; *ders.*, The Banque de France and the State from 1850 to the Present Day, in: Toniolo (Ed.), Independence (wie Anm. 19), 73–104, bes. 88–102.

[84] Gesetzestext in *Bonin*, Zentralbanken (wie Anm. 83), 247f.

maßen die Zuständigkeiten für finanz-, budget-, geld-, währungs- und fiskalpolitische Fragen wie für die wirtschaftliche Grundsatzpolitik bündelten.[85] Das Wirtschafts- und Finanzministerium besaß durch die Verpflichtung der Bank zu regelmäßigen Rechenschaftsberichten auch bedeutende direkte Aufsichtsrechte über die Geschäftsführung.[86] Bis in das Jahr 1984 noch wichtiger aber waren die Vorgaben und Mitwirkungsrechte des Conseil national du crédit. Diesem unter Vorsitz des Wirtschafts- und Finanzministers stehenden, gut 40köpfigen, korporativ aus Gewerkschaftern, Berufsverbänden und Kammern, hohen Verwaltungsbeamten und Finanzfachleuten besetzten Beratungs- und Entscheidungsgremium standen weitreichende zinspolitische Kompetenzen, kreditpolitische Konsultations- und Steuerungsrechte sowie währungspolitische Entscheidungsbefugnisse zu, die regelmäßig ein Tätigwerden der Bank notwendig machten.[87] Nicht wenigen erschien die Banque de France daher als „Administrativorgan" des Nationalen Kreditrates. Da der Kreditrat seinerseits Teil der Staatsverwaltung war und immer als ein „mögliches Instrument der Regierung, ihre Währungspolitik gegenüber der Zentralbank durchzusetzen", dienen konnte, bedeutete dies zumindest eine mittelbare Weisungsabhängigkeit der Zentralbank von der Regierung. Sie war „ausführendes Organ der Regierung und nicht selbständiger Träger der Geldpolitik".[88] Die nachrangige Position der Banque de France in öffentlichen Debatten Frankreichs und im kollektiven Bewußtsein der Franzosen macht sich im übrigen auch daran bemerkbar, daß die besten Absolventen der École nationale d'administration traditionell stets ins Wirtschafts- und Finanzministerium strebten, während die Banque de France allenfalls als Institution zweiter Wahl galt.[89]

Der hauptsächliche Grund für diese institutionelle Zweitrangigkeit lag dabei in den Vorstellungen, welche zentralen politischen Aufgaben man der Zentralbank zuwies. Im Vordergrund stand hier stets die Unterstützung der Wirtschafts-, Konjunktur- und Arbeitsmarktpolitik der Regierung und nicht (wie im deutschen Fall) das Stabilitätspostulat. So hat man die Schaffung und institutionelle Ausgestaltung des Nationalen Kreditrates bezeichnenderweise damit begründet, man wolle die währungspolitischen Entscheidungen von nationaler Bedeutung aus den alleinigen Händen der oft „übervorsichtigen Bankfachleute" nehmen und versuchen, durch Integration mehre-

[85] Vgl. zur dominanten Stellung dieses Ressorts *Louis François*, Les institutions politiques et administratives de la France. Paris 1976, 93ff., 223-255; *Bernard Tricot/Raphaël Hadas-Lebel*, Les institutions politiques françaises. Dalloz 1985, 344-360, 472-488.

[86] Geregelt v.a. in Artikel 8, 10 und 14 (Titre Ier, Section 1) des Gesetzes von 1973; *Bonin*, Zentralbanken (wie Anm. 83), 248f.

[87] Zum Conseil national du crédit siehe *Bonin*, Zentralbanken (wie Anm. 83), 139-143.

[88] *Christian Gavalda/Jean Stoufflet*, Droit de la banque. Paris 1974, 137; *Disch*, Konzeption (wie Anm. 43), 14; *Bonin*, Zentralbanken (wie Anm. 83), 143, 147, 203.

[89] *Caesar*, Handlungsspielraum (wie Anm. 22), 340-347.

rer gesellschaftlicher Kräfte – der „forces actives du pays", wie es schon im Nationalisierungsgesetz von 1945 hieß – eine „weitsichtigere" Politik sicherzustellen, die sich nicht allein dem Diktat der Geldwertstabilität unterwerfe, sondern an den Grundsätzen der „planification" orientiert sei.[90]

Allerdings haben sich seit Mitte der 1980er Jahre (parallel zu dem oben angedeuteten Politikwechsel Mitterrands) doch auch in Frankreich die Akzente des Zentralbanksystems zu verschieben begonnen: Zunächst wurde 1984 das faktische Weisungsrecht des Nationalen Kreditrates auf die Regelung bankrechtlicher Probleme beschränkt, während ihm in Fragen der Geldpolitik seitdem nur noch beratende Funktionen zugestanden wurden. Noch einschneidender war die von Wirtschafts- und Finanzminister Edmond Alphondéry verantwortete, im Juni 1993 vom Parlament verabschiedete und am 4. August 1993 gesetzlich fixierte Reform der Notenbankverfassung, mit der die zentrale Aufgabenumschreibung der Bank im Zuge der europäischen Währungsvereinheitlichung und der anvisierten Gründung einer Europäischen Zentralbank neu gefaßt und in vielem der Deutschen Bundesbank angepaßt wurde. Paragraph 1 des neuen Notenbankgesetzes bestimmte: „La Banque de France définit et met en œuvre la politique monétaire dans le but d'assurer la stabilité des prix. Elle accomplit sa mission dans le cadre de la politique économique générale du gouvernement."[91] Das Ziel der Preisstabilität fand also nun eine deutlich hervorgehobene Erwähnung. Außerdem wurde die Position des Notenbankgouverneurs, der seit 1993 (zusammen mit zwei Stellvertretern sowie sechs weiteren Mitgliedern) dem „Conseil de la politique monétaire" (Zentralbankrat) vorsteht, gestärkt; wie seine beiden sous-gouverneurs wird er für die Dauer von sechs Jahren vom Staatspräsidenten ernannt und kann in dieser Zeit nicht von der Regierung abberufen werden; auch die Entscheidungen des Zentralbankrates galten nun als autonom und nicht mehr an Weisungen des Finanzministeriums gebunden. Französische Notenbank und Notenbankspitze wurden also politisch wesentlich unabhängiger. Man hat formuliert, sie atmeten künftig den gesamteuropäischen „spirit of the Treaty of Maastricht".[92]

[90] Artikel 12 des Gesetzes von 1945. Vgl. *Gavalda/Stoufflet*, Droit (wie Anm. 88), 208; *Bonin*, Zentralbanken (wie Anm. 83), 139f., 246, *Redon/Besnard*, Banque (wie Anm. 83), 71f.; ferner die informative autobiographische Schrift: *Robert Marjolin*, Meine Leidenschaft Europa. Baden-Baden 1988, hier 187-255, aus der sehr gut der keynesianische Geist der französischen Nachkriegs„planer" hervorgeht.

[91] Vgl. *Disch*, Konzeption (wie Anm. 43), 14, 18 (dort Zitat); *Hegmann*, Hüter (wie Anm. 21), 52; *Lasserre*, Währungsunion (wie Anm. 69), 300f.

[92] *Feiertag/Aceña*, Modernization (wie Anm. 83), 54; *Alain Plessis*, Histoires de la Banque de France. Paris 1998; *Tristan Gaston-Breton*, Banque de France. Deux siècles d'histoire. Paris 1999; *Banque de France* (Éd.), Missions et rôle de la Banque de France. Paris 2000; *Olivier Feiertag/Michel Margairaz*, Politiques et pratiques des banques d'émission en Europe (XVIIIe-XXe siècle). Le bicentenaire de la Banque de France. Paris 2003; *Schmidt* u. a., Frankreich-Lexikon (wie Anm. 52), 104.

Es gibt eine noch prinzipiellere dritte Ebene der französischen Kritik an der Euro-Einführung. Sie tut sich auf, wenn man beachtet, wie stark von den französischen Diskutanten das Modell der Republik, der aktiven Teilhabe der Staatsbürger am politischen Leben, das Prinzip der ständigen demokratischen Kontrolle und Legitimation betont und als fundamentaler Gegenentwurf zum Dogma des „unpolitischen Geldes" und rein technisch-administrativ geschützter Währungsstabilität formuliert wird. Es ist kein Zufall, daß die von Jean-Pierre Chevènement angeführte Anti-Euro-Gruppe, die im Dezember 1996 mit einer „patriotischen" Petition für eine Sistierung der Euro-Einführung und eine Annullierung des Maastrichter Vertrags ins Leben trat, „Mouvement des Citoyens" hieß. Getragen wurde dieses von einer großen Intellektuellengruppe, deren Schwerpunkt auf dem politischen Spektrum zwischen Linksliberalen, Sozialisten und Kommunisten lag, die aber in ihren Grundanliegen Unterstützung auch bei manchen Vertretern der konservativen Gaullisten erfuhr. Neben dem Initiator, dem Sozialisten Chevènement, gehörten ihr die uns schon bekannten Sozialwissenschaftler Bourdieu und Todd, der Historiker Michel Vovelle, der Ökonom Alain Cotta, der ehemalige Regierungssprecher Mitterrands, Max Gallo, und Chevènements enger Mitarbeiter Didier Motchane, die Schriftsteller und Publizisten Régis Debray, Bernard Cassen, Gilles Perrault, Edmonde Charles-Roux, Jean-Claude Guillebaud, Philippe de Saint-Robert und Jean-François Kahn (der einflußreiche Mitbegründer und Leitartikler von „Evénement du Jeudi" und „Marianne"), ferner diverse Künstler, Schauspieler und Sänger an; an konservativen Unterstützern wären Gaullisten wie Charles Pasqua, Neogaullisten wie Christophe Comor oder auch der aristokratische Rechtspopulist Philippe de Villiers zu nennen. Insgesamt zeigt sich hier in den maßgeblichen linksliberalen Facetten ein rühriges gesellschaftlich-publizistisches Diskursnetzwerk, das auf die Wortgewalt von Zeitschriften wie „Le Monde diplomatique", „Marianne" und „L'Evénement [du Jeudi]" bauen konnte und sich dann in der 1998 in Paris gegründeten „Fondation Marc Bloch" weiter institutionalisierte. Diese wiederum verstand sich als Gegengewicht zur ebenfalls an sich liberal bis liberalkonservativ geprägten, jedoch durchweg zu Wirtschafts- und Sozialreformen bereiten, sozialismuskritischen und pro-europäischen „Fondation Saint-Simon", mit deren Presseorganen „Le Débat" und „Commentaire" sowie ihren Hauptprotagonisten François Furet, Pierre Rosanvallon und Alain Minc.[93]

[93] Zu den Gruppen und ihren Leitlinien vgl. hier und in der Folge *Jean-François Kahn*, La pensée unique. Paris 1996; *Régis Debray*, Le code et le glaive. Après l'Europe, la nation? Paris 1999; *Paul Marande/Benoît Lannilis*, Le grand réveil des intellectuels, in: L'Evénement vom 25.-30.3.1999, 56-59; *Jürg Altwegg*, Linkspatrioten. Gegen den Euro: Eine Petition französischer Intellektueller, in: FAZ vom 10.12.1996, 31; zur „rechten" Unterstützung: *Charles Pasqua*, Euro: Le Fiasco, in: Le Figaro vom 2.7.2001, 1, 11; *Philippe de Villiers*, Vous avez aimé les farines animales, vous adorerez l'euro. Paris 2002. –

Mehr und grundsätzlicher noch als einen harten Kampf zur Überwindung des „Ultraliberalismus" forderte der „Mouvement des Citoyens" programmatisch die energische Revitalisierung der republikanischen Idee: Es gelte, den Geist einer neuen, über Parteigrenzen verlaufenden „Volksfront", einer „Nouvelle Radicalité" und eines „revolutionären Zentrismus" (Kahn) zu wecken, deren Orientierungspunkt das französische Republik- und Revolutionsmodell, verstanden als universalistische Zivilisations- und Forschrittsidee, zu sein habe. In der „sehr langen Tradition von Gleichheit und Staatlichkeit" stehend und getragen von der „Idee nationaler Souveränität" und revolutionär erkämpfter „Staatsbürgerdemokratie", erachte man es als unabdingbar, daß *zunächst* und *zuerst* eine „politische Identität Europas" geschaffen werde und die republikanischen Verfassungswerte der „citoyenneté" gesichert würden, bevor man dies „ins Monetäre" übersetze und zu einer Währungseinheit gelange, so Chevènement: „Wer von Politik nicht reden will, soll vom Euro schweigen". Entscheidend seien die „Bürgerwerte", nicht der „Geldwert". Politische und durch Wahlen legitimierte Organe, der „pouvoir politique", die Entscheidungen des Souveräns hätten die Fahrtrichtung zu weisen und nicht die Funktionäre einer Zentralbank; die zu gründende europäische Republik dürfe nicht einer „Herrschaft der Experten" geopfert werden. Die „Idee Bundesbank" wurde so verstanden als spezifisch deutsches „Modell der Delegation" von partei- und interessenpolitisch geleiteter, d.h. demokratisch fundierter Regierungsmacht an eine überparteiliche und dem tagespolitischen Streit entzogene, politisch unabhängige und fachmännisch-„neutrale" Bürokratie. Und eben diese Denktradition (von der wir im ersten Abschnitt schon gehandelt haben) wurde kontrastiert mit einer Verfassungsidee, zu der die „Partizipation der Staatsbürger", das Prinzip der „volonté générale" und die „egalitäre Identität" ebenso gehörten wie etwa die Trennung von Kirche und Staat oder der Vorrang der Politik vor der Wirtschaft. Pointiert: Sie wurde kontrastiert mit der Idee, Praxis und Würde der „einen und unteilbaren französischen Republik" (à la Dritter Republik).[94] Régis Debray hatte hierfür schon in einem Pamphlet anläßlich des

Erörterung bei *Beilecke*, Rehabilitierung (wie Anm. 67), 101-105; *Marieluise Christadler*, Neorepublikanismus gegen die Krise der Republik?, in: Frankreich Jahrbuch 1999. Opladen 1999, 31-55, hier 43f.

[94] *Chevènement*, Wer von Politik nicht reden will (wie Anm. 69); *Bernard Cassen*, La néssecaire refondation de l'éducation populaire, in: Le Monde diplomatique, Nr. 515, Juni 1997, 20f.; *ders.*, La nation contre le nationalisme, in: Le Monde diplomatique, Nr. 528, März 1998, 9; *ders.*, Repatrier le pouvoir de décision chez les citoyens, in: Le Monde diplomatique, Nr. 533, Juli 1998, 6f.; *ders.*, Elections (wie Anm. 67); *Serge Berstein/ Odile Rudelle*, Le modèle républicain. Paris 1992; *Serge Berstein*, Le retour de la culture républicaine, in: Vingtième siècle, Nr. 44, 1994, 113-120; *ders.*, La république sur le fil. Paris 1998; *Alain Girard/Claude Neuschwander*, Le libéralisme contre la démocratie. Le temps des citoyens. Paris 1997; *Régis Debray*, La République expliquée à ma fille. Paris 1998; *Kahn*, Centrisme (wie Anm. 67); *ders.*, Pensée (wie Anm. 93); vgl. auch den Kom-

Revolutionsjubiläumsjahres 1989 den pathetischen Ton angeschlagen: Die „gedemütigte Republik" sei aus den „Händen ihrer Feinde, der Allianz von Geld und Bild", zu befreien. Die alten Bürgertugenden müßten zurückgewonnen, „der Staat gegen die [kapitalistische] Gesellschaft, die Schule gegen das Fernsehen, die Politik gegen die Wirtschaft, das Gesetz gegen das Geld" geschützt werden. Die Kinder sollten wieder die Marseillaise lernen, müßten doch gerade „diejenigen, die wollen, daß die Firma Frankreich mit Toyota wettbewerbsfähig bleibt, die Nützlichkeit einer Haushymne einsehen".[95] Gemäßigt-kompromißbereiten Intellektuellen wie François Furet oder Pierre Rosanvallon galten solche Stellungnahmen indes als „historische Ignoranz" und bloße nationalrepublikanische „Zelebrationseuphorie", die stur und starr an der „exception française" festhielten, in „imaginäre Vorstellungen von der III. Republik" flüchteten und dabei auch durch „ausufernden Gebrauch" den Begriff „Republik" selbst entwerteten, nur weil sie die schwierigen wirtschaftlichen und sozialen Realitäten Frankreichs als modernem Industriestaat in der globalen Welt verdrängen wollten.[96]

So wie viele der französischen Kritiker die eigenen Argumente gegen den Euro in eine *positive* (und zu revitalisierende) politische Kultur („die Republik") einbetteten, so glaubten sie bei der Erklärung der deutschen Stabilitätspolitik die Prägekräfte einer lang wirkenden *negativen* politischen Erfahrungsdimension, eines nationalspezifischen vergangenheitspolitischen Belastungsfaktors zu erkennen. So gaben Bourdieu, Todd oder Gallo zu bedenken, hinter der technokratischen „Idee Bundesbank" und „dem ‚Stabilitätswahn' der Deutschen" verberge sich zwar vorderhand die Angst vor der Inflation, eigentlich aber sei es „ihre Traumatisierung durch die historische Erscheinung Hitlers". Mit der Einheitswährung übertrügen sich diese „politischen Schuldgefühle" und Traumata der Deutschen „wie ein Infekt [...] auf die anderen europäischen Länder"; diese Form von „Zwangsgermanisie-

mentar von *Barbier*, Münzen (wie Anm. 4); sowie *Jürg Altwegg*, Ein Gespenst geht um gegen Europa. Die Feinde Maastrichts sammeln sich: Frankreichs Intellektuelle nutzen die Gunst der Stunde, in: FAZ vom 20.12.1996, 35; *Bertram Schefold*, Bürgerwerte konkurrieren mit dem Geldwert, in: FAZ vom 8.4.1997, 36; grundsätzliche Erörterung bei *Beilecke*, Rehabilitierung (wie Anm. 67), 105–108; *Christadler*, Neorepublikanismus (wie Anm. 93), 43–46; *Hegmann*, Hüter (wie Anm. 21), 46–49; *Christian Bordes/Eric Girardin*, The Achievements of the ERM and the Preconditions for Monetary Union: a French Perspective, in: Ray Barrell (Ed.), Economic Convergence and Monetary Union in Europe. London 1992, 98–120.

[95] Vgl. *Régis Debray*, Que vive la République! Paris 1989, 17f., 122.

[96] *François Furet/Jacques Julliard/Pierre Rosanvallon*, La République du centre. Paris 1988; *François Furet/Mona Ozouf*, Le siècle de l'avènement républicain. Paris 1993, 21f.; vgl. auch Um den Euro tobt der weltweite Klassenkampf. Eine linke Stimme für die europäische Einheitswährung: Interview mit dem französischen Philosophen und Sozialtheoretiker André Gorz, in: FAZ vom 1.8.1997, 35; ferner *Christadler*, Neorepublikanismus (wie Anm. 93), 43ff.

rung"[97] sei entscheidend für die Polarisierungen der Euro-Diskussionen und verhindere von vornherein jeden angemessenen „Pragmatismus" und die Gelassenheit, unterschiedliche Währungsstile einfach nebeneinander zu akzeptieren.[98]

Als letzten und vierten argumentativen Strang französischer Euro-Debatten muß man auf einen geo- und außenpolitischen Aspekt verweisen. Nicht wenige Kommentatoren in Frankreich sahen die Gefahr, mit einer von Deutschland bestimmten Währungspolitik manifestiere sich ein deutscher finanziell-wirtschaftlicher fundierter Hegemonieanspruch über Mittel- und Osteuropa. Der frühere Außenminister Alain Juppé etwa warnte, die „D-Mark-Zone würde sich in [...] Mitteleuropa ausbreiten", was „das Ansehen dieses Kontinents, an dem wir jetzt seit über 40 Jahren arbeiten, total denaturieren" würde. Chevènement sprach von einer gefährlichen „Ostbewegung Deutschlands", in der die D-Mark als blankes politisches Machtinstrument eingesetzt werde; damit entstünden enorme Risiken für das Nord-Süd-Verhältnis, das für Frankreich wesentlich wichtiger sei; Europa müsse sich „im Hinblick auf die Welt und vor allem im Hinblick auf die Länder des Südens definieren".[99] Freilich standen hinter solchen Argumenten oftmals ganz handfeste interessenpolitische Motive. Die französische Subventions- und Industriepolitik, der traditionelle Agrarprotektionismus oder die besonderen, durch diverse Assoziierungsabkommen privilegierten Beziehungen zu den ehemaligen französischen Kolonialgebieten sollten keinesfalls durch eine strenge Währungspolitik oder eine liberalisierende Wirtschaftspolitik gefährdet werden.[100]

Außerdem gab es in diesem Punkt auch innerhalb Frankreichs starke Kräfte, die den Maastricht-Vertrag und seine währungspolitischen Bestimmungen gerade als eine Möglichkeit zur Domestizierung der wiedervereinigten Bundesrepublik interpretierten. So argumentierten etwa dezidiert linksliberale Protagonisten wie der Philosoph und Sozialtheoretiker André Gorz oder die beiden französischen Europaabgeordneten Daniel Cohn-Bendit (Grüne) und Olivier Duhamel (Sozialdemokratie). Euro und Währungs-

[97] *Wolfgang Proissl*, Wut auf die Germanen, in: Die Zeit vom 18.10.1996.

[98] Die Welt ist brutaler geworden [Gespräch mit Todd] (wie Anm. 69); *Schirrmacher*, Sphinx (wie Anm. 4); vgl. auch *Cohn-Bendit/Duhamel*, Euro (wie Anm. 3), 52f., 55f., mit dem expliziten Hinweis, die „pathologische Bindung" der Deutschen an die D-Mark gründe auf spezifischen „Lehren aus der Nazibarbarei"; sowie das Streitgespräch zwischen Joschka Fischer und Jean-Pierre Chevènement, in: Die Zeit vom 21.6.2000, 13–18; sowie *Max Gallo*, Das Europa der Deutschen, in: Der Spiegel 51/1996, 140f.

[99] *Alain Juppé*, in: Wirtschaftswoche 27/1996, 27; *Chevènement*, Wer von Politik nicht reden will (wie Anm. 69); *ders.*, France, Allemagne – Parlons franc. Paris 1996; Wir sind die Verlierer [Gespräch mit Furet] (wie Anm. 70).

[100] Vgl. *David Marsh*, Die Bundesbank gefesselt von Europa, in: Die Zeit vom 25.9.1992; sowie den Wirtschaftsredakteur von Le Monde, Eric le Boucher, zit. bei *Watzal*, Irrweg (wie Anm. 49), 489f.

union galten ihnen als „unabdingbare Werkzeuge" zur konstruktiven Anbindung und Einbindung Deutschlands in Europa. Und darin wiederum sahen sie interessanterweise Chancen für eine bessere „soziale Verbindung von Europa", für einen gemeinsamen „sozial-ökologischen Gesellschaftsvertrag". Anstatt (wie Bourdieu) Deutschland als Synonym für marktradikalen Neoliberalismus zu verteufeln, müsse man sich nur wieder stärker auf die eigentlichen Ursprünge des deutschen Weges der Sozialen Marktwirtschaft, auf das „modèle rhénan" (Delors), besinnen. Denn dies könne durchaus als ein europäisches Zukunftsmodell dienen, in dem die Marktkräfte gebändigt würden und Sozialverträglichkeit mit Wirtschaftlichkeit kombiniert werde. Dem „neoliberalen Kapitalismus angelsächsischer Prägung" könne so ein besonders schlagkräftiges alternatives Ordnungsprinzip entgegengestellt werden: „der ‚rheinische Kapitalismus' […], ein Wirtschaftssystem, in dem es nicht immer nur um kurzfristige Gewinn- und Leistungsmaximierung geht und in dem die Entwicklung nicht einfach den sogenannten Marktgesetzen überlassen wird".[101]

III. Resümee und Ausblick

Wenn wir das Ergebnis der Diskussionen, nämlich die konkrete notenbankrechtliche und währungspolitische Ausgestaltung des im Februar 1992 in Maastricht begonnenen Prozesses zur Gründung einer europäischen Wirtschafts- und Währungsunion betrachten, so muß zunächst festgehalten werden, daß sich tatsächlich ein Teil des DM-Stabilitäts-Mythos und seiner inhaltlichen Begründung in Europa fortpflanzte.

Greifbar wird das zum einen in dem vornehmlich auf deutsches Drängen durchgesetzten, im Dezember 1996 beschlossenen und im Juni 1997 (Amsterdamer Vertrag) präzisierten „Stabilitäts- und Wachstumspakt". Er ergänzte die Euro-Beitrittsbestimmungen, genauer: die (Kontroll-)Verfahren

[101] Um den Euro tobt der weltweite Klassenkampf [Gespräch mit Gorz] (wie Anm. 96); *Cohn-Bendit/Duhamel*, Euro (wie Anm. 3). – Vgl. auch *James*, D-Mark (wie Anm. 11), 448, der darauf hinweist, die Europäische Währungsunion und die weitere europäische politische Integration sei nicht zuletzt der Preis gewesen, den Frankreich für sein Plazet zur deutschen Wiedervereinigung verlangt habe. Außerdem *Hegmann*, Hüter (wie Anm. 21), 56f.; *Jörg Molnar*, Maastricht, in: Picht u. a. (Hrsg.), Fremde Freunde (wie Anm. 54), 315–321; *Valance*, Légende (wie Anm. 75), der ebenfalls betont, die Währungsintegration habe dem Ausleben einer national definierten Staatsräson in Deutschland enge Grenzen gesetzt: „La monnaie unique est née sur le mur de Berlin" (384). – Zu Ansehen und Einschätzung des „rheinischen Kapitalismus" vgl. *Henrik Uterwedde*, Wirtschaft, in: Picht u. a. (Hrsg.), Fremde Freunde (wie Anm. 54), 253–258, hier 256f.; *Guérot*, Deutschland (wie Anm. 8), 238; grundsätzlich *Volker R. Berghahn/Sigurt Vitols* (Hrsg.), Gibt es einen deutschen Kapitalismus? Tradition und globale Perspektiven der sozialen Marktwirtschaft. Frankfurt am Main/New York 2006.

zur Sicherung der einzelstaatlichen Haushaltsdisziplin in der künftigen Europäischen Währungsunion, wie sie bereits im Maastrichter Vertrag grundgelegt worden waren, und verschärfte dabei die sogenannten Konvergenzkriterien der Euro-Teilnehmerländer (Formulierung des „Ziels eines soliden, nahezu ausgeglichenen oder einen Überschuß ausweisenden Haushalts" sowie Begrenzung des Haushaltsdefizits auf 3,0 Prozent des Bruttoinlandsprodukts bei entsprechenden rechtsverbindlichen Sanktionsmöglichkeiten im Falle finanz- und fiskalpolitischen Fehlverhaltens).[102]

Zum anderen schlagen sich Einfluß und „Patenschaft" des deutschen Modells nieder in der Konstruktion einer politisch unabhängigen und stabilitätsverpflichteten Europäischen Zentralbank, mithin eines institutionell-währungspolitischen Arrangements, das ohne Zweifel dem Vorbild der westdeutschen „Währungs- und Zentralbankkultur" näher steht als allen anderen europäischen Währungs- und Zentralbankordnungen. Rechtlich verankert ist dies – quasi mit europäischem Verfassungsrang als Bestandteil des Vertrags von Maastricht (Artikel 105 bis 109) – in der Satzung des Europäischen Zentralbanksystems. In Artikel 2 dieser Satzung wird die Europäische Zentralbank ausdrücklich verpflichtet auf das „vorrangige Ziel [...], die Preisstabilität zu gewährleisten". Die „allgemeine Wirtschaftspolitik der Gemeinschaft" gilt demgegenüber als nachrangig; sie solle wohl „angemessen" unterstützt werden, dies jedoch nur „subsidiär" (Bernholz) und „soweit dies ohne Beeinträchtigung des Zieles der Preisstabilität möglich ist". Artikel 7 der Satzung fixiert unter Berufung auf Artikel 107 des Maastrichter Vertrags die politische Unabhängigkeit des gesamten europäischen Zentralbanksystems, weil dies als entscheidendes Element der geldpolitischen Glaubwürdigkeit angesehen wird. Um ihren primären Verpflichtungen zur Wahrung der Preisstabilität nachzukommen, dürften „weder die EZB noch eine nationale Zentralbank noch ein Mitglied ihrer Beschlußorgane Weisungen von Organen oder Einrichtungen der Gemeinschaft, Regierungen der Mitgliedstaaten oder anderer Stellen einholen oder entgegennehmen". Schließlich wird sowohl in der EZB-Satzung (Artikel 15) als auch in den Beschlüssen des EZB-Rates selbst das Gebot einer offenen und transparenten Kommunikationspolitik angemahnt, wie es sich in der (Selbst-)Verpflichtung zu regelmäßigen Monatsberichten (mit gesamtwirtschaftlichen Prognosen zu Wachstums- und Inflationsaussichten), zu festen Pressekonferenzen im Anschluß an die Sitzungen des EZB-Rates (vor allem zur Information über zinspolitische Maßnahmen und die mittelfristige geldpolitische Strategie), zu permanenten und umfänglichen Tätigkeits- und Rechenschaftsberichten gegenüber dem Europäischen Parlament, dem Ecofin-Rat (dem Organ der europäischen Finanzminister), der EU-Kommission und dem Europäischen Rat sowie zu vierteljährlichen quantitativen Befragungen zu den Inflations-

102 Zu den Belegen vgl. hier und in der Folge oben Anm. 3.

und Wirtschaftserwartungen von Fachleuten (Survey of Professional Forecasters) niederschlägt. Auch diese konsequente öffentlichkeitspolitische Strategie erinnert an Bundesbanktraditionen. Kurzum: „Ob es sich um die Statuten der Europäischen Zentralbank, um die Konvergenzkriterien der Euro-Teilnehmer oder den Stabilitäts- und Wachstumspakt handelt – das gesamte Regelwerk der Währungsunion atmet deutschen Geist."[103]

Für die politische Praxis und die konkrete Durchführung der Vertragsbestimmungen muß man dennoch vor allzu eindeutigen Schlüssen warnen. Denn es gibt auch gegenläufige Entwicklungen, die manche der zitierten französischen Vorstellungen und keineswegs den vermeintlichen deutschen „Stabilitätsgeist" spiegeln. Zum einen kennt das umfassende währungspolitische europäische Vertragswerk, vor allem der Amsterdamer Vertrag vom Juni 1997, auch deutliche beschäftigungs- und sozialpolitische Komponenten. Auf massives Drängen der sozialistischen französischen Regierung Lionel Jospin, der bereits im Wahlkampf eine „dynamische" Interpretation der Konvergenzkriterien, die Schaffung eines politisch aktiveren „gouvernement économique" und eine „soziale Neuorientierung der Europapolitik" gegen die „Ära des Nur-Monetarismus" eingefordert hatte[104], wurden dem Vertrag in seinem VIII. Abschnitt, gleichsam als Ausgleich zum Stabilitätspakt, Bestimmungen eingefügt, die die europäischen Regierungen und Instanzen auf eine bessere Koordinierung der Wirtschafts- und Arbeitsmarktpolitik verpflichteten. Zwei neu gefaßte Vertragsartikel (125 und 126) legten fest: „Die Mitgliedstaaten und die Gemeinschaft arbeiten [...] auf die Entwicklung einer koordinierten Beschäftigungsstrategie [...] hin". Und: „Die Mitgliedstaaten betrachten die Förderung der Beschäftigung als Angelegenheit von gemeinsamem Interesse und stimmen ihre diesbezüglichen Tätigkeiten [...] im Rat aufeinander ab." Außerdem wurde der Festlegung der Konvergenzkriterien für einen Euro-Beitritt die Möglichkeit beigegeben, diese mit gewisser pragmatischer Flexibilität auszulegen, da vom „geplanten oder tatsächlichen öffentlichen Defizit" die Rede ist.[105]

Zum zweiten können wir gerade in den letzten Jahren eine zweifache Tendenz erkennen, die die strikte Stabilitätsdoktrin in der politischen Praxis doch erheblich relativiert. Es ist, erstens, eine Tendenz zur Politisierung des Euro zum Beispiel im Gang der (bislang unabgeschlossenen) europäischen Verfassungsdebatten. Sowohl der ursprüngliche Entwurf zur Europäischen Verfassung als auch (nach dessen Ablehnung) der modifizierte Vertrag von Lissabon betonten zwar nach wie vor, die Sicherung der Preisstabilität sei

[103] *Peter Hort*, Der lange Weg zum Euro, in: FAZ vom 31.12.2001, 3.

[104] Vgl. die Wahlplattform von PS/PCF in: Le Monde vom 3.5.1997; die Erläuterungen Jospins in: Le Monde vom 5.6.1997; und in: Libération vom 10.6.1997; *Guérot*, Deutschland (wie Anm. 8), 224, 236ff.

[105] *Cohn-Bendit/Duhamel*, Euro (wie Anm. 3), 27f., 156ff., 207.

das „vorrangige" Ziel der Europäischen Zentralbank. Aber die Aufgabe, die Wirtschaftspolitik zu unterstützen und so zur Umsetzung der entsprechenden allgemeinpolitischen Ziele der Europäischen Union beizutragen, bekam doch eine tendenziell prominentere Stellung.[106] Und zweitens deutet einiges darauf hin, daß der Euro-Stabilitätspakt zumindest phasenweise an währungspolitischer Verbindlichkeit verliert, und dies auch im Mutterland der Doktrin.[107] In Zeiten konjunktureller Verwerfungen und tiefer ökonomischer Strukturprobleme haben sich offenbar die politischen Handlungskriterien und Leitlinien verschoben. Das starre Postulat der Wahrung des Geldwertes scheint gegenüber den Forderungen nach vermehrten konjunkturpolitischen Spielräumen an Bedeutung zu verlieren; gerade Deutschland hat es in den Jahren unmittelbar nach Einführung des Euro als Bargeld 2002 über mehrere Jahre hinweg nicht geschafft, das selbst gesteckte Kriterium des gesamtwirtschaftlichen Haushaltsdefizits von höchstens 3,0 Prozent des Bruttoinlandsprodukts einzuhalten, ohne daß deshalb die im Euro-Stabilitätspakt dafür vorgesehenen Sanktionsmaßnahmen angewandt worden wären. Es bleibt abzuwarten, ob man dies auch als langfristige Veränderung der dahinterstehenden mentalitätsgeschichtlichen Prägekräfte interpretieren darf, im Sinne eines sukzessiven und womöglich generationell bedingten Nachlassens der Relevanz der Inflationserfahrungen und eines stärkeren Hervortretens neuer Ängste und Kollektivtraumata: der Ängste vor Arbeitslosigkeit und gesellschaftlicher Marginalisierung, vor einem Zusammenbruch der Sozialsysteme und vor einschneidenden globalen Gefahren wie Terrorismus oder Umweltzerstörung.

Auch vor dem Hintergrund dieser Wandlungen öffentlicher Präferenzen läßt sich die analytische Ausgangshypothese bestätigen, daß der Blick auf rechtlich-normative Konstruktionen und Bestimmungen allein nicht genügt, um ein Währungs- und Notenbankgefüge begreifen zu können. Das Verständnis von und der Umgang mit Währung ist immer einzubetten in den Rahmen der (veränderbaren) Handlungsbedingungen und Bestimmungsgrößen tradierter „Währungskulturen" und, dahinterstehend und noch um-

[106] Artikel I-19 bzw. I-30 des Vertragsentwurfs über eine Verfassung für Europa; Artikel 245a bzw. 282 des Vertrags von Lissabon vom 13.12.2007. Vgl. *Roman Maruhn*, Stagnation und Anpassung an die politische Praxis – Wirtschaft, Währung und Finanzen in der Europäischen Verfassung, in: Werner Weidenfeld (Hrsg.), Die europäische Verfassung in der Analyse. Gütersloh 2005, 173–182, hier 177; Auswärtiges Amt, Denkschrift zum Vertrag von Lissabon, 11.12.2007, hier 124 (online unter der URL http://www.auswaertiges-amt.de/diplo/de/Europa/Downloads/Denkschrift-lissabon.pdf [4.9.2008]); *Klemens H. Fischer*, Der Vertrag von Lissabon. Text und Kommentar zum Europäischen Reformvertrag. Baden-Baden 2008.

[107] Zu den entsprechenden Beschlüssen der EU-Finanzminister vom März 2005, die diverse Sonderbelastungskriterien und Anrechnungsmöglichkeiten bei Überschreiten der 3-Prozent-Grenze für Haushaltsdefizite einführten, vgl. etwa Süddeutsche Zeitung vom 21.3.2005, 23, und 22.3.2005, 1f.

fassender, der „politischen Kultur" eines Landes. Und in diesem Rahmen wiederum ist die öffentliche Perzeption und kommunikative Diskurshoheit ein durchaus eigendynamischer Wirkungsfaktor. Wie schwer diese weichen kulturellen Größen auch für junge Schöpfungen wie die neue europäische Einheitswährung wogen, sieht man daran, welche Mühe die transnationale Gemeinschaft der Europhilen darauf verwandt hat, dem öffentlichen Prestige des Euro umgehend symbolisch-kulturelles Kapital zuzuführen. Schon vier Monate nach seiner Einführung avancierte er zum Karlspreisträger. Gewissermaßen als letzte Stufe der groß angelegten vertrauensbildenden PR-Kampagne zur Angleichung der europäischen Währungskulturen[108] wurde der Euro als erster nichtpersonaler Gegenstand überhaupt mit dem Internationalen Karlspreis zu Aachen ausgezeichnet. In der Begründung hieß es, die Einführung der „von der Europäischen Zentralbank getragenen" Gemeinschaftswährung habe „wie kein anderer Integrationsschritt zuvor die Identifikation mit Europa befördert und damit einen epochemachenden Beitrag zum Zusammenwachsen der Völkerfamilie" geleistet. Aus dem neuen Geld werde künftig ein „völlig neues Gefühl der Zusammengehörigkeit in der Union erwachsen"; es werde zum entscheidenden übernationalen „Gradmesser politischer, wirtschaftlicher und sozialer Stabilität"; und damit sei es „nicht allein Werteinheit, sondern vielmehr Wertmaßstab" mit „vielleicht sogar friedensstiftender Wirkung", ein „Stück gemeinsamer Identität und Kultur", ein „Stück Heimat auch jenseits der nationalen Grenzen".[109] Wie den untergegangenen alten Währungen, so sollte auch der neuen Währung eine umfassende kulturelle, eine quasi-religiöse Weihe zuteil werden.

[108] Vgl. *Europäische Kommission*, Runder Tisch – Kommunikationsstrategien zur Einführung des Euro. Brüssel, 22.-24.1.1996. Luxemburg 1996. Näheres in der Einleitung des Bandes.

[109] Begründung des Direktoriums der Gesellschaft für die Verleihung des Internationalen Karlspreises zu Aachen an den Euro, getragen durch die Europäische Zentralbank und stellvertretend verliehen an deren Präsidenten Wim Duisenberg, 9.5.2002, online unter der URL http://www.karlspreis.de/portrait/2002.html (23.2.2006); dort auch weitere aussagekräftige Festreden von Carlo Azeglio Ciampi und Wim Duisenberg. Zur medialen Präsenz des Euro aus kritischer Perspektive: *Res Strehle*, Weder Fisch noch Vogel, in: Weltwoche vom 17.12.1998; *Marc Lits/Jerry Palmer/Wolfgang Settekorn*, L'Euro médiatisé. La construction de la monnaie unique dans les médias européennes. Löwen 1998.

„Abolish the pound and you abolish Britain"

Pfund Sterling, Bank of England und britische Identität im 20. Jahrhundert

Von

Gabriele Metzler

In Großbritannien toben die Schlachten um den Beitritt des Landes zur Europäischen Währungsunion so lange und so scharf wie nirgendwo sonst. Im Pub und bei Bingonachmittagen wird um das Thema ebenso gestritten wie im Parlament. Dort treffen nicht nur Tories und Labour-Abgeordnete aufeinander, sondern längst ist über den Euro auch ein Riß mitten durch die Reihen der großen Parteien entstanden. Tatsächlich geht es in den britischen Debatten über die Einführung des Euro um weitreichende Fragen, denn hier wird der grundsätzliche Konflikt über den Platz Großbritanniens in Europa ein weiteres Mal geweckt, ein Konflikt, der in der britischen Innenpolitik der vergangenen fünf Jahrzehnte stets die größte Spaltkraft entfaltete.[1] Mag der Euro als Katalysator europapolitischer Grundsatzdebatten in jüngster Zeit vom Verfassungsvertrag abgelöst worden sein, so bleibt das Thema doch relevant, solange eine endgültige Entscheidung für oder wider den Beitritt Großbritanniens zur europäischen Wirtschafts- und Währungsunion (EWWU) noch nicht gefallen ist.

Der Euro und das mit ihm verbundene institutionelle Gefüge berühren die gewachsene britische Währungskultur und die traditionelle Stellung der Bank of England. Am Beispiel der Herausforderung durch die europäische Gemeinschaftswährung läßt sich daher die Bedeutung der britischen Währungskultur und der Zentralbanktradition des Landes besonders gut erkennen. Der Euro steht distinkten, spezifisch britischen Institutionen gegenüber, in denen sich bestimmte historische Erfahrungen verdichtet haben. Insofern lassen sich die britischen Euro-Debatten immer auch als Akt der Selbstvergewisserung lesen, weil und indem in ihnen der Erfahrungsbestand überprüft und neu geordnet wird, die Institutionen also gedeutet, historisch eingeordnet und gegebenenfalls neu legitimiert werden. Das führt unmittelbar auf den Ausgangspunkt dieses Bandes, daß „tradierte Geschichtsbilder Ordnungswissen produzieren" und, durch ihren Niederschlag in Institutionen, „wirklichkeits-, handlungs- und strukturprägend" wirken, während umge-

[1] „Britain's relationship with the European Union has been one of the most divisive issues of domestic British politics over the past 50 years": *David Baker*, Britain and Europe: The Argument Continues, in: Parliamentary Affairs 54, 2001, 276–288, hier 276.

kehrt die Institutionalisierung dafür sorgt, daß diese Erfahrungen langfristig wirken.[2]

Am Beispiel des Pfund Sterling und der Bank of England möchte ich hier folgende These zur Diskussion stellen: In den Debatten über die Institutionen Euro oder Pfund bzw. über die Rolle der Zentralbank geht es nicht vorrangig um ökonomische Zusammenhänge. Vielmehr tradieren das Pfund und die Bank of England als genuin britische Institutionen spezifische Geschichtsbilder, in denen das gesellschaftliche und politische Selbstverständnis des Landes zum Ausdruck kommen. An diese Institutionen haben sich überkommene Leitbilder und Gewißheiten angelagert, die zugleich durch beide Institutionen perpetuiert werden und über den Zusammenhang der konkreten Institution hinaus handlungsleitend wirken. Auch wenn die Politikpräferenzen im Hinblick auf beide Institutionen im Laufe des 20. Jahrhunderts wechselten, hat sich in den Deutungen ein stabiler Kern erhalten, der das britische Selbstverständnis mit fundiert.

Ich möchte für diese These in vier Schritten Argumente entwickeln. Zunächst erläutere ich die Geschichte der Bank of England und die Entwicklung des Pfunds im 20. Jahrhundert, um dann in einem zweiten Schritt die anstehenden Veränderungen in diesem Gefüge durch den Euro, eingebettet in den allgemeineren Kontext der britischen Europapolitik, zu analysieren. Der dritte Teil gibt einen knappen Überblick darüber, wie sich die Kräfte in den innenpolitischen Auseinandersetzungen um den Euro verteilten, welche Organisationen sich bildeten und wie die Regierung ihre Politik zu vermitteln suchte. Im vierten Teil schließlich geht es um die Frage nach den inhaltlichen Positionen, nach den Argumenten, die für und wider den Euro genannt wurden und vor allem um die (Geschichts-)Bilder, die darin zum Ausdruck kommen. Tragende Aussagen allerdings lassen sich hier am ehesten im Hinblick auf die politischen Eliten und die veröffentlichte Meinung des Landes treffen; gleichwohl soll im folgenden versucht werden, mit Hilfe der Ergebnisse von Meinungsumfragen auch einige Anhaltspunkte hinsichtlich politischer Grundeinstellungen bzw. politischer Identität in breiteren Bevölkerungsschichten zu geben.

I. Pfund und Bank of England

In der jüngeren Geschichte der Bank of England lassen sich im wesentlichen vier Entwicklungsphasen unterscheiden, in denen unterschiedliche Politik-

[2] Vgl. die Einleitung von *Bernhard Löffler* zu diesem Band sowie *ders.*, Moderne Institutionengeschichte in kulturhistorischer Erweiterung. Thesen und Beispiele aus der Geschichte der Bundesrepublik Deutschland, in: Hans-Christof Kraus/Thomas Nicklas (Hrsg.), Geschichte der Politik. Alte und neue Wege. (HZ, Beihefte, NF., Bd. 44.) München 2007, 155-180.

präferenzen zum Ausdruck kamen[3]: Die erste Phase war noch geprägt vom Goldstandard. Die britische Währung war seit Ende der napoleonischen Kriege an den Goldstandard gekoppelt, woraus sich im Laufe des 19. Jahrhunderts auch die Rolle der Bank of England als echter Zentralbank herausbildete. 1694 als Privatbank gegründet, deren „öffentliche" Funktion vor allem in der Bereitstellung von Krediten für die Regierung zur Kriegsfinanzierung bestand, die ansonsten aber wie eine normale Geschäftsbank gewinnorientiert agierte, entwickelte sich die Bank of England so sukzessive zur nationalen Zentralbank. Die wichtigste Etappe markierte die Bank Charter Act von 1844, durch die das Banking Department von der Emissionsabteilung getrennt und das Monopol der Bank für die Notenemission festgeschrieben wurden. Darauf gründete sich das Vertrauen in die Bank of England, die freilich immer pragmatisch auftrat und in Absprache mit der Regierung die Bank Act in den Krisen von 1847, 1857 und 1866 vorübergehend suspendierte. Während sich die Bank of England als Leitinstitution der internationalen Banken- und Finanzwelt etablierte, war das Pfund Sterling in dieser Phase unbestrittene internationale Leitwährung, im Empire und darüber hinaus, wobei sich das besondere Vertrauen in das Pfund symbolisch in der goldenen Sovereign-Münze als gleichsam materialisiertem Ausdruck der Golddeckung ankristallisieren konnte. Daß der Sovereign 1915 aus dem Geldverkehr gezogen wurde, ist insofern nicht nur als pragmatische Entscheidung zu Kriegszeiten, sondern durchaus als einschneidendes symbolisches Ereignis zu deuten. Tatsächlich gab Großbritannien bei Kriegsausbruch den Goldstandard auf, kehrte zwar 1925 nochmals zu ihm zurück, doch um den Preis erheblicher ökonomischer Probleme. Das „goldene Zeitalter des Sterling"[4] war damit unwiederbringlich vorüber. Die Präferenz der Währungsstabilisierung durch Golddeckung ließ sich dann unter den Bedingungen der Weltwirtschaftskrise nicht mehr umsetzen. Die Abkehr vom Goldstandard 1931 markierte schließlich das Ende dieser Ära, in der die

[3] Zum Folgenden: *David Kynaston*, The Bank and the Government, in: ders./Richard Roberts (Eds.), The Bank of England. Money, Power and Influence 1694–1994. Oxford 1995, 19–55; *Alec Cairncross*, The Bank of England and the British Economy, in: ebd. 56–82; *Philip L. Cottrell*, The Bank of England in its International Setting, 1918–1972, in: ebd. 83–139. – Wirtschaftshistorische Analysen zur institutionellen Struktur und zum Grad der Unabhängigkeit der englischen Zentralbank ferner bei: *Michael Collins/Mae Baker*, Bank of England Autonomy: A Retrospective, in: Carl-Ludwig Holtfrerich/Jaime Reis/Gianni Toniolo (Eds.), The Emergence of Modern Central Banking from 1918 to the Present. Aldershot 1999, 13–33; *Alec Cairncross*, The Bank of England: Relationships with the Government, the Civil Service, and Parliament, in: Gianni Toniolo (Ed.), Central Bank's Independence in Historical Perspective. Berlin/New York 1988, 39–72; aus der staatsrechtlichen Sicht: *Rolf Caesar*, Der Handlungsspielraum von Notenbanken. Theoretische Analysen und internationaler Vergleich. Baden-Baden 1981, 353–402.

[4] *Nicholas Mayhew*, Sterling. The History of a Currency. New York 2000, 169: „The golden age of Sterling: 1851–1914".

Bank of England vor allem die Aufgabe gehabt hatte, auf die notwendige Golddeckung zu achten und das Pfund dadurch stabil zu halten, ansonsten aber, und hier findet das liberale laissez-faire-Denken des 19. Jahrhunderts seinen Ausdruck, makroökonomisch Zurückhaltung zu üben. Das Selbstbewußtsein, das die Bank als Institution in dieser Zeit gewonnen hatte, materialisierte sich schließlich im neuen, stark erweiterten Bankgebäude, das zwischen 1925 und 1931 in der Threadneedle Street errichtet wurde.

Die Prioritäten veränderten sich unter dem Eindruck der Großen Depression und der Massenarbeitslosigkeit in ihrer Folge, einer einschneidenden und dauerhaft prägenden Erfahrung nicht nur der britischen Gesellschaft. Als, wenn man so will, Gründungsdokument der zweiten Phase in der Entwicklung der Bank und des Pfunds kann man das „White Paper on Employment Policy" der Kriegskoalition von 1944 lesen. In ihm wurde deutlich, daß sich die Präferenz von der Währungsstabilität wegverlagert hatte hin zu Vollbeschäftigung und nachfrageorientierter Politik – so, wie es John Maynard Keynes seit Jahren empfohlen hatte. Vorrangiges Ziel war es, die Wiederkehr von Depression und Massenarbeitslosigkeit zu verhindern, wofür das Risiko von Inflation und Wechselkursinstabilität in Kauf genommen wurde. Tatsächlich war das Pfund Sterling in der Folgezeit – gerade im Vergleich zur Deutschen Mark – extrem inflationsanfällig, und es war zuvor ungekanntem externen Druck ausgesetzt, der aus der neuen Situation Großbritanniens in Weltwirtschaft und Weltpolitik resultierte, einer Situation, die sich nach 1918 schon abgezeichnet hatte und nun, nach 1945, vollends zutage trat. Großbritannien hatte ein Drittel seiner Goldreserven zur Kriegsfinanzierung aufgebraucht, sein Haushaltsdefizit belief sich auf 10 Milliarden Pfund, das Land hatte enorme Schulden, vor allem gegenüber den USA, angehäuft. Die Krise und der Zerfall des Empire erschwerte „imperiale Lösungen", wie etwa die von 1931, als nach der Abkehr vom Goldstandard die Sterling-Area etabliert worden war.[5] Gravierende soziale Probleme im Land selbst verschärften die Situation. In dieser Lage sah die Labour Party in der Verstaatlichung der Bank of England einen Weg zur Besserung, eine Maßnahme, die nach Ansicht der historischen Forschung freilich nur bestätigte, daß die Bank längst ihre Unabhängigkeit gegenüber der Regierung verloren hatte.[6] Die Bank agierte nun nach den Vorgaben der Treasury und des Schatzkanzlers; wohl konnte sie dabei weiterhin ihre Expertise in den politischen Prozeß einbringen, vor allem aber hatte sie jetzt die Politik der Regierung umzusetzen.

Die Pfund-Abwertungen von 1949 und 1967 zeugten von der relativen Schwächung Großbritanniens gegenüber den übrigen westlichen Industrie-

[5] Vgl. *Catherine R. Schenk*, Britain and the Sterling Area: From Devaluation to Convertibility in the 1950s. London 1994.

[6] *John Fforde*, The Bank of England and Public Policy, 1941-1958. Cambridge 1992, 4–30.

staaten, und sie belegten, daß Großbritannien längst nicht mehr unabhängig agieren konnte. Dem amerikanischen Druck, bis 1947 die Konvertibilität des Pfunds herzustellen und die Vereinbarungen von Bretton Woods anzuerkennen, hatte London nichts entgegensetzen können, da die Amerikaner diese Bedingungen an die Vergabe eines dringend benötigten Kredits gekoppelt hatten.[7]

Insgesamt belegt die Entwicklung der 1950er und 1960er Jahre zudem deutlich die Präferenz des Vollbeschäftigungszieles, ganz gleich, welche der beiden großen Parteien die Regierung stellte. Egal ob Labour die Ausgaben erhöhte oder die Konservativen die Steuern senkten – am Ende führten beide Optionen dazu, daß die Regierung mehr Geld in Umlauf brachte und damit das Inflationsrisiko steigen ließ. Hier wirkten die Erfahrungen der 1930er Jahre entscheidend nach. Gerade die britische Hauptangst vor Massenarbeitslosigkeit zeigt einen augenfälligen Kontrast zur Bundesrepublik, wo Inflationsängste dominierend waren. In dieses Bild paßt auch, daß das Maß an Autonomie der Bank of England in der Zeit des „keynesianischen Konsenses" mit seiner Politik der Nachfragesteuerung ein „neues Tief" erreichte. Im geldpolitischen „Tagesgeschäft" behielt die Bank eine gewisse Unabhängigkeit, nicht jedoch in der Formulierung geld- oder währungspolitischer Ziele.[8]

Die 1970er Jahre markieren eine dritte, in gewissem Sinne eine Übergangsphase. Der Zusammenbruch des Bretton-Woods-Systems fester Wechselkurse und das darauf folgende Floaten der Währungen sowie der Ölpreisschock von 1973 brachten für die britische Wirtschaft, die ohnehin mit ihren strukturellen Schwächen zu kämpfen hatte, weitere Probleme in Gestalt von Wechselkursschwankungen und steigenden Importpreisen mit sich. Steigende Lohnforderungen der Gewerkschaften verstärkten die inflationären Tendenzen obendrein, ebenso wie Steuerkürzungen, wachsende Staatsausgaben und billige Kredite. Das Pfund befand sich in einer tiefen Vertrauenskrise. An ihrem Tiefpunkt im Sommer 1976 erreichte die Parität zum Dollar mit 1,70 Dollar ihren niedrigsten Stand. Nur mit Hilfe des Internationalen Währungsfonds, der Auflagen zur Währungsstabilisierung damit verband, konnte Großbritannien diese Krise bewältigen. Nicht bewältigt waren freilich all jene langfristigen Probleme, die in den 1970er Jahren so dramatisch zutage traten, nämlich die gleichzeitige Virulenz von Inflation, stagnierender wirtschaftlicher Entwicklung und wachsender Arbeitslosigkeit.

In Großbritannien veränderten sich in dieser neuen Situation die Politikpräferenzen. Seit den 1980er Jahren, in der vierten Phase, hat das Ziel Inflationseindämmung den Vorrang gewonnen gegenüber dem Ziel Vollbeschäf-

[7] *Barry Eichengreen*, The European Economy since 1945. Coordinated Capitalism and Beyond. Princeton/Oxford 2007, 75.
[8] *Collins/Baker*, Bank (wie Anm. 3), 15f.

tigung.[9] Der monetaristische Kurs der Regierung Thatcher und ihre angebotsorientierte Politik wurden von ihren Nachfolgern nicht wesentlich revidiert.

Davon blieb die Stellung der Bank of England nicht unberührt. Seit der Aufgabe des Systems fester Wechselkurse 1972 gewann die Geldpolitik neuen Stellenwert, der „keynesianische Konsens“ erodierte. Das Gewicht der Bank stieg – paradoxerweise, so mag es scheinen –, nicht aber der Grad ihrer Autonomie. Denn zwar bekannte sich Margaret Thatcher zu einer Politik der Inflationsbekämpfung und zu monetaristischen Strategien, doch sah sie in einer möglichen Unabhängigkeit der Bank of England eine Kapitulation der Politik: Zuständig für die Geldpolitik, so Thatcher im Rückblick, solle in jedem Falle die Regierung bleiben. Hätte man der Bank die Entscheidungen in diesen Fragen überlassen, wäre dies einer „Abdankung des Schatzkanzlers“ gleichgekommen.[10] Ihr Schatzkanzler selbst, Nigel Lawson, war freilich anderer Ansicht und plädierte noch in seiner Rücktrittsrede dafür, der Bank zugunsten größerer Glaubwürdigkeit der Anti-Inflationspolitik eine unabhängigere Position einzuräumen.[11]

II. Seit Maastricht: Auswirkungen auf beide Institutionen

Der Wandel im Inflationsbewußtsein der britischen Regierung fiel in dieselbe Zeit, in der sich auch in der Europapolitik eine neue Integrationsphase anbahnte. Beide Themen waren zunehmend enger miteinander verwoben, strahlte doch die europäische Währungspolitik unmittelbar auf die nationale Politik der EG/EU-Mitgliedsstaaten aus und berührte dort sowohl Währungs- als auch Institutionenfragen.

Die Debatten über die Haltung des Landes gegenüber dem Projekt der europäischen Integration wurden in Großbritannien immer besonders intensiv und konfliktträchtig geführt. Das Vereinigte Königreich gerierte sich als „awkward partner“[12], der zunächst der Europäischen Wirtschaftsgemeinschaft fernblieb und erst 1973 beitrat, nicht ohne den Partnern in der EWG Zugeständnisse abzuringen. In den 1980er Jahren wurde Premierministerin Margaret Thatcher in ihrer Kritik am Vorhaben einer Europäischen Wirtschafts- und Währungsunion (EWWU), das Kommissionspräsident Jacques Delors zur Abrundung des Binnenmarkts lanciert und dessen Umsetzung der Europäische Rat im Juni 1988 in Hannover in Gang gesetzt hatte, von

[9] *Eichengreen*, Economy (wie Anm. 7), 277-282.
[10] *Margaret Thatcher*, Downing Street Years. London 1993, 706.
[11] *Collins/Baker*, Bank (wie Anm. 3), 21.
[12] *Stephen George*, An Awkward Partner. Britain in the European Community. 3. Aufl. Oxford 1998.

niemandem übertroffen[13]: Sofern ein solches Projekt nicht ohnehin scheitere, worauf Thatcher eine Zeitlang hoffte, so war es ihrer Meinung nach rundheraus abzulehnen. Denn weder sei für die Vollendung der europäischen Freihandelszone eine Währungsunion notwendig, noch sei diese als Vorstufe zu einem europäischen „super-state" wünschenswert.[14] Gleichwohl wurde der Bericht der Delors-Kommission im April 1989 unterzeichnet, auch vom Präsidenten der Bank of England.[15] Vorgesehen waren drei Stufen, an deren Anfang die Effizienz des Europäischen Währungssystems gestärkt, die Kapitalmärkte weiter geöffnet, die Position der Zentralbankpräsidenten ausgebaut sowie die Wirtschaftspolitiken der EG-Mitgliedsstaaten besser aufeinander abgestimmt werden sollten. In der zweiten Stufe sollte eine Europäische Zentralbank gegründet werden, ehe dann am Ende, im dritten Schritt, eine gemeinsame Währung in Umlauf gebracht und die nationalstaatlichen Kompetenzen in der Währungspolitik auf die europäischen Institutionen übertragen werden sollten. Zum 1. Juli 1990, so der optimistische Plan, sollte mit der ersten Stufe begonnen werden.

Derlei Ambitionen mochte die britische Regierung auch nach dem Wechsel in Downing Street 10 nicht teilen. John Major verfolgte, wenngleich etwas konzilianter im Ton (und bisweilen auch in der Sache), den traditionellen Kurs seiner Amtsvorgänger weiter und setzte durch, daß Großbritannien für die Sozialcharta des Vertrags von Maastricht eine „Opt-out"-Möglichkeit zugestanden wurde; auch werde sich sein Land, so erklärte der Premierminister unmißverständlich, an der dritten Stufe der EWWU ebensowenig beteiligen wie an einer europäischen Zentralbank. Die britischen Euroskeptiker konnten sich durch die „Ratifizierungskrise"[16] des Maastrichter Vertrages nur bestätigt fühlen. Scheiterte zunächst das Referendum in Dänemark und stimmte nur eine schmale Mehrheit der Franzosen mit „oui", so trieb der Prozeß der parlamentarischen Ratifizierung in Großbritannien die konservative Partei in eine harte innere Zerreißprobe. Nur mit großen Mühen gelang es Major im Juli 1993, die notwendige Mehrheit im Unterhaus zusammenzubekommen.

Das europäische Währungssystem blieb indes vorerst weit hinter den hochgesteckten Erwartungen zurück.[17] Als im Juli 1992 nicht zuletzt infolge

[13] Zur Europapolitik Thatchers vgl. *Hugo Young*, This Blessed Plot. Britain and Europe from Churchill to Blair. London 1998, 306–374; *George*, Partner (wie Anm. 12), 137–208.

[14] *George*, Partner (wie Anm. 12), 191f.; *Alice Neuhäuser*, Triebkräfte und Hindernisse auf dem Weg zum britischen Euro-Beitritt. Münster 2005, 52ff.

[15] Committee on the Study of Economic and Monetary Union, Report on economic and monetary union in the European Union. Luxemburg 1989: URL: http://www.ena.lu (14.9.2008).

[16] *Gerhard Brunn*, Die Europäische Einigung von 1945 bis heute. Stuttgart 2002, 272; vgl. auch *Eichengreen*, Economy (wie Anm. 7), 359ff.

[17] *Eichengreen*, Economy (wie Anm. 7), 360–366.

einer Leitzinserhöhung durch die Bundesbank die Devisenmärkte in eine tiefe Krise gerieten, zog dies den europäischen Währungsverbund stark in Mitleidenschaft. Die italienische Lira mußte abgewertet werden, das Pfund hohe Kursverluste hinnehmen. Major klinkte das Pfund daraufhin aus dem EWS aus und wertete die britische Währung ab. In diesem Kontext gewann die Bank of England neuen Spielraum: Ab November 1993 konnte sie selbst den Zeitpunkt für Zinssatzänderungen bestimmen, schon seit Februar des Jahres ging sie mit eigenen Inflationsberichten an die Öffentlichkeit. Zum Positionsgewinn der Bank gegenüber der Regierung läßt sich auch rechnen, daß seit 1994 die Protokolle der monatlichen Treffen von Governor und Premierminister veröffentlicht wurden, was der Öffentlichkeit eine Chance zu eigener Meinungsbildung geben, faktisch jedoch den Druck auf die Regierung erhöhen sollte.[18]

Zur selben Zeit gewann das Ziel Währungsstabilität auf europäischer Ebene höchste Priorität. Um weitere Turbulenzen im europäischen Währungsprojekt zu vermeiden, drängte vor allem die deutsche Bundesregierung auf die Verabschiedung eines sogenannten Stabilitätspaktes. Auf dem Gipfel von Dublin 1996 legten die Regierungschefs und ihre Finanzminister dementsprechend die Kriterien fest, ohne deren Erfüllung kein Land dem Euroraum beitreten können sollte: Haushaltsdisziplin, stabile Währung, niedriges Zinsniveau sowie stabile Preise. Zwei Jahre später erfüllten elf Länder diese Voraussetzungen. Das Inkrafttreten des Statuts für die Europäische Zentralbank brachte eine wesentliche institutionelle Neuerung, ehe zum 1. Januar 1999 die dritte Stufe der EWWU erreicht wurde. Drei Jahre später, am 1. Januar 2002, wurden schließlich Euro-Noten und -Münzen emittiert. Damit war abermals ein wichtiger Schritt im Prozeß der europäischen Einigung vollzogen, ohne daß Großbritannien beteiligt war.

Der Regierungswechsel in London 1997 weckte Hoffnungen, das Land würde nun von seinem harten europaskeptischen Kurs abgehen. In der Tat hatte die Labour Party in ihrem Erneuerungsprozeß auch ihre alten Vorbehalte gegenüber Europa aufgegeben; New Labour bekannte sich in seinem Wahlkampfprogramm ausdrücklich zu Europa als einer „alliance of independent nations choosing to co-operate to achieve the goals they cannot achieve alone".[19] Drei Jahre später erklärte Premierminister Tony Blair in einer wegweisenden Rede in Gent (ganz als Gegenentwurf zu Thatchers europakritischer Grundsatzrede von Brügge gedacht) gar, es sei einer der größten Fehler der britischen Politik gewesen, in der Frage der europäischen Ei-

[18] *Collins/Baker*, Bank (wie Anm. 3), 21.

[19] Zit. nach *Richard Heffernan*, Beyond Euro-scepticism: Exploring the Europeanisation of the Labour Party since 1983, in: Political Quarterly 72, 2001, 180–189, hier 181; zur Neuorientierung der Labour Party in der Europapolitik vgl. auch *Young*, Plot (wie Anm. 13), 474–485.

nigung so zögerlich zu sein. Statt dessen plädierte er nun für ein Engagement Großbritanniens in Europa: „[...] I am determined that Britain should play its full part in Europe [...]: because that is what is best for my country."[20]

Diese Neuorientierung der britischen Europapolitik bezog sich auch auf den Euro. Blair versprach bei seinem Amtsantritt, ein Referendum zur Frage eines britischen Beitritts zur EWWU abzuhalten; den Termin ließ er vorerst offen. Erste Schritte zur Vorbereitung der britischen Institutionen leitete er gemeinsam mit dem Schatzkanzler Gordon Brown umgehend ein: Nur wenige Tage nach ihrem Amtsantritt brachte die Regierung den Entwurf eines Gesetzes im Unterhaus ein, das der Bank of England operative Unabhängigkeit bringen sollte. Das hatte schon 1988 der konservative Schatzkanzler Nigel Lawson vorgeschlagen, weil er darin ein effizientes Instrument zur Kontrolle der Inflation gesehen hatte, aber gegen den Widerstand Thatchers hatte sich dieser Plan nicht durchsetzen lassen.[21] Freilich waren die Konservativen 1994, kurz nach Verlassen des EWS, bereits zu einer Politik der Inflationsziele übergegangen und hatten damit stabilisierende Effekte erzielen können.[22]

Nun, 1997, ließ sich auch der weiterreichende Gesetzentwurf mit Labours komfortabler Mehrheit durch das Parlament bringen. Die Bank (bzw. ihr Monetary Policy Committee, MPC) übernahm damit formal die Kontrolle über die Festsetzung der Leitzinsen. Die angepeilte Inflationsrate wird ihr jährlich vom Finanzminister vorgegeben. Damit dies erreicht werden konnte, wurde die Bank verpflichtet, vierteljährlich einen Inflationsbericht vorzulegen; generell strebte man nun eine stärkere Transparenz im Handeln der Bank an. Die Protokolle der Verhandlungen des MPC sind öffentlich zugänglich. Sollte die vorgegebene Inflationsrate um mehr als 1 Prozent verfehlt werden, muß der Präsident der Bank sich dazu öffentlich erklären. Die Kommunikationspolitik der Bank änderte sich von Grund auf, wie ein externes MPC-Mitglied schreibt: „The job of its [the Bank's] press officer was to keep the Bank out of the press, and the press out of the bank. Now it is among the most transparent of such institutions in the world, publishing full accounts of its policy meetings and detailed analyses of its views on the inflation outlook, as well as submitting the Governor and his colleagues to all kinds of public interrogation."[23] Die neue Unabhängigkeit der Bank of England markierte eine Abkehr von der Nachkriegspolitik und revidierte die Nationalisierung der Bank. Zugleich, und das kritisierten europaskeptische

[20] „To withdraw is not patriotic". Tony Blair's Ghent speech, in: Guardian, 23.2.2000.

[21] *Kynaston*, Bank (wie Anm. 3), 54.

[22] *Eichengreen*, Economy (wie Anm. 7), 367.

[23] *Richard Lambert*, Central Bank Communications: Best Practices in Advanced Economies. Vortrag, Mumbai, 23.1.2006. London 2006, URL: http://www.bankofengland.co.uk/publications/speeches/2006/speech264.pdf (14.9.2008).

Abgeordnete selbst aus den Reihen von Labour, war dies ein erster Schritt, die Anforderungen zu erfüllen, die der Vertrag von Maastricht für die Teilnahme am EWWU festlegte.[24] Großbritannien machte einen Schritt auf Europa zu.

Tatsächlich? Während die Statuten der Bank of England in gewissem Sinne „eurokompatibel“ gemacht wurden, rückte die Labour-Führung zur selben Zeit von ihrem Plan eines Referendums ab. Zwar sei der Beitritt Großbritanniens zur Eurozone nach wie vor wünschenswert, erklärte Gordon Brown am 27. Oktober 1997 vor dem Unterhaus. Doch sei die Zeit dafür noch nicht reif, bestenfalls nach den nächsten Wahlen könne man eine Entscheidung fällen. Zuvor müßten in jedem Falle fünf Kriterien erfüllt sein: „1. Whether there can be sustainable convergence between Britain and the economies of a single currency, 2. Whether there is sufficient flexibility to cope with economic change, 3. The effect on investment, 4. The impact on our financial services industry, 5. Whether it is good for employment.“[25] Erst wenn diese Tests bestanden und damit der ökonomische Nutzen der EWWU für Großbritannien sichergestellt seien, könne das von Blair projektierte Referendum über den Euro-Beitritt durchgeführt werden. Als der Schatzkanzler im Juni 2003 einen umfangreichen Bericht vorlegte, war von den fünf Tests nur einer bestanden. Zwar bekannte sich Gordon Brown abermals grundsätzlich zum Euro, doch überwog die Skepsis in seiner Rede bei weitem.[26] Für ein Referendum jedenfalls sei es noch zu früh – und die Entwicklungen der Folgezeit konnten die Labour-Führung in dieser Einschätzung nur bestätigen: Angesichts der Stimmenverluste Labours in den Wahlen 2001, des Scheiterns der Euro-Volksabstimmungen in Dänemark 2000 und Schweden 2003, der wachsenden Distanz zwischen Großbritannien und wichtigen europäischen Partnern (namentlich Frankreich und Deutschland) nach Beginn des Irakkriegs sowie der negativen Ergebnisse in den Referenden über den europäischen Verfassungsvertrag in Frankreich und den Niederlanden 2005 und schließlich des Machtwechsels in der Downing Street wurde ein Referendum über den Euro immer wieder verschoben, wie es nun scheint: *ad calendas graecas*. Mehr noch, Blair und Brown führten nun in vielem die Europapolitik der Konservativen fort; von der europafreundlichen Haltung von 1997 jedenfalls ist nicht viel geblieben. John Gillingham

[24] So die Kritik des MP *Denzil Davies*, House of Commons, 11.11.1997, URL: http://www.publications.parliament.uk/pa/cm199798/cmhansrd/vo971111/debtext/71111-13.htm (14.9.2008).

[25] Rede *Gordon Browns* im Unterhaus, 27.10.1997, URL: http://www.hm-treasury.gov.uk/newsroom_and_speeches/speeches/chancellorexchequer/speech_chex_271097.cfm (14.9.2008).

[26] The Euro Assessment. Statement by the Chancellor on UK Membership of the Single Currency, in: Guardian, 9.6.2003.

urteilt über die Europapolitik Blairs gar, es handle sich um „Thatcherism without the handbag".[27]

III. Öffentliche Debatten über den Euro

Von Beginn an begleiteten heftige, überaus kontrovers geführte Debatten in der britischen Öffentlichkeit die Politik der Regierungen in London gegenüber der EWWU. Seit der Vertrag von Maastricht 1992 unterzeichnet wurde, befragten die Meinungsforscher die Briten kontinuierlich zu ihrer Haltung gegenüber der Währungsunion und dem Euro. Ein knappes Drittel der Befragten war schon Ende 1992 entschlossen, im Falle eines Referendums gegen den Vertrag zu stimmen.[28] Mehr als jeder zweite bekundete 1997, im Jahr des Labour-Wahlsiegs, daß er einen britischen Beitritt zur Eurozone ablehnte[29]; Ende 1999, als die europäische Währung bereits als Buchwährung existierte, waren es zwei Drittel der Befragten[30]. Die Ablehnungsquote liegt seitdem nahezu konstant bei rund 60 Prozent, während die Zustimmung durchschnittlich unter 30 Prozent beträgt. In jedem Fall stand bereits im Jahre 2000 zu vermuten, daß die Regierung ein Euro-Referendum nicht gewinnen würde[31], was ihre dilatorische Haltung in dieser Frage ohne weiteres erklärt.[32]

Freilich verliefen die Fronten der öffentlichen Meinung nie so eindeutig, wie diese demoskopischen Daten suggerieren. Denn jeweils ein knappes Viertel der Befragten erklärte, sie seien zwar grundsätzlich für oder gegen einen Beitritt zur EWWU, ließen sich aber zu einem gegenteiligen zustimmenden oder ablehnenden Votum überreden, wenn man ihnen überzeugende wirtschaftliche Argumente nenne.[33] Obendrein haben weitere Auswer-

[27] *John Gillingham*, European Integration 1950–2003. Superstate or New Market-Economy? Cambridge 2003, 403.

[28] ICM-Umfrage, Dezember 1992, URL: http://www.icmresearch.co.uk/pdfs/1992_december_guardian_december_poll.pdf (14.9.2008).

[29] MORI-Umfrage, April 1997, URL: http://www.ipsos-mori.com/content/polls-1997/a-national-survey-on-a-single-european-currency.ashx (14.9.2008).

[30] ICM-Umfrage, Dezember 1999, URL: http://www.icmresearch.co.uk/pdfs/1999_december_guardian_december_poll.pdf (14.9.2008).

[31] MORI/SolomonSmithBarney, Early EMU Referendum Looks Unwinnable, 27.4.2000, URL: http://www.ipsos-mori.com/content/early-emu-referendum-looks-unwinnable.ashx (14.9.2008).

[32] „The state of public opinion is currently an obstacle to government policy": *Andy Mullen/Brian Burkitt*, European Integration and the Battle for British Hearts and Minds: New Labour and the Euro, in: Political Quarterly 74, 2003, 322–336, hier 325.

[33] So äußerten sich z. B. 2003 23 Prozent zustimmend zu der Aussage: „I am generally in favour of British participation, but could be persuaded against it if I thought it would be bad for the British economy". Umgekehrt stimmten 22 Prozent dieser Aussage zu: „I am generally opposed to British participation, but could be persuaded in favour of it if I thought it would be good for the British economy". MORI-Umfrage, Januar 2003, URL: http://www.ipsos-mori.com/content/polls-02/joining-the-euro.ashx (9.10.2008).

tungen der Umfragen ergeben, daß Bildung, Einkommen und Geschlecht eine zentrale Rolle spielten, wenn nach der Haltung gegenüber Europa und dem Euro gefragt wurde: So wuchs die Zustimmungsrate mit steigendem Bildungsniveau der Befragten, ebenso mit steigendem Einkommen bzw. sozialem Status.[34] Zugleich lag die Quote der Ablehnung bei Frauen deutlich höher als bei Männern.[35]

Da die Haltung der Öffentlichkeit demnach noch keineswegs gefestigt erschien, formierten sich nach den Wahlen von 1997 umgehend Lobbygruppen, die Kampagnen für oder gegen den Euro starteten. Die Labour-Regierung baute ein Netz von Agenturen auf, die Informationen über den Euro verbreiten sollten, hatten bei einer Umfrage von 1997 doch 72 Prozent der Befragten eingestanden, nichts oder nur wenig über den Euro zu wissen.[36] Damit wiesen die Briten im übrigen auch im europäischen Vergleich einen deutlich schlechteren Kenntnisstand auf als die große Mehrheit der übrigen europäischen Länder. Schlechter informiert waren, einer Eurobarometer-Erhebung von 2000 zufolge, nur die Griechen.[37]

Allerdings sollten die neu gegründeten Agenturen nicht nur informieren, sondern auch unverkennbar die öffentliche Meinung zugunsten eines Beitritts zur EWWU beeinflussen.[38] Um über die notwendigen finanziellen Ressourcen verfügen zu können, wurde 2000 der Political Parties, Elections and Referendums Act verabschiedet, der es der Regierung erlaubte, während sechs Monaten vor einem Euro-Referendum Gelder in beliebiger Höhe auszugeben, für die Parteien wurden hingegen Obergrenzen festgeschrieben.[39] Auch wurde der EU zugestanden, in Großbritannien für die britische Mitgliedschaft in der Eurozone zu werben. Des weiteren entstanden im ganzen Land (insgesamt 24) Euro-Info Centres, deren Budget auf sieben Millionen Pfund geschätzt wird. Über regional organisierte Euro-Foren konnte Informationsmaterial der Treasury in den Kreisen der regionalen Wirtschaft verteilt werden. Neben solchen Propagandaaktionen leitete die Regierung 1998 die materielle Vorbereitung auf den Euro ein, indem beispielsweise Mittel für die Umstellung von Computersystemen zur Verfügung gestellt wurden. Ein National Changeover Plan, 1999 veröffentlicht, gab drei Stufen für den Übergang zum Euro vor. Bis 2001 wurden im Rahmen dieses Plans nach offiziellen Angaben mehr als 23 Millionen Pfund ausgegeben, möglicherweise

[34] Vgl. Will he, won't he?, in: Economist, 2.2.2002, 33.

[35] Die „Nein"-Positionen überwiegen gegenüber „Ja" bei Frauen um 32 Prozentpunkte, bei Männern nur um 12 Prozentpunkte: *Mullen/Burkitt*, Integration (wie Anm. 32), 325.

[36] MORI-Umfrage, April 1997 (wie Anm. 29).

[37] *Europäische Kommission* (Ed.), Eurobarometer 52.0. Europeans and the Euro. Brüssel, 28.2.2000.

[38] Zum Folgenden *Mullen/Burkitt*, Integration (wie Anm. 32), 325–328.

[39] Online unter URL: http://www.opsi.gov.uk/acts/acts2000/ukpga_20000041_en_1 (15.9.2008).

noch größere Summen. Die Werbeaktionen der Regierung wurden nach 2001 zielgerichteter; einzelne gesellschaftliche Gruppen sollten in ihren Interessen bzw. Bedenken direkt angesprochen werden. So wurden rund anderthalb Millionen Exemplare der Broschüre „Using the Euro – Competing in Europe“ an kleinere und mittelständische Unternehmen verteilt, während Annoncen für den Euro in Frauenzeitschriften geschaltet und Werbezeiten in den Tagesprogrammen der Fernsehsender gebucht wurden, um die besonders skeptische Gruppe der Frauen für den Euro zu gewinnen.

Im Umfeld der Regierung entstanden Lobbyorganisationen, die sich öffentlich für den Euro stark machten. Besonders mit der Dachorganisation „Britain in Europe“ waren Regierung und Administration eng verbunden; auch die Spitzen der pro-europäischen Parteien (neben Labour die Liberal Democrats, Plaid Cymru und die Scottish National Party) fanden sich dort wieder. Aus den Reihen von Labour bildete sich zudem das „Labour Movement for Europe“, während einige prominente Tories mit der „Tory Reform Group“, der „Conservative Group for Europe“ (angeführt von Leon Brittan) oder dem von Kenneth Clarke 2002 lancierten „Tory Europe Network“ Position für den Euro bezogen.[40] „Britain in Europe“, im Oktober 1999 gegründet, konzentrierte seine Tätigkeit in der Anfangszeit darauf, für eine Hinwendung Großbritanniens zu Europa im Allgemeinen zu werben. Erst nach den Wahlen von 2001 verschob sich die Argumentationslinie stärker hin zum Ökonomischen, indem nun die Nachteile für die britische Wirtschaft im Falle weiterer EWWU-Absenz betont wurden.[41] Daß die Regierung angesichts der gleichbleibend ungünstigen Werte in den Meinungsumfragen das versprochene Referendum immer wieder verschob, belastete die Arbeit von „Britain in Europe“ allerdings nachhaltig. Anfang September 2003 trat der Vorsitzende Simon Buckby resigniert zurück, weil zum einen die Konturen der Labour-Politik gegenüber Europa nur noch verschwommen wahrnehmbar seien und die Strategie gegenüber der Öffentlichkeit überdacht werden müsse, und weil zum anderen die Europagegner aus der Kritik an der europäischen Verfassung neuen Rückenwind erhielten.[42] Nachteilig wirkte sich für die Kampagne wie auch für die anderen pro-europäischen Gruppierungen (v.a. der Gewerkschaften und der Unternehmerverbände, „Demos“ oder des „Institute for Public Policy Research“) aus, daß Teile der Medien die Euro-Gegner nach Kräften unterstützten. So fanden sich die Leser der „Sun“, der „Daily Mail“ und des „Daily Telegraph“ im Lager der Euro-Gegner, während die Leserschaft des „Guardian“, des

40 *David Howarth*, The Domestic Politics of British Policy on the Euro, in: Journal of European Integration 29, 2007, 47–68, hier 51.

41 Strong and Weak Points of the Rival Factions, in: Guardian, 28.12.2002.

42 *Patrick Wintour*, Euro Campaign Chief Quits as Referendum Evaporates. ‚Blair failed to give promised lead in attacking anti-Europe prejudice‘, in: Guardian, 10.9.2003.

„Independent“ und der „Financial Times“ positiv gegenüber dem Euro gestimmt war. Geteilte Meinungen zeigten sich unter den Lesern des „Mirror“, des „Express“ und der „Times“.[43] Mag diese Aufzählung ein Gleichgewicht der Kräfte vermuten lassen, so gilt zu bedenken, daß die europakritischen Zeitungen durchgehend deutlich höhere Auflagen als die anderen erreichten.

Die europakritische Presse flankierte die Arbeit zahlreicher Organisationen, die im Lager der Euro-Gegner entstanden. Die wichtigsten unter ihnen waren „Business for Sterling“ und „New Europe“, die im September 2000 fusionierten. Sie waren eng mit der konservativen Partei verbunden, die ehemaligen Außenminister Lord Owen und Lord Rifkind führten den Vorsitz. In der Wahl ihrer Werbemittel setzten sie wie die Pro-Euro-Kampagne auf Informationsbroschüren, Flugblätter und dergleichen, auch mit ihrer Kinowerbung konnten sie Aufsehen erregen, etwa mit einem Spot im Sommer 2002, an dem unter anderem die Comedians Harry Enfield und Rik Mayall sowie der Musiker Bob Geldof beteiligt waren.[44] Belastend für die Regierung war überdies, daß in ihren eigenen Reihen der Widerstand gegen den Euro wuchs: Zum einen festigte sich die Skepsis des Schatzkanzlers, zum anderen formierten sich Organisationen innerhalb der Labour Party wie beispielsweise Anfang 2002 „Labour Against the Euro“, was es dem Premierminister deutlich erschwerte, eine klare Position zugunsten des britischen Beitritts zur EWWU einzunehmen. In gewissem Sinne stand Blair nun vor ähnlichen Problemen innerparteilicher Richtungskämpfe über die Europapolitik wie sein konservativer Amtsvorgänger John Major.[45]

Erschwerend kam für die Regierung hinzu, daß sich die Konfliktlinien in der Euro-Frage auch im Parteiensystem und bei Wahlen widerspiegelten. Bereits bei den Unterhauswahlen 1997 trat die Referendum Party von Sir James Goldsmith an, die eine sofortige Volksabstimmung über den Vertrag von Maastricht forderte, in der Erwartung eines negativen Votums der Briten. Wohl verhinderte das britische Wahlrecht, daß diese kleine Partei ins Parlament einziehen konnte, doch übte sie in einzelnen Wahlkreisen durchaus Druck aus, vor allem auf die konservativen Kandidaten. Nach dem Tod Goldsmiths löste sich die Partei 1998 auf bzw. ging in anderen europaskeptischen Organisationen auf. Größeren Erfolg konnte die UK Independence Party (UKIP) für sich verbuchen, die zwar in den Parlamentswahlen von 1997 und 2001 ebenfalls scheiterte, aber in den Wahlen zum europäischen Parlament, begünstigt durch das dafür geltende regionale Proportionalwahlrecht, 1999 knapp sieben Prozent der Stimmen und drei Sitze in Straßburg

[43] Auf der Basis einer ICM/Guardian-Umfrage: *Alan Travis/Jill Treanor*, Britain still Says no to Euro, in: Guardian, 5.1.1999.

[44] Strong and Weak Points of the Rival Factions, in: Guardian, 28.12.2002.

[45] *Howarth*, Politics (wie Anm.40), 52f.

gewinnen konnte.[46] Bei den Europawahlen von 2004 konnte die Partei ihren Stimmenanteil gar mehr als verdoppeln und hält seitdem neun Sitze. Dem Vorsitzenden und Spiritus rector von UKIP Peter Sykes, einem ehemaligen Konservativen, gelang es, Unterstützer aus den Reihen der Unternehmer und Gewerkschafter für seine Sache zu gewinnen.[47] Labour hingegen hatte bei den Europawahlen von 1999 eine Schlappe hinzunehmen und verlor fast die Hälfte der Sitze im Straßburger Parlament.[48] Innenpolitisch konnte die Partei zwar die Unterhauswahlen von 2001 abermals mit deutlichem Vorsprung gewinnen, mußte freilich erkennen, daß der Zuspruch der Wähler gewiß nicht auf die Europapolitik Blairs zurückzuführen war. Wichtigstes Thema dieser Wahlen war vielmehr die Gesundheitspolitik bzw. die generelle Krise der öffentlichen Leistungen.[49] Um die euroskeptische Mehrheit der Bürger zu beruhigen, tauschte Blair seinen Außenminister aus: An die Stelle des pro-europäischen Robin Cook trat nun Jack Straw, der sich bis dahin als Europakritiker profiliert hatte – ein rein symbolischer Akt, denn im Entscheidungsgefüge hinsichtlich eines Euro-Beitritts änderte sich dadurch nichts, gab doch die Treasury aufgrund ihrer ökonomischen Bedeutung in dieser Frage eindeutig den Ausschlag.[50]

Es ist bemerkenswert, wie wenig erfolgreich die aufwendige Informationskampagne der Regierung war. Lediglich vier Prozent der befragten Briten erklärten in einer Umfrage von 2001, ihr Wissen über die EWWU aus amtlichen Publikationen, Broschüren und dergleichen zu gewinnen; dagegen verließen sich von ihnen drei Viertel auf das Fernsehen und mehr als die Hälfte auf Zeitungen als Informationsquellen. Allenfalls fünfzehn Prozent war die Lobbygruppe „Britain in Europe“ überhaupt bekannt; freilich kannten noch weniger, sieben Prozent, die Anti-Euro-Organisation „Business for Sterling“.[51] An den Zustimmungs- und Ablehnungsraten jedenfalls scheinen die kostspieligen und mit großem Aufwand geführten Kampagnen *à la longue* nichts verändert zu haben.[52]

46 Ebd. 53f.

47 *Peter Hetherington*, Arch-sceptic to Launch Blitz on Euro, in: Guardian, 27.8.1998.

48 Ergebnisse unter URL: http://www.europarl.europa.eu/election/results/uk_tab.htm (15.9.2008).

49 ICM-Umfrage, Februar 2001, URL: http://www.icmresearch.co.uk/pdfs/2001_february_c4_message_poll_1.pdf (15.9.2008).

50 *Neuhäuser*, Triebkräfte (wie Anm. 14), 151.

51 Foreign and Commonwealth Office, European Union Survey, ICM-Umfrage, Oktober 2001, URL: http://www.icmresearch.co.uk/pdfs/2001_october_foreign_and_commonwealth_office_european_union_survey.pdf (15.9.2008).

52 Überblick über die MORI-Erhebungen 1991 bis 2002 unter URL: http://www.ipsos-mori.com/content/turnout/joining-the-euro-trends-since-1991.ashx (9.10.2008).

IV. Argumentationsfiguren und (Geschichts-)Bilder

Die geringe Volatilität der öffentlichen Meinung dürfte eine unmittelbare Folge davon sein, daß die Argumentationsfiguren für und wider den Euro bemerkenswert konstant waren. Tatsächlich kann eine qualitative Auswertung der „Euro oder Pfund"-Debatten die bisherige Forschung wesentlich ergänzen, die die Haltung der britischen Öffentlichkeit aus ihrem rationalen ökonomischen Kalkül erklärte – Wechselkursschwankungen induzieren aus dieser Sicht den Wandel in der Kräfteverteilung zwischen Euro-Befürwortern und -Gegnern –[53] oder generell die gesellschaftliche Unterstützung für den Euro darauf zurückführte, wie einzelne Gesellschaftssegmente die Performanz ihrer jeweiligen Regierungen beurteilten.[54] Anknüpfungspunkte für eine weiterführende Analyse bieten dagegen jene Studien, die eine Korrelation zwischen britischer Identität und Europaskepsis akzentuierten bzw. konstatiert haben, daß eine Mehrheit der Briten Britishness und Zugehörigkeit zur Eurozone für inkompatibel hielten.[55] Inwiefern diese Haltung durch bestimmte (Geschichts-)Bilder gestützt oder relativiert wurde bzw. werden sollte und welche Bilder dafür mobilisiert wurden, soll dieser Abschnitt klären. Er führt damit ins Zentrum eines kulturhistorisch orientierten Interpretationsansatzes.

Die Befürworter eines Euro-Beitritts, allen voran die neu in ihr Amt kommende Labour-Regierung, nannten zunächst und zuerst ökonomische Argumente. Sie verwiesen auf die günstigeren Transaktionskosten, die mit der EWWU-Mitgliedschaft einhergingen, sowie auf generell positive Anreize für Handel und Finanzen. Dem Hinweis der Euro-Gegner auf die vermeintliche Stärke des Pfund Sterling, die mit dem Euro aufgegeben würde, hielten sie entgegen: „Instead of being a symbol of Britain's greatness, as the keep-the-pound lobby would have it, sterling has been at the core of almost every political crisis this century."[56] Ebenfalls noch weithin von einer ökonomischen Logik inspiriert, aber schon ins (Identitäts-)Politische hinüberspielend, war das Argument, die EWWU sei in Zeiten der Globalisierung der Wirtschaft das kleinere Übel. So wünschenswert die Bewahrung währungspoli-

[53] *Susan Banducci/Jeffrey Karp/Peter H. Loedel*, The Euro, Economic Interests, and Multi-level Governance: Examining Support for the Common Currency, in: European Journal of Political Research 42, 2003, 685–703.

[54] Vgl. *Manfred Gärtner*, Who Wants the Euro – and why? Economic Explanations of Public Attitudes towards a Single European Currency, in: Public Choice 93, 1997, 487–510.

[55] *Anke Müller-Peters*, The Significance of National Pride and National Identity to the Attitude toward the Single European Currency: A Europe-wide Comparison, in: Journal of Economic Psychology 19, 1998, 701–719; *David Routh/Carole Burgoyne*, Being of two Minds about a Single Currency: A UK Perspective on the Euro, in: Journal of Economic Psychology 19, 1998, 741–754.

[56] The Sovereign that never Ruled, in: Guardian, 6.1.1999.

tischer Eigenständigkeit auch sei: „Only the most callow MPs accept the Government's claim that the euro is an economic, not a political and constitutional, issue. But this is not the go-it-alone Britain of 1940 and many are prepared to pay the price. Being inside EMU surrenders sovereignty to Brussels bureaucrats and central bankers in Frankfurt. But being outside allows George Soros, Joe Lewis, Goldman Sachs and all the other global hedgefund managers to park their tanks on Gordon Brown's lawn."[57] Damit korrespondierte in den frühen Jahren der Regierung Blair der Wunsch, etwas mehr Unabhängigkeit gegenüber den USA und ihrem (wirtschafts-)politischen Kurs zu gewinnen.[58] Aus Sicht britischer Linker versprachen ein Beitritt zur Eurozone und eine Stärkung der europäischen Integration gar, einen wirksamen Gegenentwurf zum Neoliberalismus zu formulieren und dem globalen Kapitalismus unter amerikanischer Führung den starken Block europäischer Wohlfahrtsstaaten entgegenzusetzen.[59]

Mit dem Irakkrieg indes gerieten solche amerikakritischen Positionen unter Druck, ebenso verloren aus Sicht der britischen Öffentlichkeit und der Regierung auch jene Versuche an Plausibilität, für Großbritannien einen selbstverständlichen Platz in Europa zu reklamieren. Denn auch daran knüpften Befürworter des Euro an, wie etwa Charles Kennedy bei der Auftaktveranstaltung von „Britain in Europe": „Britain in Europe. The name says it all. Britain can't be anywhere else. Britain is in Europe. Part of its rich culture and heritage."[60] Ähnlich beschwor Tony Blair in seiner Rede in Gent die historisch gewachsenen, engen Verbindungen Großbritanniens zu Europa, die älter seien als die imperialen Traditionen des Landes. Immer sei das Schicksal Europas mit Großbritannien verflochten gewesen, hätten doch etwa britische Soldaten im Zweiten Weltkrieg für Europas Freiheit gekämpft. Nun dürfe sich das Land nicht mehr abkapseln, sondern, so Blair: „Britain's destiny is to be a leading partner in Europe. It is right for Britain, and it is right for Europe."[61]

In dieser Rede, mit der der Premierminister energisch wie nie für eine aktive und konstruktive Europapolitik warb, verwob er ökonomische, politische und historische Argumente. Neben die Verflechtung und Interdependenz der kontinentaleuropäischen und britischen Nationalökonomien stellte

[57] *Alex Brummer/Michael White*, All aboard for the Eurocoaster. The Run-up to the Birth of the Euro this Weekend has Meant a Rough Ride for Britain. Staying outside when our Competitors Join Will Bring Turbulence to our Booming Economy, in: Guardian, 30.6.1998.

[58] The Euro, not America, Must be our Future, Leitartikel, Guardian, 28.2.1999.

[59] Vgl. etwa *David Purdy*, €urovision or American Dream? Britain, the Euro and the Future of Europe. Glasgow 2003.

[60] It's a Partial View of the Past. Charles Kennedy's Full Speech, in: Guardian, 14.10.1999.

[61] „To withdraw is not patriotic". Tony Blair's Ghent Speech, in: Guardian, 23.2.2000.

er eine traditionelle Verbundenheit, die der Einsatz im Zweiten Weltkrieg heroisch gefestigt habe. Daß mit der britischen Hinwendung zu Europa nun auch der Beitritt zur EWWU und die Übernahme des Euro verbunden sein sollten, erschien aus Blairs Sicht fast selbstverständlich, jedenfalls bedurfte dies keiner eigenen, historisch abgeleiteten Begründung mehr, sondern ließ sich allein mit einem Verweis auf Arbeitsplätze und Handelsopportunitäten legitimieren. Damit unterschätzte der Premierminister freilich – und mit ihm die übrigen Euro-Advokaten – die langfristige Wirkmächtigkeit komplexer (Geschichts-)Bilder gerade in den europa- und währungspolitischen Positionsbestimmungen. Dies wird um so deutlicher, wenn man auf die Argumentationsfiguren blickt, welche die Euro-Gegner aufbauten.

Die von Blair behauptete europäische Identität Großbritanniens bestritten seine Kritiker ebenso nachdrücklich wie die Opportunität einer Mitgliedschaft in der EWWU. Sie suchten tradierte Gewißheiten gegen solche Anmutungen gleichsam zu immunisieren, und hierbei spielten die Bank of England und das Pfund eine wesentlich zentralere Rolle als bei den Euro-Befürwortern. Zum einen überzeugte der Verweis auf den ökonomischen Nutzen des Euro-Übergangs längst nicht alle, auch die britische Wirtschaft zeigte sich in dieser Frage gespalten.[62] Ende 2003 war eine überwältigende Mehrheit der Briten der Ansicht, die EU und damit der Euro würden scheitern.[63] Der Schatzkanzler selbst verwies im Laufe der Jahre immer häufiger und nachdrücklicher darauf, daß Stabilität und Wachstum der britischen Wirtschaft aus eigener Kraft erreicht worden seien, unabhängig von der Eurozone oder sogar gegenläufig zu deren Entwicklung.[64] Daß es Brown darauf ankam, die Eigenständigkeit der britischen Währungs- und Stabilitätspolitik zu betonen, läßt sich nicht zuletzt daran ablesen, daß er mit den oben erwähnten fünf Tests eigene Anforderungen für den Euro-Beitritt formulierte und gerade nicht die Konvergenzkriterien des europäischen Stabilitätspakts übernahm.

Zum anderen gingen die auf die britische Währung bezogenen Argumente der Euro-Gegner jedoch weit über das bloß Ökonomische hinaus. Vielmehr hoben sie auf die große historische Kontinuität und die gewachsene kulturelle Symbolkraft des Pfund Sterling ab, die nicht gebrochen werden dürfe. So erklärte etwa 2001 der Vorsitzende der Konservativen, William Hague: „Under Labour's plans, the British pound, the currency that for centuries has been both the symbol and reality of our national independence,

[62] Vgl. Growing Business Divide over Euro, BBC News Online, 30.3.2000, URL: http://news.bbc.co.uk/1/hi/business/696389.stm (17.9.2008).

[63] ICM-Umfrage, Dezember 2003, URL: http://www.icmresearch.co.uk/pdfs/2003_december_new_frontiers_european_union.pdf (15.9.2008).

[64] Rede *Gordon Browns* beim Lord Mayor's Banquet, Mansion House, 16.6.2004, URL: http://www.hm-treasury.gov.uk/newsroom_and_speeches/press/2004/press_56_04.cfm (15.9.2008).

has two years left to live. A second term of this Labour Government will mean that 2003 is the last year we will see the pound. The decision whether or not to abandon our currency is the most crucial decision that this country will ever have to take in peacetime."[65] Das Argument, das Pfund Sterling blicke auf eine ungebrochene, Jahrhunderte währende Tradition zurück, ist in den britischen Debatten überaus geläufig und findet seinen Niederschlag auch in populären historischen Darstellungen, die im Kontext dieser Diskussionen erschienen: „Like an underground stream", setzt etwa Nicholas Mayhews Geschichte des englischen Geldes bedeutungsschwer ein, „which rarely comes to the surface but which nevertheless irrigates the countryside through which it flows, sterling runs through British history, from the Conquest up to the present day."[66]

Natürlich ließen sich derlei Kontinuitätsbehauptungen im Lichte allein der Währungsschwankungen des 20. Jahrhunderts leicht als simplifizierend entlarven, doch die symbolische Kontinuität, die ja nicht weniger handlungsleitend wirkt als „reale" Beständigkeit, läßt sich nicht ohne weiteres übergehen. Denn aus der Beständigkeit der Bezeichnung Sterling leitet sich das Bewußtsein ab, daß nicht wie im deutschen Fall der Name der Währung geändert wurde oder, im Gegensatz zum französischen Beispiel, jemals „Neue Pfund" hätten ausgegeben werden müssen. Weil den Europäern vom Kontinent Währungsreformen vertraut waren, argumentiert Glyn Davies, falle ihnen auch der Schritt zu einer neuen europäischen Währung nicht so schwer wie den kontinuitätsbewußten Briten: „Thus in glaring contrast to the British, most continental families or their parents have personally experienced drastic currency reform, followed by unprecedented growth in their living standards. For them EMU was just another logical step, not the leap in the dark it seemed to a considerable section of British opinion, especially among the older more influential generation."[67]

Eine solche, hier bereits im Namen faßbare Kontinuität ist ein wichtiges Element in dem größeren Zusammenhang von Währung und nationalem Selbstverständnis bzw. nationaler Identität. Daß die Frage der Identität in Großbritannien stärker mit der Währung zusammengedacht wurde als in anderen Ländern, belegen Umfragen, denen zufolge die Briten deutlicher als etwa die Dänen oder Schweden, die ebenfalls vorerst der EWWU fernblieben, der Ansicht waren, ohne den Euro würde ihr Land sich weniger europäisch fühlen als zuvor. Zugleich kam eine überwältigende Mehrheit der Briten zu der Einschätzung, daß die Mitglieder der Eurozone nun ein stärkeres eu-

[65] Rede *William Hagues*, 8. 2. 2001, URL: http://www.conservatives.com/tile.do?def=news.story.page&obj_id=3134&speeches=1 (15. 9. 2008).
[66] *Mayhew*, Sterling (wie Anm. 4), xi.
[67] *Glyn Davies*, A History of Money from Ancient Times to the Present Day. 3. Aufl. Cardiff 2002, 446.

ropäisches Bewußtsein ausbilden würden.[68] Umgekehrt scheint der Stolz auf die eigene Währung in Großbritannien besonders ausgeprägt zu sein[69], ja mehr noch: Dieser kulturelle Faktor beeinflußte die Haltung der Öffentlichkeit gegenüber dem Euro mehr als alle instrumentellen Faktoren.[70]

Die Tatsache, daß britische Identität auf das Engste mit der eigenen Währung verkoppelt war, formulierte John Redwood, einer der führenden konservativen Euro-Kritiker, bündig so: „Abolish the pound and you abolish Britain."[71] In der Tat bildet die Währung einen konstitutiven Teil der britischen Nation als „imagined community" (B. Anderson), vor allem auch, weil sie britische und nicht allein englische Währung ist (wobei die Bank of Scotland bis zum heutigen Tag eigene Noten in Umlauf bringen kann). Für den Zusammenhalt des Vereinigten Königreichs ist demnach die gemeinsame Währung – die man mit niemand anderem teilt – ein zentrales Bindeglied, dessen Wirkung noch dadurch bestätigt und verstärkt wird, daß das britische Geld seit den 1960er Jahren mit dem anderen Symbol britischer Einheit, nämlich der Monarchie, verbunden und die Königin auf den Banknoten abgebildet ist.[72] Ein Aufschrei der Empörung ging durch das Land, als bekannt wurde, daß auf britischen Euro-Banknoten, sollten sie eines Tages tatsächlich auf den britischen Inseln emittiert werden, nicht mehr das Konterfei der Queen, sondern Symbole der Völkerverständigung wie Brükken erscheinen sollten. „The monarch's head is an instant national symbol for us and for people around the world", erklärte beispielsweise der euroskeptische Historiker David Starkey. „It is clear to me that Europe will not tolerate each nation having its own identity, which is very worrying. What next? Will we have to remove the Queen's head from postage

[68] Flash Eurobarometer 121/4: Euro Attitudes (wave 4) – Outside Euro Zone, Oktober 2002, URL: ec.europa.eu/public_opinion/flash/fl121_4_out_en.pdf (17.9.2008). – Zum Vergleich (und zur Ähnlichkeit) britischer und skandinavischer Haltungen gegenüber dem Euro vgl. *Lee Miles*, United Kingdom: Reactions of a Fellow Outsider, in: Cooperation and Conflict. Journal of the Nordic International Studies Association 39, 2004, 193-200; *ders.*, Successful Hitchhikers? The Swedish and British Routes to Adopting the Euro. Karlstad 2003.

[69] *Müller-Peters*, Significance (wie Anm. 55).

[70] *Routh/Burgoyne*, Being (wie Anm. 55). – Matthew Gabel und Simon Hix haben darauf hingewiesen, daß der Grad an Informiertheit in solchen „Identitätsberechnungen" immer mitberücksichtigt werden müsse, vgl. *Matthew Gabel/Simon Hix*, Understanding Public Support for British Membership of the Single Currency, in: Political Studies 53, 2005, 65-81.

[71] *John Redwood*, Our Currency, Our Country. The Dangers of European Monetary Union. Harmondsworth 1997, 19.

[72] Vgl. *Detlev Mares*, Der Schein der Dauerhaftigkeit. Die Konstruktion des nationalen Selbstverständnisses im Bildprogramm englischer Banknoten (im Erscheinen). Ich danke Detlev Mares dafür, daß er mir das Manuskript seines Aufsatzes vorab zugänglich gemacht hat.

stamps?"[73] Selbst der Direktor des pro-europäischen „European Movement" zeigte sich irritiert, verwies freilich auch darauf, daß die Queen im Bildprogramm der britischen Banknoten erst seit wenigen Jahrzehnten erscheine. Ein Sprecher der Treasury beeilte sich zu erklären, daß die Monarchin auf den Münzen auch weiterhin zu sehen sei.[74]

Als die Royal Mint 2003, erstmals seit dem Übergang zum Dezimalsystem, neue Münzen prägte, konnten sich die Euroskeptiker denn auch bestätigt fühlen: Das Porträt der Königin blieb auf der Rückseite erhalten, während auf der Vorderseite Abbildungen von Bauwerken erschienen. Dies war eine klare Anspielung auf das Bildprogramm des Euro und sollte demgegenüber bewußt eigene nationale Akzente setzen, wie die Times sogleich bemerkte: „In stark contrast to the much-maligned fictitious buildings depicted on euro notes, Britain's new coins will bear images of real bridges in England, Scotland, Wales and Northern Ireland. Designed by the wood engraver Edwina Ellis, the coins will celebrate solid British engineering, featuring [...] the cantilever Forth railway bridge in Scotland (1890), Thomas Telford's Menai Strait Bridge in Wales (1826), the prizewinning Millennium Bridge in Gateshead, the world's first rotating bridge, and Sir John Macneill's Egyptian Arch on the main Dublin-Belfast railway line (1851)."[75]

Das Pfund Sterling als materielle, greifbare Währung symbolisiert aber nicht nur britische Unabhängigkeit, die Kontinuität der britischen Geschichte und die innere Geschlossenheit Großbritanniens, sondern nicht zuletzt auch die Größe der Nation, das Erbe ihrer imperialen Vergangenheit: „Perhaps we still feel", kommentierte der „Guardian" 1998 die Aussicht auf neues Geld, „somewhere not so very deep down, that the pound with its monarch's head keeps the flag flying for our own relatively short-lived empire (relative to its Roman predecessor). It allows us a sense of self-importance in an era in which Britain no longer rules the waves, yet the Queen's head can still be found on banknotes issued as far afield as Canada and the Falkland Islands."[76] So spielte die globale Vergangenheit vor allem im populären Image des Pfunds eine wichtige Rolle (wobei ausgeblendet wird, daß das Pfund schon zu Beginn der 1970er Jahre seinen Status als internationale Reservewährung an die D-Mark verloren hatte). Als die UKIP Anfang 2002 eine Demonstration gegen den Euro vor dem Gebäude der Bank of England veranstaltete, war auch der als John Bull kostümierte Ray Egan präsent, der

[73] Zit. nach *Audrey Gillan*, Sceptics up in Arms as Queen's Head Cut off, in: Guardian, 23.9.1998.

[74] Ebd.

[75] *Jim McCue*, After all the Fuss, Brown says I'm Still in Charge ... and it Looks as though the Pound is here for Years, in: Times, 19.6.2003.

[76] *Jonathan Glancey*, Heads you Lose ... but it's only Cash, in: Guardian, 24.9.1998.

die Parolen „Keep the Pound. No Surrender. Stuff the Euro. Rule Britannia" präsentierte.[77]

Die imperiale Vergangenheit schloß institutionell die herausgehobene Bedeutung des Finanzplatzes London immer mit ein.[78] Daher ist auch die Entwicklung der britischen Metropole als Argument formuliert worden, so etwa von Gordon Brown, der 2004 vollends zum Euro-Skeptiker geworden war: London als Symbol britischer Handels- und Finanzmacht habe nicht nur seine historisch einzigartige Position behauptet, sondern seine führende Stellung in der globalen Wirtschaft sogar noch ausbauen können: „London's already considerable and historic advantages and assets – our stability, our global reach, our reputation for integrity, our willingness to be flexible – had been so enhanced for the new global era that, even in the face of a pre-eminent American economy and an integrated euro area, London has today a greater number of foreign bank branches and subsidiaries than any other city in the world; the largest share of global cross border bank lending; with the London Stock Exchange, the largest trading centre for foreign equities in the world; and the foreign exchange market, the largest and most important in the world." Damit verband sich aus Browns Sicht die Führungsaufgabe für Großbritannien in Europa: „And as a Britain no longer looking inwards but a Britain true to its tradition of global engagement, we can find a new confidence as a nation – our outward looking internationalism making us uniquely placed to be a part of – and lead – in a Europe that is itself engaged with the rest of the world."[79]

Mit dem britischen Souveränitätsverständnis nationaler Größe, wie es gegen den Euro-Beitritt abgerufen wurde, verband sich der Topos der „deference". Er zielte auf die Akzeptanz der Besteuerung durch das gewählte Parlament, ging aber gleichermaßen über Großbritannien hinaus und bezog sich auch auf die Hinnahme der Führungsposition britischer Institutionen: „Part of the prestige enjoyed worldwide by the City of London has flowed from the immense respect in which its prime institution, the Bank of Eng-

[77] Foto unter URL: http://www.jamd.com/image/g/689542?partner=Google&epmid=1 (15.9.2008).

[78] Vgl. *Robert Boyce*, The City of London in the British Economy and British Politics in the Twentieth Century, in: Clemens A. Wurm/Bernard W. E. Alford (Hrsg.), Wege nach Europa. Wirtschaft und Außenpolitik Großbritanniens im 20. Jahrhundert. Bochum 1992, 41-69; vgl. auch den Kommentar von *Kathleen Burk*, in: ebd. 71-75; sowie *Ranald C. Michie*, Der Aufstieg der City of London als Finanzplatz: Vom Inlandsgeschäft zum Offshore-Zentrum?, in: Christoph Maria Merki (Hrsg.), Europas Finanzzentren. Geschichte und Bedeutung im 20. Jahrhundert. Frankfurt am Main/New York 2005, 23-51; und *Nigel Thrift*, On the Social and Cultural Determinations of International Financial Centres: the Case of the City of London, in: Stuart Corbridge/Nigel Thrift/Ron Martin (Eds.), Money, Power and Space. Oxford/Cambridge, Mass. 1994, 327-335.

[79] Rede *Gordon Browns* beim Lord Mayor's Banquet, Mansion House, 16.6.2004 (wie Anm. 64).

land, has been held by commercial, as well as central, bankers throughout the world. By diminishing the role of the Bank of England, as he is doing in the Bill, the Chancellor is reducing the standing of the City. The Chancellor and many others in the modern world dislike deference in all its forms, but deference to the Bank of England has been an important economic asset for the United Kingdom. Probably this will not worry the Chancellor, as he hopes to subsume the Bank of England into a European central bank run by foreigners over whom the British electorate and their representatives in this House will have no control [...]."[80]

Mehr noch als imperiale Größe wurde von den Euro-Gegnern die Unabhängigkeit Großbritanniens beschworen, die mit einem Beitritt zur EWWU leichtfertig verspielt würde. Peter Sykes von der UKIP erklärte: „If we give up our currency that is the end of our independence. There is no such thing as a nation without a currency – we are kidding ourselves. Economic union means one economy strapped across 15 nations to make them into one, and to imagine that in two years the European Union can become a free-flowing area like the United States is just a joke."[81] Keineswegs zufällig zeigt das Logo der UKIP das Pfund-Zeichen mit dem Schriftzug des Parteinamens; Währungssouveränität erscheint hier als Symbol für eine mittlerweile rechtspopulistische, nationalistische Programmatik.[82]

Doch auch fernab von solch radikalen Positionen spielte der Topos der „independence" eine gewichtige Rolle. Dabei ging es zum einen darum, Souveränität und Unabhängigkeit in wirtschafts-, finanz- und währungspolitischen Entscheidungen zu bewahren. Auf keinen Fall sollten etwa die Höhe von Zinssätzen oder steuerpolitische Maßnahmen außerhalb Londons bzw. Westminsters festgesetzt werden.[83] Zum anderen erstreckte sich die Bedeutung dieses Topos über das Wirtschaftliche hinaus und reichte ins grundsätzlich Politische hinein. Bemerkenswerterweise votierte eine deutliche Mehrheit der Briten im Oktober 2001 – kurz nach den Anschlägen vom 11. September des Jahres und angesichts künftiger terroristischer Bedrohungen – dafür, die eigene Währung zu behalten und nicht den europäischen Integrationsprozeß weiter voranzutreiben.[84] Das Beharren auf eigener Sou-

[80] Sir *Peter Tapsell*, Debatte vom 11.11.1997, URL: http://www.publications.parliament.uk/pa/cm199798/cmhansrd/vo971111/debtext/71111-20.htm (15.9.2008).

[81] *Hetherington*, Arch-sceptic (wie Anm. 47).

[82] Zur Programmatik und den Positionen der Partei in aktuellen Debatten vgl. ihre Webseite, URL: http://www.ukip.org (15.9.2008).

[83] Vgl. *Browns* Mansion House-Rede, 2004 (wie Anm. 64).

[84] 57 Prozent waren der Meinung: „The threat of international terrorism makes it more important to keep the Pound and keep control of our own affairs", ICM-Umfrage, Oktober 2001, URL: http://www.icmresearch.co.uk/pdfs/2001_october_no_campaign_euro_poll.pdf (15.9.2008).

veränität und Unabhängigkeit erschien in diesem Kontext geradezu als Reflex auf neue Bedrohungen.

Doch auch alte, antideutsche Stereotype ließen sich gegen den Euro mobilisieren, wie etwa ein Werbespot von 2002 zeigte, in dem der Comedian Rik Mayall als Adolf Hitler kostümiert auftrat, den Arm zum Hitlergruß in die Höhe riß und skandierte: „Ein Volk! Ein Reich! Ein Euro!"[85] Auch in weniger zugespitzter Form wurden Argumente gegen den Euro formuliert, die ein deutliches Mißtrauen gegenüber Deutschland zum Ausdruck brachten und damit an weitverbreitete Klischees appellieren konnten. Die gesamte Konstruktion des Euro und der EZB, so ließen sich diese Argumente zusammenfassen, seien nichts anderes als eine Fortsetzung der deutschen antiinflationären Politik mit anderen Mitteln: Schon 1996 erklärte Nigel Lawson, die EWWU würde von der „deutschen Furcht vor einer Wiederholung der Geschichte und von Frankreichs Wunsch getrieben, Deutschland einzupferchen und die Bundesbank zu beseitigen".[86] Entsprechend wurde die inflationshemmende Ausrichtung der EWWU-Institutionen in der britischen Diskussion weithin skeptisch gesehen.

Dies gilt insbesondere für die Verfassung der EZB, in der die britischen Eurogegner eine bloße Kopie der Deutschen Bundesbank erblickten – und damit ein Mittel zur Sicherung deutscher Dominanz in Europa: „By forging ahead with integration", resümiert Anthony Browne diese Position, „the Germans are defining the rules, which are inevitably biased in their favour. For example, the European Central Bank is explicitly based on the German Bundesbank, with the same philosophy, same inflation target, the same method of setting interest rates, and the same lack of openness."[87] Zwar wurde auch die Umstrukturierung der Bank of England mit dem Ziel begründet, Stabilität zu gewinnen und Inflation zu bekämpfen[88], doch stieß dies auf starke Vorbehalte in Parlament und Öffentlichkeit in Großbritannien – wohlgemerkt: nicht bei der Bank selbst, deren Governor ihre neu definierte *raison d'être* durchaus positiv sah[89].

Die Reform der Bank of England galt in den parlamentarischen Debatten als einschneidendste währungspolitische Maßnahme seit dem Zweiten Welt-

[85] *Nicholas Watt*, Anger at Video Spoof of Hitler Backing Euro, in: Guardian, 3.7.2002.

[86] Why we Must not be Tempted into the Single Currency Maze, in: Guardian, 10.2.1997: „As Lord Lawson put it, when giving evidence to the parliamentary Treasury select committee in 1996, monetary union is being driven by Germany's fear of its past and by the French desire to ‚corral Germany and abolish the Bundesbank'."

[87] *Anthony Browne*, The Euro. Should Britain Join: Yes or No? London 2001, 76.

[88] So etwa Schatzkanzler *Gordon Brown* in seiner Rede beim Lord Mayor's Banquet, Mansion House, 18.6.2003, URL: http://www.hm-treasury.gov.uk/newsroom_and_speeches/press/2003/press_73_03.cfm (15.9.2008).

[89] Rede *Eddie Georges* bei einer Konferenz der London Chamber of Commerce, 13.6.2000, URL: http://www.bankofengland.co.uk/publications/speeches/2000/speech89.htm (15.9.2008).

krieg, wenn nicht sogar noch weitreichendere historische Bezüge geknüpft wurden: „It was one of the most important constitutional and economic decisions of this century – indeed, since the reign of Charles II, as anyone who knows the history of the Bank of England will accept“, wie Sir Peter Tapsell im Unterhaus erklärte.[90] Keinesfalls dürfe nun, so das Argument, der Bekämpfung der Inflation immer und unbedingt der Vorrang vor der Beseitigung der Arbeitslosigkeit gegeben werden, wie der Gesetzentwurf dies vorsehe: „Unemployment has always seemed to me to be the most appalling of all social scourges. I belong to a generation who remember the prewar years. One of my earliest memories was of standing in the dole queue with my father [...]. My memories of the 1930s motivated my economics rather more than my subsequent reading of John Maynard Keynes, although he gave me the intellectual understanding of how all that unemployment came about. It is amazing to me that the Labour party, of all parties, has abandoned all those memories and does not seem to appreciate that, if we join a single European currency and have independent banks – whether British or, worse still, foreign – unemployment in this country will be much higher than it would otherwise be. That is not a party political point; it is demonstrably the case.“[91] Mit dergleichen Ansichten – und Tapsell vertrat keineswegs eine Minderheitenmeinung – wurde die Tradition der Bank of England und der britischen Währungskultur abgegrenzt von anderen Traditionen, namentlich der deutschen Stabilitätskultur. Inflation einzudämmen, galt zwar als sinnvoll, doch sei diesem Ziel nicht absolute Priorität einzuräumen.

Vor allem aber widerspreche es britischen institutionellen Traditionen, wenn die Währungspolitik ganz in die Hände von Experten gelegt würde, die alle anderen finanz- und wirtschaftspolitischen Ziele ignorierten, wie dies bei der EZB der Fall sei: „Unlike the Federal Reserve in the United States, which is obliged to take the maximisation of growth and employment into consideration in setting its rates, the ECB is legally obliged to focus on inflation only. Unlike the UK, where the inflation target is fixed by the chancellor, the ECB fixes its own rate. Unlike the Bank of England, which must aim for an inflation target of 2.5 % and must justify itself in writing if it is failing to meet it, the ECB has a flexible inflation target of no higher than 2 % (which is compatible with anything down to 0 %). Democratic constraints do not hamper the ECB. It does not even have to publish its minutes on a

[90] Debatte vom 29.6.1998, Sp. 51, URL: http://www.publications.parliament.uk/pa/cm199798/cmhansrd/vo980629/debtext/80629-15.htm (15.9.2008).

[91] Sir *Peter Tapsell*, Debatte vom 11.11.1997, URL: http://www.publications.parliament.uk/pa/cm199798/cmhansrd/vo971111/debtext/71111-19.htm (15.9.2008). – Vgl. auch *Mark Baimbridge/Brian Burkitt/Philip Whyman*, Is Europe Ready for EMU? Theory, Evidence and Consequences, Paper No. 31 für die europakritische „Bruges Group“, URL: http://www.brugesgroup.com/mediacentre/index.live?article=102 (15.9.2008).

monthly basis, as the Bank of England does, and its members have jobs guaranteed for eight years."[92]

Markant in das öffentliche Bild der Bank of England eingeschrieben war ihre Verantwortlichkeit gegenüber Regierung und Parlament. Der Bank operative Unabhängigkeit zuzugestehen, bedeutete daher nichts weniger, als mit konstitutionellen Traditionen zu brechen. Zwar mochte solche Unabhängigkeit durchaus günstig sein im Kampf gegen Inflation, doch lasse sich der Vorschlag der Labour-Regierung nur schwer mit dem parlamentarischen System Großbritanniens in Einklang bringen.[93] Mehr noch: Dadurch würden Traditionen der parlamentarischen Selbstregierung den Bürokraten Europas geopfert.[94] Wer Maßnahmen zur Bekämpfung der Inflation durchführe, greife über die Zinssätze unmittelbar in das Leben der Bürger ein, beeinflusse die Sicherheit ihrer Arbeitsplätze, den Wert ihrer Ersparnisse, den Gang ihrer Geschäfte sowie die Last ihrer Schulden. „Such matters are absolutely central to the whole political debate, and they are crucial to the electorate. Whoever takes those decisions must be answerable to the House, and, through us, to the voters. Someone must carry the can – and that person should be the Chancellor."[95]

Aus diesem Grunde wurde in den Debatten über die Bank of England immer wieder das hohe Maß an Transparenz sowie ihre kommunikativen Leistungen hervorgehoben, die sie angeblich deutlich von der EZB unterschieden. Freilich entsprach diese Wahrnehmung weiter Teile der britischen Öffentlichkeit und der politischen Eliten nur teilweise der Realität, liegt die EZB in ihrem Kommunikationsverhalten doch so weit von der Bank of England gar nicht entfernt.[96] Gleichwohl galt die Bank of England in den britischen Debatten als Vorbild, an dem sich eine notwendige Reform der EZB zu orientieren habe, denn damit lasse sich „the British ‚common law' genius for pragmatic institutional design and adaptation" mit der erforderlichen Transparenz und Offenheit – und damit Legitimation – verbinden.[97] Dementsprechend könne die EZB, so das Argument Willem Buiters, eines Mitglieds des MPC, erst dann Legitimation besitzen, wenn sie gegenüber dem europäischen Parlament voll verantwortlich sei – einem Parlament wohlge-

[92] Reform Europe's Bank. Without Change, Growth is at Risk, Leitartikel, Guardian, 28.1.2002.

[93] *Peter Lilley*, Debatte vom 11.11.1997, URL: http://www.publications.parliament.uk/pa/cm199798/cmhansrd/vo971111/debtext/71111-10.htm (15.9.2008).

[94] „The sacrifice of British parliamentary self-government to the bureaucracies of a federal Europe": *Tapsell*, Debatte vom 11.11.1997 (wie Anm. 80).

[95] *Lilley*, Debatte vom 11.11.1997 (wie Anm. 93).

[96] Vgl. *Jakob de Haan/Fabian Amtenbrink/Sandra Waller*, The Transparency and Credibility of the European Central Bank, in: Journal of Common Market Studies 42, 2004, 775-794, hier 778.

[97] *Willem H. Buiter*, Alice in Euroland, in: Journal of Common Market Studies 37, 1999, 181-209, hier 185.

merkt, das seine Rolle als „Wachhund" effizient wahrnehmen können müsse.[98] Es lag vor diesem Hintergrund nahe, die Adaption britischer Traditionen zu empfehlen[99], obwohl sich die Diskussionen innerhalb europäischer Institutionen selbst eher am amerikanischen Modell orientierten.[100]

Die britische Kritik an der mangelhaften demokratischen Legitimation der EZB – immer im Kontrast zur Bank of England gedacht – korrespondierte ganz damit, wie die britische Öffentlichkeit das Funktionieren der Demokratie in der EU einschätzte: Hier erwiesen sich die Briten, gemeinsam mit den Skandinaviern, stets als die skeptischste Gesellschaft in Europa. Nicht einmal pragmatische Erwägungen eines (ökonomischen) Nutzens aus der EU-Mitgliedschaft konnten dies aufwiegen. Überraschend ist das nicht, hat Großbritannien doch auch den geringsten Anteil an Bürgern aufzuweisen, die sich eher mit Europa als mit ihrem eigenen Land identifizieren.[101]

V. Souveränität statt Stabilität

Nach der Einführung des Euro prägten sich binnen kurzer Zeit in der britischen Währung und der Bank of England europäische Dimensionen aus. Die Londoner City wickelte bald umfangreiche Geschäfte in Euro ab, der Euro wurde als Zahlungsmittel in den größeren touristischen Zentren des Landes akzeptiert, und auf ihren Reisen auf den Kontinent kamen viele Briten mit der Gemeinschaftswährung in Berührung. Gleichwohl wurde die Realität des Euro in den britischen Debatten über einen Beitritt des Landes zur EWWU konsequent ausgeblendet oder marginalisiert. Anders als in Deutschland, wo mit dem Euro vielfach die Gefahr von Instabilität und Inflation assoziiert wurde, war das Leitmotiv der britischen Debatten nicht Stabilität der Währung, sondern Souveränität, Unabhängigkeit von Europa und der EZB. Begründet wurde dies vor allem damit, daß die Politik der EZB nicht demokratisch legitimiert sei, womit auf britischer Seite vornehmlich ihre parlamentarische Verantwortlichkeit gemeint war. Im Kern der britischen Europakritik geht es also um die Konstruktion von Identitäten und Alteritäten. Die Trennlinie zwischen „them" und „us" verläuft im britischen Fall vertikal zwischen den britischen Inseln (es wäre zu diskutieren, inwiefern man vielleicht sogar nur von England sprechen kann) und dem europä-

[98] Ebd. 200. An anderer Stelle fordert der Autor ein europäisches Parlament, „that can both bark and bite" (181).

[99] Reform Europe's Bank (wie Anm. 92).

[100] *Nicolas Jabko*, Democracy in the Age of the Euro, in: Journal of European Public Policy 10, 2003, 710–739, hier 714f.

[101] Alle Befunde in: *Europäische Kommission* (Ed.), How Europeans See themselves. Looking through the Mirror with Public Opinion Surveys. Brüssel 2000, 11, 13, 23.

ischen Kontinent.[102] Eine zentrale Rolle im britischen Selbstverständnis spielt dabei die Souveränität des Parlaments, dem in allen wichtigen politischen Fragen – und Währungsfragen zählen ohne Zweifel dazu – das entscheidende Wort zukommen soll. Die Souveränität des Parlaments wäre gefährdet, wenn währungspolitische Entscheidungen künftig in Frankfurt gefällt würden, und daß ausgerechnet eine deutsche Stadt zum Synonym für die EZB geworden ist, macht es den Briten noch schwerer. Mit diesem Verständnis von Souveränität ist es ohne weiteres vereinbar, die eingeschränkte Unabhängigkeit der Bank of England als positives Gegenbild der EZB gegenüberzustellen, weil die Bank über die Regierung dem Parlament verantwortlich ist.

Vielleicht kann man eine Erklärung für die Argumentationsfiguren von Unabhängigkeit und Souveränität, auch von globaler Bedeutung und Weltgeltung des Pfund Sterling und der Bank of England metaphorisch aus einer Analogie zum Freudschen Wunderblock herleiten. Sigmund Freud beschrieb 1925 in seiner „Notiz über den Wunderblock" eine Schreibfläche, auf der man mit einem Stift Notizen machen und sie wieder löschen konnte. Unter einer Wachsschicht allerdings ließ sich alles, was geschrieben wurde, wieder sichtbar machen. Nichts davon, was je auf den Wunderblock geschrieben war, war verloren, mochte es auch an der Oberfläche nicht mehr zu sehen sein.[103]

Im übertragenen Sinne heißt das: In den britischen „Wunderblock" eingeschrieben sind die herausgehobene Stellung der Bank of England, die sie durch ihr Notenausgabemonopol gewonnen hat, sowie ihre Rolle als „government's banker", aus der sich ein eminent enger Konnex zwischen der Performance der Bank und der politischen Rolle des Landes nach außen ableiten läßt, nicht zuletzt aus der Rolle der Bank in der Finanzierung von Kriegen, einem Zweck, für den sie am Ende des 17. Jahrhunderts ja vorrangig gegründet worden war. Daß die Bank of England den Aufstieg Englands bzw. Großbritanniens zur globalen Macht begleitete und finanzierte, hat ihr Selbstverständnis und vor allem ihr Image als britische Institution maßgeblich geprägt, wobei als symbolische Vermittlung das Bild ihres stattlichen Gebäudes, architektonischer Ausdruck der Macht der Bank, heute das Titelblatt ihres Jahresberichts ziert.[104] Ihre frühe Monopolstellung in Großbritannien und ihre Rolle im imperialen und globalen Kontext bis zur Mitte des

[102] *Thomas Risse*, The Euro between National and European Identity, in: Journal of European Public Policy 10, 2003, 487–505, hier 500.

[103] *Sigmund Freud*, Notiz über den ‚Wunderblock' (1925), in: ders., Gesammelte Werke. Bd. 14. London/Frankfurt am Main 1948, 1–8.

[104] Die Jahresberichte der Bank sind online zugänglich unter URL: http://www.bankofengland.co.uk/publications/annualreport/ (15.9.2008). Zur Symbolkraft des Bankgebäudes vgl. *Jane M. Jacobs*, The Battle of Bank Junction: the Contested Iconography of Capital, in: Corbridge/Thrift/Martin (Eds.), Money (wie Anm. 78), 356–382.

20. Jahrhunderts verschaffen ihr heute noch Akzeptanz und Legitimation. Umgekehrt bilden die Existenz der Bank und des Pfund Sterling Kernelemente britischer Selbstverständigung, sie ermöglichen durch die Kompensation realen Machtverlusts die Fortdauer überkommener Gewißheiten. Insofern haben wir es bei diesen Institutionen in der Tat mit einer komplexen Deutungsschichtung zu tun, in der ältere Schichten zwar in der politischen Praxis – und in der konkreten Ausformung von Institutionen – überlagert, doch in der Deutung noch wirkmächtig sind. So wie die Bank of England und das Pfund Sterling ihre Legitimation aus der Vergangenheit und einem tradierten Politikverständnis schöpfen, so bestätigen sie durch ihre fortdauernde Existenz genau dieses Politikverständnis und wirkmächtige Geschichtsbilder. Anders – und bewußt pointiert – ausgedrückt: Die Krisen und Katastrophen des 20. Jahrhunderts, die auch an der britischen Gesellschaft und am britischen Staat nicht spurlos vorübergegangen sind, lassen sich in der Erinnerung überblenden, weil es Institutionen gibt, die die Umbrüche des Jahrhunderts überstrahlen und in denen sich überkommene Gewißheiten materialisiert und immer wieder aktualisiert haben, Institutionen wie die Monarchie, aber eben auch Institutionen wie das Pfund Sterling und die Bank of England.

Krisenerfahrung und Deutungsmacht

Die Währungspolitik Schwedens und der Schweiz im 20. Jahrhundert

Von

Tobias Straumann

Schweden und die Schweiz gleichen sich in vielerlei Hinsicht wie Zwillinge: Beide sind klein, reich, neutral und stabil. Dennoch sind sie im 20. Jahrhundert in der Währungspolitik ganz unterschiedliche Wege gegangen. Der Schweizer Franken war – über das ganze Jahrhundert hinweg gesehen – die stärkste Währung der Welt.[1] Die schwedische Krone hingegen erlebte in den 1970er und 1980er Jahren eine ausgesprochene Schwächephase. Erst seit Mitte der 1990er Jahre hat sie wieder einen stabilen Wechselkurs.

Wie lassen sich diese unterschiedlichen Wege erklären? In der deutschen Diskussion ist oft argumentiert worden, daß die Stabilität einer Währung vom Geldwertbewußtsein der Bevölkerung beeinflußt werde. Die Deutschen hätten zweimal erfahren, wie schädlich Inflation sei, und deshalb die Unabhängigkeit der Bundesbank voll unterstützt.[2] Läßt sich diese Erklärung auch auf Schweden und die Schweiz anwenden? Waren es auch in diesen Fällen länderspezifische Krisenerfahrungen, welche die Politik nachhaltig prägten?

In diesem Aufsatz wird eine skeptische Sicht vertreten. Krisen spielten zwar eine wichtige Rolle, aber viel entscheidender war, wie die führenden Politiker diese Krisen deuteten und – davon abgeleitet – die wirtschaftspolitischen Institutionen ausgestalteten. Schweden und die Schweiz hatten bis zum Ausbruch des Zweiten Weltkriegs im wesentlichen dieselben Inflations- und Deflationserfahrungen gemacht, dennoch schlugen sie in den 1940er Jahren völlig unterschiedliche Wege ein. Umgekehrt haben die beiden Länder heute dasselbe geld- und währungspolitische Regime, obwohl ihre Entwicklungen in den 1970er und 1980er Jahren kaum unterschiedlicher hätten sein können. Von einem engen Zusammenhang zwischen Inflationserfahrung, Geldwertbewußtsein und Notenbanksystem kann deshalb in diesen Fällen kaum die Rede sein.

1 *Jean-Claude Trichet*, Swiss Monetary Policy as Viewed by the European Central Bank. Speech on the occasion of the 100th anniversary of the Swiss National Bank on 22 June 2007 in Zurich, online unter: http://www.snb.ch/en/iabout/snb/id/snb_100.

2 Zur deutschen Diskussion siehe z. B. *Manfred J. M. Neumann*, Geldwertstabilität: Bedrohung und Bewährung, in: Deutsche Bundesbank (Hrsg.), Fünfzig Jahre Deutsche Mark. Notenbank und Währung in Deutschland seit 1948. München 1998, 309–346, hier bes. 343f.

Von großer Tragweite war die Deutung der Weltwirtschaftskrise der 1930er Jahre. In Stockholm kam man zu dem Schluß, daß die Krise aus einem klassischen Marktversagen resultierte und der Staat künftig eine wichtigere Rolle einnehmen müsse, um eine Wiederholung einer solchen Katastrophe zu verhindern. In der Folge schritt die schwedische Regierung zu einem totalen Umbau zentraler wirtschaftspolitischer Institutionen: Sie entzog der Zentralbank die Unabhängigkeit, zähmte den internationalen Kapitalverkehr durch ein strenges Kontrollsystem und unterwarf den einheimischen Finanzsektor einer starken Regulierung. Zwei Ziele wollte sie damit erreichen: niedrige Zinsen zur Ankurbelung der privaten Investitionen und eine Glättung der Konjunktur mittels antizyklischer Finanzpolitik und Kreditrationierung. Zudem erwartete sie von den Sozialpartnern, daß sie das neue System mit einer maßvollen Lohnpolitik unterstützten.

In der Schweiz hingegen sah man in den 1930er und 1940er Jahren keinen Anlaß für eine konjunkturpolitische Wende. Im Gegenteil glaubte man den tieferen Grund für die Weltwirtschaftskrise in der Verletzung altbewährter Prinzipien zu erkennen und plädierte für eine liberale Neubesinnung. Man erkannte zwar, daß Deflation schädlich sei, aber hielt Inflation weiterhin für das größere Übel – obwohl die Deflationsphase in den 1930er Jahren in der Schweiz viel länger gedauert hatte als in Schweden. Der ordoliberale Ökonom Wilhelm Röpke, der in Genf lehrte und große Sympathie für die, wie es schien, sturen Eidgenossen hegte, kommentierte 1961: „Die Schweiz ist dasjenige Land in Europa, das niemals vom Kurse der Marktwirtschaft und der monetären Disziplin abgewichen ist, auch dann nicht, als ein anderes neutrales Land, nämlich Schweden, den Verlockungen des Kollektivismus und Inflationismus nach dem Kriege erlag. Insofern kommt der Schweiz der Ehrentitel des Landes zu, das inmitten der allgemeinen ideologischen Verwirrung das Modell einer gesunden Wirtschafts- und Währungspolitik sorgsam bewahrt hat, auch zu einer Zeit, als es damit allein in der Welt stand und als eine Art von Museumsstück verlacht wurde.“[3]

Der Umbau der schwedischen Institutionen in den 1940er Jahren erklärt, warum die Krone nach 1973 mehrmals abgewertet wurde. Bis Ende der 1960er Jahre hatte die neue Konjunkturpolitik dank hoher Wachstumsraten ganz gut funktioniert. Aber im folgenden Jahrzehnt, als es einer unabhängigen Zentralbank bedurft hätte, um die in Fahrt gekommene Inflation zu reduzieren, scheiterte die schwedische Politik. Es gelang zwar, die Vollbeschäftigung bis Ende der 1980er Jahre aufrechtzuerhalten, aber nur um den Preis einer hohen Teuerung, die zunehmend als kostspielig empfunden wur-

[3] *Wilhelm Röpke*, Fronten der Freiheit. Wirtschaft – Internationale Ordnung – Politik. Eine Auslese aus dem Gesamtwerk. Hrsg. v. Hans Otto Wesemann. Stuttgart 1965, 210. Das Zitat stammt ursprünglich aus dem Aufsatz „Standortbestimmung der Marktwirtschaft“ (Creditreform, November 1961).

de. In den letzten beiden Jahrzehnten des 20. Jahrhunderts schafften die schwedischen Politiker deshalb das Erbe der 1940er Jahre wieder beiseite: Sie liberalisierten den Finanzsektor und den Kapitalverkehr, richteten die Geldpolitik auf das Ziel der Preisstabilität aus und stellten die Unabhängigkeit der Zentralbank wieder her. Seit Mitte der 1990er Jahre ist die Krone wieder eine stabile Währung.

Die Schweizer Behörden hingegen führten ihre Geldpolitik unverändert fort und ließen den Franken im Januar 1973 floaten, weil man keine andere Möglichkeit mehr sah, sich gegen eine importierte Inflation zu schützen. Mit der Freigabe des Wechselkurses erhielt die Schweizerische Nationalbank die Freiheit, die Inflation auf ein vernünftiges Maß zu beschränken. Im Gegensatz zu Schweden waren antizyklische Konjunkturpolitik und Vollbeschäftigung sekundäre Ziele. Preisstabilität hatte Vorrang, und nach einer rund zweijährigen Roßkur Mitte der 1970er Jahre war das schweizerische Inflationsproblem gelöst.

Wenn also weniger die Krisenerfahrungen als die Deutungen über den Kurs der Währungspolitik entschieden, stellt sich die Frage, warum die Politiker in ähnlichen Situationen zu ganz unterschiedlichen Schlüssen kommen konnten. Der erste und wichtigste Grund war die unterschiedliche Stärke der Sozialdemokraten, welche die wichtigsten Anhänger einer staatlichen Konjunktursteuerung in den 1930er Jahren waren. In Schweden kamen sie 1932 an die Macht und blieben bis 1976 stärkste Regierungspartei, während in der Schweiz die bürgerlichen Parteien die Wirtschaftspolitik fast nach Belieben dominierten. Der zweite Grund war der unterschiedliche Grad an staatlichem Zentralismus. In Schweden war die Macht in Stockholm konzentriert, was den Sozialdemokraten die wirksame Umsetzung ihres Programms ermöglichte, während der Schweizer Föderalismus institutionelle Rochaden und fundamentale Politikwechsel von vornherein erschwerte.

Die sozialdemokratische Stärke und der Aufbau des Staates wiederum lassen sich mit langlebigen politischen und wirtschaftlichen Traditionen erklären. Der schwedische Zentralismus und der schweizerische Föderalismus sind Produkte einer je spezifischen Nationenbildung, die im 19. Jahrhundert zum Abschluß kam. Und die Stärke der schwedischen Sozialdemokraten beziehungsweise die Schwäche der Schweizer Linken hängt mit der ethnisch-konfessionellen Zusammensetzung der Bevölkerung und der langfristigen Wirtschaftsstruktur zusammen. Schwedens Bevölkerung war – abgesehen von der kleinen samischen Minderheit im Norden des Landes – seit Jahrhunderten ethnisch und konfessionell homogen, die Industrialisierung basierte auf der Verarbeitung der einheimischen Rohstoffe (Eisen, Kupfer, Holz) und begann erst spät; der Handels- und Finanzsektor blieb sekundär; das städtische Bürgertum hatte wenig politischen Einfluß. In der Schweiz herrschten die umgekehrten Verhältnisse vor: Die Bevölkerung war immer ethnisch und konfessionell gemischt, was die Gewerkschaftsbewegung spaltete; die Industrialisierung begann früh, vollzog sich dezentral und beruhte auf der Veredelung importierter Rohstoffe; der Handels- und Finanzsektor spielte seit der frühen Neuzeit eine wesentliche Rolle; das Bürgertum dominierte Politik und Wirtschaft.[4]

Diese im gerafften Überblick dargestellten Zusammenhänge zwischen Krisenerfahrung und Deutungsmacht im 20. Jahrhundert werden im folgenden genauer erläutert. Der Aufsatz hat vier Teile. Der erste Abschnitt gibt einen Überblick über die geld- und währungspolitische Geschichte der beiden Länder vom späten 19. Jahrhundert bis zur Gegenwart und entwickelt ein Phasenmodell. Der zweite Abschnitt macht, aufbauend auf der politikwissenschaftlichen Forschung, konzeptionelle Überlegungen zum Verhältnis von Kultur, Politik und Währung. Der dritte und vierte Abschnitt schildern die Entscheidungen, welche die Divergenz in den 1940er Jahren und die Konvergenz seit den 1980er Jahren erklären.

I. Drei Phasen im 20. Jahrhundert

Die moderne Geschichte der schwedischen und schweizerischen Währungspolitik läßt sich in drei Phasen einteilen (Tabelle 1 und Grafik 1).[5] In der ersten Phase, die vom späten 19. Jahrhundert bis zum Ausbruch des Zweiten Weltkriegs reichte, verlief die Entwicklung weitgehend parallel. Die schwedische Krone und der Schweizer Franken waren Goldstandardwährungen

[4] Die kurze Schilderung beruht auf *Ulrich Menzel*, Auswege aus der Abhängigkeit. Die entwicklungspolitische Aktualität Europas. Frankfurt am Main 1988; *Stein Rokkan*, Staat, Nation und Demokratie in Europa. Die Theorie Stein Rokkans aus seinen gesammelten Werken rekonstruiert und eingeleitet von Peter Flora. Frankfurt am Main 2000.

[5] Zur europäischen Währungsgeschichte im 20. Jahrhundert siehe *Barry Eichengreen*, Vom Goldstandard zum Euro. Die Geschichte des internationalen Währungssystems. Berlin 2000; *Harold James*, Rambouillet, 15. November 1975. Die Globalisierung der Wirtschaft. München 1997; *Derek H. Aldcroft/Michael J. Oliver*, Exchange Rate Regimes in the Twentieth Century. Cheltenham 1998. Zum Vergleich der schwedischen und schweizerischen Geld- und Währungsgeschichte im 20. Jahrhundert siehe *Tobias Straumann*, Fixed Ideas. Small States and Exchange Rate Regimes in 20th Century Europe. Habilitationsschrift Zürich 2006. Zur Währungspolitik der nordischen Länder seit 1945 siehe *Jonathon Moses*, Devalued Priorities. The Politics of Nordic Exchange Rate Regimes Compared. Diss. University of California Los Angeles (UCLA) 2005; *Tarmo Haavisto/Lars Jonung*, Central Banking in Sweden and Finland in the Twentieth Century, in: Carl-Ludwig Holtfrerich/Jaime Reis/Gianni Toniolo (Eds.), The Emergence of Modern Central Banking from 1918 to the Present. Aldershot 1999, 111–143. Zur schweizerischen Währungspolitik siehe die vier Jubiläumsschriften der Schweizerischen Nationalbank (1932, 1957, 1982, 2007), die im folgenden noch genauer zitiert werden. Zur historischen Entwicklung der Riksbank existiert nur eine sechsbändige offizielle Geschichte aus der Zwischenkriegszeit: Sveriges Riksbank 1668–1924. 6 Vols. Stockholm 1918–1931.

und jeweils Teil einer Münzunion (Skandinavische bzw. Lateinische Münzunion).[6] Als 1914 der Erste Weltkrieg ausbrach, hoben beide Länder den Goldstandard auf, erließen ein Goldausfuhrverbot und finanzierten die steigenden Kriegsschulden mit der Notenpresse, was die Geldmenge aufblähte und die Preise in die Höhe trieb.[7] Nach dem Ersten Weltkrieg stemmte man die Währung zurück auf die Vorkriegsparität und übernahm den Golddevisenstandard – Schweden im April 1924, die Schweiz im Juni 1925.[8] Diese Politik ersparte beiden Ländern zwar die traumatische Erfahrung einer Hyperinflation, provozierte aber einen äußerst schmerzhaften Deflationsprozeß. Schließlich verfolgten die Schweiz und Schweden auch in der Weltwirtschaftskrise eine ähnliche Politik. Zwar verließ die schwedische Krone den Golddevisenstandard fünf Jahre früher als der Franken, was weitgehend erklärt, warum sich die schwedische Wirtschaft schneller erholte als die schweizerische. Doch die Präferenz für fixe Wechselkurse blieb in Schweden trotz der Abwertung ungebrochen, denn die Zentralbank (Riksbank) zog es vor, die Krone nach der Abwertung bald wieder an das Pfund zu binden, anstatt sie floaten zu lassen.[9] In ähnlicher Weise wurde der Schweizer Franken nach der Abwertung wieder an das Gold gebunden. Nur die Bandbreite wurde etwas ausgeweitet.[10]

Die zweite Phase (1940er bis 1980er Jahre) war durch starke Divergenzen geprägt. Vier Unterschiede waren wichtig. Erstens verlor die Krone rund die Hälfte ihres nominalen Werts gegenüber dem US-Dollar. Der Schweizer Franken erfuhr dagegen eine starke Aufwertung: 1971 kostete ein Dollar SFr. 5,17, im August 2007 nur noch rund SFr. 1,20 (Graphik 1).

Zweitens hatte die schwedische Krone immer einen fixen Wechselkurs, während die Schweizer Behörden den Franken seit 1973 floaten ließen. Schweden veränderte allerdings immer wieder die Art dieses fixen Wechselkurses. In der unmittelbaren Nachkriegszeit war die Krone an den Dollar

[6] Die beiden Währungssysteme waren allerdings nicht ganz identisch. Die 1872 gegründete Skandinavische Münzunion basierte von Beginn an auf dem Goldstandard, die 1865 gegründete Lateinische Münzunion war ein bimetallistisches Währungssystem, das seit den 1880er Jahren nur faktisch zum Goldstandard überging. In der Praxis war der Unterschied aber vernachlässigbar.

[7] Die skandinavischen Länder zögerten bis Frühjahr 1916, den Goldexport zu beschränken. Die Schweiz hatte diese Maßnahme bereits im Juli 1915 erlassen.

[8] Die Vorkriegsparität wurde in US-Dollar gemessen, weil die amerikanische Währung als einzige auf dem Goldstandard geblieben war. Weil aber auch die US-Preise von 1913 bis Mitte der 1920er Jahre relativ stark gestiegen waren, war die Vorkriegsparität real 50 Prozent niedriger als vor dem Ersten Weltkrieg.

[9] Wie stark die Riksbank nach der Abwertung fixe Wechselkurse bevorzugte, ist umstritten. Für eine Diskussion der Positionen siehe *Tobias Straumann/Ulrich Woitek*, A Pioneer of a New Monetary Policy? Sweden's Price Level Targeting of the 1930s Revisited, erscheint in: European Review of Economic History.

[10] Die neue Bandbreite betrug ±1,5 Prozent, zuvor ±1 Prozent.

Tab. 1: Währungsregime Schwedens und der Schweiz im 20. Jahrhundert

Schweden	Schweiz
1. Parallelität (1870er bis 1930er Jahre)	
Klassischer Goldstandard (bis 1914)	Klassischer Goldstandard (bis 1914)
Flexible Wechselkurse (1914–1924)	Flexible Wechselkurse (1914–1925)
Golddevisenstandard (1924–1931)	Golddevisenstandard (1925–1936)
Pfundbindung (1931–1939)	Goldparität (1936–1973)
Dollarbindung (1939–1945)	
2. Divergenz (1940er bis frühe 1990er Jahre)	
Dollarbindung, Auf-/Abwertungen (1945–1951)	
Bretton Woods (seit 1951 offizielles Mitglied)	
Währungsschlange (1973–1976)	Bretton Woods (inoffizielles Mitglied)
Währungskorb (1976–1991)	Flexibler Wechselkurs (seit 1973)
Unilaterale Ecu-Bindung (1991–1992)	
3. Konvergenz (1990er bis heute)	
Flexibler Wechselkurs (seit 1992)	

Quelle: *Moses*, Priorities (wie Anm. 5); *Straumann*, Ideas (wie Anm. 5).

Graphik 1: US-Dollar-Kurs der schwedischen Krone und des Schweizer Frankens
SKr und SFr pro US-Dollar

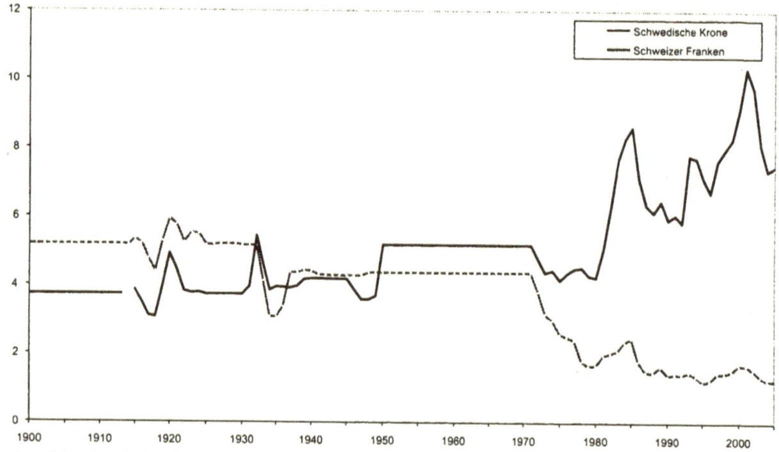

Quelle: Schweizerische Nationalbank und Sveriges Riksbank.

gebunden, wurde aber je einmal aufgewertet (1946) und abgewertet (1949), während der Schweizer Franken konstant blieb. Nach dem Ende von Bretton Woods war die Krone vier Jahre Mitglied der 1972 gegründeten „Währungsschlange" der Europäischen Gemeinschaft (EG); von 1977 bis 1991 war sie an einen handelsgewichteten Währungskorb gebunden und wurde danach für etwas mehr als ein Jahr an den *Ecu* angehängt. Erst im November 1992 erfolgte der Übergang zu einem flexiblen Wechselkurs.

Drittens führte Schweden nicht nur während des Zweiten Weltkriegs umfassende Kapitalkontrollen ein, sondern hielt diese auch nach dem Krieg jahrzehntelang aufrecht. Dank dieses Systems konnte sich Schweden von 1973 bis 1977 von der Hochzinspolitik der Deutschen Bundesbank abkoppeln und die Krone an einen Währungskorb binden. Die Schweiz hingegen hielt während dieser zweiten Phase prinzipiell am freien Kapitalverkehr fest, so daß der Schweizer Franken immer konvertibel blieb.[11] Es gab zwar in den 1960er und 1970er Jahren Bemühungen, die großen Kapitalzuflüsse durch Schutzmaßnahmen zu bremsen, aber die Behörden schreckten stets vor einem umfassenden Kontrollsystem zurück.[12]

Viertens wurde die Riksbank – die schwedische Zentralbank – in den 1940er Jahren faktisch dem Finanzministerium unterstellt, während die Schweizerische Nationalbank weiterhin eine große Unabhängigkeit genoß. Die Entmachtung der Riksbank war Teil des erwähnten Kontrollsystems, das die schwedische Regierung während des Zweiten Weltkriegs errichtete. Die Zentralbank wurde eingespannt in die Regulierung und Überwachung der Löhne, Mieten und Preise und war angehalten, die Zinsen tief zu halten. Nach dem Krieg wurden einige dieser Kontrollen wieder rückgängig gemacht, aber als Gouverneur Ivar Rooth wieder zur Zinspolitik der Vorkriegszeit zurückkehren wollte, scheiterte er am Widerstand des sozialdemokratischen Finanzministers Ernst Wigforss und trat deshalb 1948 unter Protest zurück.[13]

Die Entmachtung der Riksbank gestaltete sich relativ einfach, da die Bank seit ihrer Gründung 1668 dem Parlament gehörte und somit die Parteien erheblichen Einfluß hatten.[14] Gemäß dem Riksbank-Gesetz von 1897 ernann-

[11] Die Nationalbank hat während des Zweiten Weltkriegs die Konvertibilität weitgehend aufrechterhalten. Diese Politik hat ihr von den Alliierten und nach dem Krieg viel Kritik eingetragen. Vgl. Die Schweiz und die Goldtransaktionen im Zweiten Weltkrieg. Hrsg. v. der Unabhängigen Expertenkommission Schweiz – Zweiter Weltkrieg. Zürich 2002.

[12] 75 Jahre Schweizerische Nationalbank. Die Zeit von 1957 bis 1982. Red. *Andreas Frings*, *Max Baltensperger* u.a. Zürich 1982, 99-162, 448-461; *Peter Bernholz*, Die Nationalbank 1945-1982. Von der Devisenbann-Wirtschaft zur Geldmengensteuerung bei flexiblen Wechselkursen, in: Schweizerische Nationalbank (Hrsg.), Die Schweizerische Nationalbank 1907-2007. Zürich 2007, 119-211.

[13] *Haavisto/Jonung*, Central Banking (wie Anm.5), 116. Rooth wurde 1951, d.h. unmittelbar nach dem Beitritt Schwedens, Managing Director des Internationalen Währungsfonds. Auch Rooths Nachfolger, Per Jacobsson, war ein Schwede (1956-1963). Vgl. *Lars-Erik Thunhom*, Sweden, in: Benjamin Haggott Beckhart (Ed.), Banking Systems. New York 1954, 660: „[...], the Riksbank's formal independence has now lost all practical significance."

[14] Eight European Central Banks. Organisation and Activities of Banque Nationale de Belgique, Deutsche Bundesbank, Bank of England, Banque de France, Banca d'Italia, Nederlandsche Bank, Schweizerische Nationalbank, Sveriges Riksbank. A Descriptive Study. London 1963, 308-336. Die Riksbank war 1656 zunächst als private Bank (Stock-

te die Regierung den Präsidenten des Direktoriums, während das Parlament die übrigen sechs Mitglieder wählte. Das Direktorium wiederum ernannte eines dieser sechs Mitglieder zum Gouverneur („förste deputerad"), der für das Tagesgeschäft zuständig war und aufgrund dieser Position auch die Zinspolitik am stärksten beeinflußte. Der Präsident des Direktoriums war für drei Jahre gewählt, konnte aber von der Regierung jederzeit abgesetzt werden. Die Amtszeit der übrigen Mitglieder betrug ebenfalls drei Jahre, konnte jedoch beliebig erneuert werden. Kontrolliert wurde das Direktorium vom Bankausschuß des Parlaments, d.h. es fehlte ein von der Politik unabhängiger Aufsichtsrat. Der sozialdemokratische Finanzminister Wigforss konnte daher den amtierenden Gouverneur Rooth ohne große Mühe ausbooten. Er mußte ihm lediglich signalisieren, daß er nach Ablauf der dreijährigen Amtszeit von der sozialdemokratischen Fraktion nicht mehr gewählt werden würde.

Tab. 2: Institutionelle Grundlagen der Zentralbanken (1953)

		Schweden	Schweiz
Rechtliche Grundlage		Riksbank-Gesetz 1897	Nationalbank-Gesetz 1905 Notenbank-Gesetz 1953
Besitzer		Parlament	Kantone/Kantonalbanken (ca. 55 %) und private Aktionäre
Direktorium	Größe	7 Mitglieder	3 Mitglieder
	Wahlmodus	vom Parlament gewählt, nur der Präsident von der Regierung ernannt	von der Regierung gewählt (Bankrat hat Vorschlagsrecht)
	Amtszeit	3 Jahre (nur der Präsident kann jederzeit entlassen werden)	6 Jahre
Kontrollgremium		Bankausschuß des Parlaments	Bankrat (40 Mitglieder: 25 von der Regierung, 15 von den Aktionären gewählt) Bankausschuß (10 Mitglieder des Bankrats, monatliche Sitzung mit Direktorium)

Quelle: siehe Text.

holms Banco) gegründet worden, ging aber 1668 infolge eines Konkurses in den Besitz des Parlaments über und erhielt einen neuen Namen: Schwedens Reichsbank (Sveriges Riksbank). Sie gilt als älteste Zentralbank der Welt. Die Bank of England, die oft fälschlicherweise für die älteste Zentralbank gehalten wird, wurde erst 1694, kurz nach der „Glorious Revolution", gegründet.

Im Gegensatz zu Schweden ließ die Schweiz die Unabhängigkeit der Nationalbank intakt. Die zu Beginn der 1950er Jahre erlassenen Gesetze betrafen hauptsächlich die seit 1936 veränderte Parität des Schweizer Frankens, die Gewinnausschüttungspraxis sowie die Einlösung und die Pflicht zur Annahme der Banknoten.[15] So blieb die 1907 gegründete Nationalbank weiterhin zu rund 55 Prozent im Besitz der Kantone und der von ihnen kontrollierten Kantonalbanken, während die übrigen Aktien im Publikum plaziert waren.[16] Der Bund besaß keine Aktien, erhielt aber ein Drittel des Jahresüberschusses; die Kantone erhielten die übrigen zwei Drittel. Der Bundesrat wählte das dreiköpfige Direktorium der Nationalbank für eine Amtsdauer von je sechs Jahren und darüber hinaus 25 von 40 Mitgliedern des Bankrats, einschließlich des Präsidenten und des Vizepräsidenten. Der Bankrat fungierte als Aufsichtsrat und hatte bei der Besetzung des Direktoriums das Vorschlagsrecht. Um die Nationalbank vor politischen Einflüssen zu schützen, wurde im Gesetz bestimmt, daß von den 23 gewählten Mitgliedern des Bankrats, die der Bundesrat außer dem Präsidenten und dem Vizepräsidenten wählte, nicht mehr als fünf der Bundesversammlung und weitere fünf den kantonalen Regierungen angehören durften. Im Bankrat sollten eben auch die Interessen der verschiedenen Wirtschaftszweige gebührend vertreten sein. Die übrigen 15 Mitglieder des Bankrats wurden von den Aktionären gewählt. Der Bankrat wiederum wählte aus seiner Mitte den Bankausschuß, der sich in der Regel einmal pro Monat mit dem Direktorium traf und die nähere Aufsicht ausübte. Ihm gehörten bis zum neuen Notenbankgesetz von 1953 neben dem Präsidenten und dem Vizepräsidenten fünf weitere Mitglieder des Bankrats an, ab 1953 acht.[17]

Die dritte und letzte Phase der schwedischen und schweizerischen Zentralbank- und Währungsgeschichte, die in den späten 1980er Jahren begann und bis heute andauert, zeichnet sich durch Konvergenz aus. Die Anpassung lag dabei fast ausschließlich auf schwedischer Seite. Dort verabschiedete man sich vom Modell der Nachkriegszeit, indem man in den 1980er Jahren die Finanzmärkte liberalisierte und nach einer Welle von spekulativen Attacken entschied, die Krone floaten zu lassen.[18] Im Januar 1993 erklärte man

[15] Schweizerische Nationalbank 1907–1957. Hrsg. v. der Schweizerischen Nationalbank. Zürich 1957, 84–88, 347–351.

[16] Ebd. 323-327.

[17] Ebd. 330–339.

[18] Die schwedische Zentralbank versuchte zwar, mit drastischen Zinserhöhungen bis zu 500 Prozent den Wechselkurs zu verteidigen, doch die Strategie war zu kostspielig, da sich das schwedische Bankensystem in einer Krise befand und Schweden die schlimmste Rezession seit den 1930er Jahren verzeichnete. Siehe dazu die Erinnerungen des damaligen Riksbankgouverneurs: *Bengt Dennis*, 500 %. Stockholm 1998. Aufschlußreich sind auch die persönlichen Beurteilungen der damaligen Akteure: *Lars Jonung* (Ed.), På jakt efter ett nytt ankare. Från fast kronekurs till inflationsmål. Stockholm 2003.

das *inflation targeting* zum neuen geldpolitischen Regime, 1999 wurde die Unabhängigkeit der Zentralbank formal hergestellt. Das sechsköpfige Direktorium ist seitdem allein für die Geldpolitik zuständig, und seine Mitglieder dürfen nicht Parlamentsabgeordnete sein. Das Parlament kann lediglich einen indirekten Einfluß ausüben: Es ernennt die Mitglieder des Aufsichtsrats, der seinerseits das Direktorium wählt. Neu ist auch die Einführung einer Amtsdauer von sechs statt drei Jahren.[19] Der Regimewechsel in den 1990er Jahren war so erfolgreich, daß das schwedische Volk die Einführung des Euro im September 2003 klar ablehnte (56 Prozent Nein-Stimmen). Die Zeit der fixen Wechselkurse war vorbei.

Die Schweiz hat nur zwei kleine Anpassungen vorgenommen. Erstens hat man 2003 im neuen Nationalbank-Gesetz den Bankrat auf elf Mitglieder reduziert und ihm die Aufgaben des Bankausschusses übertragen, während der Bankausschuß selber abgeschafft wurde. Zweitens modernisierte die Nationalbank gegen Ende der 1990er Jahre ihr geldpolitisches Konzept. Sie verabschiedete sich vom Geldmengenziel und führte drei neue Elemente ein: eine explizite Definition der Preisstabilität als langfristigen Anker, eine Inflationsprognose als Hauptindikator für die geldpolitischen Entscheidungen und ein Zielband für den Dreimonatslibor als operatives Ziel der Umsetzung der Geldpolitik.[20] Das neue Konzept bedeutete keine radikale Abkehr von der bisher verfolgten Politik, sondern war eine Reaktion auf das Problem, daß die Geldmenge als monetäres Zwischenziel der Geldpolitik zunehmend instabil geworden war.[21] Vor allem in den schwierigen Jahren von 1987 bis 1995, als die Inflation zunächst auf 6 Prozent stieg und dann fast in eine Deflation umkippte, zeigte sich, daß die Geldmenge ein unzuverlässiger Indikator war. Die Probleme der Schweizerischen Nationalbank wurden im übrigen weithin wahrgenommen, auch in Stockholm: Als die Riksbank im Dezember 1992 ihr neues geldpolitisches Konzept beriet, wurde das Schweizer Beispiel ausführlich diskutiert, aber wegen der Schwierigkeiten der Nationalbank zugunsten des *inflation targeting* Neuseelands und Kanadas verworfen.[22] Trotz der Schwierigkeiten war das Floating des Schweizer

[19] Sveriges Riksbank, Annual Report 1999. Stockholm 2000, 4. Siehe Reichsbankgesetz von 1988 und den Zusatz von 1999: *Sveriges Riksbank* (Ed.), Lagen om Sveriges riksbank. [Stockholm] 1988, 1385; und *dies.* (Ed.), Lagen om ändring i lagen [1988, 1385] om Sveriges riksbank. [Stockholm] 1999, 1258.

[20] Die Riksbank praktiziert *inflation targeting*, d. h. sie ist verpflichtet, das gesetzte Inflationsziel unter allen Umständen zu erreichen. Für die Nationalbank ist die Inflationsprognose hingegen nur der Hauptindikator, aber kein eigentliches Zwischenziel.

[21] Die Geldmengenpolitik der Deutschen Bundesbank und der Schweizerischen Nationalbank gilt in der einschlägigen Literatur als Vorläufer des *inflation targeting*. Siehe *Ben Bernanke/Thomas Laubach/Frederic S. Mishkin/Adam S. Posen*, Inflation Targeting. Lessons from the International Experience. Princeton 1999.

[22] *Sveriges Riksbank* (Ed.), Monetary Policy with a Flexible Exchange Rate. Special edition of the quarterly review of the Riksbank. Stockholm 1992, 47.

Frankens politisch nie gefährdet. Im Gegenteil bildet der Wunsch nach einer eigenen Währung bis heute ein starkes Argument gegen den Beitritt zur Europäischen Union. Zuletzt lehnte das Schweizer Volk im März 2001 ein solches Begehren mit 77 Prozent Nein-Stimmen wuchtig ab.

II. Kultur, Politik und Währung

Warum nahm Schweden in den 1940er Jahren einen grundlegenden Kurswechsel vor, während die Schweiz an einer liberalen Politik festhielt, obwohl beide Länder bis zu jenem Zeitpunkt ähnliche Erfahrungen gemacht hatten? Und warum haben die beiden Länder heute trotz unterschiedlicher Entwicklungen in den 1970er und 1980er Jahren dasselbe geld- und währungspolitische Regime? Das deutsche Beispiel legt nahe, daß länderspezifische Inflationserfahrungen nachhaltige Wirkung auf die institutionellen Grundlagen haben können. Zur Erklärung der schwedischen und schweizerischen Währungsgeschichte ist dieser Ansatz jedoch unzureichend. Gewinnbringender ist es, sich zunächst vom nationalen Kontext zu lösen und die Veränderungen der wirtschaftspolitischen Großwetterlage im 20. Jahrhundert ins Zentrum zu stellen. In Westeuropa waren die epochemachenden Ideen ja nie auf einzelne Länder beschränkt, sondern beruhten auf einem intensiven Gedankenaustausch zwischen Politikern, höheren Beamten, Diplomaten und Ökonomen. Mit anderen Worten: Die Grundlage für den schwedischen Kurswechsel in den 1940er Jahren beziehungsweise für das Festhalten der Schweiz an liberalen Prinzipien war durch nationale Traditionen bedingt, aber der Diskurs war ein gesamteuropäischer.

Aus der Vogelperspektive kann man zwei große Umbrüche identifizieren: den Aufstieg des Keynesianismus in den 1930er und 1940er Jahren und die monetaristische Wende seit den 1970er Jahren. Natürlich sind diese Begriffe ungenau, aber wenn man sie nicht allzu eng definiert, bezeichnen sie doch das Wesentliche. Im Anschluß an die Weltwirtschaftskrise der 1930er Jahre und den Zweiten Weltkrieg setzte sich in den meisten westeuropäischen Ländern die Meinung durch, daß der Staat eine aktivere Rolle bei der Steuerung der Konjunktur spielen sollte, was zwangsläufig eine enge Kontrolle der Geldpolitik durch die Politik nach sich zog. Der klassische Fall war Großbritannien: 1945 gewann die Labour Party die Wahlen, nationalisierte ein Jahr später die Bank of England und ordnete sie dem Finanzministerium unter.[23] Inwiefern diese Meinung exakt den Lehren von Keynes entsprach, ist in diesem Zusammenhang irrelevant. Entscheidend war vielmehr, daß

23 *Susan Howson*, Money and Monetary Policy since 1945, in: Roderick Floud/Paul Johnson (Eds.), The Cambridge Economic History of Modern Britain. Vol. 3: Structural Change and Growth, 1939-2000. Cambridge 2004, 134–166.

sich die Politiker auf eine Theorie beziehen konnten, die einen stärkeren Staatsinterventionismus legitimierte.

In den 1970er Jahren beobachten wir dagegen eine zunehmend stärkere Präferenz für den Monetarismus, und seit den 1980er Jahren herrscht weithin Übereinstimmung, daß freie Finanzmärkte, unabhängige Zentralbanken und niedrige Inflationsraten unabdingbare Voraussetzungen für nachhaltiges Wirtschaftswachstum sind. Wiederum ist Großbritannien das beste Beispiel: Die britischen Konservativen unter Margaret Thatcher, welche 1979 die Regierungsgeschäfte übernahmen, reduzierten die Inflation und liberalisierten den Kapitalverkehr. Ende der 1990er Jahre ist schließlich die Unabhängigkeit der Bank of England von einer Labour-Regierung wiederhergestellt worden, was die Breite des Konsenses verdeutlicht.

Die entscheidende Frage ist nun, wie die europäischen Länder an diesen Umbrüchen teilgenommen und sie vorangetrieben haben. Was den Aufstieg des Keynesianismus angeht, so ist noch immer die von Peter A. Hall entwickelte Erklärung die tauglichste, obwohl die Publikation zwanzig Jahre alt ist.[24] Gemäß Hall waren zwei Faktoren maßgeblich: die Orientierung der Regierungspartei und die Staatsstruktur. Der erste Faktor war entscheidend für die Einführung von keynesianistischen Konzepten, denn es waren immer Parteien mit starker Verbindung zur Arbeiterbewegung, die den Bruch mit der Vergangenheit wagten: die US-Demokraten, die Labour Party oder die linken Parteien in Frankreich. Die Art der Staatsstruktur beeinflußte die Implementierung des Keynesianismus. In Ländern mit stark zentralisierten Institutionen war es am leichtesten, die neuen Ideen umzusetzen. Paradebeispiele sind Großbritannien und Frankreich, während in der Bundesrepublik Deutschland der Föderalismus, der auch in der gesetzlichen Grundlage der Bundesbank zum Ausdruck kam, die Umsetzung keynesianistischer Konzepte nach 1945 behinderte.[25]

In bezug auf die monetaristische Zäsur ist die Literatur bedeutend umfangreicher und disparater.[26] Dennoch herrscht große Übereinstimmung,

[24] *Peter A. Hall*, Conclusion, in: ders. (Ed.), Political Power of Economic Ideas. Keynesianism across Nations. Princeton 1989, 361-391.

[25] In Deutschland wurde der Keynesianismus erst in den 1960er Jahren dominant, als die Sozialdemokraten ihren Wahlanteil vergrößerten. Siehe *Alexander Nützenadel*, Die Stunde der Ökonomen. Wissenschaft, Politik und Expertenkultur in der Bundesrepublik 1949-1974. Göttingen 2005.

[26] Siehe z. B. *Peter Gourevitch*, Politics in Hard Times. Comparative Responses to International Economic Crises. Ithaca/London 1986; *Fritz Scharpf*, Sozialdemokratische Krisenpolitik in Europa. Frankfurt am Main 1987; *Jeffrey Frieden*, Invested Interests. The Politics of National Economic Policies in a World of Global Finance, in: International Organization 45, 1991, 425-451; *Paulette Kurzer*, Business and Banking. Political Change and Economic Integration in Western Europe. Ithaca/London 1993; *Eric Helleiner*, States and the Reemergence of Global Finance. From Bretton Woods to the 1990s. Cambridge 1994; *Geoffrey Garrett*, Partisan Politics in the Global Economy. Cambridge 1998;

was die Grundlinien des Umbruchs betrifft.[27] Auf der einen Seite wird betont, daß die zunehmende Liberalisierung des Kapitalverkehrs es für sozialdemokratisch geführte Länder schwieriger machte, eine eigenständige Konjunkturpolitik zu verfolgen. Vor allem die Kombination von Tiefzinspolitik und Kreditrationierung ließ sich immer weniger aufrechterhalten. Auf der anderen Seite setzte sich die Meinung durch, daß hohe Inflation kostspielig sei, während die Keynesianer behauptet hatten, daß man eine vorübergehende Teuerung durchaus in Kauf nehmen könne, wenn es darum gehe, die Arbeitslosigkeit während einer Rezession zu bekämpfen. Dieser doppelte Meinungsumschwung, ausgelöst durch die mageren Resultate der keynesianistischen Konjunktursteuerung, zwang die meisten europäischen Länder zu einer umfassenden Anpassungsleistung. Am meisten betroffen waren diejenigen Länder, die in den 1940er Jahren die Unabhängigkeit der Zentralbanken beschnitten und eine umfassende Kontrolle des Finanzsektors eingeführt hatten. Im Gegensatz zum keynesianistischen Umbruch spielten deshalb weder die Orientierung der Regierungspartei noch die Staatsstruktur eine wichtige Rolle. Die parteipolitischen Kräfteverhältnisse bestimmten nur den Zeitpunkt des zweiten Umbruchs.[28]

III. Die Verzweigung der Wege in den 1940er Jahren

Schweden gehörte in den 1940er Jahren zu den Vorreitern der keynesianistischen Wende[29], während die Schweiz an liberalen Prinzipien festhielt. Wie

Kathleen R. McNamara, The Currency of Ideas. Monetary Politics in the European Union. Ithaca/London 1998; *Herbert P. Kitschelt/Peter Lange/Gary Marks/John D. Stephens* (Eds.), Continuity and Change in Contemporary Capitalism. Cambridge 1999; *Ton Notermans*, Money, Markets, and the State. Social Democratic Economic Policies since 1918. Cambridge 2000; *Fritz Scharpf/Vivien A. Schmidt* (Eds.), Welfare and Work in the Open Economy. 2 Vols. Oxford 2000; *Barry Eichengreen*, The European Economy since 1945. Coordinated Capitalism and Beyond. Princeton 2007.

27 Ein Dissens herrscht nur bezüglich der Ursachen der Liberalisierung. *Helleiner*, States (wie Anm. 26), vertritt die Meinung, daß vor allem politische Gründe entscheidend waren. *McNamara*, Currency (wie Anm. 26), und andere heben zusätzlich ökonomische und technologische Faktoren hervor. Für eine ausführliche Diskussion der verschiedenen Erklärungen siehe *Benjamin J. Cohen*, Phoenix Risen. The Resurrection of Global Finance, in: World Politics 48, 1996, 268–296.

28 Dies geht aus den Ländervergleichen bei *Scharpf*, Krisenpolitik (wie Anm. 26), und *Notermans*, Money (wie Anm. 26), hervor.

29 Man spricht in diesem Zusammenhang von den Lehren der Stockholm-Schule, nicht von einem Keynesianismus. Da aber die ideellen Grundlagen denselben Trends unterlagen und ein einheitlicher Begriff die Argumentation erleichtert, wird im folgenden dennoch von Keynesianismus gesprochen. Siehe *Erik Filip Lundberg*, The Development of Swedish and Keynesian Macroeconomic Theory and its Impact on Economic Policy. Raffaele Mattioli Lectures. Cambridge 1981. Zum politischen Einfluß der schwedischen

läßt sich diese Divergenz mit den oben beschriebenen Erklärungen verbinden? Die beiden Kleinstaaten passen geradezu ideal in das Schema: Im zentralistischen Schweden setzten sich die Sozialdemokraten seit dem Wahlsieg von 1932 mit ihrer Deutung der Weltwirtschaftskrise durch, in der föderalistischen Schweiz blieben sie auf Bundesebene immer eine Minderheitspartei und verloren den Streit um die richtige Kriseninterpretation gegen die konservativen und liberalen Parteien.

Wie die schwedischen Sozialdemokraten (SAP) ihre Ideen entwickelten und umsetzten, ist oft beschrieben worden.[30] Es seien deshalb nur die wichtigsten Etappen erwähnt. Die Diskussion um die richtige Wirtschaftspolitik begann im Anschluß an die tiefe Deflationskrise zu Beginn der 1920er Jahre. Viele Parteigenossen und Gewerkschafter kamen damals zu dem Schluß, daß die Linke statt klassenkämpferischer Parolen konkrete Lösungsansätze zur Bekämpfung der Arbeitslosigkeit anbieten mußte, wenn sie die Interessen der Arbeiterschaft stärker zur Geltung bringen wollte. Bis zum Ende des Jahrzehnts kam es zu einem Meinungsumschwung, vor allem unter den jüngeren Mitgliedern und den Gewerkschaftsfunktionären. 1930 entschied deshalb die SAP, die Forderung nach Arbeitsbeschaffungsmaßnahmen in ihr Programm aufzunehmen und sich von der Idee der Sozialisierung der Produktionsmittel zu distanzieren. Einer der wichtigsten Wortführer der neuen Richtung war Ernst Wigforss, der sich im entscheidenden Wahljahr 1932 mit einer legendären Schrift hervortat, in der er die Idee der antizyklischen Finanzpolitik entwickelte und populär machte.[31] Wigforss übernahm nach dem Wahlsieg im September 1932 das Finanzministerium und war bis zu seinem Ausscheiden 1949 der maßgebende Architekt der neuen Wirtschaftspolitik. Sein Aufstieg symbolisierte die Durchsetzung der sozialdemokratischen Deutungsmacht geradezu idealtypisch.

Zunächst war das Interesse der SAP an einer Regulierung der Geld- und Währungspolitik gering. Die Parteileitung erkannte zwar bald, daß die Abwertung der Krone im September 1931 positive Wirkungen hatte. Sie beendete die Deflation und leitete eine Tiefzinsperiode ein, was den Aufschwung der Wirtschaft entscheidend förderte. Aber die geld- und währungspolitische Situation war bereits geklärt, als die Sozialdemokraten an die Macht kamen, und verlangte deshalb keine zusätzlichen Interventionen. Nach dem Wahl-

Ökonomen siehe *Benny Carlson/Lars Jonung*, Knut Wicksell, Gustav Cassel, Eli Heckscher, Bertil Ohlin and Gunnar Myrdal on the Role of the Economist in Public Debate, in: Econ Journal Watch 3.3, 2006, 511-550.

[30] *Gourevitch*, Politics (wie Anm.26), 131-135, und *Notermans*, Money (wie Anm.26), 100-159. Für eine vergleichende nordische Sicht auf den Keynesianismus siehe *Jukka Pekkarinen*, Keynesianism and the Scandinavian Models of Economic Policy, in: Hall (Ed.), Political Power (wie Anm.24), 311-345.

[31] Die Schrift trug den Titel „Har vi råd att arbeta?" („Haben wir ein Recht auf Arbeit?").

sieg lag der SAP vielmehr daran, einen „Kuhhandel“ mit der koalierenden Bauernpartei (Bondeförbundet) abzuschließen, um die Arbeitslosigkeit zu reduzieren.[32] Die Sozialdemokraten akzeptierten höhere Nahrungsmittelpreise (vor allem für Milch und Zucker), um die landwirtschaftlichen Einkommen während der Krise zu stabilisieren. Im Gegenzug unterstützte die Bauernpartei die Einführung einer Arbeitslosenversicherung, die Stärkung der Gewerkschaftsrechte und eine expansive Finanzpolitik. Der letzte Punkt des Abkommens blieb allerdings eine Absichtserklärung. Die viel gerühmte antizyklische Politik fand kaum statt, wie die Daten zeigen.[33]

Erst gegen Ende des Zweiten Weltkriegs entwickelte die SAP ein neues Konzept für die künftige Geld- und Währungspolitik, das auf ihrer Deutung der Weltwirtschaftskrise beruhte. Die Sozialdemokraten waren überzeugt, daß die Kombination von Goldstandard, freiem Kapitalverkehr und unabhängiger Zentralbank die eigentliche Ursache für die Misere der 1930er Jahre gewesen war. Sie argumentierten, der Goldstandard und die durch freien Kapitalverkehr ermöglichten spekulativen Geldflüsse hätten die Zentralbanken dazu gezwungen, die Währung mit hohen Zinsen zu verteidigen, obwohl in der Krise eine Senkung der Zinsen angezeigt gewesen wäre, und weil die Zentralbanken unabhängig gewesen seien, habe die Regierung nur untätig zuschauen können, wie sich die Situation verschlimmere.[34] Für die schwedischen Sozialdemokraten war die Weltwirtschaftskrise das Resultat eines kolossalen Marktversagens.

Im berühmten Parteiprogramm von 1944, das unter der Leitung von Wigforss entwickelt wurde, formulierte die SAP erstmals ihre geldpolitischen Präferenzen. Sie sprach sich insbesondere für eine Tiefzinspolitik aus, um die private Investitionstätigkeit zu fördern und den öffentlichen Wohnungsbau zu finanzieren.[35] Um dies zu erreichen, schaffte man nach dem Krieg nur die Preis- und Importkontrollen ab, hielt aber die Devisenmarktkontrolle aufrecht. Für die Aufrechterhaltung der Preisstabilität verwendete man anstelle der traditionellen Zinspolitik drei andere Instrumente.[36] Erstens setzten die Sozialdemokraten darauf, daß die Einkommenspolitik, die seit dem Abkommen von Saltsjöbaden 1938 auf bipartiten Verhandlungen zwischen Arbeitgebern und Gewerkschaften beruhte, übertriebene Lohnerhöhungen verhinderte. Zweitens versuchten sie, mittels einer restriktiven Fiskal- und Finanzpolitik die Nachfrage in Phasen der Hochkonjunktur zu

[32] *Ernst Wigforss*, Minnen. Vol. 3. Stockholm 1954, 7ff.

[33] *Erik Lundberg*, Business Cycles and Economic Policy. London 1957, 21–55; *Villy Bergström*, Den Ekonomiska Politiken i Sverige och dess Verkningar. Stockholm 1969.

[34] *Notermans*, Money (wie Anm. 26), 147–152.

[35] Das Parteiprogramm wurde von der SAP zusammen mit der Gewerkschaftsspitze entwickelt. Es trug entsprechend den breiten Titel „Arbetarrörelsens efterkrigsprogram“ („Nachkriegsprogramm der Arbeiterbewegung“).

[36] *Notermans*, Money (wie Anm. 26), 160–163.

dämpfen. Und drittens gingen sie zur Kreditrationierung über, um das Wachstum der Geldmenge zu steuern, ohne den Vorteil der tiefen Zinsen aufgeben zu müssen. Das Bankensystem mußte deshalb vom Staat kontrolliert werden.

Preisstabilität gehörte also durchaus zu den Zielen der schwedischen Wirtschaftspolitik nach 1945. Der Unterschied zum liberalen Modell bestand darin, daß man andere Instrumente verwendete: nicht die Zinspolitik, sondern die Kombination von Einkommenspolitik, Finanzpolitik und Kreditrationierung. Dementsprechend wäre es falsch zu sagen, sozialdemokratische Parteien hätten ein frivoles Verhältnis zur Inflation gehabt, nur weil sie die Deflation für noch schlimmer hielten. Im Gegenteil: Bei den von der Zwischenkriegszeit geprägten Parteichefs der SAP zeigte sich ein ausgesprochen starkes Sensorium für die sozialen Kosten der Inflation. Sie hatten von 1914 bis 1920 erfahren, daß die Lohnabhängigen am meisten unter der Teuerung leiden würden.[37]

Der Grund, warum Schweden in den 1970er und 1980er Jahren die Inflation nicht in den Griff bekam, lag deshalb weniger in der Mentalität der Schweden als in den Systemschwächen des neuen wirtschaftspolitischen Regimes begründet. In den 1950er und 1960er Jahren funktionierte das Ineinandergreifen von Einkommenspolitik, Finanzpolitik und Kreditrationierung gut, weil die internationalen Finanzmärkte noch kaum liberalisiert waren und in der schwedischen Gesellschaft ein starker Konsens zugunsten des sozialdemokratischen Wachstumsmodells bestand.[38] Aber bereits in den späten 1960er Jahren, als die Knappheit der Arbeitskräfte zu hohen Lohnforderungen verleitete und der kulturelle Nachkriegskonsens von der jüngeren Generation in Frage gestellt wurde, zeigten sich die inflationären Gefahren, die aus der Abschaffung der Zentralbankunabhängigkeit resultierten.[39]

Mit dem Zusammenbruch des Bretton-Woods-Systems im März 1973 begann der Anfang vom Ende der sozialdemokratischen Wirtschaftspolitik. Zunächst ging man in Stockholm noch davon aus, daß die Währungsschlange der EG ein adäquater Ersatz sei.[40] Als aber die deutschen Behörden dazu übergingen, die Inflation rigoros zu bekämpfen und dabei eine Rezession in Kauf nahmen, zeigte sich, daß eine neue Ära begonnen hatte.[41] Die sozialde-

37 *Ernst Wigforss*, Minnen. Vol.2. Stockholm 1951, 121, 150ff.

38 *Notermans*, Money (wie Anm.26), 160–166; *Eichengreen*, Capitalism (wie Anm.26), 86–130.

39 *Scharpf*, Krisenpolitik (wie Anm.26), 97.

40 Zur nordischen Währungspolitik in den 1970er und 1980er Jahren siehe *Lars Mjoset*, Nordic Economic Policies in the 1970s and 1980s, in: International Organization 41.3, 1987, 403–456; *Moses*, Priorities (wie Anm.5), 224–357. Eine Übersicht über die schwedische Konjunkturpolitik von 1970 bis 1995 gibt *Lars Jonung*, Med backspegeln som kompass. Som stabiliseringspolitiken som läroprocess. Stockholm 1999.

41 Siehe *Lundberg*, Development (wie Anm.29), 59ff.

mokratische Politik versuchte zu retten, was zu retten war, verstrickte sich aber in Widersprüche. Auf der einen Seite milderte sie die Rezession mit einer antizyklischen Konjunkturpolitik („Überbrückungspolitik"), auf der anderen Seite scheiterte sie bei ihrem Versuch, die Gewerkschaften mit sozial- und steuerpolitischen Geschenken von einer Lohnzurückhaltung zu überzeugen, denn die Arbeitnehmer sahen nicht ein, warum sie sich in einer Boomphase mit ihren Forderungen zurückhalten sollten. Infolgedessen stiegen die Löhne stark an, die Inflation beschleunigte sich, und wegen der Bindung der Krone an die D-Mark schoß der reale Wechselkurs in die Höhe. In dieser Situation hätte nur eine restriktive Geldpolitik das Gleichgewicht wiederherstellen können, aber die schwedische Regierung sah keinen Anlaß, die Bindung an die D-Mark unter allen Umständen aufrechtzuerhalten. Nach zwei Abwertungen verließ Schweden 1977 die Währungsschlange und band die Krone an einen Korb, der die Währungen der wichtigsten Handelspartner enthielt. Mit diesen Maßnahmen konnte man immerhin die Vollbeschäftigung aufrechterhalten, aber das Inflationsproblem blieb weiter ungelöst. 1981/82 versuchte es die schwedische Regierung erneut, sich mit Abwertungen vom internationalen Konjunkturzug abzukoppeln, um die Beschäftigung zu stabilisieren, mit der logischen Folge, daß die Inflation weiterhin auf hohem Niveau verharrte (Graphik 2). Noch blieb die Arbeitslosigkeit erstaunlich gering, aber grundlegende makroökonomische Probleme blieben ungelöst, was im Lauf der 1980er Jahre zu einem Meinungsumschwung führte.

Im Gegensatz zur schwedischen Wirtschaftspolitik hielten die Schweizer Behörden an ihrem traditionellen Kurs fest. Die relativ späte Abwertung des Frankens im September 1936 hatte zwar wie in Schweden fünf Jahre zuvor

Graphik 2: Konsumentenpreise Schwedens und der Schweiz (1970–99)

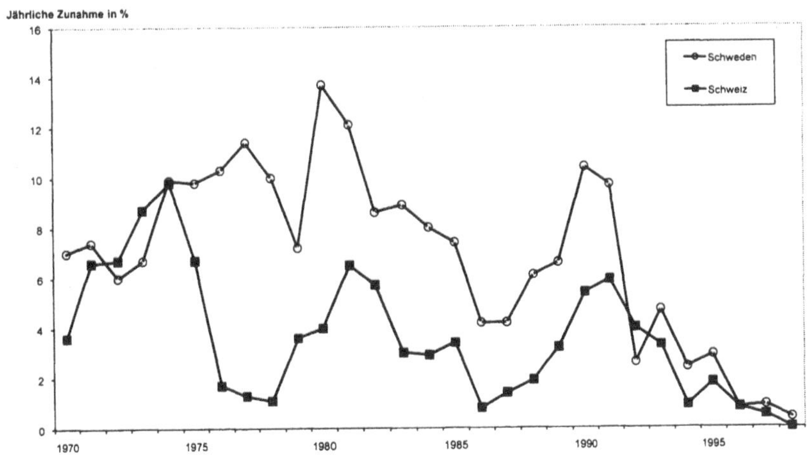

Quelle: *Scharpf/Schmidt* (Eds.), Welfare and Work (wie Anm. 26), Vol. 1, 340.

eine äußerst positive Wirkung. Aber an den Grundüberzeugungen änderte sich nichts, weil sich die Machtverhältnisse nach diesem historischen Ereignis kaum änderten. „Ein Franken bleibt ein Franken", versicherte der schweizerische Finanzminister die Bevölkerung in seiner Radioansprache. Die Abwertung sollte ein einmaliges Ereignis bleiben.[42]

Die Schweizer Sozialdemokraten hatten sich zwar durchaus bemüht, ihre neu entwickelten wirtschaftspolitischen Vorstellungen, die denjenigen der schwedischen Sozialdemokraten stark glichen, durchzusetzen. Ihre 1935 zur Abstimmung vorgelegte Kriseninitiative enthielt keynesianistische Elemente, wurde aber vom Volk klar verworfen (57 Prozent Nein-Stimmen). Jedoch wäre es übertrieben zu behaupten, daß sie mit ihrer Agitation einen Kurswechsel in der Geld- und Währungspolitik ausgelöst hätten. Immerhin gab es einen neuen Konsens bei der Finanzpolitik: 1936 und 1938 legte der Bund sogenannte Wehranleihen auf, die neben der Rüstung auch der Arbeitsbeschaffung dienen sollten.[43] Zudem erhielten die Sozialdemokraten 1943 einen Sitz in der Regierung, blieben aber in der Minderheit, da die übrigen sechs Sitze fest in bürgerlicher Hand waren. Konkret bewirkten die Sozialdemokraten wenig.

Auch in der Nachkriegszeit änderte sich wenig an den Konstanten der schweizerischen Wirtschaftspolitik. 1947 nahm das Volk zwar die Wirtschaftsartikel an, die zur Bekämpfung einer schweren Wirtschaftskrise Abweichungen von der Handels- und Gewerbefreiheit zuließen. Aber der Beschluß hatte keinerlei Konsequenzen, da die Wirtschaft in den 1950er und 1960er Jahren nicht in eine neuerliche Depression fiel, sondern wie nie zuvor expandierte. Ein ähnliches Schicksal erlitt der Konjunkturartikel, der dem Staat mehr Instrumente in die Hand geben sollte, um die Überhitzung der Wirtschaft in den 1960er Jahren zu dämpfen. Der Gesetzgebungsprozeß dauerte so lange, daß die Vorlage erst 1975 zur Abstimmung vorgelegt werden konnte, als die Probleme der Hochkonjunktur längst der Vergangenheit angehörten. Zudem mußten die ursprünglichen Absichten stark revidiert werden, da der Konjunkturartikel vom Schweizer Volk knapp abgelehnt wurde. Erst beim zweiten Anlauf 1978 passierte er die Abstimmungshürde. Der einzige Vorteil war, daß der neue Artikel den Weg frei machte für eine Reform des Nationalbankgesetzes.[44]

[42] Zur politischen Verarbeitung der Frankenabwertung siehe *Jakob Tanner*, Goldparität im Gotthardstaat: Nationale Mythen und die Stabilität des Schweizer Frankens in den 1930er und 1940er Jahren, in: Studien und Quellen. Zeitschrift des Schweizerischen Bundesarchivs 26, 2000, 45-85, und *Michael Bordo/Harold James*, Die Nationalbank 1907-1946. Glückliche Kindheit oder schwierige Jugend?, in: Schweizerische Nationalbank (Hrsg.), Nationalbank 1907-2007 (wie Anm. 12), 74ff.

[43] *Bernard Degen*, „Plebiszit mit dem Portemonnaie" oder „Plebiszit des Portemonnaies"? Anmerkungen zur Wehranleihe 1936, in: Studien und Quellen. Zeitschrift des Schweizerischen Bundesarchivs 26, 2000, 123-156.

[44] 75 Jahre Schweizerische Nationalbank (wie Anm. 15), 70-73.

Angesichts dieser Persistenz von liberal-konservativen Prinzipien überrascht es nicht, daß die Schweiz nach dem Zerfall des Bretton-Woods-Systems eine andere Währungspolitik als Schweden einschlug.[45] Der Unterschied war ein doppelter: Erstens ging die Schweiz im Januar 1973 zu einem flexiblen Wechselkursregime über, und zweitens begann mit diesem Regimewechsel eine längere Phase der nominalen und realen Aufwertung. Der Regimewechsel war zunächst nur als temporäre Maßnahme gedacht, um den wiederholten massiven Zufluß von Kapital einzudämmen. Die Absicht war, zu einem fixen Wechselkurs zurückzukehren, sobald sich die Finanzmärkte wieder beruhigt hatten – die Bundesrepublik hatte bereits 1968 und 1971 die D-Mark vorübergehend floaten lassen. In der Folge aber überschlugen sich die Ereignisse. Der Dollar geriet weiter unter Druck, und die EG-Staaten entschieden im März 1973, zum Block-Floating überzugehen. Die Schweiz wurde eingeladen sich anzuschließen, aber die Behörden hielten die Situation auf den Finanzmärkten für zu wenig stabil und befürchteten, daß sie bei einer nächsten Währungskrise wieder zum Floaten gezwungen werden könnten.

Mit der Verlängerung der Wartezeit verwandelte sich aber die temporäre Maßnahme immer mehr in einen permanenten Regimewechsel. Der Übergang vollzog sich in mehreren Etappen. Gegen Ende des Jahres 1974 beauftragte das Direktorium der Nationalbank die interne Forschungsabteilung, ein neues geldpolitisches Konzept auszuarbeiten. Für das Jahr 1975 setzte das Direktorium zum ersten Mal Ziele für das Geldmengenwachstum und gab diese auch offiziell bekannt. Im November 1975 verabschiedete man sich endgültig von der Option, den Franken vielleicht doch einmal an die Währungsschlange anzubinden, da sich der Widerstand Frankreichs gegen die Schweizer Pläne als unüberwindbar erwies. Im Herbst 1978 zeigte sich, daß die Nationalbank die Aufwertung des Frankens mit massiven Devisenmarktinterventionen besser bekämpfen konnte als mit Kapitalkontrollen, auf die man in den 1970er Jahren immer wieder zurückgegriffen hatte. Zum endgültigen Abschluß kam der Regimewechsel in den frühen 1980er Jahren, als sich die Devisenmärkte wegen der Erholung des US-Dollars und des britischen Pfunds beruhigten. Nun war die Geldmengenpolitik unter einem Regime flexibler Wechselkurse endgültig etabliert.

Den Hauptgrund für den frühen Übergang zu flexiblen Wechselkursen bildete der relativ freie Kapitalverkehr, der den Behörden wenig Handlungsspielraum ließ. Oft ist auch hervorgehoben worden, daß die hohe Glaubwürdigkeit der schweizerischen Geldpolitik entscheidend gewesen sei. Aus vergleichender Perspektive muß diese These allerdings stark relativiert werden. Bei einer spekulativen Attacke ist nur wichtig, ob eine Währung vom Gleich-

[45] Die folgenden Abschnitte basieren auf *Straumann*, Ideas (wie Anm. 5), 271-304. Siehe auch *Bernholz*, Nationalbank (wie Anm. 12), 182ff.

gewichtsniveau abweicht beziehungsweise der Markt eine künftige Abweichung erwartet – ob wegen einer Über- oder einer Unterbewertung ist dabei sekundär. Als zum Beispiel das britische Pfund im Juni 1972 aus dem Bretton-Woods-System und der Währungsschlange austrat, geschah dies aufgrund einer Überbewertung. Als hingegen die Deutsche Mark im März 1973 zu floaten begann, war genau das Gegenteil der Fall. Entscheidend war der freie Kapitalverkehr, der die Währungen verwundbar machte. Genau aus diesem Grund hatten die schwedischen Sozialdemokraten in den 1940er Jahren entschieden, ihre Geldpolitik durch starke Kapitalkontrollen gegen außen abzuschirmen.

Die hohe Glaubwürdigkeit der schweizerischen Geldpolitik erklärt hingegen, warum der Franken nach dem Regimewechsel eine längere Phase der Aufwertung durchlief. Preisstabilität war für die Behörden wichtiger als Vollbeschäftigung, und mit dem Übergang zu flexiblen Wechselkursen erhielt die Nationalbank die Möglichkeit, die tief sitzenden Inflationserwartungen zu brechen.[46] Die Teuerung wurde mit einer Radikalkur innerhalb zweier Jahre von 10 auf 2 Prozent heruntergedrückt, was einen massiven Beschäftigungseinbruch im Industrie- und Bausektor verursachte.[47] Die traditionelle Priorität für Preisstabilität kam in dieser Episode voll zum Tragen. Der Gegensatz zur schwedischen Politik hätte nicht größer sein können.

IV. Konvergenz am Ende des 20. Jahrhunderts

In den 1980er Jahren, als das Scheitern des alten Modells zunehmend sichtbar wurde, nahm Schweden einen zweiten Kurswechsel vor. Diesmal galt es nicht wie in den 1940er Jahren, die Zentralbank zu domestizieren und den Finanzsektor zu kontrollieren, sondern im Gegenteil die Kontrollen zu lokkern und das Inflationsproblem in den Griff zu bekommen. Mit diesem Ziel befand sich die schwedische Regierung in guter Gesellschaft. Von London über Paris bis Madrid und Rom strebten alle Regierungen Preisstabilität an, gleich welcher Partei sie angehörten. Die britischen Tories so gut wie die französischen Sozialisten waren nun bereit, die Kosten für eine dauerhafte Senkung der Inflation zu zahlen.[48]

Wie erwähnt waren es vor allem zwei Entwicklungen, die einen politischen Wechsel veranlaßten: die zunehmende Schwierigkeit, den grenzüberschrei-

[46] Dasselbe gilt auch für die Deutsche Bundesbank. Siehe *Peter A. Johnson*, The Government of Money. Monetarism in Germany and the United States. Ithaca 1998.

[47] *Michael Bernegger*, Die Schweiz unter flexiblen Wechselkursen. Bern/Stuttgart 1988, 114–119.

[48] Zum neuen Konsens siehe zum Beispiel *James*, Rambouillet (wie Anm. 5), 237–252, und *McNamara*, Currency (wie Anm. 26), 122ff.

tenden Kapitalverkehr zu kontrollieren, und der Meinungsumschwung in bezug auf die Kosten der Inflation. Die vom Keynesianismus inspirierten Politiker hatten behauptet, daß man einen Anstieg der Inflation durchaus in Kauf nehmen könne, um das Wachstum zu fördern. Die Erfahrungen der 1970er Jahre und die Arbeiten zahlreicher Ökonomen führten jedoch zu einer Revision dieser Theorie.

Wiederum lassen sich die Einsichten der politikwissenschaftlichen Forschung gut auf Schweden anwenden.[49] Als klar geworden war, daß die Währungsabwertungen von 1981/82 nicht die gewünschten Resultate gebracht hatten, kam es zu einem Meinungsumschwung.[50] Zunächst meldeten sich die Ökonomen zu Wort, dann aber wuchs auch unter den Politikern der Konsens, daß Inflation unnötige makroökonomische Kosten verursache. Man mußte auch feststellen, daß die Kapitalkontrollen immer mehr umgangen wurden, zum Beispiel indem Exporteure und Importeure die Zahlungen ihrer Lieferungen beschleunigten oder verlangsamten („leads and lags").[51] Die Erosion der Kapitalkontrollen war also eine logische Folge der zunehmenden internationalen Handelsverflechtung, an der Schweden als kleine, offene Volkswirtschaft stark interessiert war und aktiv partizipierte.

Im Anschluß an diesen Sinneswandel verfolgten die schwedischen Sozialdemokraten zwei Strategien. Erstens deregulierten sie den Finanzsektor und den internationalen Kapitalverkehr, zweitens kehrten sie zu einer Hartwährungspolitik zurück, um die niedrigen Inflationsraten gleichsam von der Deutschen Bundesbank einzukaufen. Die Deregulierungspolitik hatte schon 1978 mit der Aufhebung der Obergrenzen für die auf Bankeinlagen gezahlten Zinsen begonnen, aber die entscheidenden Schritte wurden erst von 1983 bis 1985 vollzogen. Die Abschaffung der Devisenkontrollen 1989 war der Schlußpunkt dieser Politik.[52]

[49] Zur schwedischen Kehrtwende siehe OECD, Why Economic Policies Change Course. Eleven Case Studies. Paris 1988; *Assar Lindbeck*, The Swedish Experiment. Stockholm 1997; *Notermans*, Money (wie Anm. 26), 195–221; *Mark Blyth*, The Transformation of the Swedish Model. Economic Ideas, Distributional Conflict, and Institutional Change, in: World Politics 54/1, 2001, 1-26.

[50] *Jonung*, Med backspegeln (wie Anm. 40), 194–197. Zu den Gründen für das Scheitern der Abwertungen von 1981/82 siehe *Magnus Henrekson*, Did the Devaluations of 1981 and 1982 Induce a Structural Shift in the Swedish Economy?, in: Skandinaviska Enskilda Banken Quarterly Review 4, 1990, 90–98.

[51] Die zunehmenden Schwierigkeiten, den internationalen Kapitalverkehr zu kontrollieren, lassen sich an der Konvergenz der schwedischen mit den internationalen Zinssätzen ablesen.

[52] Zur Deregulierung und zur Bankenkrise in den frühen 1990er Jahren siehe *Peter Englund*, The Swedish Banking Crisis: Roots and Consequences, in: Oxford Review of Economic Policy 15, 1999, 80–97; *Burkhard Drees/Ceyla Pazarbasioglu*, The Nordic Banking Crises: Pitfalls in Financial Liberalization?, in: IMF Occasional Paper 161, 1998, unpag.; *Jonas Agell/Lennart Berg*, Does Financial Deregulation Cause a Consumption Boom?, in: Scandinavian Journal of Economics 98/4, 1996, 579–601.

Der Übergang zur Hartwährungspolitik erfolgte Mitte der 1980er Jahre, als die Riksbank den Wechselkurs zum ersten Mal seit Jahrzehnten mit Zinserhöhungen zu verteidigen versuchte.[53] Der Angriff konnte erfolgreich abgewehrt werden, und in den folgenden Jahren blieb der Markt ruhig. Als jedoch die Inflation wieder über den europäischen Durchschnitt kletterte, kamen Zweifel an der Stabilität der Währung auf. Im Februar und Oktober 1990 testete der Markt zweimal die Krone, und die Riksbank mußte die Zinsen erheblich anheben, um den Wechselkurs zu verteidigen. Um die Glaubwürdigkeit der Hartwährungspolitik zu demonstrieren, entschied die Riksbank im Mai 1991, die Krone nicht mehr an einen Währungskorb, sondern unilateral an den *Ecu* zu binden. Die Strategie funktionierte aber nur kurzfristig. Bereits im November 1991, als die finnische Währung auf Druck des Marktes abgewertet werden mußte, wurden die Investoren wieder mißtrauisch und zogen ihr Geld aus Schweden ab. Wiederum gelang es der Riksbank, die Lage mit Zinserhöhungen zu beruhigen, aber die Ansteckung, die von der finnischen Abwertung ausging, zeigte, daß die neue Währungspolitik noch nicht etabliert war. Ein Jahr später, als das Europäische Währungssystem (EWS) in eine tiefe Krise geriet, kam der endgültige Beweis: Nach wiederholten Attacken, die zu einem Anheben des Zinssatzes auf 500 Prozent führten, entschied die Riksbank, die unilaterale Bindung der Krone aufzuheben und den Wechselkurs dem Markt zu überlassen. Im Januar 1993 wurde das *inflation targeting* zum neuen geldpolitischen Regime erklärt.[54] 1999 stärkte das Parlament die Unabhängigkeit der Zentralbank mit einem neuen Gesetz. Die zweite politische Wende in der schwedischen Währungsgeschichte war damit abgeschlossen.

Die Schweizer Entwicklung war im Vergleich dazu weit weniger spektakulär, da die Nationalbank bereits in den 1970er Jahren den Regimewechsel vollzogen hatte. Was dem Direktorium allerdings Probleme bereitete, war die zunehmende Schwierigkeit, das Wachstum der Geldmenge als zuverlässigen Indikator zu benutzen. In den späten 1990er Jahren wurde deshalb das geldpolitische Konzept reformiert[55], so daß am Ende des 20. Jahrhunderts Schweden und die Schweiz sozusagen wieder gleichauf sind – wie zu Beginn des Jahrhunderts, als der Goldstandard das vorherrschende internationale Währungssystem war.

[53] Zu den folgenden Ausführungen siehe *Lars Hörngren/Hans Lindberg*, The Struggle to Turn the Swedish Krona into a Hard Currency, in: Johnny Åkerholm/Alberto Giovannini (Eds.), Exchange Rate Policies in the Nordic Countries. London 1984, 133–172.

[54] Das neue Regime war ab 1995 gültig. Als Zielwert für die jährliche Inflationsrate setzte man 2 Prozent (±1 Prozent).

[55] Siehe *Thomas J. Jordan/Michel Peytrignet*, Der Weg zur Zinssteuerung und zur Inflationsprognose, in: Schweizerische Nationalbank (Hrsg.), Schweizerische Nationalbank 1907–2007 (wie Anm. 12), 273–291.

Diese Situation dürfte auf absehbare Zeit anhalten, denn in den bisherigen Volksabstimmungen haben sich beide Länder klar für die Beibehaltung der eigenen Währung ausgesprochen. Im März 2001 verwarfen die Schweizer den Beitritt zur Europäischen Union – eine entscheidende Bedingung für den Beitritt zu Währungsunion – mit einer erdrückenden Mehrheit (77 Prozent Nein-Stimmen, Wahlbeteiligung 56 Prozent), und im Juni 2003 lehnten die Schweden die Einführung des Euro klar ab (56 Prozent Nein-Stimmen, Wahlbeteiligung 83 Prozent).[56] Die Auswertung des schwedischen Neins hat ergeben, daß die Stimmabgabe entscheidend davon abhing, wie man die Verteilungswirkungen der Euro-Einführung beurteilte. Schlecht qualifizierte Arbeitnehmer und Empfänger von staatlichen Leistungen befürchteten eher eine Verschlechterung ihrer Position und stimmten mit Nein. Gut ausgebildete Arbeitskräfte im privaten internationalisierten Sektor befürworteten hingegen mehrheitlich die Vorlage. Von großer Bedeutung waren zudem politische und ideologische Präferenzen. Anhänger rechter Parteien stimmten mehrheitlich dafür, während die Linke mehrheitlich dagegen war.[57]

Tab. 3: Ergebnisse des Eurobarometers nach dem Euro-Referendum in Schweden

Dou you agree or disagree with the following statements? (% of respondents)	Agree	Disagree
Adopting the Euro would make the Swedish economy stronger	36	49
Inhabitants of the Euro zone are happy that the Euro became their currency	39	39
Using the Euro would make Swedish people feel more European than today	43	50
With the refusal of the adoption of the Euro, Sweden will play a smaller role within the European Union	50	39
A new referendum on the adoption of the Euro by Sweden should be organized again in two or three years time	35	59
Adopting the Euro would cause difficulties to you personally	14	80
Adopting the Euro in Sweden would mean losing an important part of Swedish souvereignty	43	44
Adopting the Euro will increase prices in Sweden	58	32

Quelle: Eurobarometer, Sweden (wie Anm. 58), 21.

Das Eurobarometer kam zu einem ähnlichen Schluß (Tabelle 3). Wirtschaftliche Überlegungen waren wichtiger als emotionale Gründe: Nur 36 Prozent

[56] Die Abstimmung zum EU-Beitritt im März 2001 fiel mit 77 Prozent Nein-Stimmen sehr deutlich aus. Außerdem sprach sich kein einziger Voll- oder Halbkanton für die Vorlage aus.

[57] *Lars Jonung*, The Political Economy of Monetary Unification. The Swedish Euro Referendum of 2003, in: ders./Jürgen Nautz (Eds.), Conflict Potentials in Monetary Unions. Stuttgart 2007, 157–178. Zur schwedischen Euro-Abstimmung aus politologischer Sicht siehe *Lee Miles*, Fusing with Europe? Sweden in the European Union. Aldershot 2005, 219–259.

der Schweden waren überzeugt, daß die Einführung des Euro die schwedische Wirtschaft stärken würde.[58] Zwar befürchteten 43 Prozent einen generellen Souveränitätsverlust, aber ebenso viele Schweden teilten diese Angst nicht. Dasselbe Patt ergab sich bei der Frage, ob Bewohner der Eurozone glücklich seien, daß sie den Euro haben. Und die Behauptung, daß die Schweden sich europäischer fühlen würden, wenn sie den Euro einführen würden, haben mehr Leute zurückgewiesen als bejaht. Das Eurobarometer hat aber zusätzlich herausgefunden, daß eine klare Mehrheit von 58 Prozent Preiserhöhungen erwartete. Das bedeutete jedoch nicht, daß man den Euro für eine weniger stabile Währung als die Krone hielt. Gefragt wurde nämlich, ob man mißbräuchliche Preiserhöhungen befürchtete. Das Vertrauen in den Euro war im Gegenteil sogar relativ hoch, wie eine frühere Umfrage des Eurobarometers zeigt.[59] Damals bejahten 56 Prozent der Schweden die Frage, ob der Euro zur Preisstabilität in der Eurozone beitragen würde. Fast drei Viertel waren überzeugt, daß der Euro eine Weltwährung wie der Dollar werden würde. Die Angst vor Preiserhöhungen läßt sich also nicht als Ausdruck einer spezifisch schwedischen Stabilitätskultur interpretieren.

Wie stark die Präferenzen durch nationale Besonderheiten und Erfahrungen bedingt sind, ist eine offene Frage. Aus vergleichender Perspektive ist auch hier Vorsicht geboten. Vielmehr müßte man von skandinavischen Erfahrungen und Präferenzen sprechen, denn Schweden ist keineswegs eine Ausnahme: Norwegen ist nicht einmal EU-Mitglied (zweimal, 1972 und 1994, wurde ein Beitritt abgelehnt), und Dänemark hält wie Schweden an der eigenen Währung fest, obwohl die dänische Krone fest an den Euro gebunden ist und eine Übernahme der Gemeinschaftswährung nur einen kleinen Schritt darstellen würde.[60] Zwei Gründe dürften diese fehlende Begeisterung erklären. Erstens war die EU für die nordischen Länder – wie auch für Großbritannien – nie eine Herzensangelegenheit.[61] Für sie war das Einigungsprojekt immer ein kontinentaleuropäisch-katholisches Projekt, auf das man sich nur einließ, wenn daraus klare ökonomische Vorteile resultierten. Zweitens haben alle drei Länder – wie auch Großbritannien[62] – seit

[58] Flash Eurobarometer 149, Post-referendum in Sweden, Oktober 2003.

[59] Flash Eurobarometer 121/4, Euro Attitudes (wave 4) – Outside Euro Zone, October 2002.

[60] Bei der oben zitierten Umfrage des Eurobarometers sind die dänischen Antworten den schwedischen sehr ähnlich. Nur die britischen Werte divergieren bei einzelnen Fragen beträchtlich.

[61] Siehe die Beiträge in *Jeffry Frieden/Erik Jones*, Joining Europe's Monetary Club. The Challenges for Smaller Member States. New York 1998, und die Beiträge in *Lee Miles* (Ed.), The European Union and the Nordic Countries. London/New York 1996.

[62] Zu Großbritannien siehe *Leila Simona Talani*, Betting for and against EMU. Who wins and who loses in Italy and in the UK from the process of European monetary integration. London 2000; *James Walsh*, European Monetary Integration and Domestic Politics: Britain, France, and Italy. Boulder 2000.

der EWS-Krise gute Erfahrungen mit einer eigenständigen Geld- und Währungspolitik gemacht. Warum sollte man diese Autonomie aufgeben?[63] Neuere Studien bestätigen die schwedische Skepsis. Gemäß der jüngsten, im Frühjahr 2007 erhobenen Umfrage sind 51 Prozent der Bevölkerung gegen die Einführung des Euro.[64]

Die Ablehnung eines EU-Beitritts durch die Schweizer Bevölkerung ist durch ähnliche Motive bedingt. Gerade in den letzten Jahren hat die Schweiz eine Geldpolitik verfolgen können, die auf die einheimische Konjunktur weit besser zugeschnitten war, als wenn sie die Eurozinsen hätte übernehmen müssen. Hinzu kommt bei der Beitrittsdebatte die Angst vor einem Abbau der politischen Rechte. In der Tat sind die halbdirekte Demokratie und der starke Föderalismus schwierig mit dem politischen System der EU zu vereinen. Für die nächsten Jahre scheint jedenfalls nur die Fortsetzung des bilateralen Wegs mehrheitsfähig zu sein.

Kurzum, Schweden und die Schweiz gleichen sich zu Beginn des 21. Jahrhunderts nun auch in der Geld- und Währungspolitik wie Zwillinge. Beide Länder haben eine eigene Währung und unabhängige Zentralbanken, verfolgen eine auf Preisstabilität ausgerichtete Geldpolitik und lehnen den Euro mehrheitlich ab. Mit dieser Art von Politik stehen sie heute keineswegs allein in Europa. Aber angesichts der großen Unterschiede in der Vergangenheit ist es doch bemerkenswert, wie groß die Gemeinsamkeiten der beiden Länder in der Geld- und Währungspolitik geworden sind.

[63] *Miles*, Fusing (wie Anm. 57), 225f.
[64] Eurobarometer 67 (spring 2007), Sweden, National Report, Executive Summary, 5.

Wirtschaftliche Emanzipation und nationales Bewußtsein in der Tschechoslowakei und in Tschechien

Währungsordnung, Währungserfahrung und die politische Bedeutung der Krone im 20. Jahrhundert

Von

Maria Köhler-Baur

Nach dem Ersten Weltkrieg wurde am 28. Oktober 1918 vom Národní výbor [Nationalausschuß] die Gründung des souveränen tschechoslowakischen Nationalstaates proklamiert. Die Republik erstreckte sich auf das Gebiet des böhmischen Königreichs (Böhmen, Mähren, Schlesien) und das von den Slowaken besiedelte Gebiet des ehemaligen Königreichs Ungarn. Nur kurz darauf wurde die neue tschechoslowakische Währung, die Tschechoslowakische Krone, mit Gesetz vom 10. April 1919 eingeführt. Die in den verschiedenen Friedensverträgen von Versailles, St. Germain (10. September 1919) und Trianon (4. Juni 1920) festgelegten Grenzregulierungen brachten es mit sich, daß nachträglich auch in den neu hinzugekommenen Gebieten die Währungsfrage geregelt werden mußte.

Die Literatur zur Entwicklung der tschechoslowakischen Währung konzentriert sich im wesentlichen auf den Zeitraum nach der Republikgründung, d.h. auf die zwanziger Jahre.[1] Diese Phase des Umbruchs und Neuanfangs,

[1] *Alois Mosser/Alice Teichova/Richard Tilly/Harald Wixforth*, Das Bankenwesen in Mitteleuropa und seine Erforschung, in: Alice Teichova (Hrsg.), Banken, Währung und Politik in Mitteleuropa zwischen den Weltkriegen. (Geld und Kapital. Jahrbuch der Gesellschaft für Mitteleuropäische Banken- und Sparkassengeschichte, 1.) Wien 1997, 5-22. – Ausführliche Darstellung der Geschichte der tschechoslowakischen Währung und des Bankwesens bei *František Vencovský*, Dějiny bankovnictví v českých zemích [Geschichte des Bankwesens in den böhmischen Ländern]. Prag 1999; *ders.*, Vzestupy a propady československé koruny. Historie československých měnových poměru 1918-1992 [Aufstieg und Fall der tschechoslowakischen Krone. Geschichte der tschechoslowakischen Währung]. Prag 2004; *Zdeněk Jindra/Jiří Novotný/Jiří Šouša*, Historiografie českého bankovnictví [Historiographie des tschechischen Bankwesens], in: Z dějin českého bankovnictví v 19. a 20. století. From the History of the Czech Banking System in the 19th and 20th Centuries. (Acta Universitatis Carolinae, Philosophica et Historica, 5/1997: Studia Historica, 17.) Prag 2000, 7-26; *Peter Berger*, Der Donauraum im wirtschaftlichen Umbruch nach dem Ersten Weltkrieg. Währung und Finanzen in den Nachfolgestaaten Österreich, Ungarn und Tschechoslowakei 1918-1929. Wien 1979; *Otto Burger*, Das Währungsreformwerk der tschechoslowakischen Regierung vom Frühjahr 1919. München 1931; *Ludwig Peter*, 10 Jahre Tschechoslowakische Nationalbank 1926-1936. Die tschechoslowakische Kredit- und Währungspolitik dieser Zeit. München 1938.

beginnend 1919 mit dem ersten und wohl wichtigsten Währungsreformwerk, in dem der Übergang von der Österreichisch-Ungarischen Krone zur Tschechoslowakischen Krone geregelt wurde, bildet auch für die folgenden Ausführungen den ersten thematischen Schwerpunkt. Die Eigenständigkeit (samostatnost) des neu entstandenen Staates wurde nun auch in einer eigenen Währung sichtbar, und diese wiederum sollte in erster Linie als eine entscheidende Grundlage für die wirtschaftliche Unabhängigkeit der tschechoslowakischen Nation dienen. Eine Reihe von zeitgenössischen Nationalökonomen und Finanzexperten begleiteten die Einführung der neuen Währung und das dahinter stehende Konzept des ersten Finanzministers der Tschechoslowakischen Republik, Alois Rašín, mit ihren Studien[2], wobei sich dieses sogenannte „Rašinsche Experiment" immer auch der Kritik zu stellen hatte.[3] Im Verlauf des 20.Jahrhunderts erfolgten jedoch noch weitere einschneidende Währungs- oder Geldreformen: zum einen die Wiedereinführung der Tschechoslowakischen Krone nach dem Zweiten Weltkrieg 1945 sowie 1953 eine Währungsreform im Dienste des Aufbaus des Sozialismus; sie werden hier nur sehr kursorisch betrachtet werden. Ihren zweiten Schwerpunkt setzt diese Darstellung statt dessen auf die andere große Zäsur, auf den Umbruch, der mit der „Samtenen Revolution" 1989 seinen Anfang nahm. Die neunziger Jahre mit dem Aufbruch in die Marktwirtschaft waren geprägt von den Ideen und der Handschrift des ersten Finanzministers in der Regierung des „národní porozumění" („nationalen Verständnisses") Václav Klaus. Im Zuge dieser Reformen wurde mit dem politischen Ende der Tschechoslowakischen Republik auch die alte Tschechoslowakische Krone beseitigt. Aus der Währungstrennung (měnova odluka) von 1992/93 gingen zwei neue nationale Währungen hervor: die Tschechische und die Slowakische Krone.

[2] *Alois Rašín*, Můj finanční plan [Mein Finanzplan]. Prag 1920; *ders.*, Finanz- und Wirtschaftspolitik der Tschechoslowakei. München 1923; *ders.*, Inflation und Deflation. Prag 1922; *Jan Čakrt*, Rašín als Währungsreformer. Diss. Basel 1926; Biographien: *Jana Šetřilová*, Alois Rašín. Dramatický život českého politika [Alois Rašín. Dramatisches Leben eines Politikers]. Prag 1997; *František Vencovský*, Alois Rašín. Život a dílo [Alois Rašín. Leben und Werk]. Prag 1992.

[3] Kritische Stimmen zu Rašíns Geld und Wirtschaftspolitik: *Friedrich Steiner*, Notenbankpolitik und staatliche Anleihepolitik in den österreichisch-ungarischen Nachfolgestaaten. (Schriften des Vereins für Socialpolitik, 166/1.) München/Leipzig 1924; *Reinhard Schmidt-Friedländer*, Währungspolitik der Tschechoslowakei. Ein Beitrag zur Geld- und Währungsproblematik insbesondere der Nachkriegszeit und zur Geschichte der Währungsreformen der Gegenwart. (Schriften der deutschen wissenschaftlichen Gesellschaft in Reichenberg, 6.) Reichenberg 1929; *Burger*, Währungsreformwerk (wie Anm. 1), 73–76; sowie in polemischer Art: *R. Dušek*, Humbug tak zvané Rašínovy deflace. Krize a národohospodářské ztráty z ní. Stabilisace a nová měna Československá [Der Humbug der sogenannten Rašín'schen Deflation. Krise und volkswirtschaftliche Verluste. Die Stabilisierung und die neue tschechoslowakische Währung]. Prag 1922.

I. Institutionell-normative Rahmenbedingungen des tschechoslowakischen Währungssystems

1. 1918 bis 1945

Die Loslösung von der alten, österreichisch-ungarischen Währung machte nach 1918 eine eigene Institution zur Verwaltung des neuen Währungssystems notwendig. Dafür wurde im März 1919 der in Prag residierende Bankovní úřad ministerstva financí, das Bankamt beim Finanzministerium, geschaffen, das das Münzmonopol von der Österreichisch-Ungarischen Bank in Wien übernahm und mit allen Privilegien einer Notenbank ausgestattet am 11.März 1919 seine Arbeit aufnahm. Rechtlich fixiert und in seinem Tätigkeitsbereich umschrieben wurde dieses Bankamt hauptsächlich in zwei Regierungsverordnungen vom 6.März 1919 und vom 12.Mai 1919.[4]

Organisatorisch war darin zunächst festgelegt, daß das Bankamt direkt vom Finanzminister bzw. über einen eigens eingerichteten Bankausschuß beim Finanzministerium (Bankovní výbor při ministerstvu financí) verwaltet wurde. Die zehn Mitglieder des Bankausschusses, die sich hauptsächlich aus einem Kreis von Experten auf dem Gebiet der Geldtheorie und -praxis rekrutierten, wurden vom Finanzminister berufen. Das Gremium diente der fachlichen Beratung des Finanzministers und unterstützte ihn bei der Leitung des Bankamts. Den Vorsitz hatte der Finanzminister selbst inne, den Vizepräsidenten wählten die Ausschußmitglieder aus ihren eigenen Reihen. Außerdem war die Nationalversammlung (Národní shromáždění) berechtigt, einen Vertreter zu allen Sitzungen und Verhandlungen des Bankausschusses zu entsenden. Dieses parlamentarische Mitglied besaß allerdings kein Vetorecht, sondern kontrollierte lediglich die Einhaltung der Verfassung. War der Bankausschuß als währungspolitische Beratungs- und Kontrollinstanz also direkter Bestandteil der Regierung, so wurde für das Bankamt selbst betont, daß es zwar ebenfalls ein regierungsabhängiges Organ sei, jedoch „neben seiner Eigenschaft als Staatsamt den Charakter einer öffentlichen, Kreditgeschäfte betreibenden Anstalt“ besitze.[5]

Seine Aufgabe war es, den Umlauf der gestempelten Banknoten und der Staatsnoten zu verwalten. Ebenso war es zur Publizität verpflichtet und dazu, „seine Buchhaltung so zu führen, daß der Stand des Umlaufs der Zahlungs-

[4] Hier und in der Folge Sbírka zakonů České a Slovenské Federativní Republiky 1918–1939, 1945–1992; deutsche Parallelausgabe für die erste Tschechoslowakische Republik unter dem Titel: Sammlung der Gesetze und Verordnungen des Čecho-Slowakischen Staates 1918–1939], hier č. 119/1919 (6.3.) und č. 246/1919 (12.5.). Die Gesetze aus der Sbírka zakonů werden durchgehend zitiert mit Angabe der Nummer/č[islo] des entsprechenden Gesetzes und des Jahrgangs der Sammlung.

[5] Sbírka zakonů (wie Anm.4), č. 246/1919.

mittel und der Stand der bankmäßigen Deckung jener Zahlungsmittel, die über den Gesamtbetrag ausgegeben wurden, der ohne die angeführte Deckung zulässig ist [...], jederzeit festgestellt werden kann."[6] Darüber hinaus gehörte es zu den Aufgaben des Bankamtes, für den Staat Kommissionsgeschäfte vorzunehmen, Zoll- und Steuerwechsel zu diskontieren, sofern sie den übrigen Diskontbestimmungen entsprachen, und Ein- und Auszahlungen für Rechnungen des Staates auszuführen. Der Debetsaldo mußte dabei zum Monatsende ausgeglichen sein. Die entscheidende Passage der Rechtsordnung lautete hier: „Jede andere direkte und indirekte Gewährung von Krediten an den Staat ist unzulässig" – eine Bestimmung, die sich direkt gegen den Mißbrauch der Notenpresse (auch gegen eine indirekte Inanspruchnahme von Krediten) richtete und damit das zentrale „finanzpolitische Credo Rašíns" ausdrückte.[7]

Allerdings war das Bankamt von Anfang an als Provisorium der Währungsverwaltung gedacht. Bereits am 14.April 1920 hatte ein entsprechendes Gesetz für einen späteren Zeitpunkt die Errichtung einer Zettelbank als definitive Notenbank beschlossen und hierfür schon Grundzüge der Organisation, Stellung und Aufgabenbereiche vorgegeben.[8] Man verpflichtete sich darin, die Währungsverwaltung einer deutlich selbständiger (als das Bankamt) ausgestalteten Aktienbank zu übertragen, an der freilich weiterhin der Staat beteiligt sein sollte. Vornehmlich der Bankausschuß beim Finanzministerium war beauftragt, diese institutionelle Transformation zu gestalten und zu organisieren, und zwar, wie es im Gesetz von 1920 hieß, für den Zeitpunkt, „wenn die wirtschaftlichen Voraussetzungen dazu gegeben seien".[9] Die endgültige Tschechoslowakische Nationalbank (Národní banka Československá/Národná banka Československá) wurde schließlich durch ein Gesetz vom 23.April 1925 gegründet.[10]

Die wichtigste Bedingung, das Bankamt zu ersetzen und umzuwandeln, war die Stabilisierung der tschechoslowakischen Krone; das in erster Linie war gemeint, als 1920 von „wirtschaftlichen Voraussetzungen" die Rede war. Der Wechselkurs der Krone gestaltete sich seit 1923 relativ stabil. Deutlich wird das an der Kursrelation zum Schweizer Franken, wie sie aus der nach-

[6] *Burger*, Währungsreformwerk (wie Anm. 1), 50ff.

[7] *Čakrt*, Rašín (wie Anm. 2), 49-52.

[8] Zákon o akciové bance cedulové [Gesetz über die Gründung einer Aktien-Zettelbank], in: Sbírka zakonů (wie Anm. 4), č. 347/1920 (14.4.). Im damals üblichen Sprachgebrauch bezeichnete Zettelbank oder Aktienzettelbank eine Bank, die Papierscheine (Noten, Zettel) in Umlauf brachte. Ursprünglich waren die Zettel Urkunden für im Depot befindliches Edelmetall, welches gegen Vorlage des Scheins eingetauscht werden konnte.

[9] Vgl. *Peter*, Nationalbank (wie Anm. 1), 2-9.

[10] Zákon, kterým se mění a doplnuje zákon se dne 14. dubna 1920, č. 347 Sb., o akciové bance cedulové [Gesetz, mit dem das Gesetz vom 14.April 1920 geändert und ergänzt wird], in: Sbírka zakonů (wie Anm. 4), č. 102/1925 (23.4.); davor ebd. č. 347/1920 (14.4.).

folgenden Tabelle zu ersehen ist. Für den Zeitraum davor jedoch, für den Beginn der zwanziger Jahre, erkennt man daran starke Kursschwankungen, die als Ausdruck der politischen Labilität und häufig wechselnder Koalitionsregierungen zu interpretieren sind. Allein zwischen März 1919 und Februar 1923 wechselte der Finanzminister und damit auch der Vorsitz im Bankamt siebenmal: von Alois Rašín, Cyril Horáček, Kuneš Sonntág, Karel Engliš, Vladimír Hanačík, Augustin Novák wieder zu Alois Rašín.

Tab. 1: Kurs der tschechoslowakischen Krone an der Börse in Zürich in Schweizer Franken für 100 Kč (1914: 100 Österreichisch-Ungarische Kronen = 105 Schweizer Franken)[11]

	1919	1920	1921	1922	1923
Januar	26,00	5,600	8,55	9,90	15,320
Februar	26,00	6,225	7,50	9,10	15,800
März	31,30	7,400	7,55	9,60	16,075
April	31,30	8,800	7,75	9,95	16,357
Mai	31,50	12,400	8, 35	10,05	16,555
Juni	28,75	12,700	8,00	10,10	16,900
Juli	25,90	11,700	7,65	12,15	16,575
August	19,75	10,100	6,90	17,30	16,315
September	21,65	8,125	6,05	16,60	16,800
Oktober	13,00	7,150	5,10	17,45	16,475
November	10,95	7,700	5,60	16,90	16,625
Dezember	9,30	7,400	7,80	16,40	16,675

Die Tschechoslowakische Nationalbank nahm zum 1.Januar 1926 ihre Tätigkeit auf und hatte ihren Hauptsitz in Prag.[12] Anders als das reine Staats- und Regierungsinstitut Bankamt war sie formell als selbständige Aktiengesellschaft konstruiert, die „in ihrer Eigenschaft als Zettelbank den Charakter einer öffentlichen, Kreditgeschäfte betreibenden Anstalt" hatte.[13] Sofern es keine abweichenden gesetzlichen Bestimmungen gab, richtete sich die Bank im allgemeinen auch nach den für Aktiengesellschaften geltenden Normen. Das Aktienkapital wurde in Artikel 14 des Gesetzes von 1925 auf 12 Millionen Golddollars festgesetzt, wobei eine Erhöhung auf 15 Millionen möglich war. Vorgegeben wurde auch, daß der Staat ein Drittel des Aktienkapitals an der Nationalbank hielt. Anders als bei der Vorgängerinstitution hatte der Finanzminister jedoch keinen direkten Zugriff mehr auf die Finanzgeschäfte der Bank.

Was die genaue Aufgabenumschreibung der Nationalbank anging, so war sie vom Staat mit der Verwaltung der tschechoslowakischen Währung be-

[11] Aus: *Jozef Faltus*, Die Währungsentwicklung in der Tschechoslowakei in den Jahren 1919 bis 1924, in: Teichova (Hrsg.), Banken (wie Anm.1), 113-138, hier 122.

[12] Erlaß des Finanzministeriums vom 1.April 1926, in: Sbírka zakonů (wie Anm.4), č. 43/1926, in dem rückblickend der Arbeitsbeginn der Bank festgelegt wurde.

[13] Vgl. hier wie im folgenden: *Burger*, Währungsreformwerk (wie Anm.1), 50f.

traut und dabei explizit verpflichtet, das Verhältnis der tschechoslowakischen Krone zu den ausländischen Goldwährungen auf dem Niveau der vergangenen zwei Jahre (seit 1923) zu erhalten. Zu diesem Zweck konnte sie bestimmte gesetzlich festgesetzte Kreditgeschäfte ausführen. In einem Abkommen zwischen dem Staat und der Tschechoslowakischen Nationalbank vom Februar 1927 wurde förmlich die Übertragung des Staatsvermögens vom Bankamt an die Bank geregelt, also der Staatsnoten, der Girokonten und der von der Österreichisch-Ungarischen Bank übernommenen Kassenscheine. Die Regierung stellte der Bank auf diese Staatsnotenschuld einen Schuldschein aus, in dem diese verpflichtet wurde, den Rest der Staatsnotenschuld so zurückzuzahlen, „daß die Bank die Möglichkeit besitzt, den Banknotenumlauf zu beherrschen, wobei sie selbst einen Abgang von ungedeckten Umlaufmitteln durch gedeckte Banknoten" zu ersetzen habe.[14]

Die Nationalbank hatte damit das Privileg, auf dem Gebiet der Tschechoslowakischen Republik Banknoten auszugeben. Dieses Recht war zunächst auf 15 Jahre befristet. Im Jahr 1929 ging die Tschechoslowakei zur Goldwährung über. Damals wurde der Wert der tschechoslowakischen Krone mit 44,58 mg Feingold definiert.[15] Davor war die Währungseinheit durch keinen Metallwert ausgedrückt, sondern nur im Verhältnis zum Dollar, zum Pfund oder zum Schweizer Franken bewertet worden.[16]

Wie festgestellt, besaß die Nationalbank für ihre Geschäfte einen deutlich höheren Grad an Autonomie, als dies bei ihrer provisorischen Vorgängerinstitution der Fall gewesen war. Aber auch sie unterlag letztlich der staatlichen Oberaufsicht durch einen Regierungskommissar (vladní komisář) aus den Reihen des Finanzministeriums. Damit war auch die Nationalbank eng an den Staat gebunden. Der Regierungskommissar überwachte die Einhaltung der Gesetze und Statuten. Falls die Interessen des Staates oder seiner Wirtschaftspolitik nicht gewahrt sein sollten, konnte er sein Veto einlegen. Er war berechtigt, in beratender Funktion an allen Sitzungen der verschiedenen Nationalbankgremien teilzunehmen. Er mußte bei der Vernichtung von aus dem Umlauf gezogenen Banknoten persönlich anwesend sein, und er setzte den Termin für die jährliche Revision fest.[17]

[14] *Jaroslav Rudolf*, Überblick über die gesetzliche Regelung der čechoslovakischen Währung, in: Zehn Jahre Čechoslovakische Nationalbank. Die čechoslovakische Währung. Die Tätigkeit der Čechoslovakischen Nationalbank. Die Lage und Entwicklung der Nationalwirtschaft der Čechoslovakischen Republik. Festschrift hrsg. v. Národní Banka Československá. Prag 1937, 63–72.

[15] *Rudolf*, Überblick (wie Anm. 14), 70.

[16] *Karel Engliš*, Die Entwicklung der čechoslovakischen Währung, in: Zehn Jahre Čechoslovakische Nationalbank (wie Anm. 14), 37–62.

[17] *Ladislav František Dvořák/Viktor Kopfstein*, Rechtsform, Verwaltung und kommerzielle Leitung der Čechoslovakischen Nationalbank, in: Zehn Jahre Čechoslovakische Nationalbank (wie Anm. 14), 75–96.

Organisationstechnisch stand an der Spitze der Nationalbank ein Gouverneur, der auf Vorschlag der Regierung vom Staatspräsidenten für fünf Jahre ernannt wurde und keiner gesetzgebenden Körperschaft angehören durfte. Dieses Amt bekleidete zunächst seit April 1926 der ehemalige Direktor der Prager Städtischen Sparkasse, Vilém Pospíšil. Nach seiner Demission im Februar 1934 – er konnte einer von der Regierung beschlossenen Abwertung der Krone nicht zustimmen – folgte ihm Karel Engliš, der vormalige Finanzminister, dessen Amtszeit turnusgemäß im Februar 1939 endete. Der Stellvertreter des Notenbankgouverneurs wurde aus dem Kreis der sechs gewählten Mitglieder des sogenannten Bankrats ebenfalls vom Präsidenten ernannt. Dieser zehnköpfige Bankrat repräsentierte unter Vorsitz des Gouverneurs die Leitung der Nationalbank, überwachte ihre Geschäfte sowie die Verwaltung des Vermögens und sicherte die Vertretung der Bank bei allen Verhandlungen nach außen. Den eigentlichen operativen Führungszirkel wiederum bildete der Exekutivausschuß dieses Bankrats, zusammengesetzt aus dem Gouverneur und den Leitern der drei Sektionen für Valuta-, Kredit- und administrative Angelegenheiten. Sechs Mitglieder des Bankrats wurden von der Generalversammlung der Aktionäre gewählt, drei weitere von der Regierung vorgeschlagen und vom Staatspräsidenten für sechs Jahre ernannt. Ein zehntes Mitglied konnte der Bankrat kooptieren. Die eben erwähnte Generalversammlung (valná hromada) der Nationalbank fungierte als Sprecher und Repräsentant der Aktionäre. Teilnehmer konnten nur tschechoslowakische Staatsangehörige sein, die mindestens zehn Namensaktien besaßen. Vorsitzender der Generalversammlung war ebenfalls der Nationalbankgouverneur.

Die Tschechoslowakische Nationalbank existierte nur zwölf Jahre. Bereits in Folge des Münchner Abkommens vom September 1938 war das (vorläufige) Ende der Tschechoslowakischen Krone wie der Notenbank besiegelt. Nach dem Gesetz über die Autonomie der Slowakei und Transkarpathiens vom November 1938 erfolgte im Januar 1939 die Umbenennung der Tschechoslowakischen Krone (Kč) in Krone (K); die Národní banka Československá wurde zunächst zur Národní banka Česko-Slovenská (Tschecho-Slowakische Nationalbank). Mit der deutschen Besatzung und der Proklamation des Protektorats Böhmen und Mähren wurde dann am 16. März 1939 die deutsche Reichsmark als gesetzliches Zahlungsmittel eingeführt und der Tauschkurs auf die Relation von 1 RM zu 10 K festgelegt. Die Krone spielte fortan aber nur noch eine Nebenrolle. Aus der ursprünglichen Národní banka Československá wurde die Národní banka pro Čechy a Morava (Nationalbank für Böhmen und Mähren).

2. *Exkurs: 1945/48 bis 1989*

Nach dem Ende des Zweiten Weltkriegs nahm die wiederhergestellte Národní banka Československá ihre Tätigkeit erneut auf und bereitete eine Währungsreform vor, die im Oktober durchgeführt wurde. Die verschiedenen Währungen auf dem Territorium der Tschechoslowakischen Republik – darunter Protektoratskrone, slowakische Krone, Reichsmark sowie alte Kassenscheine der Tschechoslowakischen Republik – wurden beseitigt. Die neue Währung war wieder die tschechoslowakische Krone (Kčs). Sie überdauerte die ČSSR und blieb bis zum Ende der Tschechoslowakischen Republik 1992 das gültige Zahlungsmittel.

Bekanntlich begann nach dem politischen Umsturz vom Februar 1948 in der Tschechoslowakei die eigentliche Phase der sozialistischen Reformen, die auch auf die Währungsproblematik enorme Auswirkungen hatte. Ziel war die Schaffung eines zentralisierten Bankensystems, wie es für die neue sozialistische Wirtschaftordnung erforderlich schien. Deshalb wurde zuerst die Zahl der Handels- und Geschäftsbanken drastisch reduziert. Im Gang der weiteren Zentralisierung erfolgte dann 1950 die Gründung der Tschechoslowakischen Staatsbank (Státní banka československá), eine Zusammenlegung der Národní banka Československá, der Živnostenská banka (Gewerbebank) und weiterer Banken.[18] Vom 1.Juli 1950 an war die Staatsbank gleichzeitig die Zentrale für die Steuerung des Geldumlaufs, für die Gewährung von Krediten und die Kontrolle der Organisationen und Betriebe. Ferner hatte sie die Einhaltung des Staatsplans zu überwachen. Mit den Diskussionen über das neue System der Lenkung der Volkswirtschaft Ende der fünfziger Jahre wurde ihr 1958 überdies die Zuständigkeit für die Finanzierung und Kontrolle von Investitionen staatlicher Organisationen sowie für Kredite zugeschlagen, die bisher zum Arbeitsbereich einer eigenen Investitionsbank gehört hatten.

Die endgültige und bis 1989 nicht mehr veränderte Organisationsstruktur fand die Staatsbank schließlich in einem Gesetz vom 21.Dezember 1970.[19] Die Leitung der Bank bestand aus der Zentrale mit dem Vorsitzenden, der vom Staatspräsidenten ernannt wurde, dessen Stellvertreter, den Generaldirektoren der verschiedenen Geschäftsbereiche und dem Bankrat. Konkret hatte die Staatsbank künftig die Funktionen einer umfassenden Investitions-, Emissions- und Geschäftsbank zu erfüllen. Sie war zuständig für die Notenemission und die Währungspolitik, besonders für die Festlegung der Wechselkurs- und Goldparität der Tschechoslowakischen Krone, ferner für die Kontoführung und Abwicklung des Zahlungsverkehrs für sozialistische Unternehmen, für die Finanzierung der sozialisierten Wirtschaft, die Kassenführung des Staatshaushaltes, die Mitwirkung bei der staatlichen Lohnpolitik und das Aufstellen der tschechoslowakischen Zahlungsbilanz. Im Unter-

[18] Sbírka zakonů (wie Anm.4), č. 31/1950 (9.3.).

[19] Hier und in der Folge Sbírka zakonů (wie Anm.4), č. 144/1970 (21.12.). Erörterung bei *Holger Kern*, Analyse der Bankensysteme der Tschechischen Republik, der Slowakei und Rußlands. Weiden/Regensburg 1997, 15f.

schied zu den Zentralbanken westlichen Typs konnte die Statní banka československá als einziges Instrument der Geldpolitik die Zinssätze für Investitions- und Betriebsmittelkredite und deren Rückzahlungsfristen festlegen, die wiederum im sogenannten Währungsplan der ČSSR von der Regierung vorgegeben waren. Die Krone war dabei stets eng an den sowjetischen Rubel gebunden, daher nicht konvertibel, sondern im Grunde nur eine Planungs- und Rechnungseinheit.[20]

Eine derartige Staatsbank, die gleichzeitig die Aufgaben der Zentralbank wie von Geschäftsbanken wahrnahm, war unverkennbar ein Merkmal der Zentralverwaltungswirtschaft sowjetischen Typs. Die daneben bestehenden Banken, wie die Československá obchodní banka (Tschechoslowakische Handelsbank), die Česká státní spořitelná und Slovenská státná spořitelná (Tschechische und slowakische Sparkasse) oder die bereits erwähnte Investiční banka (Investitionsbank) spielten nur eine Nebenrolle.

3. Zur Entwicklung seit 1989/90

Mit dem Ende des sozialistischen Systems und dem Zusammenbruch der staatlichen Planwirtschaft ergaben sich für die Wirtschafts- und Währungsordnung ganz neue Rahmenbedingungen. Einige Veränderungen im Bankensystem hatten schon 1990 kurz nach der „Samtenen Revolution" von 1989 begonnen. So wurde das bisherige einstufige System nach und nach durch ein zweistufiges (mit Zentralbank und Geschäftsbanken) abgelöst. Aber die interne Struktur der Tschechoslowakischen Staatsbank änderte sich erst mit dem Inkrafttreten des Zentralbankgesetzes zum 1. Februar 1992, als mit der Trennung der Tschechoslowakei in zwei unabhängige Staaten auch die Zentralbank geteilt wurde.[21]

Damit wurde die Česká národní banka (Tschechische Nationalbank, kurz: ČNB) zur Zentralbank der neuen Tschechischen Republik. Ihre genaue Tätigkeit wurde im Gesetz über die Tschechische Nationalbank von 1993 festgelegt. Darin erklärte man die Česká národní banka zu einer öffentlich-rechtlichen Institution mit dem Hauptsitz in Prag, der die Oberaufsicht über den Finanzmarkt obliegt. Die Bank wirtschaftet dabei selbständig und, so die wörtliche Formulierung, in „fachlicher Sorgfalt" mit dem Besitz, den der Staat ihr anvertraut hat. Sie ist für die Ausgestaltung der Geld- und Wechselkurspolitik zuständig, hat den Geldumlauf zu steuern, die Währungs- und

20 *Jaroslav Kučera*, Reformdynamik und wirtschaftspolitischer Alltag. Der Außenhandel in Theorie und Praxis der tschechoslowakischen Wirtschaftsreform der sechziger Jahre, in: Christoph Boyer (Hrsg.), Sozialistische Wirtschaftsreformen. Tschechoslowakei und DDR im Vergleich. (Studien zur europäischen Rechtsgeschichte, 210.) Frankfurt am Main 2006, 311–356.

21 Sbírka zakonů (wie Anm. 4), č. 22/1992.

Goldreserven zu verwalten; sie ist verantwortlich für den Zahlungsverkehr und die Abrechnung der Banken; und sie fungiert als Kontrollorgan der Geschäftsbanken und hat die Aufsicht über den Kapital- und Devisenmarkt sowie über Versicherungen und Pensionsversicherungen. Als Zentralbank leistet sie ferner Bankdienste für den Staat und öffentliche Bereiche, führt die Rechnung für Finanz- und Zollämter, das Arbeitsamt, Unterhaltseinrichtungen sowie Staatsfonds, die mit dem Haushalt der Europäischen Union verbunden sind.[22]

Gemäß Artikel 98 der Verfassung der Tschechischen Republik wie nach dem Wortlaut eines präzisierenden Nationalbankgesetzes aus dem Jahr 1993 war es nunmehr das dezidiert und in dieser Eindeutigkeit bislang nicht umschriebene Hauptziel der Bank, die Preisstabilität zu sichern: „Hauptziel der Tschechischen Nationalbank ist die Sorge um die Preisstabilität. Sofern dieses Hauptziel nicht berührt wird, unterstützt die ČNB die allgemeine Wirtschaftspolitik der Regierung [...]. Die ČNB steht im Einklang mit den Grundlagen der offenen Marktwirtschaft [v souladu se zásadou otevřeného tržního hospodářství]."[23] Die Nationalbank bzw. deren Gouverneur wurden dabei verpflichtet, der Abgeordnetenversammlung des Parlaments zweimal jährlich über die Währungspolitik Bericht zu erstatten, zudem wenigstens einmal vierteljährlich die Öffentlichkeit über die Entwicklung der Währung zu informieren.

Das höchste Leitungsgremium der ČNB ist der Bankrat (bankovní rada České narodní banky).[24] Er bestimmt die Währungspolitik sowie die Instrumente für deren Verwirklichung, entscheidet ferner über grundlegende währungspolitische Maßnahmen der Nationalbank und über Maßnahmen auf dem Gebiet der Aufsicht über den Finanzmarkt. Die sieben Mitglieder des Bankrats, neben dem Gouverneur zwei Vizegouverneure und vier Direktoren, werden auf Vorschlag der Regierung vom Staatspräsidenten für sechs Jahre ernannt und sind dem Parlament gegenüber rechenschaftspflichtig. Die Funktionsträger des Bankrats dürfen weder der Regierung angehören noch Mitglieder des Parlaments sein. Auch die Tätigkeit in Kontrollorganen anderer Banken und Unternehmen ist nicht erlaubt. Die Sitzungen des Bankrats leitet der Gouverneur; die Beschlüsse werden mit der einfachen Mehrheit der Stimmen gefaßt; bei Stimmengleichheit gibt die Stimme des Vorsitzenden den Ausschlag. Die Entscheidung des Bankrats bei der Festlegung der Zinssätze ergibt sich aus aktuellen makroökonomischen Prognosen und der Bewertung der Risiken. Der Bankrat ist verantwortlich für die Geldpolitik. Er muß das Budget der ČNB genehmigen und Kreditlevels festsetzen.

22 Sbírka zakonů (wie Anm.4), č. 6/1993.
23 Ebd. (§ 2 Abs. 1).
24 Zur Organisation der ČNB v. a. §§ 5ff. des Notenbankgesetzes (ebd.).

Die Beziehungen der Tschechischen Nationalbank zur Regierung sind gleich zu Beginn des Gesetzes geregelt. Demnach soll die ČNB zwar die allgemeine Wirtschaftspolitik der Regierung unterstützen und sie in währungspolitischen Angelegenheiten und bezüglich des Finanzmarkts beraten. Auch ist der Finanzminister berechtigt, als beratendes Mitglied an den Sitzungen des Bankrats teilzunehmen, Vorschläge einzubringen, ebenso wie der Notenbankgouverneur oder dessen Stellvertreter das Recht haben, beratend an den Kabinettssitzungen teilzunehmen. Prinzipiell wird die ČNB jedoch zu einer regierungsunabhängigen Institution erklärt: „Die Tschechische Nationalbank und der Bankrat dürfen bei der Erfüllung des Ziels der Tschechischen Nationalbank und bei Vollzug weiterer Tätigkeiten weder vom Präsidenten der Republik, vom Parlament, der Regierung, von Verwaltungsbehörden noch von irgendwelchen anderen Subjekten Weisungen annehmen oder erbitten. Die Tschechische Nationalbank und die Regierung informieren sich gegenseitig über die Grundlagen und Maßnahmen der Geld- und Wirtschaftspolitik."[25]

Mit diesen strukturellen Bestimmungen wie mit dem Grundsatz, prioritär die Preisstabilität zu bewahren, war das Gesetz zur Errichtung der ČNB stark an der Konstruktion der Deutschen Bundesbank ausgerichtet. Zentralbankautonomie und Preisstabilitätsziel wurden als zwei Seiten derselben Medaille angesehen, ging man doch davon aus, daß nur die Unabhängigkeit der Česká národní banka in personeller, institutioneller, funktioneller und finanzieller Hinsicht die Möglichkeiten für eine erfolgreiche stabilitätsorientierte Währungspolitik biete.

Allerdings kam es anläßlich einer Gesetzesnovelle im Jahr 2000, die eigentlich der Harmonisierung der gesetzlichen Bestimmungen mit der Europäischen Zentralbank galt, zu einer vorübergehenden Einschränkung der Autonomie der ČNB.[26] Unter der Minderheitsregierung der tschechischen Sozialdemokratischen Partei ČSSD unter Miloš Zeman, aber unterstützt auch von der Demokratischen Bürgerpartei ODS von Václav Klaus, wurden mit der Novelle einige Zusatzbestimmungen erlassen, die die Unabhängigkeit der Nationalbank ausdrücklich wieder begrenzten. So sollte künftig in allen Angelegenheiten, die das Inflationsziel und die Kursordnung betrafen, die Regierung konsultiert werden müssen. Die operativen Geschäfte, das Investitionsbudget und alles, was sich nicht auf das primäre Ziel der Währungssicherung bezog, sollten nun die Zustimmung der Abgeordnetenkammer des Parlaments der Tschechischen Republik benötigen. Ein weiterer Bestandteil der Novelle betraf die Ernennungspraxis für den Bankrat; hier sollte jetzt das Vorschlagsrecht für neue Mitglieder der Regierung zufallen. Dieser Versuch der Regierung, ihren direkten Einfluß auf die Geldpolitik der Bank

[25] Ebd. (§ 9 Abs. 1 und 2).
[26] Sbírka zakonů (wie Anm. 4), č. 442/2000.

auszuweiten, löste jedoch große Kritik in Expertenkreisen und bei internationalen Institutionen wie dem Internationalen Währungsfonds und der Europäischen Zentralbank aus. Kurz darauf wurden die Bestimmungen zur Beschneidung der Autonomie der ČNB zudem vom Verfassungsgericht als verfassungswidrig eingestuft und mit Wirksamkeit vom 3. August 2001 wieder aufgehoben. Im Mai 2002 trat deshalb eine weitere Novelle des Zentralbankgesetzes in Kraft, die die Unabhängigkeit der ČNB (auf dem Stand vor 2000) wiederherstellte.[27]

II. Banken, Währung(sreformen) und nationale Idee: Die Krone als Ausdruck des nationalen Selbstbewußtseins nach 1918

Das Bankwesen der Tschechoslowakei hatte seine Wurzeln in den Kronländern der Habsburgermonarchie. Die ersten Banken auf dem Territorium Böhmen-Mährens wurden in der zweiten Hälfte des 19. Jahrhunderts im Zusammenhang mit der Nationalbewegung gegründet. Dabei handelte es sich im wesentlichen um Volksbanken, d.h. Vorschußkassen (nach Schulze-Delitzsch) und ländliche Kreditgenossenschaften (Raiffeisen).[28] Erst 1869 ging aus der Initiative der städtischen Vorschußkassen mit der Živnostenská banka, der Gewerbebank, eine der bedeutendsten Geschäftsbanken hervor.[29]

Auch ohne nationale Währung konnte sich in diesem Rahmen ein Bewußtsein für die eigene (tschechische) Wirtschaftskraft entwickeln. Die Bestrebungen nach wirtschaftlicher Eigenständigkeit wurden zu einem starken Motor für nationale Emanzipationsgedanken insgesamt. Den Banken kam dabei nach 1918 die Aufgabe zu, den bisher entscheidenden Einfluß des österreichischen bzw. deutschen und ungarischen Kapitals zurückzudrängen.[30] Von der patriotischen Euphorie der Staatsgründung angesteckt, begannen die Banken zunehmend, ihr Image als nationale Institute zu entwikkeln. Allen voran die Živnostenská banka nutzte die Verbindungen zur na-

[27] Sbírka zakonů (wie Anm. 4), č. 127/2002.

[28] Zu den Besonderheiten des tschechoslowakischen Bankwesens, den Vorschußkassen, siehe *Jiří Novotný/Jiří Šouša*, Wirtschaftsnationalismus und nationale Eliten auf dem Boden des tschechischen Bankwesens, in: Eduard Kubů/Helga Schultz (Hrsg.), Wirtschaftsnationalismus als Entwicklungsstrategie ostmitteleuropäischer Eliten. Die böhmischen Länder und die Tschechoslowakei in vergleichender Perspektive. Prag/Berlin 2004, 49–70; *Jan Hájek/Vlastislav Lacina*, Od uvěrních družstev k bankovním koncernům [Von den Kreditgenossenschaften zu Bankkonzernen]. Prag 1999.

[29] Zum 50jährigen Jubiläum der Živnostenská banka: *J. Horák*, Živnostenská banka v Praze 1869-1918 [Die Gewerbebank in Prag 1869-1918]. Prag 1919.

[30] *Drahomír Jančík/Tomáš Kalina*, Banken und öffentliche Meinung in der Tschechoslowakei zwischen den beiden Weltkriegen, in: Teichova (Hrsg.), Banken (wie Anm. 1), 139–158.

tionalistisch-konservativ ausgerichteten Nationaldemokratischen Partei, um dieses Bild zu pflegen. Darüber hinaus verwies man auf den „Dienst an der Nation", den man bereits in der Zeit der Habsburgermonarchie geleistet habe, und auf die Repressionen, denen Vertreter der Bank ehedem ausgesetzt gewesen seien.[31] Die Živnostenská banka war in den Anfängen der jungen Republik sogar kurzzeitig als Provisorium anstelle einer staatlichen Zentralbank im Gespräch gewesen. Die Nähe zu den Staatsfinanzen hatte sie sich durch ihren Einsatz für die erste tschechoslowakische Staatsanleihe, die sogenannte Freiheitsanleihe, erarbeitet. Für diese Anleihe in Höhe von einer Milliarde Kronen, die in einer der ersten Sitzungen des Nationalausschusses (Národní výbor) beschlossen worden war, warb auch Finanzminister Alois Rašín in seiner Rede zur Vorlage des provisorischen Haushalts vom 20. Dezember 1918. Zu diesem Zeitpunkt existierten weder eine eigene Währung noch eine Nationalbank.[32]

Ein besonderes Kapitel im Zusammenhang von nationalem Bewußtsein und wirtschaftlicher Emanzipation ist der sogenannte „Wirtschaftsnationalismus". Damit ist gemeint, daß Angehörige einer nationalen Gruppe gegenüber Angehörigen einer anderen Nation im Wirtschaftsleben bevorzugt werden.[33] Allgemeiner formuliert, umschreibt es eine Strategie, die wirtschaftliches Handeln dem nationalen Interesse unterordnet. In der Zwischenkriegszeit war besonders in Ostmitteleuropa insgesamt eine Hochzeit eines solchen Wirtschaftsnationalismus zu verzeichnen.[34] Die Abgrenzung von der deutschen Gesellschaft, deren Vertreter im wirtschaftlichen und politischen Leben der Habsburgermonarchie die führenden Positionen innehatten, war hierbei der eine Aspekt. Der andere fußte im Bewußtsein der eigenen Wirtschaftskraft; das Territorium Böhmens und Mährens war immerhin ein traditionelles Kernland industrieller Großproduktion. Vor allem im tschechischen Teil der späteren Tschechoslowakischen Republik wirkte sich das beflügelnd

31 Ebd. 139f.

32 *Faltus*, Währungsentwicklung (wie Anm. 11), 113–138.

33 Definition und Erklärung des Wirtschaftsnationalismus bei *Eduard Kubů*, Wirtschaftsnationalismus in Parteiprogrammen der böhmischen Länder und der ersten Tschechoslowakischen Republik, in: Agnes Pogány (Hrsg.), Für eine nationale Wirtschaft. Ungarn, die Tschechoslowakei und Polen vom Ausgang des 19. Jahrhunderts bis zum Zweiten Weltkrieg. (Frankfurter Studien zur Wirtschafts- und Sozialgeschichte, 16.) Berlin 2006, 73–133; *Helga Schultz*, Wirtschaftsnationalismus in Ostmitteleuropa. Thesen und Fragen, in: Kubů/Schultz (Hrsg.), Wirtschaftsnationalismus (wie Anm. 28), 17–29; *Eduard Kubů/Jiří Novotný/Jiří Šouša*, Slavism in National Czech Enterprises in the First Half of the Twentieth Century, in: Helga Schultz/Eduard Kubů (Hrsg.), History and Culture of Economic Nationalism in East Central Europe. (Frankfurter Studien zur Wirtschafts- und Sozialgeschichte Ostmitteleuropas, 14.) Berlin 2006, 185–206.

34 *Vlastislav Lacina*, Wirtschaftsnationalistische Aspekte der Nostrifikation von Industrieunternehmen in Mitteleuropa nach dem Ersten Weltkrieg. Änderung in der ökonomischen Stellung mitteleuropäischer Eliten, in: Kubů/Schultz (Hrsg.), Wirtschaftsnationalismus (wie Anm. 28), 241–250.

auf die Autonomiebestrebungen der Nation aus und stärkte deren inneren Zusammenhalt.

Wie alle anderen K.u.K.-Nachfolgestaaten (Österreich, Polen, Ungarn, Jugoslawien, Rumänien) mußte auch die Tschechoslowakei 1918 von der Kriegswirtschaft zur Friedensproduktion übergehen und bestrebt sein, eine eigene schlagkräftige Volkswirtschaft aufzubauen, um das neue Staatsgebilde politisch zu stabilisieren. Dazu sollte nicht zuletzt auch die Nostrifizierung (nostrifikace) beitragen. Der Ruf nach Nationalisierung wurde laut; das Eigentum des Feindes sollte in einheimischen Besitz – vorzugsweise denjenigen der Mehrheitsnationalität – überführt werden. Den rechtlichen Rahmen für diesen Prozeß gaben die Friedensverträge vor. Die Nationalisierung von Unternehmen war laut Artikel 266 der Verträge der Pariser Friedenskonferenz möglich. Die Unternehmen aus österreichischem oder ungarischem Besitz durften jedoch nicht einfach enteignet oder liquidiert, sondern lediglich „nostrifiziert" werden, d.h. der Firmensitz wurde in den Nachfolgestaat übertragen, in dem sie wirkten.[35] So wurden 1920/21 etwa auch die Filialen der Wiener und Budapester Großbanken in eigenständige tschechoslowakische Kreditinstitute umgewandelt. Dieser Transformationsprozeß wurde als ein wichtiger Schritt im „Kampf um die böhmische Sache" angesehen.[36]

Auch als es um die Entflechtung der tschechischen und slowakischen Industrie- und Handelsbetriebe ging, argumentierten die Banken mit „patriotischem Idealismus", galt es doch, die finanzielle Abhängigkeit von der bis 1918 vorherrschenden Stellung der Wiener Banken bei der Großindustrie abzuschütteln. Industrie und Handel nutzten nun die neuen Möglichkeiten, ihre Kredite bei nationalen Banken zu beantragen, und umgekehrt bekamen die Finanzinstitute auf diese Weise Zugang zur Industrie, wie beispielsweise die Živnostenska banka bei den Škodawerken in Pilsen. Besonders nationalistisch akzentuierte Töne kamen dabei von den nationaldemokratischen „Národní listy" (Nationale Blätter), bei denen einst auch der erste Ministerpräsident Karel Kramář sowie Finanzminister Alois Rašín als Redakteure tätig gewesen waren. Die „Národní listy" versuchten entschieden, die Öffentlichkeit davon zu überzeugen, daß „wir kein fremdes Kapital brauchen", da das Einheimische stark genug sei, „alles Böhmische" zu erhalten.[37]

Mit dem Namen Alois Rašín[38] ist untrennbar auch die Währungsreform von 1919 verbunden (die von allen Währungsreformen des 20.Jahrhunderts

[35] Ebd.

[36] Zu den einzelnen Banken: *Holger Kern*, Das Bankensystem der Tschechischen Republik. Rückblick, Transformation, Weiterentwicklung. Regensburg 1994; *ders.*, Analyse (wie Anm.19); sowie *Alice Teichova*, Wirtschaftsgeschichte der Tschechoslowakei 1918–1980. Wien 1988, 47–50.

[37] *Jančík/Kalina*, Banken (wie Anm.30), 140f.

[38] Alois Rašín (1867–1923) absolvierte sein Studium an der juristischen Fakultät der Karlsuniversität in Prag und schloß 1891 mit der Promotion ab. Seit 1900 war er als selb-

wohl die bedeutendste war). Rašín war eine der wichtigsten Persönlichkeiten, die sich um den Wiederaufbau der durch den Krieg zerstörten Wirtschaft und Währung (Schätzungen zufolge war gegen Ende des Krieges das Preisniveau auf dem Binnenmarkt der böhmischen Länder rund achtmal so hoch wie 1914[39]) und um die Regeneration der Staatsfinanzen bemühten, und gilt als „Wegbereiter der Eigenstaatlichkeit". Während seiner kurzen Amtszeit als Finanzminister der ersten tschechoslowakischen Regierung von November 1918 bis Juli 1919 gelang es ihm, die Währungsreform zu realisieren und damit die Inflation zu bremsen. Sein entschiedenes Eintreten trug in großem Maße zur Stabilisierung des neuen Staates bei. Allerdings brachte ihm das auch einige erbitterte Gegner ein, zeigte sich doch seit Anfang 1919 zunehmend, wie schwierig die Währungssituation des neuen Staates wirklich war und wie unterschiedlich die Vorstellungen nicht nur der Praktiker, sondern auch der Theoretiker zu deren Lösung ausfielen.

Im einleitend erwähnten Gesetz vom 28. Oktober 1918 „über die Errichtung des eigenständigen tschechoslowakischen Staates", welches ebenfalls in den Grundzügen von Rašín verfaßt worden war, wurden zunächst einmal alle rechtlichen Institutionen von der österreichisch-ungarischen Monarchie übernommen, um Rechtsunsicherheit zu vermeiden.[40] Sie sollten erst allmählich durch eigene Institutionen des neuen Staates ersetzt werden. Ökonomische Priorität hatte dabei für Rašín nicht zuletzt die Währungsneuordnung, denn sie galt als Schlüssel zur Neuordnung der chaotischen Zustände der Finanzen und der Wirtschaft. Rašín hatte zuerst gehofft, die Inflation durch internationales Eingreifen stoppen zu können, doch die Alliierten zeigten kein Interesse. Die Idee war gewesen, die gemeinsame Währung der K.u.K.-Monarchie unter bestimmten Bedingungen beizubehalten (z.B. derjenigen, daß die Bank keine Kriegsanleihen lombardieren durfte und die Nachfolgestaaten das Recht erhielten, durch einen eigenen Kommissär die Kredit- und Emissionstätigkeit der Bank zu kontrollieren). Dieser Plan wurde aber schnell aufgegeben, denn allein im Zeitraum von Ende Oktober 1918 bis Ende Februar 1919 stieg die Summe der lombardierten Anleihen von 4094,5 Millionen Kronen

ständiger Advokat tätig. Daneben wirkte er ab 1907 als Redakteur der jungtschechischen Zeitschrift „Den" („Der Tag"); seit 1910 redigierte er gemeinsam mit Karel Kramář die Zeitung „Narodní listy" („Nationale Blätter"). Er war Verfasser des Finanz- und Wirtschaftsprogramms der Jungtschechischen Partei und fungierte zwischen 1911 und 1916 als Reichsratsabgeordneter. Im Ersten Weltkrieg vertrat er eine radikal antiösterreichische Position und unterstützte die Unabhängigkeitsbewegung Masaryks. 1916 wurde er wegen Hochverrats zum Tode verurteilt, das Jahr darauf aber wieder amnestiert. 1918 gehörte er dann zu den führenden „Männern des 28. Oktobers". Das Amt des Finanzministers vertrat er in den Regierungen von 1918 bis 1919 und dann noch einmal 1922 bis zu seinem Todesjahr 1923, in dem er einem Attentat zum Opfer fiel.

[39] *Karel Engliš*, Co bude s našimi penězi? [Was geschieht mit unserem Geld?] Brünn 1919, 5.

[40] Sbírka zakonů (wie Anm. 4), č. 11/1918.

auf 9319 Millionen Kronen an, d.h. in vier Monaten wurde eine Milliarde mehr Noten ausgegeben als in der gesamten Kriegszeit. Daher bestand rasch Übereinstimmung, den Geldumlauf auf dem Gebiet des neuen Staates von den Traditionsbeständen der österreichisch-ungarischen Monarchie zu trennen. Weitgehend einig war man sich auch in der Überzeugung, den Weg zur Goldwährung zu gehen. Kontrovers gestalteten sich jedoch die Meinungen über die Art der Bank, die künftig für die Ausgabe des Geldes zuständig sein sollte, und über den genauen Umgang mit der Inflationsgefahr.[41]

Rašín hatte seine Gedanken zur Errichtung einer Notenbank deutlich akzentuiert: „Wenn wir wirklich ein Zettelbankwesen ordentlich errichten, dann darf das kein Amt sein. Die Zettelbank muß getrennt sein von der staatlichen Verwaltung, daß sie nicht leidet mit jedem Schlingern der Staatskredite, damit sie nicht einfach für ein Instrument der staatlichen Finanzen gehalten wird".[42] Und in der Frage der Stabilisierung der Währung verfocht er einen Kurs der strikten Währungstrennung, kombiniert mit einer „kühnen Politik" der Deflation, was nicht wenige Beobachter bis in die Gegenwart hinein als Rašíns wichtigstes Verdienst für die Volkswirtschaft der jungen Republik bewerteten und bewerten.[43] Deflation meint bei Rašín (anders als bei Keynes) dabei den Prozeß, der die Folgen der Inflation beseitigen und die reale innere Kaufkraft der Währung auf einer rationalen Wirtschaftsweise aufbauen soll. Die Deflation war seiner Ansicht nach die notwendige Voraussetzung zur Wiederherstellung der Wirtschaft überhaupt.

Um die gewagte Währungsreform vorzubereiten, nutzte Rašín intensiv seine Kontakte zu Experten aus Bankkreisen. Zu seinen engsten Vertrauten und Mitarbeitern gehörten Vilém Pospíšil[44] von der Städtischen Sparkasse in Prag, der Leiter der Währungsabteilung beim Finanzministerium Karel Leopold und der Generaldirektor der Zemská banka (Landesbank) E. Roos, fer-

[41] Vgl. *Jan Vokrouhlecký*, Komparace ceskolovenských měnových reforem 1919, 1945 a 1953 [Vergleich der tschechoslowakischen Währungsreformen 1919, 1945 und 1953]. Prag 2004, 16.

[42] *Rašín*, Můj finanční plan (wie Anm. 2), 95.

[43] Vgl. an aktuellen Stimmen etwa *Václav Klaus*, Mezi minulosti a budoucnosti. Filozofické a humanologické úvahy a eseje [Zwischen Vergangenheit und Zukunft. Philosophische und humanologische Betrachtungen und Essays]. Brünn 1996, 65ff.; davor heißt es zeitgenössisch bei *Čakrt*, Rašín (wie Anm. 2), 18: Das „unvergängliche Verdienst Rašíns besteht darin, diese Maßnahmen [...] in den Rahmen einer einheitlichen währungspolitischen Konzeption einzugliedern und ihre technische Durchführung durch seine organisatorische Umsicht und Energie zu sichern."

[44] Vilém Pospíšil arbeitete schon seit 1917 eng mit Rašín zusammen. Beide bereiteten zusammen die Finanz- und Währungsangelegenheiten für den befreiten Staat vor. Pospíšil vertrat die Tschechoslowakei auf internationalen Finanzkonferenzen und war Mitglied des Finanzkomitees beim Völkerbund in Genf. Im April wurde er zum Gouverneur der neugegründeten Nationalbank ernannt, erhielt aber schon im Februar darauf seine Entlassung, weil er der Entscheidung der Regierung, die Krone abzuwerten, nicht zustimmte.

ner August Novák, Oberdirektor der Zemska banka, Dr. Jaroslav Preiss, Prof. Koloušek sowie Dr. Kučera.[45] Die Vorbereitungen gingen in größter Geheimhaltung vor sich und mußten binnen sechs Wochen beendet sein.[46]

Die Grundzüge der Währungsreform umfaßten drei Punkte: erstens die Schaffung einer eigenen tschechoslowakischen Währung, getrennt von Österreich-Ungarn, zweitens die Begrenzung des Geldumlaufs und drittens die Einführung einer Vermögensabgabe. Rašín und seine Mitstreiter beschlossen, daß eine eigenständige Währung mit den abgestempelten Banknoten eingeführt werden sollte, die auf dem Gebiet der Tschechoslowakei in Umlauf waren. Gleichzeitig bemühten sie sich um eine 80prozentige Deckung des Geldes in Form einer Staatsanleihe. Karel Engliš, bedeutender Nationalökonom und späterer Finanzminister[47], mißbilligte diese erzwungene Staatsanleihe, der Haushaltsausschuß lehnte zumindest die Höhe der Deckung ab. Schließlich einigte man sich auf eine 50prozentige Deckungsrate, die in Form einer einprozentigen staatlichen Zwangsanleihe, der sogenannten Freiheitsanleihe, realisiert werden sollte.

In einer geheimen Sitzung der Nationalversammlung vom 25. Februar 1919 beschwor Rašín die Abgeordneten zu Beginn der Währungsreform, sein Vorhaben zu unterstützen. Sein Leitsatz, den er bereits bei der Bewilligung des ersten provisorischen Haushalts am 20. Dezember 1918 betont hatte, lautete: „Arbeiten und Sparen". „Wir dürfen nicht nur im Staat sparen, sondern wir müssen überhaupt sparen. Wir müssen sparen und arbeiten, eine andere Möglichkeit gibt es nicht, andernfalls wird die Krone genauso entwertet [devalvovana], wie es die alte war."[48] In der Nacht vom 25. auf den 26. Februar 1919 begann dann das Unternehmen Währungsreform. Das Militär besetzte die Grenzen, der Zahlungsverkehr mit dem Ausland wurde für eine Woche unterbrochen und die Abstempelungsaktion wurde vom 3. bis 9. März 1919 durchgeführt; in der Slowakei dauerte sie bis zum 12. März 1919. Die neue tschechoslowakische Währung wurde im Gesetz vom 10. April 1919 geregelt.

45 *Čakrt*, Rašín (wie Anm. 2), 18f.

46 *Jana Šetřilová*, Alois Rašín. Dramatický život českého politika [Alois Rašín. Dramatisches Leben eines Politikers]. Prag 1997, 75–88; *Vokrouhlecký*, Komparace (wie Anm. 41), 20.

47 Karel Engliš (1880–1961) arbeitete nach Abschluß des Jurastudiums in München und Prag, 1903 dann als Beamter im Statistischen Landesamt in Prag und im Wiener Handelsministerium. Seit 1911 war er Professor für Nationalökonomie an der TH Brünn, nach 1919 erster Rektor der Brünner Masaryk-Universität. Vor 1918 fungierte Engliš als mährischer Landtagsabgeordneter, 1918 bis 1925 als Abgeordneter in der Nationalversammlung für die Nationaldemokraten. Politisch am einflußreichsten war er in seiner Tätigkeit als Verfasser verschiedener Wirtschaftsprogramme sowie als Finanzminister (1920 bis März 1921, Dezember 1925 bis September 1928 und Februar 1929 bis April 1931), ferner als Gouverneur der Tschechoslowakischen Nationalbank (1934–1938).

48 Rede des Finanzministers Alois Rašín auf der geheimen Sitzung der Nationalversammlung vom 25. Februar 1919 zur Durchführung der Währungsreform, in: *Vencovský*, Rašín (wie Anm. 2), 48–55.

Danach stand das Recht, auf dem Gebiet des tschechoslowakischen Staates Zahlungsmittel auszugeben und Münzen zu prägen, ausschließlich dem Staat zu. Die Währungseinheit wurde als Tschechoslowakische Krone (Kč) bezeichnet. Alle auf Österreichisch-Ungarische Kronen lautenden, im Gebiet des tschechoslowakischen Staates zu entrichtenden Verbindlichkeiten waren in Tschechoslowakischen Kronen zu zahlen, wobei im Verhältnis 1:1 umgerechnet wurde. Der Finanzminister wurde ermächtigt, solange der internationale Verkehr nicht durch besondere Staatsverträge geordnet war, von dieser Regel Abweichungen festzusetzen. „Die Erhöhung des Staatsnotenumlaufs über den gesetzlich festgelegten Gesamtbetrag hinaus als Zahlungsmittel mit Zwangskurs ist nur zulässig, wenn für diese Zahlungsmittel die volle privatrechtliche bankmäßige Deckung vorhanden ist."[49]

Die wirtschaftliche Entwicklung der tschechoslowakischen Wirtschaft wies nach einigen Schwankungen der Anfangsjahre tatsächlich eine kontinuierliche Aufwärtsbewegung auf. Dieser Trend wurde erst von der Weltwirtschaftskrise, spürbar ab 1930, gestoppt. Die Auswirkungen des „Schwarzen Freitags" (4. Oktober 1929) erreichten die ČSR also erst mit zeitlicher Verzögerung. Hatte der Export 1928 noch ein Volumen von 21,2 Milliarden Kronen betragen, so war er 1932 auf 7,4 Milliarden Kronen gefallen und erreichte 1933 mit 4,5 Milliarden Kronen einen Tiefpunkt.[50] Grundlage dieser bis 1930 insgesamt erfolgreichen wirtschaftlichen Entwicklung der Tschechoslowakischen Republik seien bei allen Mängeln und Schönheitsfehlern in der Tat staatliche Maßnahmen zur Sanierung der Finanzwirtschaft gewesen, lautete das Fazit Friederich Steiners. Der Direktor der Österreichischen Zentral-Bodenkreditbank konstatierte 1924, ein Vergleich mit anderen Nachfolgestaaten der K.u.K.-Monarchie zeige, daß dabei der Eckpfeiler einer wirkungsvollen Finanzpolitik die aktive Handels- und Zahlungsbilanz sei. Sie sei es, die einen erschütterten Staatshaushalt habe sanieren können.[51] Rašín selbst beurteilte bereits 1921 die wirtschaftliche Lage sehr positiv. Schon damals meinte er zu erkennen, daß von allen Staaten Mitteleuropas die Tschechoslowakische Republik die schwere Nachkriegsperiode am besten überstehen werde, weil sie planmäßig an ihrer Konsolidierung arbeite.[52]

[49] § 10 des Gesetzes über die neue tschechoslowakische Währung, zitiert bei *Burger*, Währungsreformwerk (wie Anm. 2), 48f.

[50] *Jiří Kosta*, Die sozioökonomische Entwicklung der ČSR. Wirtschaftliche und soziale Probleme, in: Karl Bosl (Hrsg.), Die demokratisch-parlamentarische Struktur der Ersten Tschechoslowakischen Republik. München 1975, 7-34; *Jörg K. Hoensch*, Geschichte Böhmens. Von der slavischen Landnahme bis ins 20. Jahrhundert. 2. Aufl. München 1992, 427f.

[51] *Steiner*, Notenbankpolitik (wie Anm. 3), 35f.

[52] *Alois Rašín*, Finanční a hospodářská politika československá do konce roku 1921. Prag 1922; hier nach der deutschen Übersetzung unter dem Titel: Finanz- und Wirtschaftspolitik der Tschechoslowakei bis Ende 1921. München 1923, 164.

Die Kritiker der Währungspolitik des sogenannten Rašínschen Experiments gestanden zwar ebenfalls zu, daß das Verfahren zur Einführung der neuen Währung, die Abstempelung der Banknoten, die einfachste und zweckmäßigste Lösung des Währungsproblems gewesen sei. Die Perspektiven der Tschechoslowakischen Republik seien jedoch eher ungewiß. Eine ausgeglichene Zahlungsbilanz würde zumindest am Anfang schwierig sein. Die Absatzmärkte der jungen Republik (Deutschland, Österreich, Ungarn) litten selbst noch an den Folgen des Krieges, die passive Zahlungsbilanz bedrohe die Wechselkurse des Landes und auch dessen allgemeines Preisniveau. Und wie die Außenhandelsstatistiken der Jahre 1920 bis 1922 bewiesen, sei nicht einmal die Versorgung der eigenen Bevölkerung mit landwirtschaftlichen Erzeugnissen gewährleistet.[53]

Mehr als bei allen anderen war bei Rašín die Währungspolitik eng mit einer Wirtschaftspolitik im Sinne der „nationalen Idee" verknüpft. Im Vordergrund seines Bemühens stand eine starke Tschechoslowakische Republik mit der nötigen Wirtschaftskraft. Die Währung war für ihn hier lediglich Mittel zum Zweck und Variable der allgemeinen Wirtschaftspolitik; Währungsstabilität erschien ihm in erster Linie als Garant für eine starke Nation von Bedeutung. Dabei waren seine nationalökonomischen Ansichten und sein wirtschaftlicher „Sanierungsplan" nicht die eines Theoretikers, der sein Konzept bis ins letzte Detail durchdacht und die Begriffe genau definiert hatte. Sein Vorgehen ergab sich weit mehr aus der praktischen Analyse der Volkswirtschaft am Kriegsende: „Ohne Entwicklung der Wirtschaft, Belebung der Produktion, ohne gute Ernte, ohne schaffende Tätigkeit, ohne schaffenden Unternehmungsgeist, die alle neue Güter, neue Werte und ihren Umlauf erzeugen, gibt es und wird es keine gute Währung geben, und die Wiederherstellung einer zerütteten Währung ist unmöglich." Rašín war sich – anders als seine Kritiker behaupteten – also wohl bewußt, daß staatliche Eingriffe nicht zum Erfolg führen, wenn sie nicht von der Gesundung der gesamten Volkswirtschaft begleitet würden. „Der Goldschatz und die Valuta sind nicht die Hauptsache. Es ist die ganze Wirtschaft, deren Gesundung in erster Linie anzustreben ist".[54]

Die tschechoslowakische Währung war zunächst eine Papierwährung ohne Golddeckung, die direkt vom Staat so reguliert werden sollte, daß die Kaufkraft der Krone auf Vorkriegsniveau oder darüber hinaus gesteigert würde, daß der Zahlungsmittelumlauf dem Güterumlauf elastisch folgen konnte (einschließlich qualitativer Deflation) und daß der Außenwert der Einheit dem gewählten Binnenwert entsprach. Diese Papierwährung war als ein Provisorium gedacht, als erste Entwicklungsstufe zu einer künftigen Goldwäh-

[53] Vgl. *Burger*, Währungsreformwerk (wie Anm. 2), 73–77.
[54] Vgl. *Čakrt*, Rašín (wie Anm. 2), 50, 67.

rung.[55] Dieses Ziel einer goldgedeckten Währung war ein zentraler Gedanke für Rašíns Währungspolitik. Gold stand für das Vertrauen in eine Währung und bot damit auch die Grundlage für die nationale Wirtschaft. In seinem 1921 publizierten Werk „Můj finanční plan“ (Mein Finanzplan) begründet er seine Vorstellung: „Ich bin theoretisch der Ansicht, daß eine Metalldeckung für die Erhöhung der Bonität der Banknoten nicht nötig ist, sofern man nicht gegen Gold tauscht und falls man den Kurs nicht durch die Einfuhr von ausländischem Gold reguliert. In der Praxis halte ich die Metalldeckung für notwendig aus psychologischen Gründen, für die Rückkehr des Vertrauens in die Währung.“[56] In Rašíns Konzeption zur Währungsordnung und Währungspolitik überwog die historische Tradition der quantitativen Geldtheorie, wonach die in Umlauf befindliche Geldmenge der entscheidende Faktor für die Gestaltung der Preisverhältnisse und für die Entwicklung der Kaufkraft der Währungseinheit ist. Nach den Erfahrungen des Ersten Weltkriegs und der dramatischen Inflation der Österreichisch-Ungarischen Krone galt es, (neues) Vertrauen in die Währung zu gewinnen. Die Rückkehr zum Gold als einer verläßlichen Grundlage der Währungsstabilität war im Europa der Nachkriegszeit allgemeiner Konsens. Zur Schaffung der nötigen Goldreserven setzte Rašín dabei vornehmlich auf drei Maßnahmen. Zuallererst appellierte er an die Bürger der Tschechoslowakischen Republik, den „Goldschatz der Republik“ (zlatá poklada republiky) durch freiwillige Gaben unmittelbar mitzubegründen. Ein weiterer Weg war die Ausschreibung einer inneren Valuta-Anleihe; per Gesetz vom 25. Februar 1919 war die Regierung daher ermächtigt worden, eine 4prozentige Anleihe in Gold und Valuta auszuschreiben, die im Jahr 1926 ausgezahlt werden sollte. Und schließlich wurde ein Ausfuhrverbot für Goldmünzen und unbearbeitetes Gold, Silber und andere Edelmetalle erlassen.[57]

Die erste Maßnahme war vorrangig von psychologischer Bedeutung und nutzte die anfängliche Euphorie der Tschechen und Slowaken. Wie das Ergebnis dieser Sammelaktion zeigte, wurden unter anderem 94520 Goldmünzen und Medaillen sowie 65 kg reines Gold gesammelt; der monetäre Aspekt bei alledem war zu vernachlässigen. Die Staatsanleihe hingegen wurde ein großer Erfolg, sie erbrachte 3260 kg Gold, 270025 kg Silber und andere Edelmetalle. Im Januar 1922 wurde der Vorrat an Edelmetallen auf einen Wert von 564 Millionen Kronen beziffert.[58]

Ein Grundpfeiler der aktiven Währungspolitik war zudem die durch das Gesetz vom 8. April 1920 eingeführte Vermögensabgabe, die in Paragraph 1 folgendermaßen definiert wurde: „Die Vermögensabgabe und die Vermögens-

[55] *Burger*, Währungsreformwerk (wie Anm. 2), 58–62.
[56] Zitat nach: *Vencovský*, Rašín (wie Anm. 2), 13.
[57] Sbírka zakonů (wie Anm. 4), č. 88/1919 und č. 143/1919.
[58] *Vencovský*, Rašín (wie Anm. 2), 15ff.

zuwachsabgabe, welche nach den Bestimmungen dieses Gesetzes erhoben wurden, sind in erster Linie dazu bestimmt, eine Voraussetzung für die Wiederaufrichtung der Währung zu bilden. Sie haben weiter der Ausgleichung der Lasten zu dienen, welche durch den Umtausch von Staatsnoten gegen abgestempelte Banknoten der Österreichisch-Ungarischen Bank, durch Einziehung der Banknoten und Übernahme der Girokonten im Sinne der Gesetze č. 84/1919 und č. 187/1919 entstanden sind. Etwaige Überschüsse können mit Ausschluß der laufenden Defizite der Staatswirtschaft zur Begleichung der drückendsten, durch die Gründung und Erhaltung des Tschechoslowakischen Staates entstandenen Schulden verwendet werden. Ein besonderes Gesetz wird bestimmen, zu welchem Zwecke diese Überschüsse Verwendung finden können."[59] Aufs Ganze war diese Vermögensabgabe sicher der umstrittenste Teil der Währungspolitik. Rašín hatte sich dennoch entschlossen, diesen Weg zum Abbau der Staatsschulden zu gehen. Er wollte damit unter anderem die durch Krieg und Inflation hervorgerufenen Vermögensumwälzungen mit einer progressiven Steuer entkräften. Allerdings zeigte sich in der praktischen Umsetzung, durch die Unbeweglichkeit des Finanzapparats (Steuerveranlagungen wurden erst 1922/23 zugestellt) und die veränderte wirtschaftliche Lage, daß der erwartete Nutzen ausblieb. In seiner kurzen zweiten Amtszeit als Finanzminister (9. Oktober 1922 bis 18. Februar 1923) vermehrte sich überdies die Kritik an Rašíns Deflationspolitik. Da sich die Strategie, die auf dem Kurs einer starken Krone basierte, auf ein Exportland wie die Tschechoslowakische Republik bereits Ende 1922 sehr negativ auszuwirken begann, wurde Rašín immer mehr zur Zielscheibe von Angriffen vor allem aus den Reihen der Arbeiterschaft.

Nach dem Tod Rašíns in Folge eines Attentats durch einen Kommunisten erschienen dennoch zahlreiche Nekrologe, die die Verdienste des ermordeten Finanzministers für die Nation in den Vordergrund stellten. Das nationale Bewußtsein ziehe sich wie ein roter Faden durch Rašíns politisches Leben; die Finanz- und Währungspolitik sei ihm ein geeignetes Mittel gewesen, seinem Ideal der unabhängigen Tschechoslowakischen Republik die nötige Substanz zu verleihen und ihr wirtschaftliche Unabhängigkeit zu verschaffen. Selbst sein bekanntester Kritiker und späterer Nachfolger im Amt, Karel Engliš, würdigte Rašíns Einsatz für das „tschechische nationale Ideal" (za český národní ideál) und betonte: „Worin ich mich von Dr. Rašín unterscheide, das sind weder die Ziele, noch die Standpunkte, sondern die Methoden. A. Rašín war durch und durch radikaler und revolutionärer. Es ging ihm in erster Linie um die Währung, er war gegen die Kriegsanleihen, er wollte die allgemeine Krise kurieren, und er wollte den radikalen Aufschwung der Währung. Deshalb begleiteten seine Maßnahmen ständige Währungs-, Wirt-

[59] Sbírka zakonů (wie Anm. 4), č. 309/1920 (8.4.). Vgl. auch *Čakrt*, Rašín (wie Anm. 2), 59ff.

schafts- und Finanzkrisen. Unbestritten ist, daß in der Krise viel Heilendes lag und eine solche Geradlinigkeit einfacher und allgemein verständlicher ist. Rašín war unerschrocken, er fürchtete keine Krise, er stellte sich ihr."[60] Staatspräsident Masaryk bezeichnete Rašín als „einen wahrhaft tschechischen Menschen [člověk vpravdě český]". Er sei „ein einfacher Arbeiter, ein Mann von Stahl und Herz [...], dessen Festigkeit und Entschlossenheit, dessen starker Wille und dessen Unnachgiebigkeit" schon damals sprichwörtlich gewesen seien.[61] Auch Václav Klaus richtete in seiner Bewunderung für Rašín den Blick zuallererst auf dessen Leistung für die Eigenständigkeit der Republik, weniger auf die Details der finanz- und währungspolitischen Ausführung. Daher zitierte er auch gern den Ausspruch Rašíns, „wenn wir alle zueinander halten, erhalten wir die Republik [...], wenn die Parteien im allgemeinen wechselseitigen Kampf auseinandergehen, verlieren wir die Eigenständigkeit [samostatnost]".[62]

Zutreffend ist daran, daß sowohl die Einführung der Tschecholowakischen Krone und die Grundlagen der Währungs- und Wirtschaftspolitik mit dem unermüdlichen Einsatz Rašíns verbunden sind und daß er jenseits aller Kritik einen wesentlichen Beitrag zur Stabilisierung des neugegründeten Staates geleistet hat. Die nach dem Ende der Habsburger Monarchie 1919 als neue Währung eingeführte Tschechoslowakische Krone blieb mit Unterbrechung in der Protektoratszeit bis zur Auflösung der Tschechoslowakischen Republik 1992 das gültige Zahlungsmittel.

III. Die Bedeutung der Währung in Zeiten der Umbrüche nach 1989

Wie in den Anfangsjahren der Tschechoslowakischen Republik Alois Rašín für die Weichenstellung in der Währungs- und Wirtschaftspolitik verantwortlich zeichnete, so war auch Anfang der neunziger Jahre mit Václav Klaus ein Finanzminister die zentrale Figur für die sich neu formierende Wirtschaft und die Organisation der Währung. Unbeschadet der bekannten nationalistischen Äußerungen des Populisten Klaus, die sich ja zumeist auf die ostentative Distanzierung von Europa und auch gegenüber dem Nachbarn Deutschland konzentrieren, übernahm er dabei doch ohne große Empfindlichkeiten und letztlich ohne Ansehen ihrer nationalen Herkunft solche Ideen und Mo-

[60] *František Vencovský*, Karel Engliš. Brünn 1993, 16f.

[61] *Vencovský*, Rašín (wie Anm.2), 6.

[62] Zitiert nach *Václav Klaus*, Nezávislost centrální banky a provázanost hospodářské politiky státu [Die Unabhängigkeit der Zentralbank und die Gebundenheit der Wirtschaftspolitik des Staates] (1997), in: ders., Proč nejsem socialním demokratem [Warum ich kein Sozialdemokrat bin]. Prag 1998, 17ff.

delle, die ihm erfolgversprechend schienen, hier in erster Linie dasjenige der Deutschen Bundesbank.

In Folge der „Samtenen Revolution" von 1989 begannen umfassende Wirtschaftreformen, sowohl makroökonomische als auch mikroökonomische Maßnahmen. Als einziges Land des ehemaligen Ostblocks hatte sich die Tschechoslowakei entschlossen, die Enteignungen durch das kommunistische Regime wiedergutzumachen. Darüber hinaus erfolgten zwei Phasen der Privatisierung, die sogenannte kleine und große Privatisierung. Bereits 1990 überließ die Staatsbank ihre bisherigen Funktionen den anderen Banken, die zu diesem Zeitpunkt freilich ebenfalls noch in staatlicher Hand waren. Im Februar 1992 fixierte ein entsprechendes Gesetz über das Bankwesen den Aufgabenbereich der Staatsbank und der Geschäftsbanken definitiv. Davor schon war im April 1991 der erste provisorische Wertpapiermarkt eröffnet worden. Ein Gesetz vom Januar 1993 regelte den Handel und die Ausgabe von Wertpapieren und Anleihen dann genauer. Im April 1993 wurde schließlich die Börse in Prag eröffnet.[63]

Nach der geordneten Auflösung der Tschechoslowakischen Republik gingen seit dem 1.Januar 1993 die Tschechische und die Slowakische Republik ihre eigenen Wege. Die Trennung in zwei Republiken bedeutete auch eine Trennung der Vermögenswerte, die im Verhältnis 2:1 aufgeteilt wurden. Der größere Teil wurde der Česká národní banka (Tschechische Nationalbank) übertragen, der kleinere der Slowakischen Nationalbank. Seit dem 8.Februar 1993 existierten in den neuen Staaten jeweils eigenständige Währungen: die Koruna česká (Tschechische Krone) und die Slovenská koruna (Slowakische Krone). Für den reibungslosen Ablauf dieser Währungstrennung war der Gouverneur der Tschechoslowakischen Staatsbank, Josef Tošovský, verantwortlich. Dafür wurde er 1993 vom Internationalen Währungsfonds in Washington mit dem Titel „Zentralbanker des Jahres" ausgezeichnet.[64]

Das Reformprogramm der jungen Tschechischen Republik basierte auf einem marktwirtschaftlich-demokratischen Kurs, der konsequent fortgesetzt werden sollte. Da keine gravierenden politischen Probleme (beispielsweise große Minderheiten) existierten und der Systemwandel in bemerkenswerter wirtschaftlicher Stabilität erfolgt war, konnte Václav Klaus seine Reformpolitik relativ ungestört forcieren. Bereits 1991 hatte die tschechoslowakische Regierung dazu ein Wirtschaftsprogramm gestartet, das im wesentlichen drei Reformelemente vorsah: die Freigabe der Preise, die Liberalisierung des Imports und die Einführung der Konvertibilität im Leistungsverkehr von Unternehmen. Die wichtigsten Grundvoraussetzungen zur Umsetzung dieser

[63] Vgl. *Vencovský*, Vzestupy (wie Anm. 1), 187f.; *Kern*, Analyse (wie Anm. 19), 25ff.
[64] Vgl. *Otto Storf* (Hrsg.), Osteuropa auf Reformkurs. (Deutsche Bank Research, H. 8: Tschechische Republik.) Frankfurt am Main 1993, 27ff.

Reformpolitik sah man indes in einer stabilen Währungsordnung und einer restriktiven Finanzpolitik.

Nach westlichem Vorbild wurde deshalb seit 1990 schrittweise das skizzierte zweistufige Bankensystem installiert (mit einer Zentralbank, die die Geschäftsbanken beaufsichtigte) – eine Neuordnung, die ihren Abschluß mit dem Zentralbankgesetz von 1993 fand. Anders als in der ersten (Tschechoslowakischen) Republik – damals waren Staats- und Bankinteressen eng miteinander verknüpft – stand nun das Prinzip der Unabhängigkeit im Vordergrund. Die Autonomie der Tschechischen Nationalbank galt als conditio sine qua non, um die vordringlichste Aufgabe zu erfüllen, nämlich für Preisstabilität zu sorgen (s.o. Punkt I.3). Konkret besteht daher seit 1993 die Unabhängigkeit der Zentralbank in personeller, institutioneller, funktioneller und finanzieller Hinsicht. Der politische Druck auf die Ernennung und Entlassung der Zentralbankratsmitglieder ist dadurch begrenzt, daß allein der Präsident und nicht die Regierung dafür zuständig ist. Die Nationalbank ist außerdem autonom bei der Formulierung der Inflationsziele und in der Wahl der Instrumente zu deren Durchsetzung.

Der maßgebliche konzeptionelle Protagonist der neu institutionalisierten Währungsordnung wie der Währungstrennung von 1992/93 war, wie erwähnt, der Ökonom Václav Klaus. Im Dezember 1989 war Klaus Finanzminister in der Regierung des „nationalen Verständnisses" (narodní porozuměni) geworden, eine Funktion, die er auch in der Nachfolgeregierung ab Juni 1991 wahrnahm. Nach den Wahlen im Juni 1992 setzte er seine Tätigkeit in der Regierung als Premierminister fort. Das Krisenjahr 1997 bedeutete für Klaus allerdings ein vorzeitiges Ende seiner Amtszeit; kurzzeitig übernahm der Gouverneur der ČNB, Josef Tošovský, die Leitung der Regierungsgeschäfte. Klaus hingegen wirkte danach als Vorsitzender der Abgeordnetenkammer des tschechischen Parlaments. Seit 2003 amtiert er als Präsident der Tschechischen Republik.[65]

In Fragen der Finanz- und Wirtschaftspolitik verfocht Klaus von Anfang an eine recht klare Linie: Er sah allein den Weg der Marktwirtschaft, die er als eine Marktwirtschaft „ohne wenn und aber" oder als „Marktwirtschaft ohne jedwedes Adjektiv" (tržní hospodařství bez jakýchkoli adjektiv) apostrophierte, als erfolgversprechendes Modell für den Aufbau einer eigenständigen nationalen Wirtschaft an.[66] Diese ökonomische Präferenz hatte freilich tiefe Wurzeln in der persönlichen Biographie Klaus'. Bereits in den fünfziger

[65] Václav Klaus, geboren 1941 in Prag, gehörte zu den führenden Persönlichkeiten des Občanské forum [Bürgerforums] und war seit Oktober 1990 dessen Vorsitzender. Beim Gründungskongreß der bürgerlichen demokratischen Partei Občanská demokratická strana (ODS) im April 1991 wurde er zu deren ersten Vorsitzenden gewählt.

[66] Vgl. hier und in der Folge etwa *Václav Klaus*, Ekonomická věda a ekonomická reforma [Wirtschaftswissenschaft und Wirtschaftsreform]. Prag 1991; ferner *Dedek Oldrich*, The Break-up of Czechoslovakia. An in-depth Economic Analysis. Reprint. Aldershot

und sechziger Jahren hatte er seine eigene Vorstellung eines Wirtschaftssystems entwickelt. Nach wirtschaftswissenschaftlichem Studium mit der Fachrichtung Außenhandel an der Vysoká škola ekonomická (VŠE), der Hochschule für Ökonomie in Prag, begann Klaus 1963 seine berufliche Laufbahn als wissenschaftlicher Mitarbeiter am Ökonomischen Institut der Tschechoslowakischen Akademie der Wissenschaften (EÚ ČSAV Ekonomický Ústav Československé Akademie Věd). Schon das Studium in den fünfziger Jahren hatte wohl die besten Voraussetzungen für Klaus' späteres Agieren auf der internationalen Ebene geschaffen, denn zum einen waren drei Fremdsprachen Pflicht für künftige Mitarbeiter im Außenhandel und zum anderen gehörte auch die theoretische Auseinandersetzung mit nichtsozialistischen Wirtschaftssystemen zum Stundenplan, darunter die außenwirtschaftlichen Mechanismen, die Erörterung der Marktprinzipien und die Analyse des Bankensystems.[67]

Für den Absolventen der VŠE bot das Institut ein für die damalige Zeit ungewöhnlich günstiges Umfeld. Das Studium der aktuellen Weltwirtschaft sei für ihn, so Klaus selbst, „eine absolute Offenbarung gewesen, der er völlig verfallen sei". Allerdings hatte diese Faszination zunächst keine konkreten Konsequenzen. Klaus schreibt, er habe, aus einer völlig anderen Gedankenwelt kommend, „das Kokettieren mit unserem offiziellen Denken nicht in Erwägung gezogen".[68] Dennoch gründete er einen Debattierclub, die sogenannten „jungen Ökonomen" (Klub mladých ekonomů), in dem durchaus kritisch über Novotnýs Reformpolitik und die liberalisierenden Wirtschaftsreformen Ota Šíks diskutiert wurde.

Unter der Leitung von Šík erlebte Václav Klaus die offene Diskussionsatmosphäre der Wirtschaftsreformer. Für die Mitarbeiter dieses Instituts waren nicht nur dieser Arbeitsstil und der ungehinderte Zugang zur Literatur selbstverständlich, sondern auch Auslandsaufenthalte und der Austausch mit Wirtschaftsexperten. Das galt besonders für die Forschungsabteilung, in der Klaus arbeitete und die sich der Kritik der nichtmarxistischen Wirtschaftstheorie widmete. Für Klaus resultierten daraus zwei längere Forschungsaufenthalte: 1966 für fünf Monate in Italien und 1969 für vier Monate an der Cornell University in New York. Nach seiner Rückkehr 1969 blieb er noch bis 1970 am Ökonomischen Institut. Dann erreichte die Politik der „normalizace" (Normalisierung) auch das Nicht-Parteimitglied Václav Klaus, was für ihn das Ende der Forschungstätigkeit bedeutete. Klaus arbeitete anschließend in den Jahren 1971 bis 1986 in verschiedenen Funktionen in der Tschechoslowakischen Staatsbank, ehe er 1988 als leitender wissenschaftlicher

1997; *Alice Teichova/Herbert Matis/Jaroslav Pátek* (Hrsg.), Economic Change and the National Question in Twentieth-century Europe. Cambridge 2000.

67 *Peter Jüngling/Tomáš Koudela/Petr Žantovský*, Tak pravil Václav Klaus. Prag 1998, 7f.

68 *Klaus*, Mezi minulostí, (wie Anm.43), 14f.

Mitarbeiter an das Prognose-Institut der Akademie der Wissenschaften zurückkehrte. Von dort aus führte der Weg des Wirtschaftsexperten dann nach 1989 direkt zur Umsetzung seiner Ideen auf der politischen Bühne.

Die bereits in den sechziger Jahren in Klaus' ökonomischem Denken erkennbaren Präferenzen für ein wettbewerbliches System hatten sich sukzessive zu einem eindeutigen Bekenntnis zur freien Marktwirtschaft entwickelt. Besonders intensiv rezipierte er dabei die Ideen der deutschen ordoliberalen Schule und Ludwig Erhards, interpretierte diese aber nicht zuletzt vor der Folie des angelsächsischen Neoliberalismus eines Milton Friedman oder Friedrich August von Hayek. Einem sogenannten „dritten Weg", wie er zeitweise von manchen deutschen Ordoliberalen wie Alexander Rüstow, Wilhelm Röpke oder Alfred Müller-Armack erwogen wurde, oder dem Aufbau einer „sozialistischen Marktwirtschaft", wie er in nicht wenigen Reformansätzen nach 1989 diskutiert wurde, stand er stets sehr kritisch bis ablehnend gegenüber. Allerdings erachtete Klaus seine „Marktwirtschaft ohne jedwedes Adjektiv" als durchaus kompatibel mit den Grundzügen der sozialen Marktwirtschaft. Er lehne nur diesen Terminus für die ehemals sozialistische Welt ab, weil damit Assoziationen zum „Marktsozialismus" (tržní socialismus) zu befürchten seien. Dennoch lag die Faszination, die für den Wirtschaftspolitiker Klaus etwa von der Person Ludwig Erhards ausging, weniger in dessen genauen theoretischen Vorstellungen vom Wirtschaftsystem begründet, sondern weit mehr in den Methoden und der Beharrlichkeit, mit der sich Erhard in der Praxis durchsetzte.[69]

Auch Klaus' Einstellung zur Unabhängigkeit der Nationalbank war keineswegs völlig eindeutig. Vermutlich hat auch hier die (anti-institutionelle) Grundsatzkritik Milton Friedmans bzw. der amerikanischen Monetaristen an der institutionalisierten Zentralbankautonomie eine gewisse Rolle gespielt. Klaus jedenfalls sah deutliche praktische Umsetzungsprobleme, so etwa die Tatsache, daß der Erfolg und Mißerfolg der Entscheidungen in der Geldpolitik stets auf die Regierung zurückfielen. Letzten Endes jedoch überwog für ihn dann doch immer der Wert und Nutzen einer solchen institutionellen Unabhängigkeit für die Stabilisierung des Staatswesens und eine Liberalisierung des Wirtschaftssystems. Das bedeutet freilich auch: Die Rolle der Notenbank wurde, wie beim großen Vorbild Alois Rašín, nie als Selbstzweck gesehen, sondern immer funktional als wichtigste (und dienende) Voraussetzung für eine florierende Ökonomie und um das neue demokratische System

[69] *Václav Klaus*, Ludwig Erhard; *ders.*, Sociálně tržní ekonomika aneb nové pokusy o kvadraturu kruhu [Soziale Marktwirtschaft oder neue Versuche zur Quadratur des Kreises]; *ders.*, Efektivní sociální politika nebo sociálně tržní hospodářství [Effektive Sozialpolitik oder soziale Marktwirtschaft] – alles in: ders., Mezi minulostí (wie Anm.43), 42-46, 281-287; *ders.*, Ludwig Erhard a jeho odkaz dnešní Evropě [Ludwig Erhard und sein Vermächtnis für das heutige Europa] (1997), in: ders., Proč nejsem socialním demokratem (wie Anm.62), 52ff.

zu festigen. In einem bezeichnenden Artikel zur Idee, zu Umfang und Grenzen der nezávislost (Unabhängigkeit) der Zentralbank formulierte Klaus: „Autonomie (autonomnost)" sei „historisch hauptsächlich in dem Sinne gemeint, daß es nicht möglich sein durfte, daß sich der Staat wissentlich in ein Haushaltsdefizit begibt und dann die Zentralbank anweist, Geld zu drukken", wie das die mittelalterlichen Herrscher getan hätten. Etwas völlig anderes jedoch sei die „Unabhängigkeit der Entscheidung darüber, ob es nötig ist, in diesem oder jenem Moment die Wirtschaft mehr oder weniger zu bremsen oder zu beschleunigen. Die eine Sache ist es, Mechanismen zur Begrenzung dessen zu suchen, daß das Staatsdefizit mit Gelddrucken bezahlt wird; eine andere Sache ist die Geldumlaufpolitik und ihre direkte, notwendige Verbindung mit der Haushaltspolitik."[70]

IV. Resümee

Die Geschichte der tschechoslowakischen Währung begann im nationalen Aufbruch der Zeit nach dem Ersten Weltkrieg. Getragen von der Euphorie der nationalen Unabhängigkeit und ausgestattet mit einer eigenen Währung, begann man mit dem Aufbau der tschechoslowakischen Volkswirtschaft. Die Erfahrungen mit der Kriegs- und unmittelbaren Nachkriegsinflation und mit dem wirtschaftlichen Niedergang am Ende der Österreichisch-Ungarischen Monarchie hatten gewissermaßen als Negativfolie durchaus dazu beigetragen, dem Konsolidierungsprozeß des neuen Staates breite Akzeptanz und Legitimität zu verschaffen. Geprägt von diesem Bewußtsein und der angestrebten ökonomischen Emanzipation waren die Währungspolitik und die Debatten um die währungsrechtliche Ordnung der ersten Jahre ganz den nationalen Zielen, der „nationalen Idee", untergeordnet. Sie waren eine Variable nationaler Identitätsfindung.

Tatsächlich zeitigten die unter konzeptioneller Leitung Alois Rašíns unverzüglich in Angriff genommenen deflationären Schritte zur Neuorganisierung von Währung und Wirtschaft relativ rasch positive Wirkungen. Nach anfänglichem Auf und Ab stabilisierte sich die Währung Krone, was auch die Entwicklung der nationalen Wirtschaft beförderte. Die Arbeitslosenzahlen sanken, die Spareinlagen stiegen, und das von Rašín vielbeschworene Vertrauen in die neue Währung wuchs, auch wenn die Diskussionen über den besten Weg der Finanz- und Währungspolitik immer wieder aufflammten.

Daß dieser Beginn nicht in eine organische, längerfristige Entwicklung mündete, lag an den dramatischen politischen Zäsuren im Laufe des 20. Jahrhunderts, mit denen sich jeweils auch die institutionell-normativen Rahmen-

70 *Václav Klaus*, Nezávislost centrální banky [Die Unabhängigkeit der Zentralbank], in: ders., Proč nejsem socialním demokratem (wie Anm. 62), 17ff.

bedingungen der Währung änderten. Der Weg der Währungsordnung führte dabei vom staatlichen Bankamt und von der als Aktienbank mit Staatsbeteiligung organisierten Tschechoslowakischen Nationalbank über die völlige Degradierung der Krone während der deutschen Besatzung und über die sozialistische Staatsbank nach 1948 bis hin zur heute unabhängigen Tschechischen Nationalbank (nach dem Vorbild der Deutschen Bundesbank). Unter dem gestaltenden Einfluß Václav Klaus' erlebte in den neunziger Jahren mit der Rückkehr der Demokratie und des liberalen Wirtschaftssystems auch eine aktive und eigenständige Zentralbankpolitik eine Renaissance. Erstmals war nun eine unabhängige Nationalbank dezidiert und prioritär auf die Sicherung der Preisstabilität verpflichtet. Die Position der Zentralbank als autonome Währungshüterin hatte sich gefestigt. Allerdings bleibt auch für diese Periode und diese Zusammenhänge festzuhalten, daß die dezidiert nationalen, nationalpolitischen und nationalökonomischen Funktionen von Währung, Währungspolitik und Währungsordnung für die werdende Tschechische Republik ganz zentral blieben, ebenso wie sie es für die entstehende Tschechoslowakische gewesen waren. Alois Rašín verkörpert diese Linie ebenso wie Václav Klaus.

Abkürzungen

AHR	American Historical Review
EJPE	European Journal of Political Economy
GG	Geschichte und Gesellschaft
JbWG	Jahrbuch für Wirtschaftsgeschichte
RH	Revue historique
VfZ	Vierteljahrshefte für Zeitgeschichte
VSWG	Vierteljahrschrift für Sozial- und Wirtschaftsgeschichte
ZUG	Zeitschrift für Unternehmensgeschichte

Die Autorinnen und Autoren

Prof. Dr. *Olivier Feiertag*, Inhaber der Professur für Wirtschafts- und Sozialgeschichte an der Universität Rouen.

Prof. Dr. *Bernd Hayo*, Inhaber der Professur für Makroökonomie am Fachbereich Wirtschaftswissenschaften der Philipps-Universität Marburg.

Dr. *Maria Köhler-Baur*, München, war bis 2006 Lehrbeauftragte für Osteuropäische Geschichte an der Technischen Universität Dresden.

Prof. Dr. *Dieter Lindenlaub*, apl. Professor am Lehrstuhl für Wirtschafts- und Sozialgeschichte der Universität Frankfurt am Main, ehemals Leiter der Abteilung Bibliothek, Archive, Notenbankgeschichte der Deutschen Bundesbank.

Prof. Dr. *Bernhard Löffler*, apl. Professor an der Universität Passau, Vertreter des Lehrstuhls für Neuere und Neueste Geschichte an der Ludwig-Maximilians-Universität München.

Prof. Dr. *Gabriele Metzler*, Inhaberin des Lehrstuhls für Geschichte Westeuropas und der transatlantischen Beziehungen an der Humboldt-Universität zu Berlin.

Privatdozent Dr. *Tobias Straumann*, Privatdozent am Historischen Seminar der Universität Zürich und Wissenschaftlicher Mitarbeiter am dortigen Institut für empirische Wirtschaftsforschung.

www.ingramcontent.com/pod-product-compliance
Lightning Source LLC
LaVergne TN
LVHW042237300926
849161LV00003B/378